城市轨道交通运营与维修技术丛书

城市轨道交通土建设施运行与维修
（第二版）

邵伟中　宋　博　刘纯洁　主编

中国建筑工业出版社

图书在版编目(CIP)数据

城市轨道交通土建设施运行与维修/邵伟中，宋博，刘纯洁主编. —2版. —北京：中国建筑工业出版社，2019.6
（城市轨道交通运营与维修技术丛书）
ISBN 978-7-112-23682-4

Ⅰ.①城… Ⅱ.①邵…②宋…③刘… Ⅲ.①城市铁路-基础设施-运行②城市铁路-基础设施-维修 Ⅳ.①U239.5

中国版本图书馆CIP数据核字(2019)第082792号

本书共分4篇17章，第1篇 城市轨道交通线路维护包括：城市轨道交通线路概述、城市轨道交通线路设备及技术标准、城市轨道交通线路养护维修、城市轨道交通线路养护维修作业与管理。第2篇 城市轨道交通隧道维护包括：城市轨道交通隧道类型概述、城市轨道交通隧道主要技术标准、城市轨道交通隧道主要病害类型、城市轨道交通隧道病害治理措施。第3篇 城市轨道交通桥梁维护包括：城市轨道交通桥梁概述、城市轨道交通桥梁技术标准、城市轨道交通桥梁主要病害、城市轨道交通桥梁病害治理措施、城市轨道交通桥梁结构变形测量。第4篇 城市轨道交通结构变形监护包括：安全保护区概述、结构变形的监测、安全保护区监护技术、典型工程案例。

本书可作为城市轨道交通土建设施检修专业、运输专业的教材，也可作为城市轨道交通管理及相关专业人员的培训教材，还可供城市轨道交通企业检修人员使用。

责任编辑：胡明安
责任校对：赵 颖

城市轨道交通运营与维修技术丛书
城市轨道交通土建设施运行与维修
（第二版）
邵伟中 宋 博 刘纯洁 主编
*
中国建筑工业出版社出版、发行（北京海淀三里河路9号）
各地新华书店、建筑书店经销
北京科地亚盟排版公司制版
大厂回族自治县正兴印务有限公司印刷
*
开本：787×1092毫米 1/16 印张：18½ 字数：449千字
2019年7月第二版 2019年7月第二次印刷
定价：**58.00**元
ISBN 978-7-112-23682-4
（33985）

丛书编委会

本书编写人员名单

主　编：王如路　朱　妍

第 1 篇　姚湘静

第 2 篇　陈　君

第 3 篇　朱　毅

第 4 篇　闫静雅

前　言

近年来，中国城市轨道交通发展迅猛，极大地满足了人民群众的出行需求，在优化城市结构布局、缓解城市交通拥堵以及促进经济社会发展等方面的作用日益凸显，城市轨道交通已逐渐成为现代化城市的重要标志，“地铁上的城市”已成为城市现代化的基石。中国城市轨道交通运营里程逐年稳步上升，截至2018年8月，全国35个城市开通地铁，线路总长度达5289.64km，另有14座城市的地铁正在建设中，在国家宏观政策引导和扶持下，在“十三五”期间，全国城市轨道交通将会有3000km左右新建并投入运营，我国城市轨道交通进入另一个蓬勃发展时期。

随着网络规模的快速扩张，设备数量也在迅速增加，受技术条件不同，分段分期建设等因素影响，设施设备呈现出多种形式共存的特点，各专业设施设备的维护保养工作是地铁运营管理的重要环节，直接关系到地铁运行的安全可靠度。

本书以上海轨道交通维护模式为依托，结合行业先进技术经验，对城市轨道交通土建设施运行与维修要求进行了系统的论述。全书共4篇，从线路、隧道、桥梁及结构变形监测四个专业，介绍了各专业设施设备的分类、主要技术标准、维护方式及要求等，在基本理论概念阐述的基础上，介绍土建设施设备的维护要求及方法，并且引入工程实例进行论证。通过直接和间接的时间经验，将有关资料归纳汇总上升到理论，希望能在城市轨道交通土建设施运行与维修领域里，起到一定的作用。

随着经济社会的不断发展和维修技术手段的提高，各种新的设备维护管理理念和方法不断涌现。鉴于编写人员技术水平及实践经验的局限性，错误与不足之处在所难免，期待广大读者与同行，提出宝贵意见。

目　　录

第1篇　城市轨道交通线路维护

第2篇　城市轨道交通隧道维护

第 3 篇 城市轨道交通桥梁维护

第 4 篇 城市轨道交通结构变形监护

第1篇

城市轨道交通线路维护

第 1 章 城市轨道交通线路概述

1.1 城市轨道交通线路的形式与特点

1. 城市轨道交通线路的基本形式

城市轨道交通线路（以下简称城轨线路）正随着大都市的繁荣而快速延伸。线路的结构以及线路维护的技术和方法都在随之不断完善和更新。

城轨线路的铺设，由于受市区既有条件的限制，由地面改为地下，只有郊区线路或由运营正线通往后方基地时，轨道才由地下延铺至地面，一般情况下以地下为主。随着城轨交通的迅猛发展，现代的城轨线路又由地下发展到空中，在高架桥梁上铺设轨道。这样，现代都市轨道交通形成了一种立体式的网络结构，这是 21 世纪轨道交通事业发展的显著标志。

由于城轨线路的结构设计与国家铁路线路的结构设计相比，有了新的突破，所以，从事线路养护维修的专业人员都必须适应新时期、新设备的特点。

就城轨线路结构形式而言，主要分为三大类型：

第一类，地面线路，其上部结构保留了国家铁路的特点，轨下基础也基本保留了传统的碎石道床。见图 1.1-1。

第二类，地下线路，铺设于隧道内，轨下基础为带枕浇筑式的整体道床。见图 1.1-2。

图 1.1-1 地面线路

图 1.1-2 地下线路

第三类，高架线路，铺设于高架桥面，轨下基础为支撑块式的整体道床。见图 1.1-3。

图 1.1-3 高架线路

(1) 地面线路

1) 地面线路的结构

地面线路的结构见图 1.1-4。地面线路的结构分为上部结构和下部结构。通常把路基面以上的部分称为上部结构，路基面以下的部分称为下部结构。

地面轨道的上部结构由钢轨、接头联结零件、轨枕、扣件、道床所组成。下部结构由路基和侧沟所组成。

钢轨的轨型，正线采用 60kg/m 钢轨，基地站场线路，除了试车线以外，均采用 50kg/m 钢轨。两股钢轨头部内侧作用边之间的水平距离称为轨距，标准轨距为 1435mm。

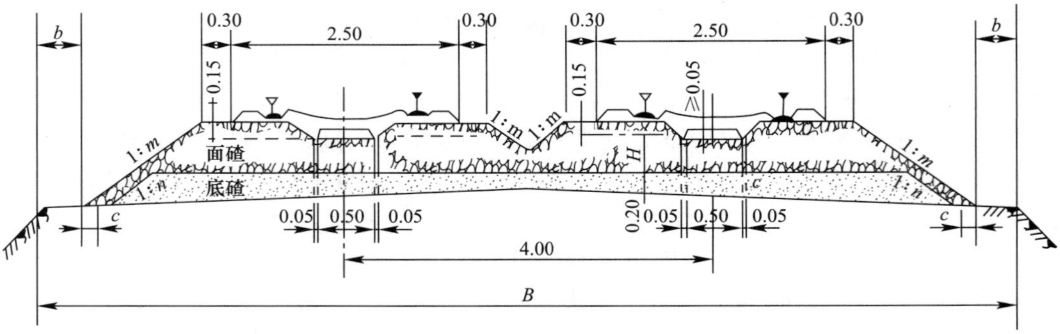

图 1.1-4 地面线路断面（m）

钢轨的平面连接有两种形式，第一种是通过夹板和联结零件进行连接；第二种是进行焊接。在立体框架上，钢轨通过扣件与轨枕连接紧固，成为一个框架整体。

城市地铁的地面线大多数采用了碎石道床的结构形式。根据土质情况和地下水源情况的不同，道床有单层和双层两种，单层的为石碴层，双层的为先铺设 200mm 厚度的黄砂层，然后铺设不小于 250mm 厚度的石碴层，其厚度为线路中心线处量取。

道床在线路外侧的部分，称为道床边坡，道床边坡的坡度 1∶1.75，其中坡底处称为坡脚，坡顶处为碴肩。碴肩宽度，轨枕端部至道碴顶面外侧的水平距离，正线不小于 0.3m。

道床以下的部分为路基，为利于排水，路基面设计为人字坡的断面形式，称为路拱，路拱拱高 0.2m。路基两侧，在道床坡脚以外的部分称为路肩，提供养护维修人员沿线走行。路肩宽度不小于 0.6m。

在路肩的外侧设置排水沟和电缆沟。

上下行线路中心线之间的垂直距离称为线间距，地面线的线间距一般为 4.5～5m。

2) 地面线路的特点

钢轨引导车辆行驶，将承受的荷载通过轨枕传递于道床及路基。地面线路碎石道床的优点是弹性好、成本低，并且容易矫正轨道的平面和纵断面，但反过来由于碎石道床的不稳定性，在列车碾压和冲击下，几何尺寸较易变形，必须进行经常性的养护和矫正。

（2）地下线路

1）地下线路的结构

地下线路铺设于隧道内，隧道有圆形隧道和矩形隧道两种类型。通常，车站前后为矩形隧道，区间为圆形隧道。隧道内铺设线路，其道床可以为碎石道床，也可以为整体道床。国外地铁始终保留着这两种形式。我国城市地铁基本上采取了整体道床一种形式。

当隧道管片安装结束后，于隧道的底部浇筑混凝土垫层，在地面基地，利用工具轨组装轨排，通过小型龙门吊装运至隧道内，先浇筑支撑块，再布置纵横向钢筋，然后浇筑整体道床和侧沟。当普通线路施工完毕，再将焊接长轨条运卸至隧道内，通过换轨作业的方法铺设无缝线路。近年来，地下线路的施工技术又有了新的提高，不采用由普通线路向无缝线路过渡的两步法施工，而是采用先进的焊接设备，在隧道内将无缝线路一次成型。圆形隧道内的线路断面见图 1.1-5，矩形隧道内的线路断面见图 1.1-6。

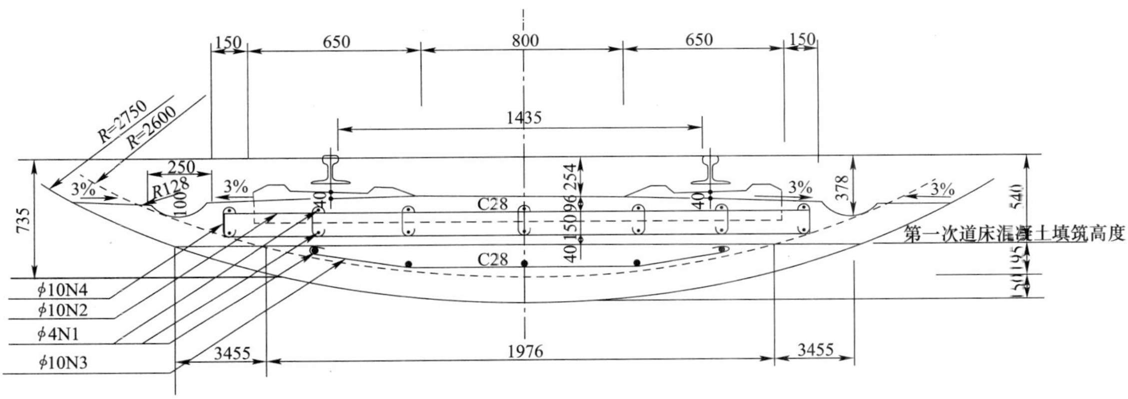

图 1.1-5　圆形隧道线路断面

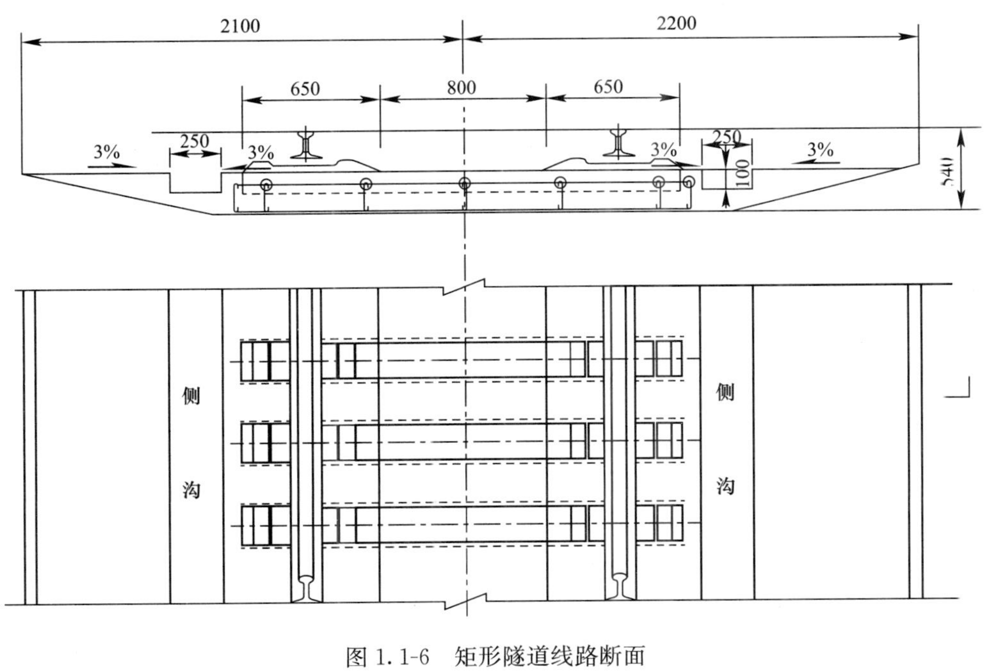

图 1.1-6　矩形隧道线路断面

地下线路各部名称如下：

① 钢轨；

② 轨枕（长枕、短枕或支撑块）；

③ 扣件；

④ 整体道床；

⑤ 混凝土垫层；

⑥ 侧沟；

⑦ 隧道管片。

2）地下线路的特点

将松散的碎石道床改变为钢筋混凝土结构，使之整体化，其优点是坚固稳定，外观整洁，维修工作量小，从而降低维修成本。缺点是道床弹性差，并且建设期的造价昂贵。当整体道床一旦发生沉降开裂或其他病害，整治非常困难。

（3）高架线路

1）高架线路的结构

高架线路（图 1.1-7）铺设于高架桥面，其组成部分如下。

图 1.1-7　高架整体道床

① 钢轨；

② 扣件；

③ 钢筋混凝土支撑块；

④ 整体道床；

⑤ 桥梁边侧挡墙；

⑥ 侧沟。

2）高架线路的特点

高架线路的轨型与地面线路和地下线路完全相同，也采用 60kg/m 的钢轨。轨下基础采取了整体道床结构，但为了减少桥梁上部的自重，没有采取带枕浇筑的形式，而是设计为支撑块式的结构，在线路扣件的设计上比地下线路有了新的改变，不设置轨距垫，调整轨距和线路方向，通过横向拨移轨下铁垫板实现拨道和改道，设计立意新颖。尽管操作上不十分方便，但此种方案对线路结构几何尺寸的调整有利。

2. 城轨线路的划分

城轨线路大致可以划分为两大类：正线与车场线。

(1) 正线

正线是指连接车站并贯穿于运营线路始、终点的线路。绝大多数正线均设计为复线，分为上行线和下行线。国家铁路规定列车运行朝着北京方向的线路为上行线，反之为下行线。城轨线路，在设计和建设过程中，分为左右线，进入运营期以后，其上下行由该城市主管运营的有关部门决定。在正线上的沿线各站，没有像国家铁路那种“正线”、“站线”、“到发线”之区分。城轨线路，除始、终点以外，必须选择几个重要车站，用于列车折返，铺有折返线、联络线和存车线，专门用于特殊情况下应急使用，它不能属于正线的范畴，可以称之为正线辅助线。

(2) 车场线

所谓车场线是指基地用于停车、调车、修车、试车、装卸货物及指定用途的其他线路的总称。通常，每一条运营线，都必须设有一个基地，用于停运后列车入库、列车检修、试车、调车等作业，以满足连续运营的需要，统称为车场线。(图 1.1-8)

图 1.1-8　车场线路

每一股线路，根据其用途进行独立命名。其中，停车线（图 1.1-9）为每天运营结束后，列车入库停放的线路。

图 1.1-9　停车线

检修线（图 1.1-10～图 1.1-12）是专门对车辆进行检修的线路；调车线为进行列车连接、摘挂与解体作业的线路；牵出线设在站场的一端，作为临时牵出车辆的线路；材料线为进行货物装车和卸车的线路；还有好多类型的站场线，如试车线、静调线、洗车线、旋轮线及联络线等。以上站场线中，有些是设在库内的，该库房，就建筑物这一对象而言，分别称之为停车库、检修库、洗车库等。

图 1.1-10　修车线

图 1.1-11　检查坑（一）

图 1.1-12　检查坑（二）

在行车安全的关键处所，铺有特别用途的线路为安全线和避难线。

为提供列车出入往返，在正线和站场线之间所铺设的线路称为出入场线。出入场线的结构虽然与正线比较接近，但由于其数量极少，运量极低，完全可以归属在站场线路的范畴。

除此以外，还有一种通向运营线以外其他单位或与国家铁路相连接的专门线路，称为专用线。同样，专用线的数量也极少，也可以归属于车场线路。

车场线路的轨型，出入场线及试车线采用 60kg/m 钢轨，其余均采用 50kg/m 的钢轨。线路形式设置为普通线路，轨枕有木枕和混凝土枕两种形式，车场线路中，凡是与车辆检修有关的线路，如停车线、检修线、洗车线、旋轮线、静调线等，一般都设置为库内线路。库内线路的结构形式大体上分为三类：第一类是整浇地坪式的整体道床；第二类是浇筑坑道式的整体道床；第三类为立柱式的轨下基础。扣件的形式，在地铁建设的早期，基本上采用了固定的形式，较难以调整线路的几何尺寸。近年来铺设的库内线路，扣件都采用了可调式，给养护维修带来了极大的方便。

（3）道岔

两条轨道的交叉衔接部位，用于车辆转线的设备称为道岔（图 1.1-13）。在广义上，线路包括了道岔，但在狭义上，线路与道岔是不同类型的设备。

图 1.1-13 城轨线路道岔

道岔也跟线路一样，分为正线道岔和站场道岔两大类，其轨型与衔接处的线路轨型相同。城市地铁的地面正线以 60-9 型碎石道床的道岔为主，地下和高架正线以 60-9 型整体道床的道岔为主，车场以 50-7 型和 50-9 型碎石道床道岔为主。

道岔应设在直线地段，道岔基本轨端部至曲线端部的距离（不含超高顺坡及轨距递减段）不宜小于 5m，车场线可减少到 3m。道岔宜靠近车站设置，但道岔基本轨端部至车站站台计算长度端部的距离不应小于 5m。

设置交叉渡线两平行线的线间距宜按下列规定确定：

1）12 号道岔采用 5.0m；

2）9 号道岔采用 4.6m 或 5.0m；

3）6、7 号道岔采用 4.5m 或 5.0m。

4）对于交叉渡线的线间距小于上述标准规定的，应予特殊设计。

5）折返线的有效长度，宜为远期列车长度加 40m（不含车挡长度）。

1.2 城市轨道交通线路运维管理要求

安全是轨道交通运维管理永恒的主题，在我国城市轨道交通规划、在建和运营规模不断扩大的大环境下，高速度、高密度、技术复杂、耦合性强、环境影响大，对轨道交通安全保障和能力保持带来了巨大的挑战，因此，安全保障和运维管理的智能化、透明化和主动化，已成为我国轨道交通技术发展的趋势。

线路设备是轨道交通运营设备的重要组成部分，线路设备的可靠性直接决定着列车运营的安全性、平稳性和舒适性。与此同时，线路设备存在种类繁多、缺陷多样、维修频繁等特点，原有的被动式管理方法已经无法满足现有的线路维修工作。在新的时代背景下，城市轨道交通线路运维管理必须依托精准维修理念、设施设备在线监测状态数据，形成“经验型计划修”、“感知型状态修”、“专家型故障修”三者相结合的设施设备运维管理思路。

地铁新线路建成后，资产设备移交给运营部门。运营部门接受资产后应对线路设备进行登记，建立起设备台账，负责设备的运行和维护管理，地铁线路设备数量巨大、种类多、设备运维管理工作环节繁多，对维护管理人员技术水平要求高。因此，应实行科学管理，开展标准化作业，提高机械化作业程度，改善检测手段，建立和健全责任制，严格执行检查验收制度。应积极采用新技术，改进作业方法和劳动组织，推广先进经验，不断提高工作水平。

第2章 城市轨道交通线路设备及技术标准

2.1 线路的平面和纵断面

1. 线路平面

线路平面是线路中心线在水平面上的投影，线路平面由直线、圆曲线和缓和曲线所组成。城轨线路受都市建筑群的影响，曲线很多是不可避免的，但小半径的曲线，增加了轮、轨的磨耗，加大了线路养护维修的工作量。因此，设计常规取值为：地面线铺设无缝线路的最小曲线半径为600m。地下隧道内，区间正线最小曲线半径为300m，辅助线、车场线，一般地段不小于200m，困难地段不小于150m。

车站站台段线路一般设在直线上，困难条件下可设在半径不小于800m的曲线上。圆曲线最小长度为20m，困难条件下为一个车辆的全轴距。曲线最大超高值120mm。缓和曲线长度，按曲线半径及行车速度确定。区间正线按行车速度80km/h选配，车站两端按70km/h选配。通往市郊，站间距离较大的线路，其速度可以有所提高。两相邻曲线之间夹直线最小长度为20m。线路平面曲线半径应根据车辆类型、列车设计运行速度和工程难易程度经比选确定，线路平面的最小曲线半径不得小于表2.1-1规定的数值。

最小曲线半径 **表2.1-1**

线路		一般情况（m）		困难情况（m）	
		A型车	B型车	A型车	B型车
正线	$v \leqslant 80km/h$	350	300	300	250
	$80km/h < v \leqslant 100km/h$	550	500	450	400
联络线、出入线		250	200	150	
车场线		150	110	110	

注：除同心圆曲线外，曲线半径宜以10m的倍数取值。

线路平面圆曲线与直线之间应根据曲线半径、超高设置及设计速度等因素设置缓和曲线，其长度应符合有关规定。

道岔附带曲线可不设缓和曲线和超高，但其曲线半径不得小于道岔的导曲线半径。地铁线路不宜采用复曲线。在困难地段，有充分技术经济依据时可采用复曲线。当两圆曲线的曲率差大于1/2500时，应设置中间缓和曲线，其长度根据计算确定，在困难情况下不得小于20m。

正线及辅助线的圆曲线最小长度，对于不同类型的车辆，取值有所不同。地铁列车的车辆有A型车和B型车等类型，圆曲线最小长度，A型车不宜小于25m，B型车不宜小于20m，在困难情况下不得小于一个车辆的全轴距。

正线及辅助线上两相邻曲线间的夹直线长度（不含超高顺坡及轨距递减段的长度），A型车不宜小于25m，B型车不宜小于20m，在困难情况下不得小于一个车辆的全轴距；车场线上的夹直线长度不得小于3m。车站站台计算长度段线路应设在直线上，在困难地段可设在曲线上，其半径不应小于 800m。

2. 线路纵断面

线路纵断面是线路中心线展直后在纵向垂直面上的投影，线路纵断面由平道、上下坡道以及设置在变坡点处的竖曲线组成。线路坡度以轨面高程升降的高度与其长度之比的千分率来表示，上坡为正，下坡为负，平坡为零，不同坡段的分界点称为变坡点。

从行车角度上来说，线路坡度应尽可能平缓，但受城市地质条件以及穿越市区的河流等地理条件的影响，有时必须要设置较大的坡度，再者，轨道由地下延伸到地面的时候，也需要爬坡。除了这些特殊情况以外，隧道内由于排水的需要，也不宜平坡。

正线的最大坡度不宜大于 30‰，困难地段可采用 35‰，联络线、出入线的最大坡度不宜大于 40‰（均不考虑各种坡度折减值）。

由于区间隧道施工采用盾构法，有条件采用“高站位、低区间”纵断面形式。“高站位、低区间”纵断面具有如下优点：

（1）节省车站工程费用；（2）列车进站上坡有利制动，出站下坡有利加速，节能省电，减少隧道温升。

这种线型必须在区间线路的最低处设置排水泵房，以排除区间隧道渗漏水和其他积水。区间隧道的坡度以多大为宜，设计规范规定：

最大坡度：正线为 30‰，辅助线为 35‰

最小坡度：一般地段为 3‰，个别地段为 2‰。

隧道内和路堑地段的正线最小坡度不宜小于 3‰，困难地段在确保排水的条件下，可采用小于 3‰的坡度；地面和高架桥上正线最小坡度在采取了排水措施后不受限制。车站站台计算长度段线路应设在一个坡道上。有条件时车站宜布置在纵断面的凸型部位上，并设置合理的进、出站坡度。

地下车站一般设在 3‰的坡道上，困难时设在 2‰或不大于 5‰的坡道上车站站台计算长度段线路坡度宜采用 2‰，在困难条件下，可设在不大于 3‰的坡道上。地面和高架桥上的车站站台计算长度段线路宜设在平坡道上，在困难地段可设在不大于 3‰的坡道上。

车场线宜设在平坡道上，条件困难时，库外线可设在不大于 1.5‰的坡道上。

道岔宜设在不大于 5‰的坡道上，在困难地段可设在不大于 10‰的坡道上。

折返线和停车线应布置在面向车挡或区间的下坡道上，隧道内的坡度宜为 2‰，地面和高架桥上的折返线、停车线，其坡度不宜大于 1.5‰。

坡段与坡段相连，规范规定，相邻两坡段的坡度值，两者代数差大于等于 2‰时，必须于变坡点设置竖曲线。竖曲线半径，区间为 5000m，困难地段为 3000m（表 2.1-2），站端为 3000m，辅助线为 2000m。这样，在垂直面上，用圆顺的曲线连接前后坡段，可以改善列车的运行条件。

竖曲线半径 **表 2.1-2**

线别		一般情况（m）	困难情况（m）
正线	区间	5000	3000
	车站端部	3000	2000
联络线、出入线		2000	
车场线		2000	

车站站台计算长度内和道岔范围内不得设置竖曲线，换言之，该地段相邻坡度的代数差不大于 2‰，竖曲线离开道岔端部的距离不应小于 5m。

最小坡段长度为一列车长，取为 140m（列车 6 辆编组时，全长 139.480m），并且应满足夹直线长度不小于 50m。碎石道床线路竖曲线不得与平面缓和曲线重叠；当不设平面缓和曲线时，竖曲线不得与超高顺坡段重叠。线路坡段长度不宜小于远期列车长度，并应满足相邻竖曲线间的夹直线长度的要求，其夹直线长度不宜小于 50m。轨距加宽值应在缓和曲线范围内递减，无缓和曲线时，在直线地段递减。递减率不宜大于 2‰，困难地段不应大于 3‰。正线、辅助线和车场线上的钢轨，应设置 1/40 或 1/30 的轨底坡。曲线的最大超高宜为 120mm，当设置的超高值不足时，一般允许有不大于 60mm 的欠超高。隧道内及隧道外 U 形结构的整体道床地段轨道曲线超高，宜采用外轨抬高超高值的一半、内轨降低超高值一半的办法设置；高架线、地面线的轨道曲线超高，宜采取外轨抬高超高值的办法设置。

曲线超高值应在缓和曲线内递减，无缓和曲线时，应在直线段递减。

超高顺坡率不宜大于 2‰，困难地段不应大于 3‰。

正线、联络线、出入线的直线和半径大于等于 200m 曲线的整体道床地段、半径大于等于 400m 曲线的碎石道床地段，以及长度大于 1000m 的试车线宜铺设温度应力式无缝线路。高架桥上无缝线路应在适当位置设置钢轨伸缩调节器。

2.2 城市轨道交通线路的限界

1. 限界的基本含义

列车在运行过程中，它的外轮廓线始终与周围的一切建筑物和各种设备的轮廓线之间，一直保持着一个空间性的安全距离。

所谓限界就是运行主体的动轮廓线与周围建筑设备的静轮廓线之间，在空间范围内安全间隔的警戒线。

限界包括三个方面。

（1）建筑限界

建筑限界是指沿线一切建筑物的外轮廓严禁向车辆运行空间方向侵入的安全警戒线。

（2）设备限界

设备限界是指在沿线建筑物上所安装的一切设备，其外轮廓严禁向车辆运行空间方向侵入的安全警戒线。

（3）车辆限界

车辆限界是指车辆的制造、安装以及工程列车上所装载的施工料具不得向建筑物方向超出的安全警戒线。

车轮在线路上运行时，以线路中心线为基准，绘制车辆各部最外各点的静态轮廓线，并考虑其有可能发生的变化或振动，形成动态轮廓线，再结合轨道的几何偏差所引起的车辆位移确定车辆限界。

2. 限界计算的原则

地铁限界是以地铁车辆的轮廓尺寸和运行的动力性能为基本依据，再综合考虑线路特性、设备安装、施工方法等因素，以确定地下构筑物的大小和各种设备的互相间尺寸关系及界限。

地铁限界按车辆在平直线路上运行制定。在曲线段和道岔区，其限界必须按车辆的有关尺寸、不同的曲线半径和超高以及不同的道岔类型进行加宽和加高，

竖曲线地段的建筑限界，应在直线地段上根据不同竖曲线半径及车辆的有关尺寸计算的加高量进行加高，

为确保乘客下车时的安全，车站直线地段的站台高度应低于车厢地板面，其高度差宜为 50～100mm。

(1) 车辆限界的依据和原则

车辆限界是在直线上运行的车辆轮廓尺寸基础上，考虑车辆运行的偏移、倾斜，各联结件和走行部分的磨耗，以及空气弹簧一侧失效等因素，经计算求得的。它的决定因素如下（图 2.2-1)。

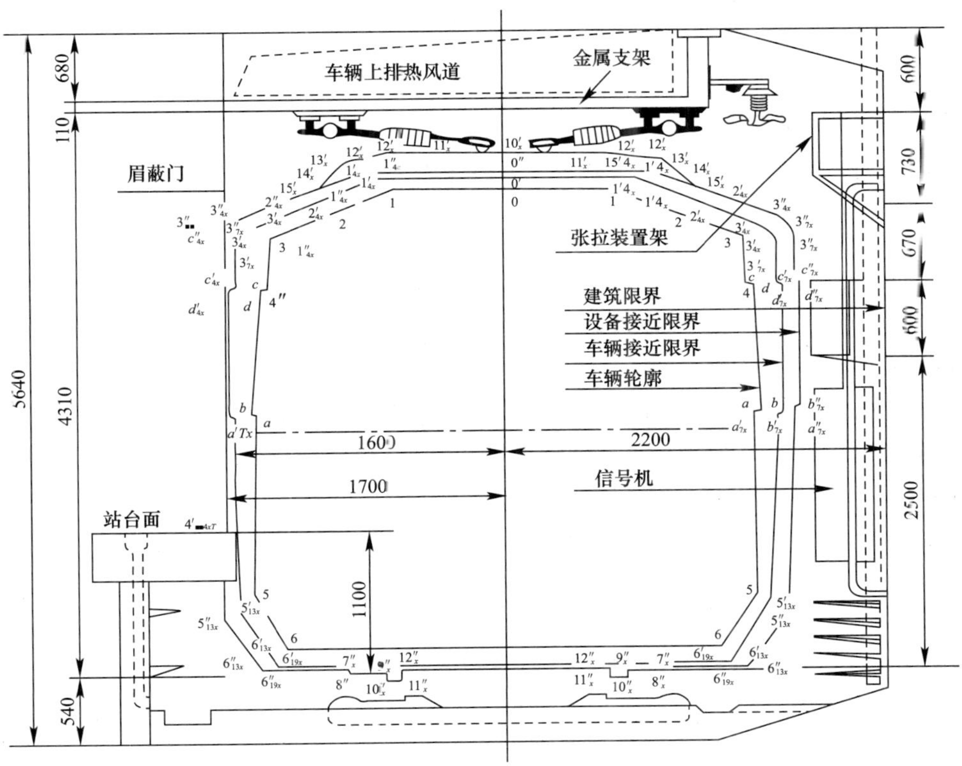

图 2.2-1　直线地段矩形隧道建筑限界

1）车辆主要尺寸；

2）静态和动态时的车辆横向偏移量；

3）静态和动态时的车辆垂直偏移量；

4）静态和动态时的车辆偏转角。

其中车辆主要尺寸如下：

车体长度 22100mm

车体最大宽度 3000mm；

车体顶面距轨顶面高度 3800mm；

车辆定距 15.700mm；

转向架轴距 2500mm；

客室地板面距轨顶面高度 1130mm。

地铁电动客车组，其半宽为 1.5m，加上列车间的安全距离，故两正线直线地段最小线间距取 3.6m。

（2）设备限界的依据和原则

设备限界是在车辆限界的基础上，考虑各种因素在内的安全预留量而确定的。除与行车直接有关的设备（如站台、接触网的滑触线）外，所有安装后的设备均不得侵入设备限界。

（3）建筑限界的依据和原则

建筑限界是隧道最小横断面有效内轮廓尺寸限界。在建筑限界与设备限界间的空间，应满足安装设备和管线的需要。

（4）接触网限界

接触网限界是在隧道内安装接触网及其支架的尺寸限界。它取决于车辆受电弓升起高度允许值，可能的偏移、倾斜、允许磨耗量以及接触网安装需要的高度。

（5）区间隧道限界

1）圆形隧道限界

在一般情况下，在车辆限界的基础上确定地铁限界以后，再综合考虑施工方法、施工误差、衬砌厚度。上海地铁一号线采用接触网，本节主要指接触网限界。

曲线地段矩形隧道建筑限界加宽的几种具体做法：

① 圆曲线地段可根据不同曲线半径的车辆设备限界进行加宽。

② 缓和曲线地段加宽方法，其精确计算可按缓和曲线上各点曲率半径和轨道超高值逐一求得，也可采用近似计算法。

③ 当线路无缓和曲线而有超高过渡段时，其限界应进行加宽量计算。

2）矩形隧道限界

矩形隧道直线段建筑内净尺寸为 4300～5000mm（宽一高），线路中心线至隧道外墙净距为 2200mm，至隧道中隔墙净距为 2100mm。

（6）重要限界值

车站站台面至轨顶的高度为 1100mm，比车辆地板面至轨顶低 30mm，主要考虑有利于乘客上、下车和当车轮直径因磨耗而缩小时仍不致比站台面低这一因素确定。站台边缘至线路中心线水平距离为 1600mm，至隧道外墙净距为 2220mm。站台以外设，备用房的外墙距线路中心线为主 800mm。在设备用房外墙面不允许安装任何设备，以保证通过列车的运行安全。

（7）地铁高架桥梁与公交道路的净空

主要道路的净空为 5.00m（个别行超高车辆通行的道路为 5.50m），一般道路净空高度为 4.50m，次要道路的净空高度不低于 4.20m。跨越铁路干线的净空高度为 6.75m；跨越铁路支线的净空高度为 5.70m。

2.3 钢轨与联结零件

1. 钢轨

（1）概述

钢轨是轨道的主要组成部件，它的功能是引导车辆的车轮前进，承受车轮的巨力，并传递到轨下结构，因此，要求钢轨能为车轮提供可连续、平顺地滚动的轨面。

为发挥上述功能，既要求轨面粗糙，以增加轮轨粘着力，又要求轨面光滑，以减少阻力；既要求钢轨有相当刚度，以抵抗挠曲，又要求有可挠性，以减轻车轮的冲击力，减少轮轨的伤损；既要求有足够的强度、硬度，以抵抗磨耗，延长使用寿命，又要求具有一定塑性、韧性，以防脆性碎裂和折断。

上述相互矛盾的要求，是由于钢轨复杂的受力所引起的，钢轨所受的力，除了垂直方向的力以外，还有横向水平力、弯曲力、扭曲力及温度拉压力，并且各种受力随机发生着变化。在电气化的线路上，钢轨还兼作供电触网的回流线及信号轨道电路。

钢轨的外形可分为轨头、轨腰和轨底三部分，截面为工字型，如图 2.3-1 所示。

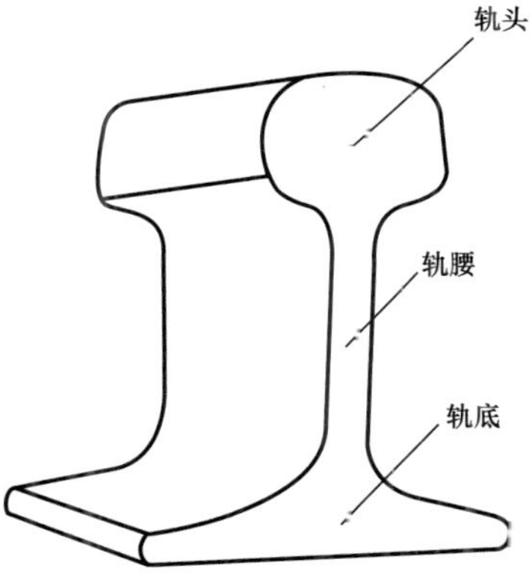

图 2.3-1 钢轨

（2）钢轨类型

1）按每米质量分类

钢轨的类型通常按每米大致质量数表示，如 60 轨表示 60kg/m。我国铁路钢轨类型主要有 75kg/m、60kg/m、50kg/m、45kg/m、43kg/m、38kg/m 等，记为 P75、P60、P50……目前，我国城市地铁轨型仅采用 60kg/m、50kg/m 两种，通常，正线采用 60kg/m 轨，基地车场的次要线路采用 50kg/m 轨。

2）按单根钢轨的长度分类

标准钢轨的长度：

标准钢轨的长度为 25m 和 12.5m 两种。

标准缩短轨的长度：

在曲线轨道中，曲线内股使用厂制标准缩短轨。

12.5m 标准轨的缩短量为 40mm、80mm、120mm 三种，

25m 标准轨的缩短量为 40mm、80mm、160mm，因此，曲线缩短轨的长度为：

25.0m 钢轨的缩短轨：24.96m、24.92m、24.84m。

12.5m 钢轨的缩短轨：12.46m、12.42m、12.38m。

各重量型号，铺设普通线路的钢轨一般都制有螺栓眼孔，铺设无缝线路的钢轨都不预制眼孔。60kg/m、50kg/m 型号钢轨的几何尺寸分别见表 2.3-2、表 2.3-3，钢轨断面及侧面分别见图 2.3-2、图 2.3-3。

3）按钢轨的化学成分分类

根据我国研制钢轨的科研部门及厂家所生产钢轨有如下各种类型。

① U71Mn 钢轨；

② U74　钢轨；
③ PD2　钢轨；
④ PD3　钢轨；
⑤ 稀土　钢轨；
⑥ U75V 钢轨。

(3) 钢轨标志

钢轨标志轧制在轨腰上，凸起的标志为厂标、钢轨类型、钢种代号、制造年月，凹下的标志为炉罐号。下面是鞍钢、攀钢及包钢 3 个厂家的钢轨标志：

1) 鞍钢：代号

① 凸标：50　PL　2003　| | | |　U71Mn。
→：连续铸锭顶端；
50：表示 50 轨；
PL：表示平炉铝脱氧炼钢；
2003　| | | |：生产年月，2003 年 4 月；
U71Mn：钢种代号。

② 凹标：91　20663　3
3：轧制生产的班别；
3：罐号，从平炉中倒出第 3 罐钢水；
066：炉次号，该平炉炼出的第 066 炉钢；
2：平炉号，表示第 2 号平炉所炼的；
91：年份。

2) 攀钢：代号 PZH

① 凸标：U71Mn　60　91Ⅶ。
91Ⅶ：生产年月；
60：60 轨；
U71Mn 钢种代号。

② 凹标：P913　2225　O：
O：班别；
5：罐号；
222：炉次；
3：平炉号；
91：年份；
P：攀钢代号。

3) 包钢，代号：

① 凸标：60　U74　91　Ⅶ。
60：60 轨；
U74：钢种代号；
91Ⅶ：91 年 7 月；

② 凹标：B9134271　Δ

91：年份；

3：平炉号；

427：炉次号；

1：罐号；

Δ：班组：

B：包钢代号。

（4）钢轨断面几何尺寸

60kg/m 钢轨断面几何尺寸见图 2.3-2、表 2.3-1，50kg/m 钢轨断面几何尺寸见图 2.3-3、表2.3-2。

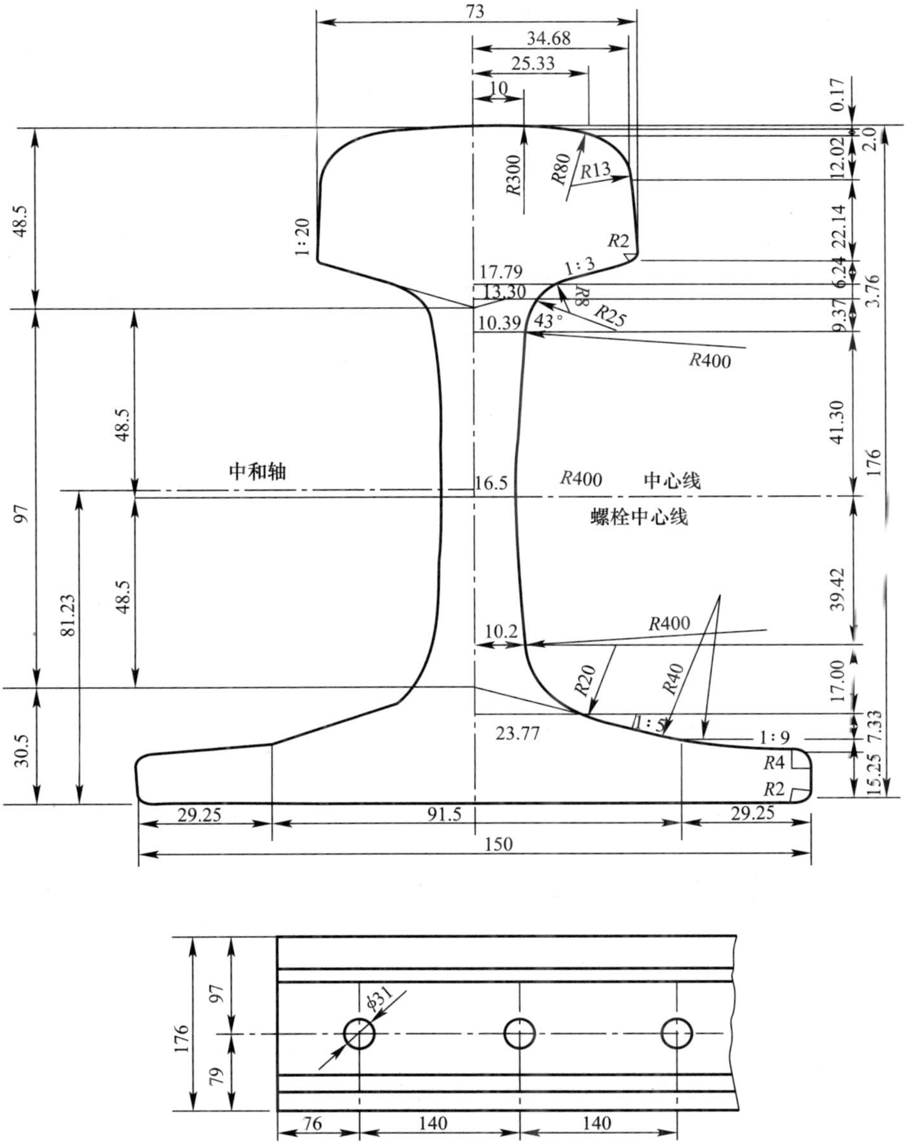

图 2.3-2　60kg/m 钢轨标准断面图

60kg/m 钢轨标准断面几何尺寸 **表 2.3-1**

钢轨类型	60	轨腰厚度 c(mm)	16.5
每米质量 M(kg)	60.640	螺栓孔高度（m）	79
钢轨截面 s(cm^2)	77.45	螺栓孔直径（m）	31
钢轨高度 h(mm)	176	轨端至 1 孔中心距离（mm）	76
轨头宽度 a(mm)	73	1～2 孔中心距离（mm）	140
轨底宽度 b(mm)	150	2～3 孔中心距离（mm）	140

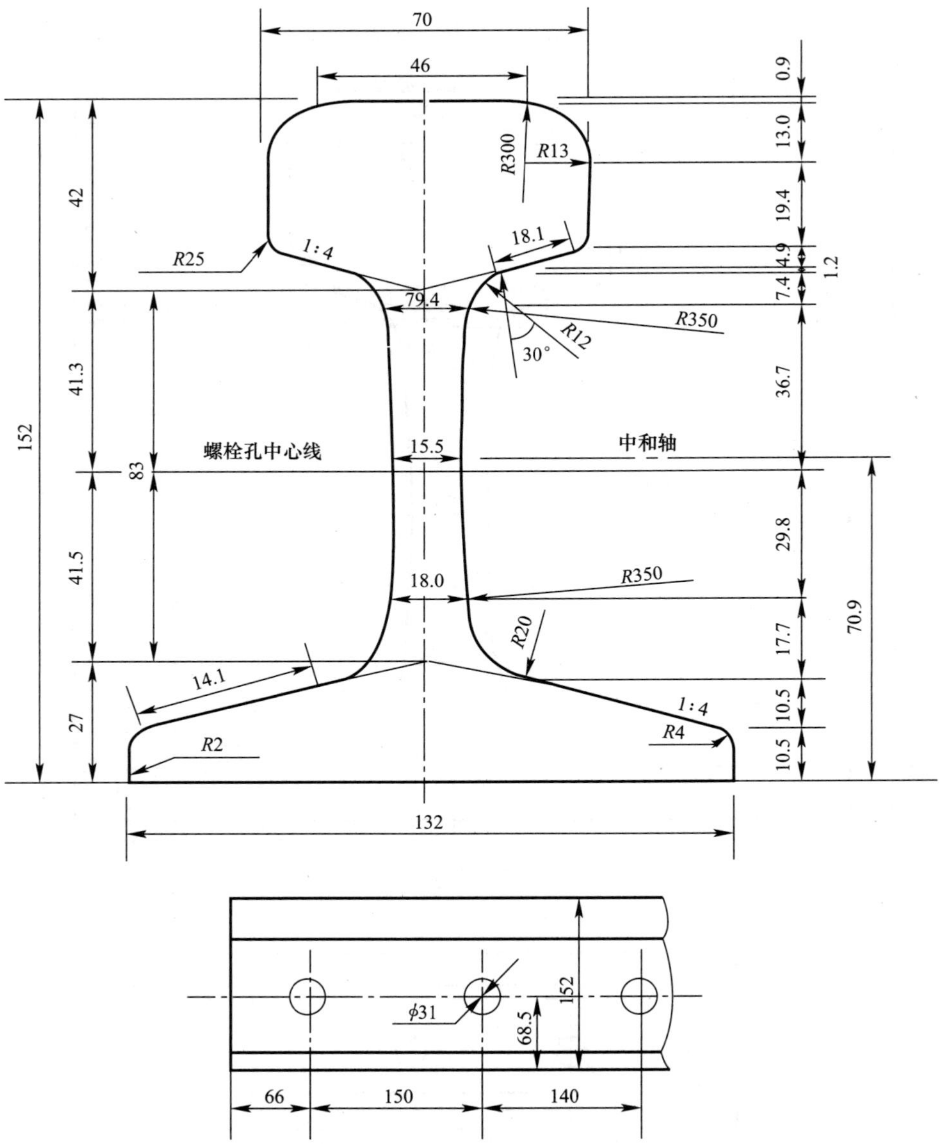

图 2.3-3　50kg/m 钢轨标准断面图

50kg 1m 钢轨标准断面几何尺寸 表 2.3-2

钢轨类型	50	轨腰厚度 c(mm)	15.5
每米质量 M(kg)	51.514	螺栓孔高度（m）	68.5
钢轨截面 s(cm^2)	65.8	螺栓孔直径（m）	31
钢轨高度 h(mm)	152	轨端至 1 孔中心距离（mm）	66
轨头宽度 a(mm)	70	1～2 孔中心距离（mm）	150
轨底宽度 b(mm)	132	2～3 孔中心距离（mm）	140

（5）钢轨的机械性能

钢轨的机械性能见表 2.3-3。

主要国产钢轨机械性能 表 2.3-3

钢种	淬火情况	机械性能				使用情况
		σ(MPa)	σ_b(MPa)	δ_S(%)	硬度 HB	
U74	未淬火	大于 450	大于 800	9	280	大量使用
U71Mn	未淬火	大于 450	大于 883	大于 8	301	大量使用
	淬火	842	1177	—	350	
PD2	未淬火	561	970	9.2	300	已鉴定
	淬火	906	1263	12.5	320	
PD3	未淬火	570	大于 980	大于 10	300	未淬轨已鉴定，淬火待鉴定
	淬火	900	1300	大于 12.5	341～380	
稀土	未淬火	589	1077.6	大于 9.17	310～340	试验效果良好，待鉴定
	淬火	920	1225	大于 10	310～350	
U75V						由 PD3 更名

（6）钢轨的化学成分

钢轨的化学成分是钢轨质量的第一特征。除含铁（Fe）以外，还含有碳（C）、锰（Mn）、硅（Si）及磷（P）、硫（S）等元素，提高钢轨的含碳量，其抗拉强度、耐磨性及硬度均迅速提高，但含碳量过高，会使钢轨的延伸率、断面收缩率和冲击韧性显著下降。锰可以提高钢的强度和韧性，硅易与氧化合，能去除钢中的气泡，增加密度，提高含硅量能提高钢轨的耐磨性能，磷与硫在钢轨中均属有害成分，所以磷、硫含量必须严加控制。

城市地铁轨道建设初期所使用的钢轨为 U_{71mn}，由于其耐磨性能差，后来普遍改用 PD3，耐磨程度较大，能延长市区内小半径曲线钢轨的使用周期。近年来，铁路科学研究院与厂家将 PD3 钢轨进行一部研制，并更名为 U75V 型钢轨。

钢轨的工作条件十分复杂，车轮施加于钢轨上的作用力，其大小、方向和位置都具有很大的随机性，它主要承受轮载作用下的弯曲应力，在轮轨接触点承受接触应力。当轮轨关系良好时轮轨接触点在钢轨顶面中心，此时，钢轨承受正压力，当轮轨关系不好时，轮轨接触点偏离，此时，钢轨承受扭力。在曲线轨道上，由于外轨设置超高，钢轨还要承受水平方向的推力。在温度的变化下，钢轨内部产生温度应力。根据以上各种受力情况，钢轨在荷载及温度作用下，将发生压缩、伸长、弯曲、扭转、压溃、磨耗、裂纹等各种复杂的变形。

（7）轨型选用

城轨线路正线采用 60kg/m 轨，站场线路除试车线、出入场线采用 60kg/m 轨以外其余均采用 50kg/m 轨。由于小半径曲线的因素，城轨线路正线近年来采用 PD3 轨，目前，该钢轨已更名为 U75V。铺设普通线路的钢轨一般都制有螺栓眼孔，铺设无缝线路的钢轨都不预制眼孔。

（8）伤损钢轨

1）轻伤标准

① 钢轨头部磨耗达到轻伤标准（见磨耗标准）；

② 轨头下颚透锈长度不超过 30mm；

③ 轨端或轨面剥落掉块长度超过 15mm，深度超过 3mm；

④ 轨面擦伤，深度达到 0.5～1mm；

⑤ 波浪型磨耗，谷深超过 0.3mm。

2）重伤标准

① 钢轨头部磨耗达到重伤标准（见磨耗标准）；

② 在任何部位有裂纹；

③ 轨头下颚透锈长度超过 30mm；

④ 轨端或轨面剥落掉块长度超过 25mm，深度超过 3mm

⑤ 钢轨在任何部位变形，经判断确认内部有暗裂；

⑥ 钢轨锈蚀，经除锈后，轨底边缘处不足 8mm，轨腰厚度不足 14mm；

⑦ 轨面擦伤深度超过 1mm。

（9）钢轨磨耗标准

根据钢轨磨耗程度判定伤损等级见表 2.3-4 及表 2.3-5。

钢轨头部磨耗轻伤标准（mm）　　**表 2.3-4**

钢轨	总磨耗		垂直磨耗		侧面磨耗	
	正线	站线	正线	站线	正线	站线
75～60	14	16	9	10	14	16
60～50	12	14	8	9	12	14

总磨耗＝垂直磨耗＋1/2 侧面磨耗。

钢轨头部磨耗重伤标准（mm）　　**表 2.3-5**

钢轨	垂直磨耗		侧面磨耗	
	正线	站线	正线	站线
75～60	11	11	16	19
60～50		10		17

(10) 其他规定

1) 线路上个别插入短轨，正线不得小于 6m，站场线不得小于 4.5m。并不得连续插入。

2) 普通线路接头预留轨缝必须按规定计算，绝缘接头轨缝不得小于 6mm。

3) 钢轨硬弯用 1m 直尺测量矢度大于 0.5mm 时应矫直。

4) 钢轨接头轨面或内错牙一般不大于 2mm。

5) 轨端飞边大于 2mm 时应及时处理。

6) 波浪型磨耗谷深达到轻伤标准时，应进行打磨。

2. 钢轨联结零件

(1) 普通接头

普通线路，钢轨与钢轨之间用夹板连接，称为钢轨接头。见图 2.3-4 所示。

钢轨的接头按其平面位置关系可分为相对式和相错式两种。

接头联结的形式，按其相对于轨枕的位置，可分为悬空式和承垫式两种。

悬空式接头如图 2.3-5 所示。我国一般采用相对悬空式为标准形式。

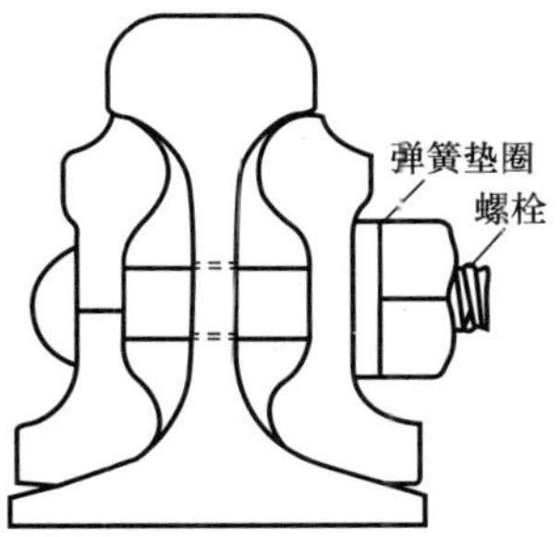

图 2.3-4 钢轨接头断面

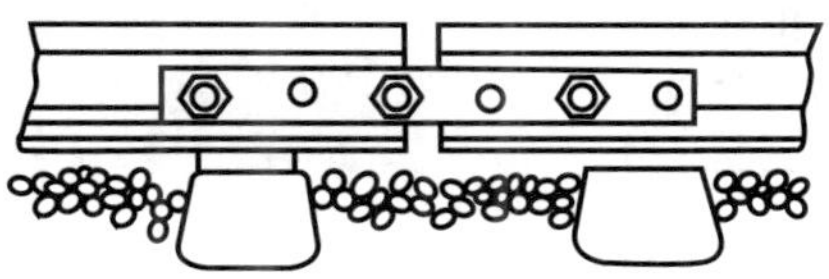

图 2.3-5 悬空式接头

(2) 冻结接头

冻结接头是通过机械手段将螺杆与螺栓孔之间的空隙全部进行填塞，使接头部分的所有构件实现冻结，不能产生任何位移。

先在钢轨螺栓孔内插入月牙形垫片，再用高强度螺栓将接头夹板与钢轨夹紧，强制两根钢轨的轨端密贴，使轨缝不再发生变化。目前，此种接头已在高架无缝线路中应用。

(3) 异型接头

不同类型的钢轨互相连接时，应使用异型夹板，（目前也普遍使用异型钢轨，如用 P60 钢轨一端轧制成 P50 轨的断面，将该异型轨作过渡，衔接 60kg/m 轨线路和 50kg/m 轨线路)。异型夹板的两端，分别与不同型钢轨相吻合。异形接头的联结，应使两钢轨工作面轨距线与轨顶最高点水平线都相吻合。

异形钢轨的联结，除使用异形夹板外，在接头枕木上还应铺设异形垫板，以保持与轨枕的密贴。异形夹板与异形垫板见图 2.3-6。

(4) 绝缘接头

在自动闭塞区段上，绝缘接头（图 2.3-7）设于区段两端的钢轨接头处，它的作用是保证轨道电路不能从这一闭塞分区传到另一闭塞分区。

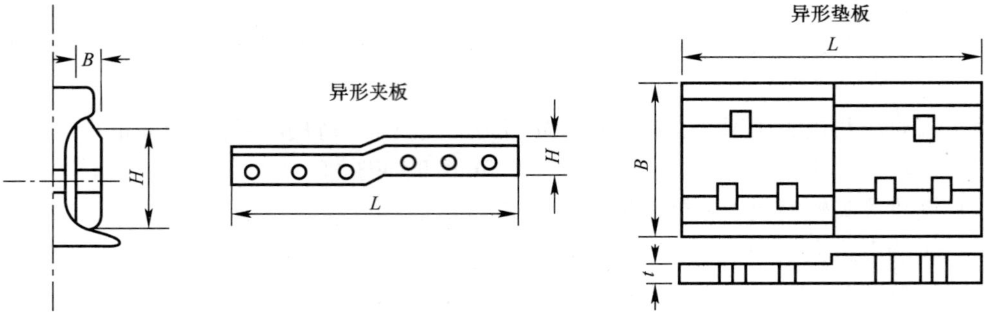

图 2.3-6　异形夹板及垫板

绝缘接头除夹板与螺栓外，用于绝缘的零件有绝缘槽、轨端绝缘片、绝缘套管、绝缘垫片等。见图 2.3-8。

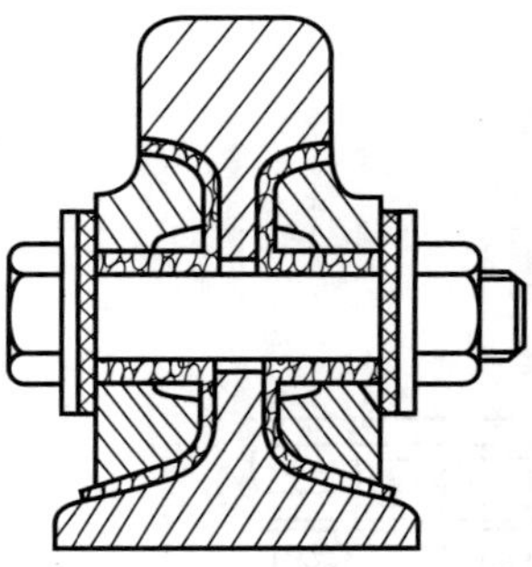

图 2.3-7　高强绝缘接头

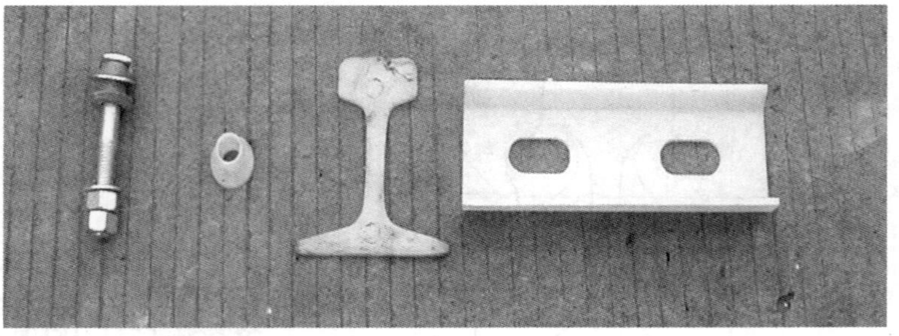

图 2.3-8　绝缘零件

（5）胶结接头

目前，已有胶结绝缘接头代替普通绝缘接头，不仅改善了绝缘性能和受力状态，还有利于增强钢轨接头阻力。

胶结接头是把绝缘接头部分全部胶结为一个整体，由厂家制作为成品或者于现场胶结。

（6）联结零件

钢轨接头的联结零件包括夹板（鱼尾板）、螺栓、弹簧垫圈及螺帽。P60 夹板见图 2.3-9，P50 夹板见图 2.3-10。夹板每一个接头夹板上有螺栓孔 6 个，分为圆形孔和长圆形孔两种孔形相间，用 6 枚螺栓上紧，螺母的位置在钢轨内外侧相互间错，万一车轮出轨，不致将全部螺栓切坏，仍能维持线路的连续。

螺栓孔径较螺栓直径略大，依靠钢轨圆形螺栓孔直径与螺栓直径之差，以及夹板圆形螺栓孔直径与螺栓直径之差，可以得到所需要的预留轨缝。

当使用普通螺栓时，接头阻力可达 235～265kN，当使用高强螺栓时，可达 392～598kN。为此，接头螺栓必须经常保持紧固状态，以维持其接头阻力。一级螺栓（高强螺栓）拧紧力矩为 882N·m，二级螺栓拧紧力矩为 686N·m。高强螺栓见图 2.3-10 及图 2.3-11。高强螺母见图 2.3-12 所示。

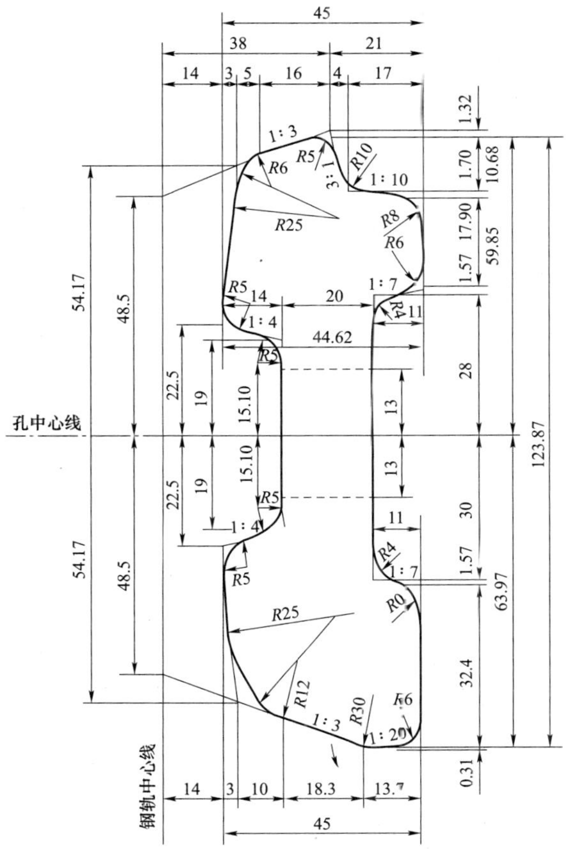

夹板断面图

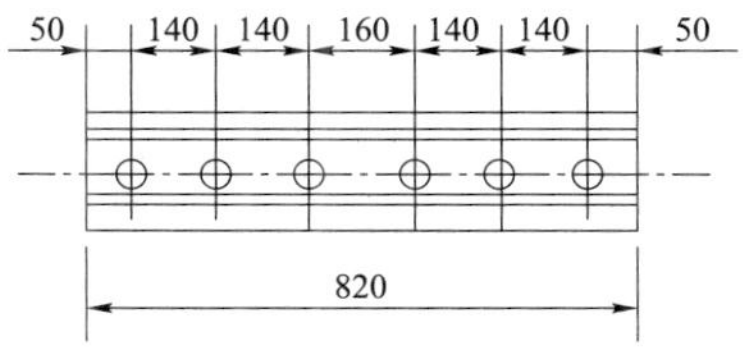

侧面图

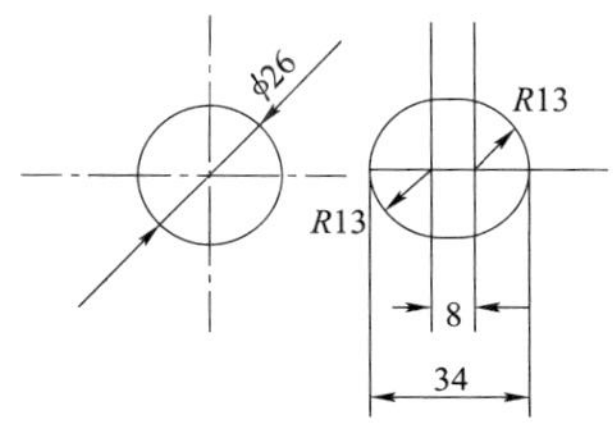

螺栓孔

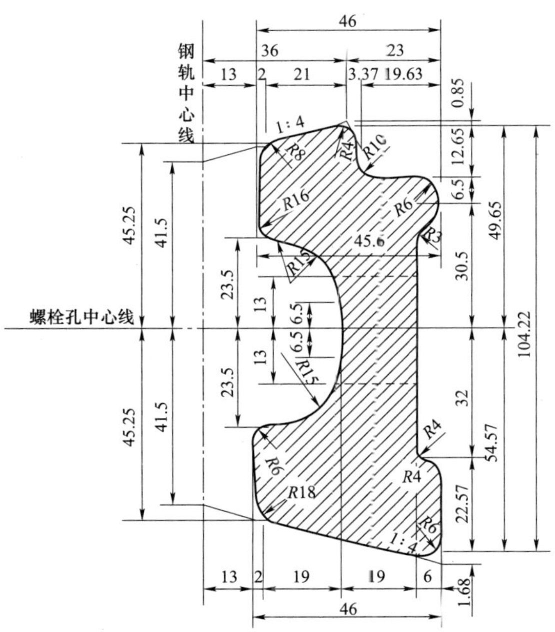

断面图

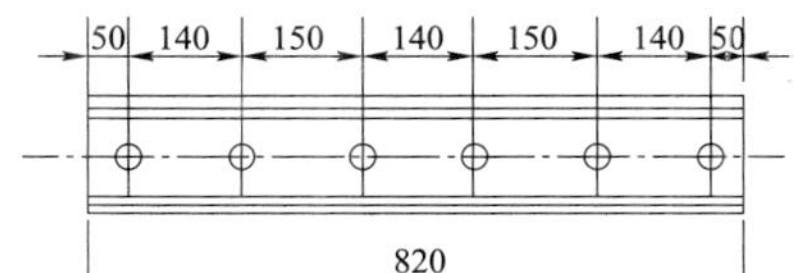

侧面图

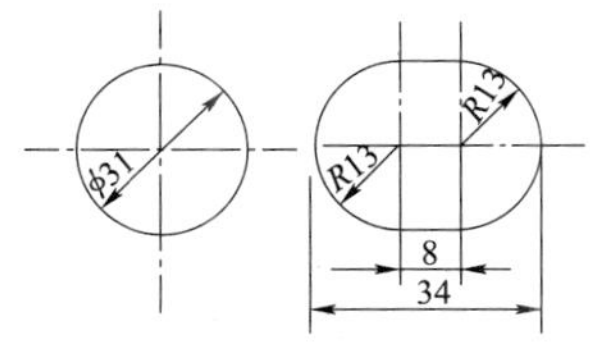

螺栓孔

图 2.3-9　P60 夹板

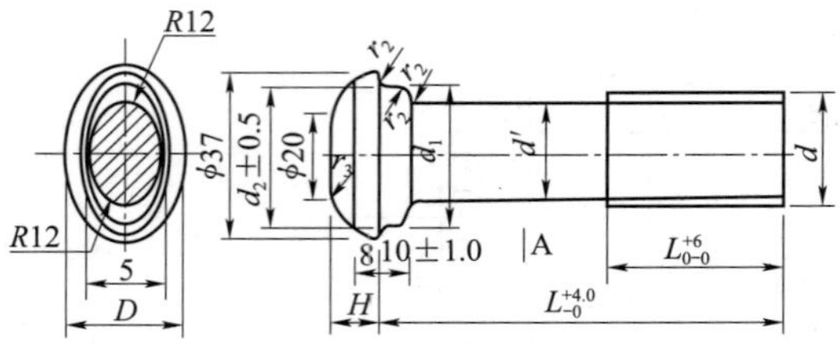

图 2.3-10　10.9 级高强螺栓

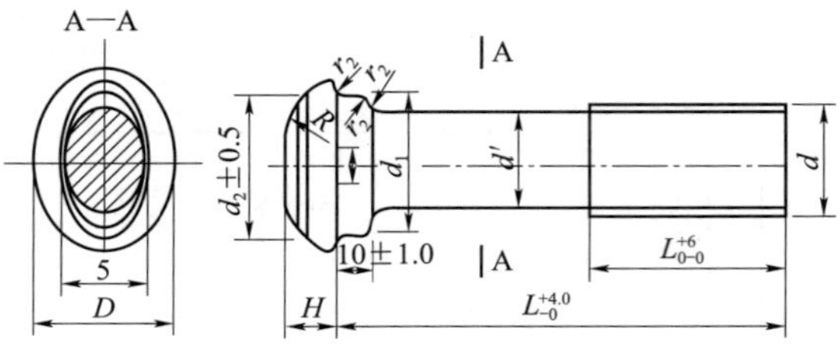

图 2.3-11　10.8 级高强螺栓

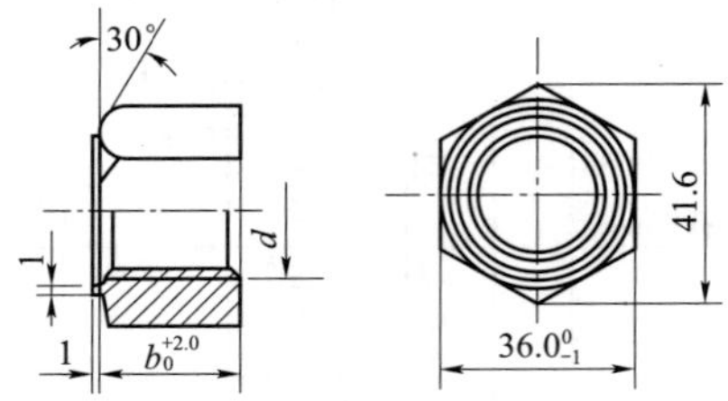

图 2.3-12　10 级高强螺母

高强螺栓与普通螺栓的几何尺寸分别见表 2.3-6 及表 2.3-7。

钢轨接头高强螺栓几何尺寸（mm）　　**表 2.3-6**

钢轨类型	螺栓直径	螺栓长度	螺纹长度	螺幅宽度	螺母厚度
60 轨	27	141	55	47.3	30
50 轨	24	150	60	41.6	27
43 轨	22	135	50	41.6	25

普通线路钢轨接头螺栓孔尺寸（mm）　　**表 2.3-7**

	60 轨	50 轨	43 轨
螺栓孔高度	79	68.5	62.5
螺栓孔直径	31	31	29
轨端至 1 孔中心距离	76	66	56
1～2 孔中心距离	140	150	110
2～3 孔中心距离	140	140	160

其中 43 轨供参考。

接头螺栓扭力矩按表 2.3-8 规定。

接头螺栓扭力矩　　**表 2.3-8**

项目	单位	25m 轨				12.5m 轨
		最高最低轨温差大于 85℃		最高最低轨温差小于 8℃		
钢轨	kg/m	60	50	60	50	50
螺栓等级	—	10.9	10.9	10.9	8.8	8.8
扭矩	N·m	700	600	500	400	400
c 值	mm	6		4		2

其他规定：

接头夹板折断或有裂纹时应及时更换；

接头螺栓应齐全，作用良好，缺损时应及时补充和更换；

接头螺栓及垫圈伤损时应及时更换。

(7) 接头轨缝

普通线路，为适应钢轨的热胀冷缩，在钢轨接头处预留轨缝，其基本原则是：

达到最高轨温 T_{max}时，轨缝≥0，轨端不受顶力；

达到最低轨温 T_{min}时，轨缝≤构造轨缝，接头螺栓不受剪力。

预留轨缝按下式计算：

$$\delta = a \cdot L(t_z - t_0) + \delta_{构}$$

式中 δ——预留轨缝（mm）；

α——钢的线膨胀系数，取 0.0118；

L——钢轨长度（m）；

t_z——中间轨温（℃），为当地最高最低轨温的平均值，其中最高轨温取值比当地最高轨温高 20℃；

t_0——施工时的轨温（℃）；

$\delta_{构}$——构造轨缝（mm），50kg/m、60kg/m 钢轨采用 18mm。

轨缝偏小时，高温季节，钢轨伸长无余地，造成瞎缝，严重的造成钢轨鼓曲，轨缝偏大时，冬季容易把夹板螺栓拉弯或拉断。所以，轨缝应严格按设计规定设置，不宜过大，也不宜过小。

轨缝如出现以下情况时，必须及时调整：

轨缝严重不均匀；

线路爬行量超过 20mm；

连续三个瞎缝或大于构造轨缝。

当某段线路的轨缝之和基本符合规定时，调整轨缝的方法如下：

1) 调查轨缝及两股钢轨接头的相错量；

2) 分别计算两股轨缝总和；

3) 计算平均轨缝；

4) 选取基准股，计算每根钢轨的串动量，其中要考虑另一股接头的相错量；

5) 计算另一股钢轨的串动量；

6) 现场放样；

7) 用匀缝器将轨缝调整。

当轨缝之和不符合规定时，在计算轨缝的基础上还要进行配轨计算，另行配置一对钢轨，在调整轨缝的同时进行更换钢轨作业。轨缝调整后的扭力矩必须符合表 2.3-8 规定。

2.4 轨道扣件

轨道扣件有五大系列：第一为传统系列；第二为 DT 系列；第三为 WJ 系列；第四弹簧系列；第五减振系列。

传统系列为国家铁路的一系列扣件，主要有木枕扣件和混凝土扣件。由于城轨线路都设计有一定数量的地面线和站场线，继续保留了碎石道床的特点，所以，国家铁路的传统扣件仍然在城轨线路中继续使用。

城轨线路，绝大部分都采取了新型的结构和新型的轨下基础，为使扣件满足轨面调高、调整轨距和减振的要求，各专业研究院、设计院通过许多年的研究和试验，设计出符合各类特点的新型扣件。从而，大量新型扣件不断推陈出新，主要有 DT 系列、WJ 系列、弹簧系列和减振系列等。

DT 为地铁的意思。该系列的扣件有 DT-Ⅰ、DT-Ⅱ、DT-Ⅲ、至 DT-Ⅶ等形式，还有派生的改良型 DT-Ⅲ—2 扣件等。其中，DT-Ⅰ、DT-Ⅱ主要应用在北京地铁，DT-Ⅲ、DT-Ⅶ主要应用在上海地铁，其他有为沈阳、青岛等城市轨道所设计，也有的是在个别地段所使用。

WJ 系列，WJ 为无挡肩的意思。该系列扣件有 WJ-1、WJ-2 至 WJ-5 等形式。其中 WJ-1，曾使用于国铁无碴桥面的线路，WJ-2 使用于上海地铁及武汉地铁的高架线路。

弹簧系列，有单趾弹簧扣件和双趾弹簧扣件两种，目前使用于广州地铁。

减振系列扣件是为减少地铁振动对周边建筑的影响而专门设置的。由于城市地铁的正线穿越市区中心，地铁运行所产生的振动和噪声常常给周边的建筑群带来一定的影响，为使这种影响减少到最低程度，必须在特殊的地段进行特殊的设计，加设减振设备。

1. 传统系列扣件

钢轨与轨枕之间的联结零件称为扣件。普通线路的扣件，按其相对于钢轨的部位分为接头扣件和中间扣件两种。扣件，要求具有足够的强度、耐久性和一定的弹性，能长期有效地保持钢轨与轨枕的可靠联结，阻止钢轨相对于轨枕而移动，此外，还要构造简单，便于安装及拆卸。

（1）木枕扣件

木枕扣件通常应用于站场 P50 轨木枕线路，木枕扣件包括道钉、扣板、垫板及弹性垫层，扣件方式主要有分开式和混合式两种。

1）分开式扣件

所谓分开式就是分开分别扣紧，即将钢轨与扣板、垫板与木枕分别单独扣紧。分开式扣件零配件包括垫板、螺纹道钉、轨卡（接头与中间）、轨卡螺栓、螺母、轨下垫板、弹簧、弹簧垫圈、平垫圈等。分开式扣件如图 2.4-1 所示。

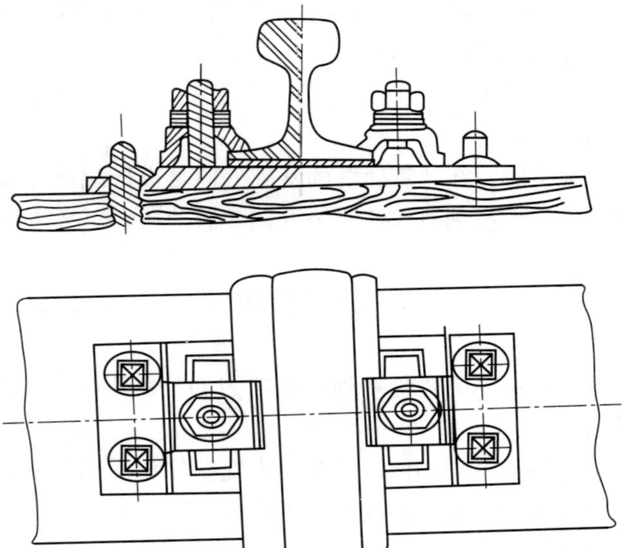

图 2.4-1　分开式扣件

其中，用螺纹道钉将铁垫板和木枕扣紧，用轨卡、螺栓、弹簧、垫圈等将钢轨、轨下弹性垫板和铁垫板扣紧。由于零件多，更换钢轨非常麻烦。

2）混合式扣件

混合式扣件是使用最广泛的一种方式，用道钉将钢轨、垫板与木枕一起扣紧。

混合式扣件如图 2.4-2 所示。垫板见图 2.4-3。

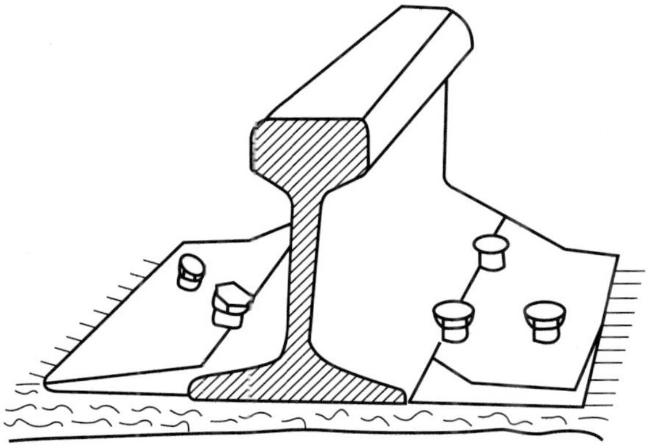

图 2.4-2　混合式扣件

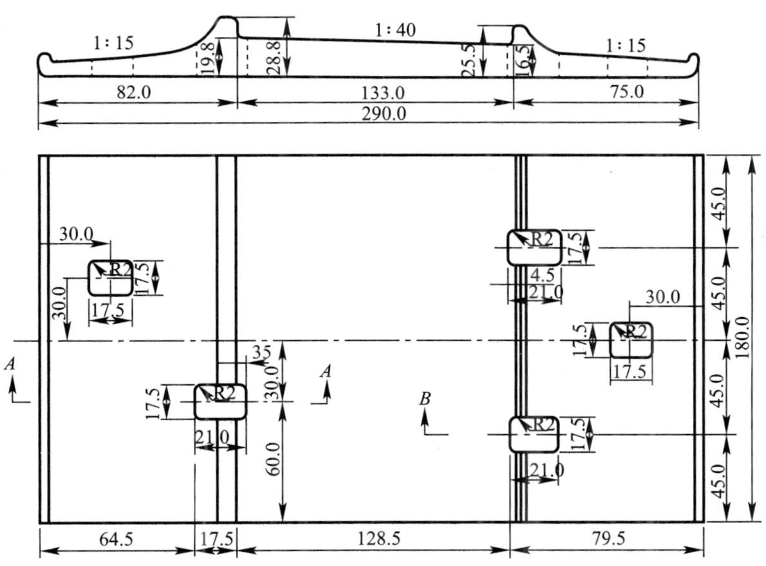

图 2.4-3　P50 轨垫板

在如图 2.4-2 所示的五颗道钉中，有三颗将钢轨、铁垫板和木枕一起扣紧，另有两颗钉将垫板与枕木单独扣紧。根据其功能，分为轨距钉与方向钉两种。

混合式扣件的优点是零件少，安装方便，但容易受振动影响，道钉浮起，降低扣压力。

（2）混凝土枕扣件

1）扣板式扣件

扣板式扣件用于次要线路和站场线路。在城市地铁站场混凝土轨枕线路上使用也较多。扣板式扣件见图 2.4-4。

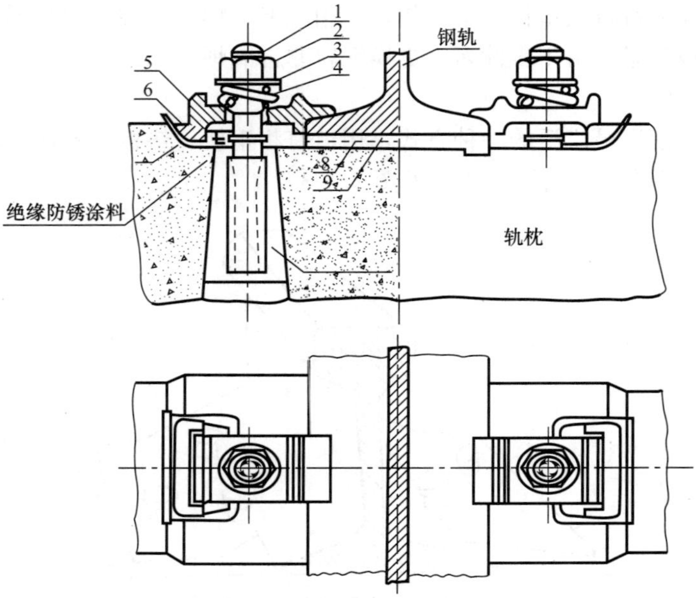

图 2.4-4　扣板式扣件

1—螺纹钉；2—螺母；3—平垫圈；4—弹簧垫圈；5—扣板；6—铁座；7—挡肩垫片；8—弹性垫板；9—调整垫板

为适应轨距的需要，扣板有六种不同规格，每块板上下两面的尺寸不同，可以翻转使用。见表 2.4-1。

扣件调整情况表　　**表 2.4-1**

钢轨类型	50 轨（60 轨为正线使用，已采用新扣件）			
轨距	左股		右股	
	外侧	内侧	外侧	内侧
1435	10	6	6	10
1437	10	6	8	8
1439	8	8	8	8
1441	8	8	10	6
1443	6	10	10	6
1445	6	10	12	4
1447	4	12	12	4
1449	4	12	14	2
1451	2	14	14	2

2）弹片式扣件

城市地铁未采用，故略。

3）弹条式扣件

弹条式扣件广泛应用于国家铁路的正线，它是自 20 世纪 70 年代始至 80～90 年代，我国碎石道床线路扣件的主要形式。尽管现代化的提速干线，在扣件设计上也进行了同步更新，但根据它的类型与特点，仍然属于弹条式扣件。

城市轨道交通，地面线路的正线部分，基本上都采取了这种扣件形式。

弹条式扣件主要由 ω 弹条、螺旋道钉、轨距挡板、挡板座及弹性垫板等组成，组装方式见图 2.4-5。

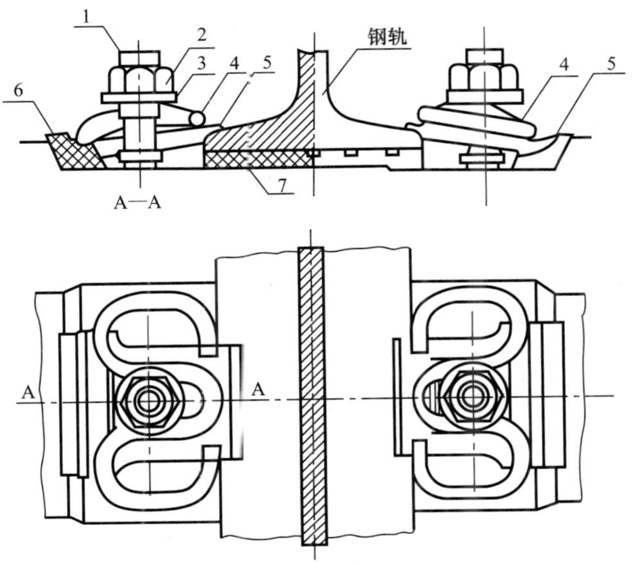

图 2.4-5　弹条式扣件组装图

1—螺旋道钉；2—螺母；3—平垫圈；4—弹条；5—轨距挡板；6—挡板座；7—弹性垫板。

轨枕在制作时预留有道钉锚固孔，组装或铺设前先进行硫磺锚固，将螺旋道钉与轨枕固定。

钢轨通过 ω 弹条扣压固定，螺栓扭力矩必须达到 80～120N·m 才能使线路稳定，阻止钢轨在轨枕上纵向爬行，同时，弹条还能提供一定程度的弹性。

轨距通过轨距挡板及挡板座加以控制和调整。挡板座也称尼龙挡肩，在新型线路扣件设计中，当不设置轨距挡板时，以不同规格的尼龙挡肩来调整轨距，其新名称为轨距垫。

轨底与轨枕承轨台之间加设 10mm 厚度的橡胶垫，以提高弹性。当左右两股钢轨的水平发生变化时，可以于轨底和橡胶之间增加薄型竹木垫层来进行调整。

根据扣件安装在钢轨上的部位来区分，有中间扣件和接头扣件两种。普通线路，钢轨通过夹板进行连接，该位置的扣件受到夹板的影响，必须将其几何尺寸进行修改，设计成接头扣件，钢轨的其余部位，均为中间扣件。

接头扣件与中间扣件见图 2.4-6。

弹条Ⅰ型扣件是国家线路的传统扣件。城轨线路，凡是碎石道床的轨下结构都是比较适宜的，无论是地面正线还是站场线路，应继续广泛地应用。

2. DT 系列扣件

(1) DT-Ⅰ型扣件

DT-Ⅰ型扣件是我国最早期的城轨线路扣件（图 2.4-7），该扣件为全弹性分开式，性能较好，扣压件为弹性扣件。

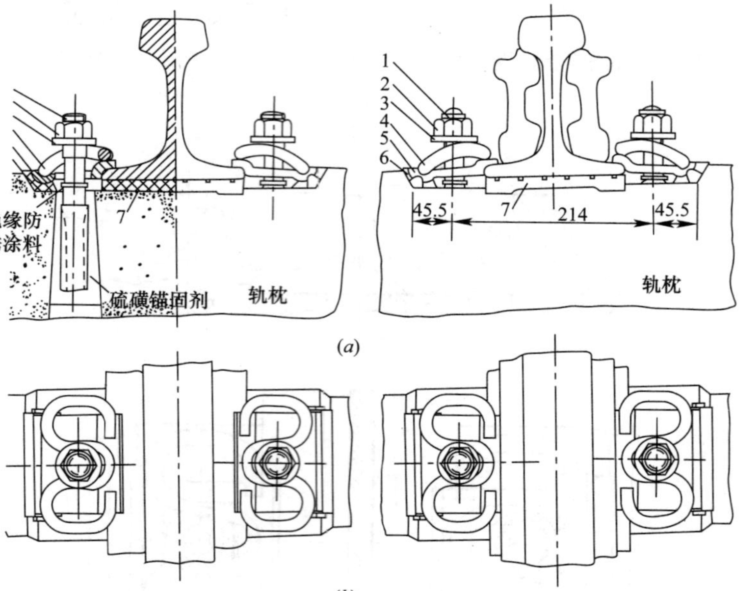

图 2.4-6　弹条Ⅰ型扣件

（a）中间扣件；（b）接头扣件

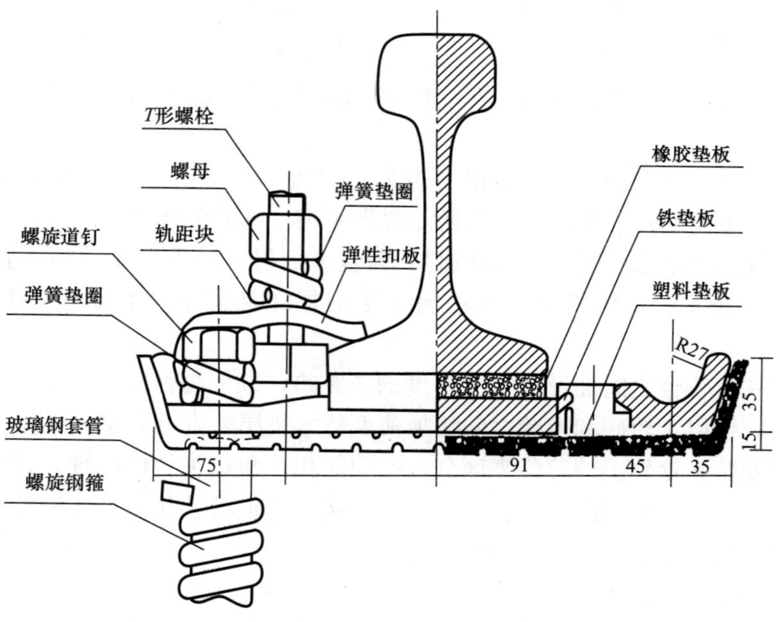

图 2.4-7　DT-Ⅰ型扣件

扣件的组成：

组成扣件的零部件分为两个部分，第一部分扣紧铁垫板与轨枕；第二部分扣紧铁垫板与钢轨。第一部分零部件：螺纹道钉、弹簧垫圈、玻璃钢套管、螺旋钢箍、铁垫板、板下槽型橡胶垫板。第二部分零部件：T 形螺栓、螺母、弹性扣板、弹簧垫圈、轨距块、轨下胶垫。

扣件的特点和技术指标

轨距调整量＋8mm、－12mm，高低调整量为－5mm，＋10mm。轨下设一层 10mm 厚的橡胶垫板，铁垫板下设一层 8mm 厚的塑料垫板，不仅起弹性作用，还起绝缘作用，扣件弹性一般。扣件与轨枕的联结，采取在枕内预埋玻璃钢套管，用螺旋道钉拧紧的方式。

根据北京地铁的使用情况，效果良好。近年来，由于线路结构的设计不断更新，扣件的形式也在原有的基础上不断地研制、开发和更新。因此，目前新线铺设中 DT-Ⅰ型扣件的使用已不多见。

（2）DT-Ⅲ型扣件

该扣件是在 DT-Ⅰ型扣件基础上进行改制而成，目前是地铁隧道内应用较多的一种形式。扣件组装见图 2.4-8。

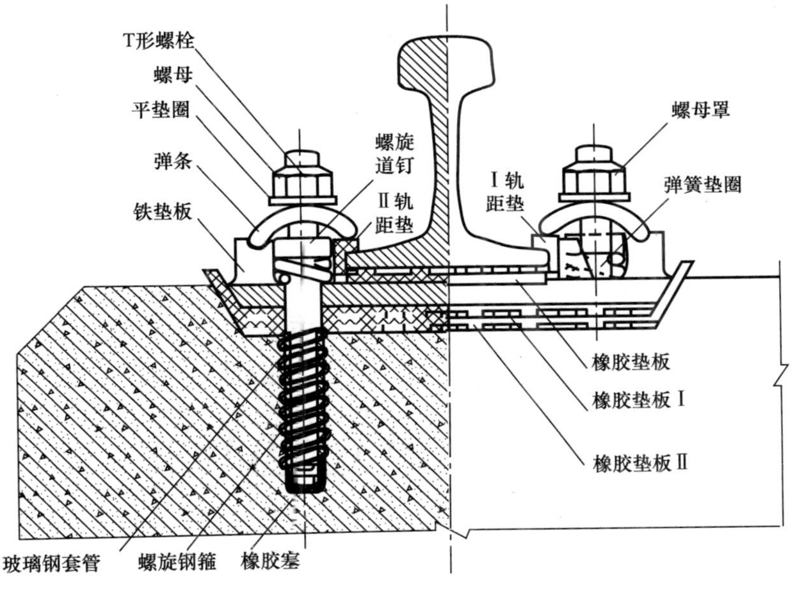

图 2.4-8　DT-Ⅲ型扣件

1）扣件的组装方式与适用范围

本扣件为全弹性分开式，适用范围：60kg/m 钢轨，减振要求一般地段，轨枕式点支撑整体道床。组装方式如下：

用螺旋道钉将铁垫板固定于轨枕，再通过 T 形螺栓及弹条将钢轨固定于承轨槽。在铁垫板上下，分别设置弹性垫层，以增加轨道的弹性。

2）扣件的特点与技术指标

① 扣压件采用地面铁路的通用件 B 型弹条，组装时扭矩宜控制在 100～120N·m

② 扣件节点的垂直静刚度为 210～250kN/cm，横向静刚度为 250～300kN/cm。

③ 扣件抗横向动态 35kN，荷载循环 300 万次。

④ 预埋件玻璃钢套管抗拔力大于 80kN。

⑤ 一组扣件的防爬阻力大于 11kN。

⑥ 轨距调整量为＋8、－12mm；水平调整量一般为＋10mm。

3）零部件简介

各零配件分别见图 2.4-9～图 2.4-18 所示。

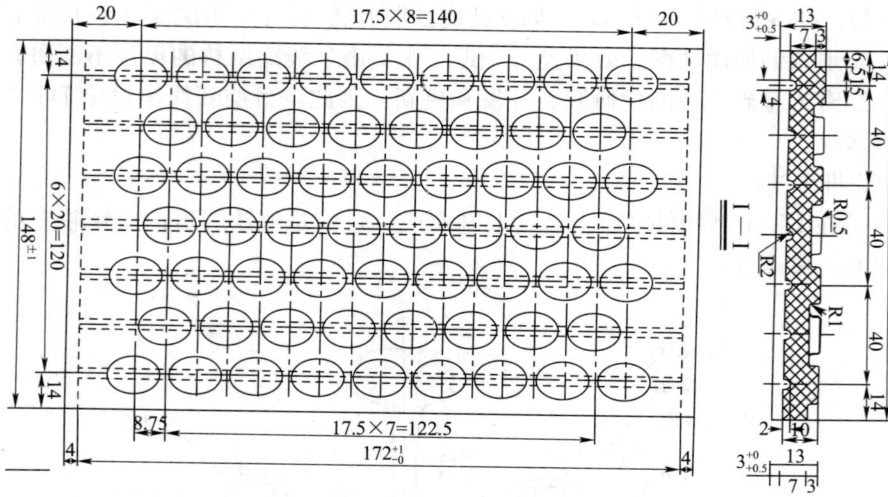

图 2.4-9　轨下胶垫

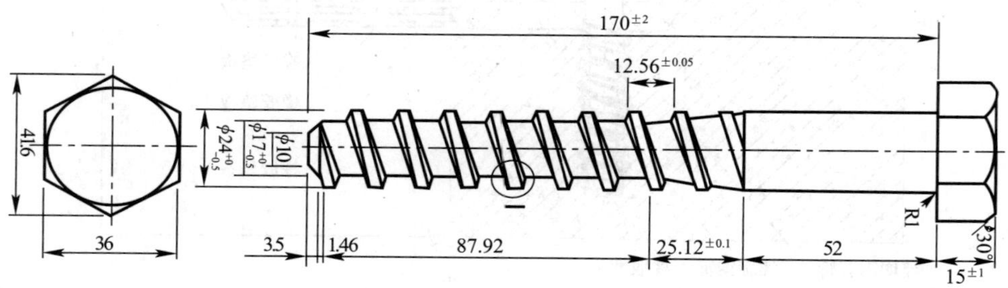

图 2.4-10　螺旋道钉

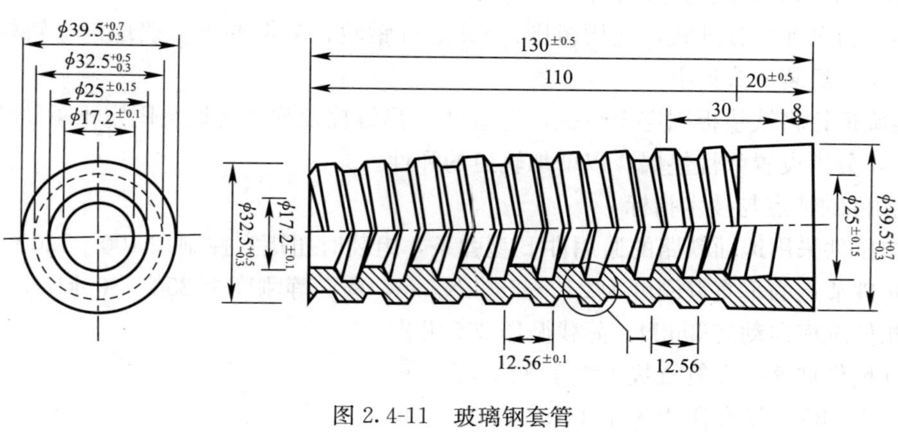

图 2.4-11　玻璃钢套管

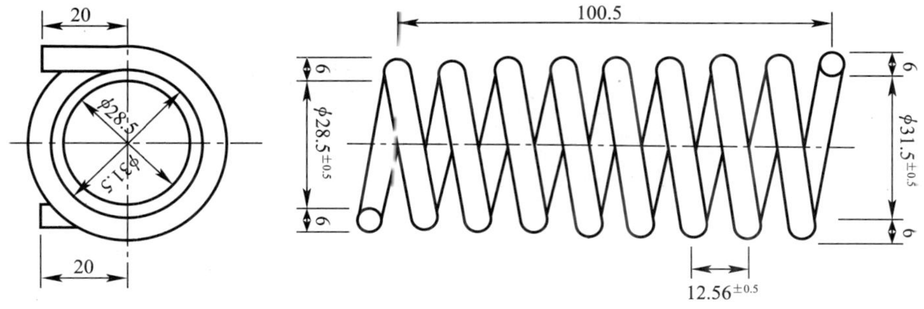

图 2.4-12　箍筋

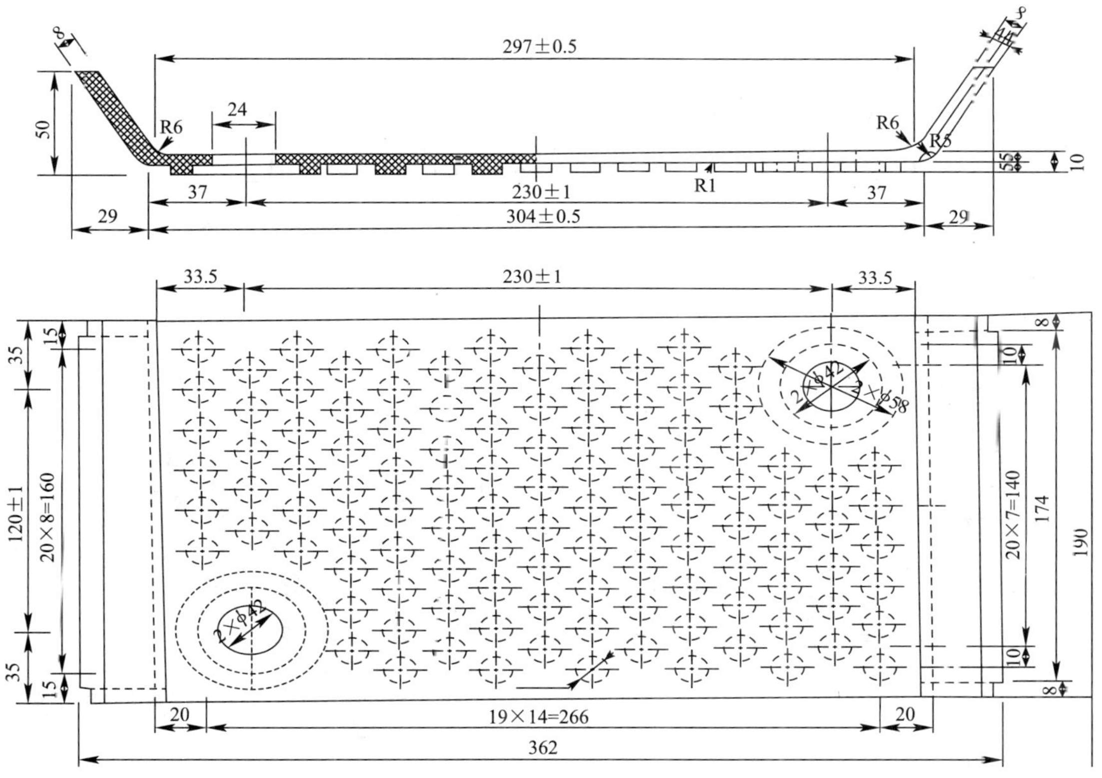

图 2.4-13　板下槽型胶垫

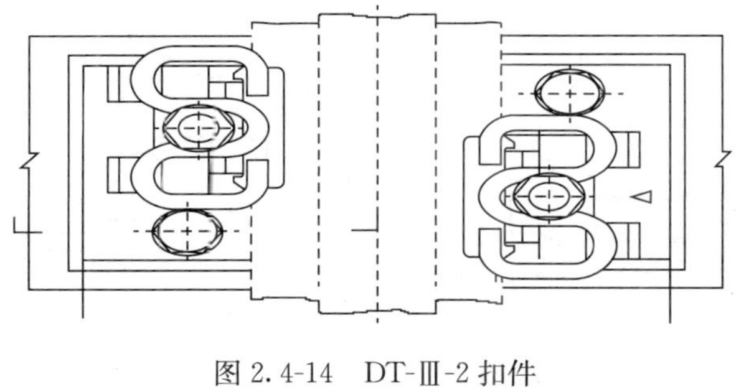

图 2.4-14　DT-Ⅲ-2 扣件

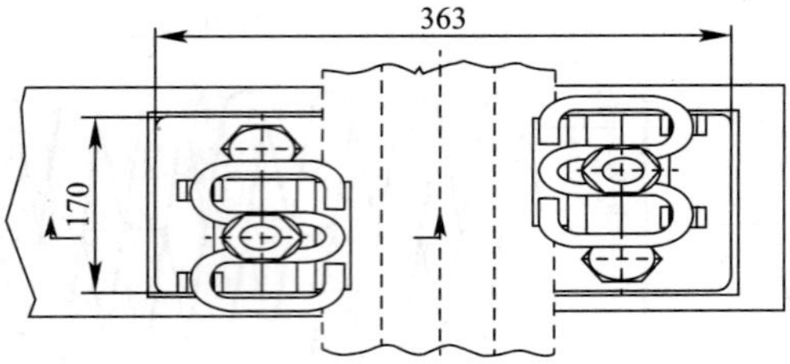

图 2.4-15　DT-Ⅶ型扣件

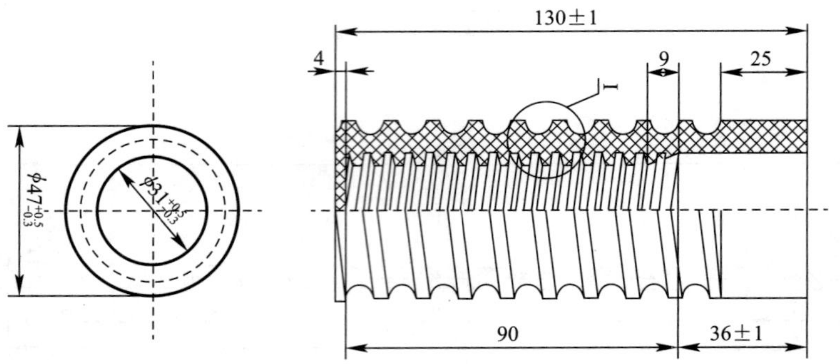

图 2.4-16　新式轨距垫

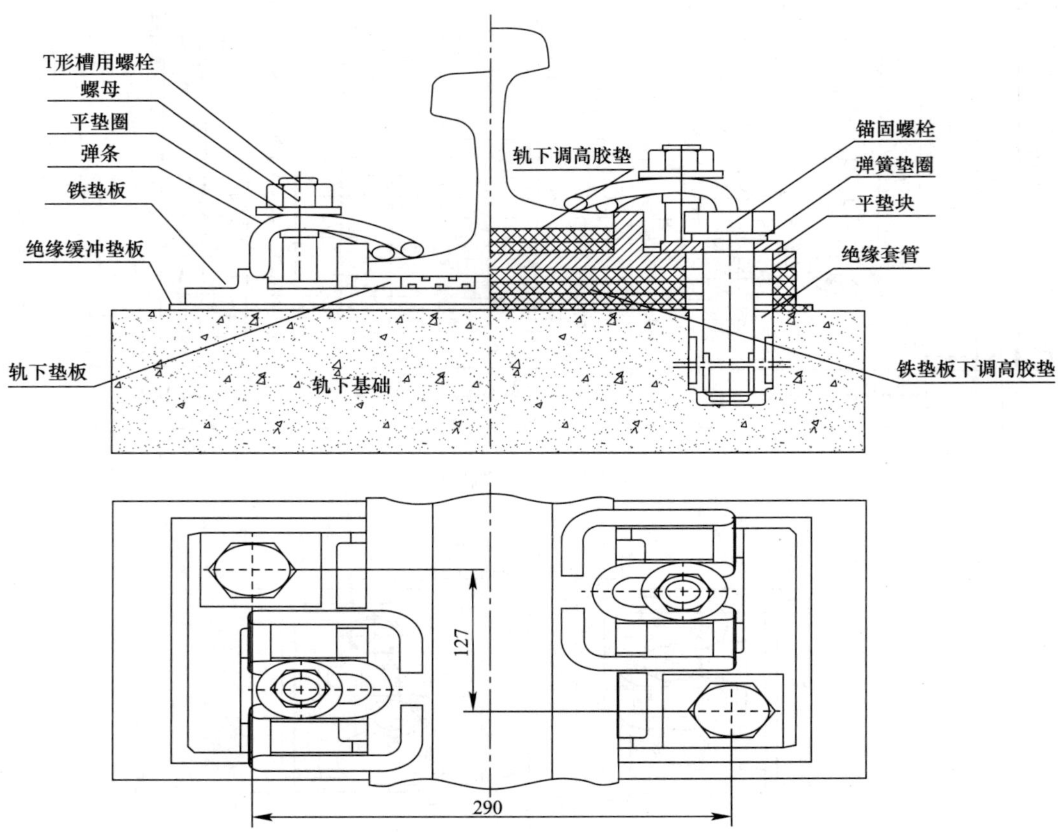

图 2.4-17　WJ-2 扣件组装图

第一部分：

① T 型螺栓：

材料采用 Q235 钢，重量 0.294kg。

② 螺母：

材料采用 Q235 钢，重量 0.150kg。

③ 弹簧垫圈。

④ 螺母罩。

材料为尼龙，重量为 0.004kg

⑤ 平垫圈。

材料采用 Q235 钢，重量 0.073kg

图 2.4-18　WJ-2 扣件实体图

⑥ B 型弹条。

引用国铁弹性扣件系列中的 B 型弹条，材料采用 $60Si_2Mn$ 或 $55Si_2Mn$，理论展延长度为 432.8mm，重量 0.449kg

⑦ 轨距垫。

用于调整轨距并起减振和绝缘作用，型号有 6、8、10、12 四种规格，8 号用在钢轨内侧，10 号用在外侧，6、12 号调整轨距备用。

材料及技术参数：

聚酰胺 66，抗拉强度大于 156MPa，抗压强度大于 140MPa，弯曲强度大于 225MPa，冲击强度大于 $68kJ/m^2$，在温度 20±5℃时，受 78.5kN（8tf）静载压缩残余变形量小于 0.4mm，在 100℃水中煮 2h 后，其绝缘电阻值大于 $10^8\Omega$，在 100℃水中煮 2h 后，其吸水率不超过 3%。

⑧ 轨下橡胶垫板（图 2.4-9）。

材料及技术参数。

材料为耐酸橡胶。

硬度：68～73°（刚度：200～255kN）

扯断强度：≥13MPa，200%。

定伸强度：≥10MPa，永久变形：≤20%。

工作电阻：≥$10^8\Omega$，老化后（100℃72h）。

扯断强度：≥10MPa。

圆柱跟部均应作成 R1 圆弧，垫板重量：0.268kg。

第二部分：

① 螺旋道钉：

材料采用 Q235 钢，重量 0.633kg，加工时采用 ϕ22 圆钢碾压为宜（图 2.4-10）。

② 弹簧垫圈：

材料采用 $60Si_2Mn$ 或 $55Si_2Mn$，重量：0.103kg。

③ 玻璃钢套管：

玻璃钢套管连同螺旋钢箍预埋在长轨枕内，螺旋道钉与套管组合，将铁垫板和轨枕联结一体。材料采用酚醛树脂玻璃钢，工作电阻：≥$10^8\Omega$，抗拔力大于 80kN，重量：0.100kg。

④ 螺旋钢箍（图 2.4-12）：

材料采用 ϕ6Q235 钢筋制造，每个展延长度 1.06m，重量 0.235kg。

⑤ 铁垫板：

材料采用 KTH350-10，重量 7.830kg。

垫板不得有冷隔、缩孔、疏松和裂纹。

垫板应平直，整形后任何点翘曲不应超过 1mm。

垫板局部缺陷深度不大于 1mm，面积不大于 3mm×3mm，缺陷不多于 3 处。

⑥ 铁垫板下槽型橡胶垫（图 2.4-13）

垫板重量：0.93kg，其余技术参数同轨下胶垫。

4）DT-Ⅲ扣件综述

DT-Ⅲ扣件的主要特点是通过轨下平式橡胶垫板和铁垫板下的槽式橡胶垫板双重弹性缓冲，减振效果比较良好。

DT-Ⅲ扣件主要适宜于隧道内一般减振地段的带枕浇注式整体道床线路，根据对使用情况的调查，各方面效果基本良好。

DT-Ⅲ型扣件采取分开固定式，用螺旋道钉将铁垫板与轨枕固定，再用 T 形螺栓通过弹条将钢轨与铁垫板固定，对于日常养护维修比较方便，在调整线路的轨距、水平、方向和高低时都不需要松动螺栓道钉，只需要松拆 T 形螺栓便可以操作。在减振方面，效果也比较理想。不足之处是轨距垫 2mm 级差，使轨距变化率不十分理想。由于整体道床线路，不能进行拨道作业，除了调整轨距，调整轨向也需要通过轨距垫进行，另外，小半径曲线，当磨耗很大时，或发生不均匀磨耗时，也需要对曲线的轨距和曲线正矢进行调整，养护人员调整不当时，会出现晃车现象，因此，轨距垫的设计有待继续改善。DT-Ⅲ型扣件的缺点之二是高程的调整量太小（仅 10mm），不能满足沉降的需要，也有待于改善。

（3）DT-Ⅲ-2 型扣件

近几年，设计部门对 DT-Ⅲ扣件作了反复的研究，并在此基础上进一步改进而设计出 DT-Ⅲ-2 型扣件。该扣件为无挡肩弹性分开式，适用于 60kg/m 钢轨隧道内一般减振地段的枕式点支撑混凝土整体道床。DT-Ⅲ-2 型扣件组装方式见图 2.4-14。

1）扣件的组成：

① T 型螺栓、螺母；

② 平垫圈；

③ B 型弹条；

④ 螺旋道钉 T30；

⑤ 轨距垫（8～10 号）；

⑥ 铁垫板；

⑦ 弹簧垫圈 ϕ30；

⑧ 尼龙管套螺母罩；

2）扣件的技术参数：

① 扣件节点垂直静刚度为 21～25kN/m；

② 横向静刚度为 25～30kN/m；

③ 轨距调整量为＋8，－12mm；

④ 扣件水平调整量一般为＋10mm；

⑤ 扣件允许最大水平疲劳荷载能力 40kN；

⑥ 荷载循环 3×10^8 次；

⑦ 一组扣件的防爬力大于 11kN；

⑧ 扣件的绝缘部件电阻均大于 $10^8\Omega$。

（4）DT-Ⅶ型扣件（图 2.4-15）

DT-Ⅶ型扣件是对 DT-Ⅲ扣件的进一步改进，为全弹性分开式扣件。DI 弹条，材料为 ϕ18 弹簧钢，扣压力较强，单个弹条扣压力为 8kN，弹性好，弹程为 10.5mm。DT-Ⅱ弹条，材料为 ϕ14 弹簧钢，单个弹条扣压力为 3kN，轨距垫，材料为增强聚酰胺 6，因铁垫板设计作了改进，轨距垫外形设计也相应变化，两个端头增加了一个弯头，卡住铁垫板上的挡肩，以防止轨距垫纵向位移。轨距垫设 4 种规格，轨距调整量一般为＋8mm，－16mm，特殊情况下可调整＋14mm，－22mm。橡胶垫板上下设有圆柱形粒子，提高减振效果。

DT-Ⅶ扣件在各个方面的改进基本上都比较理想，但对轨距垫的改进，值得进一步探讨，设计新型轨距垫，其目的是防止轨距垫的爬行。其实，轨距垫在不受纵向力的情况下，仅靠振动给它带来的爬行量是有限的。在结构上，新式轨距垫（图 2.4-16）在安装时是单规格的，不能翻转使用，且造价提高，相应提高了维修成本。

曲线超高的设置值常常会与运行速度不相匹配的情况，使轨面的轮轨光带偏离。因此，完全有必要设计几种不同规格的楔形垫板，实际上就是对轨底坡重新进行一次微调，以求得磨合良好的轮轨关系。

3. WJ 系列扣件

（1）WJ-2 型扣件（图 2.4-17、图 2.4-18）

1）扣件的组成

第一部分：铁垫板、板下缓冲胶垫、板下调高胶垫、锚固螺栓、弹簧垫圈、平垫块、绝缘套管；

第二部分：T 形螺栓、螺母、平垫圈、弹条、轨下胶垫、轨下调高胶垫。

2）扣件的结构特点

① 采用铁垫板分开式弹性扣件，由预埋于混凝土支撑块的绝缘套管和锚固螺栓配合紧固铁垫板。

② 扣压件采用弹条形式，弹条尾部弯成竖向平直段，使螺栓作用点后移，不仅在同样扣压力时，增大了弹条弹程，而且可同时保证扣件按设计要求拧紧时有足够大的螺母扭矩，不易松动，减少维护工作量。

③ 轨下使用复合胶垫，降低扣件阻力，以减小桥梁与焊接长钢轨的相互作用力。

④ 具有较大的调高能力，扣件通过铁垫板下和轨下垫入调高垫板实现钢轨调高，

⑤ 具有较大的调整轨向和轨距的能力，调整轨距通过移动带有长圆孔的铁垫板来实现，为无级差调节。

⑥ 无碴无枕，混凝土承轨台不设挡肩，无轨底坡。铁垫板上设置 1∶40 轨底坡。

⑦ 铁垫板上设布肋台，钢轨调高时，轨下调高垫板不易窜出。

3）扣件主要技术参数

① 扣件调高量 40mm，其中，轨下调整量 10mm，铁垫板下为 30mm。

② 扣件轨距调整量为 20mm，即±10mm，调整轨距是通过移动带长圆孔的铁垫板来实现，为连续无级调整。

③ 扣件最大承受横向力 40kN（疲劳荷载）。

④ T 形螺栓螺母扭矩 70～90N·m。

⑤ 锚固螺栓拧紧扭矩为 300N·m。

⑥ 预埋绝缘套管抗拔力大于 100kN。

⑦ 钢轨与承轨台间电阻大于 $10^8\Omega$。

⑧ 扣件节点刚度为 40～60kN/mm。

4）扣件综述

WJ-2 扣件不设计轨距垫，T 形螺栓和弹条只剩下扣压钢轨功能，而螺旋道钉的作用却得到充分发挥，轨下铁垫板，采取长圆形螺栓孔，使铁垫板能有一定的余量进行横向位移。这样，如果把一段线路的螺旋道钉松开，使用专用工具，便可以拨轨，进行矫正线路方向和调整轨距的作业，这种整体式的拨动，容易产生较好的变化率。当然，养护维修部门应设计更科学合理的拨道器具，力求减少操作过程中的麻烦。使用 WJ-2 扣件，无缝线路受轨温影响所发生的伸缩，没有达到设计预期值，应进一步对轨下复合垫板进行研究、测试，选取更适宜的方案，并同时考虑其减振的效果。

（2）WJ-4 型扣件

为正在研制的新型扣件，类似于国外的 PANDROL 扣件，无螺栓、无挡肩，扣压件为 ϕ18 弹条，弹程大于 10mm，调高量为 15mm。轨距调整量为＋8mm，－12mm，扣件节点防爬阻力大于 11kN/m，单个弹条扣压力为 9kN，节点刚度为 35～50kN/mm。扣件结构简单，有利于制作、安装和养护维修。

4. 弹簧系列扣件：

（1）单趾弹簧扣件（图 2.4-19、图 2.4-20）

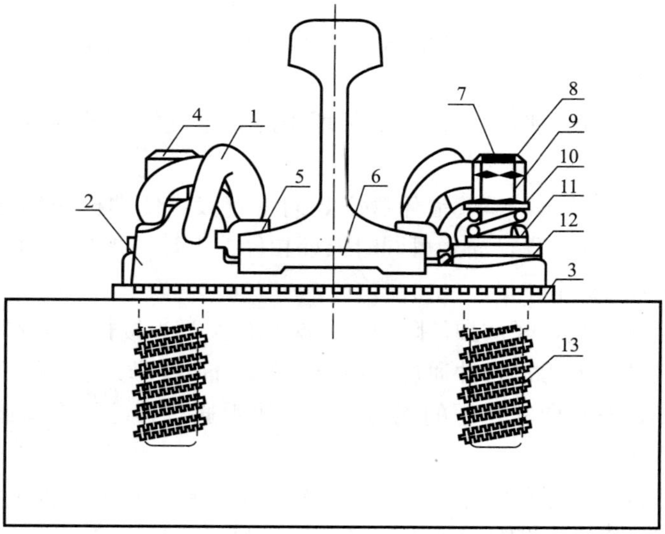

图 2.4-19　单趾弹簧扣件

1—单趾弹簧，60Si2Mn；2—铁垫板，KTH50-60 可锻铸铁；3—板下缓冲垫板，橡胶；4—防护罩，尼龙 6；5—轨距垫，玻璃纤维增强尼龙 6；6—轨下缓冲垫板，橡胶；7—双头螺柱，M27，10.9 级；8—扣紧螺母，M27；9—螺母，M27；10—平垫圈，100HV；11—双层弹簧垫圈，60Si2Mn；12—绝缘套，玻璃纤维增强尼龙 6；13—螺纹套管，玻璃纤维增强尼龙 6。

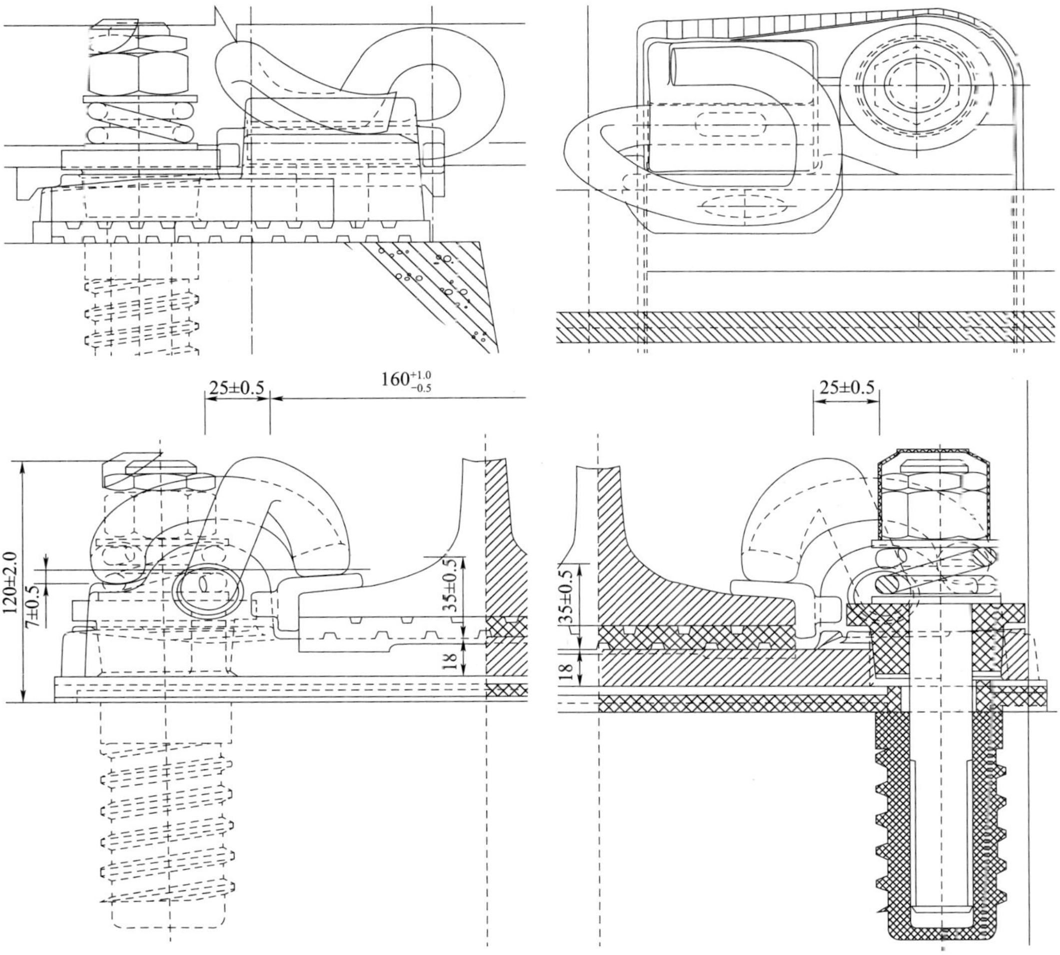

图 2.4-20　单趾弹簧扣件

1）单趾弹簧扣件特点

① 扣件适用于铺设 60kg/m 钢轨轨道的直线及半径≥300m 的曲线地段；

② 扣件应具有一定的调距、调高能力以及足够的、稳定的扣压力和纵、横向阻力，以保证行车安全；

③ 扣件应提供一定的弹性和电气绝缘性能，以满足地铁减振降噪和列车自动驾驶、防杂散电流的需要。

2）单趾弹簧扣件技术参数

① 设计最大垂向荷载 45kN，最大横向荷载 35kN；

② 弹簧扣压弹程 14.1mm；

③ 单个弹簧平均扣压力 6.5～7.5kN；

④ 高低调整量＋5，－0mm；

⑤ 轨距调整量＋2，－10mm；

⑥ 电气绝缘性能大于 $10^8\Omega$；

⑦ 一组扣件提供的防爬阻力≥8kN；

⑧ 节点垂向静刚度 30～40kN/mm。

铁垫板是支撑钢轨、并通过单趾弹簧保持钢轨方向的重要部件。铁垫板与混凝土整体道床之间用紧固螺栓连接，构成地铁轨道框架。

铁垫板采用 KTH350—10 黑心可锻铸铁，其平均长度为 325mm，宽度为 170mm，承轨槽厚 18mm。经检算，铁垫板承轨槽中间断面的最大应力为 86MPa，小于 KTH350—10 的允许应力 $[\delta]=132$MPa。

铁垫板螺栓孔采用不对称结构，可调轨距 8mm。

为防止扣轨弹簧在运营中弹出，提高运营的安全度，并减少养护维修工作，铁垫板设计了止退结构。

在无挡肩分开式弹性扣件中，列车运行所产生的横向力的传递方式有两种：一部分通过钢轨→轨下橡胶垫→铁垫板→铁垫板下橡胶垫板→钢筋混凝土轨枕；另一部分通过钢轨→铁垫板→双头螺柱→钢筋混凝土轨枕。

扣件的弹性由轨下橡胶垫板和铁垫板下橡胶垫板的刚度共同决定，而橡胶垫板的刚度与其硬度和形状等因素有关。橡胶垫板采用氯丁橡胶或天然橡胶，扣件节点垂向组合静刚度约为国外地铁所用扣件垂向组合静刚度的一半左右，因而减振性能有所提高。

为了增大胶垫的自由变形面积以获取较好的弹性，胶垫的外形设计成沟槽状。轨下橡胶垫板主要起支撑钢轨和隔离钢轨与铁垫板的作用，也提供一定弹性。轨下橡胶垫板的刚度大小将直接影响弹簧的扣压力，因此，刚度设计偏大，以增加轨道的稳定性，减小钢轨在横向力作用下的外翻角。铁垫板下橡胶垫板作为扣件主要弹性减振垫层，其静刚度值将直接影响扣件节点刚度，因此设计值较小。

螺母的拧紧程度关系到其对铁垫板施加压力的大小，拧紧力矩过大会使铁垫板下橡胶垫板的压缩量过多，刚度增大，弹性变差。同时也会影响到橡胶垫板的使用寿命；拧紧力矩太小，预紧力不足，使铁垫板与下面基础产生脱离、拍打现象，也会加大双头螺柱承受的横向力。因此，对拧紧力矩采用试验法确定。

双头螺柱承受的主要力系有：螺母拧紧力矩产生的预拉力，列车运行产生的纵向力及横向力。但由于预拉力和纵向水平力在螺栓中产生的应力相对很小，所以对双头螺柱的强度检算主要考虑横向水平力。经计算和试验确定，采用 M27 机械性能等级为 10.9 级的高强螺栓作为扣件的联接螺栓。根据扣件的结构形式可知：横向水平力一部分是通过铁垫板下胶垫与轨枕表面产生的摩擦力传给基础；另一部分则要通过铁垫板—绝缘套—双头螺柱再传给基础。第二部分横向力则完全需要双头螺柱来承受。由于双头螺柱通过螺纹套管固定于混凝土轨枕中，双头螺柱的下端可看作固定端，上部可看作悬臂梁。

双头螺柱受力，经检算，计算截面的最大弯曲应力为 427.2MPa。

机械性能等级为 10.9 级的高强螺栓的保证应力为 830MPa，由疲劳强度所确定的允许应力为 498MPa。

螺纹套管是直接预埋在钢筋混凝土短轨枕里面，其顶部与轨枕面平齐。材料采用玻璃纤维增强聚酰胺 6。

套管内螺牙抗剪截面面积 3179.25mm^2；

若双头螺柱用 100N・m 的拧紧力矩，产生的拉力为 15.6kN；

抗剪截面上所受的剪应力 $f=4.91$MPa；增强聚酰胺 6 的剪切强度为 83.3MPa，所以螺纹套管的强度也是足够的。

绝缘轨距垫在单趾弹簧扣件中起绝缘和调整轨距的作用，采用玻璃纤维增强聚酰胺 6。

绝缘轨距垫除规定其绝缘电阻大于 $10^8\Omega$ 外，还必须具有足够的强度和良好的韧性，以提高其承压和抗冲击荷载的能力。

为了达到调距的目的，绝缘轨距垫分为 2 种型号，安装及维修时，通过 2 种轨距垫的不同组合，可达到±2mm 的轨距调整量；配合铁垫板使用，可达到最大＋2、－10mm 的轨距调整量。

绝缘套为螺栓与铁垫板之间的绝缘件，采用玻璃纤维增强聚酰胺 6。主要承受双头螺柱的预紧力及铁垫板传来的横向压力。螺栓孔设计为同心圆和偏心圆两种形式，一般整体道床采用同心圆设计，浮置板轨道采用偏心圆设计。单趾弹簧扣件以单趾弹簧作为钢轨扣压件，取代传统的螺栓拧紧弹条的扣压方式，扣压力稳定。

① 经扣轨弹簧扣压力、刚度测试，扣压力达到设计要求；

② 经 300 万次疲劳试验，扣压力损失小于 5%。经过 500 万次荷载疲劳循环后，弹条未损坏，残余变形≤1mm；

③ 轨下橡胶垫板静刚度试验；

④ 铁垫板下橡胶垫板静刚度试验；

⑤ 铁垫板关键尺寸检测；

⑥ 绝缘轨距垫关键尺寸检测；

⑦ 双头螺柱、螺纹套管、绝缘套和铁垫板配合检查；

⑧ 绝缘轨距垫、螺纹套管、绝缘套绝缘性能检测；

⑨ 塑料套管抗拔试验；

⑩ 扣件防爬阻力试验；

⑪ 扣件组装疲劳性能试验。

通过上述各项性能试验可知，除橡胶垫板因制造原因未达设计要求外，单趾弹簧扣件其他各零部件及整体组装性能均达到设计要求。

单趾弹簧扣件为无挡肩弹性扣件，便于轨道定期冲洗，具有较好的绝缘性能。此外，扣件还具有一定的减振性能。

单趾弹簧扣件在保留原国外扣件优点的基础上，加大了减振橡胶垫的弹性，同时还增加了调轨距功能，扩大了扣件使用范围，使扣件设计更符合国家有关规范和技术政策。本扣件经优化设计、室内试验检测、现场试铺及动载试验检测证明：单趾弹簧扣件拥有足够的安全性、可靠性和耐久性，扣压力和防爬阻力适度，并具有优良的电气绝缘性和良好的弹性，调距、调高性能满足短混凝土轨枕整体道床结构要求，其综合性能已优于国外同类型扣件。

经现场动载试验检测认定：在半径为 300m 的曲线地段的横向力最大可能值≤30kN，可据此进一步优化设计，以提高扣件的性能。

3）扣件综述：

单趾弹簧扣件不设置 T 形螺栓，而设计特殊的弹条，通过敲击法直接将弹条打入，值得推广。由于人们拧紧螺栓时仅凭感觉操作，扭力矩是不可能完全相同的，尽管规范对扭力矩有严格的要求，也通过扭矩计进行抽查检测，但是，行为上的差距还是客观存在的。这样，螺栓对弹条的压力不等，同时，钢轨各处所受到弹条的压力也不均衡，一方面钢轨内应力的均匀受到影响，另一方面，弹条的疲劳程度不一。单趾弹簧式扣件，将弹条直接打入，构件几何尺寸的控制，使所有弹条均发生相等的压缩变形，可以认为，所有弹条的受力基本一致，从而对钢轨的反作用力也达到一致。

（2）双趾弹簧扣件（图 2.4-21）

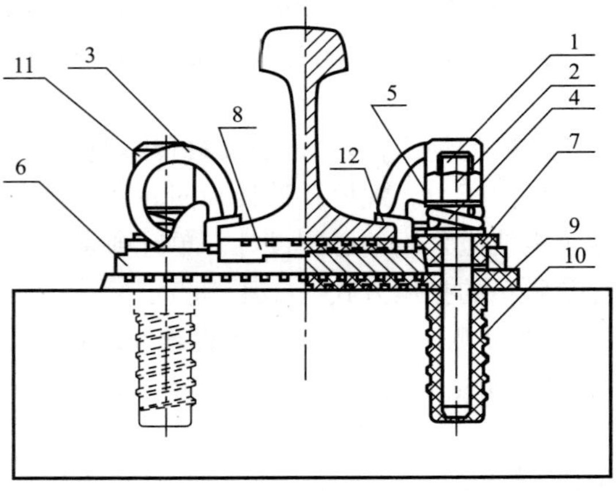

图 2.4-21　双趾弹簧扣件

1—螺栓；2—螺母；3—扣轨弹条；4—双层弹簧垫圈；5—平垫圈；6—铁垫板；7—调距偏心轮；8—轨下缓冲橡胶垫板；9—铁垫板下缓冲橡胶垫板；10—螺纹套管；11—防护罩；12—绝缘轨距垫

双趾弹簧扣件的特点与技术参数：

1）设计原则

① 适用于 60kg/m 钢轨无碴轨道结构；

② 扣压力稳定，能保持轨距、水平，能提供足够的防爬阻力；

③ 具有良好的减振性能和电气绝缘性能；

④ 轨距、高低调整量适度，能满足施工及维修的要求；

⑤ 扣件结构简单，养护维修工作量少。

2）设计参数

① 设计垂向静刚度为 27kN/mm；

② 弹条扣压弹程：9.3mm；

③ 一组扣件初始安装扣压力 16.3kN；

④ 一组扣件防爬阻力＞8kN/组。

其他设计参数与单趾弹簧扣件相同。

主要特点如下：

① 双趾弹簧采用 $\phi13$、$60Si_2Mn$ 圆钢，弹条设计为对称结构形式，在外力作用下，弹条两趾各承担一半的作用力。

② 偏心轮采用增强聚酰胺 6 制造，偏心轮可进行无级调距，调整量±12mm，偏心轮可保证两颗螺栓同时受力，以增大扣件的可靠性。

5. 减振系列扣件

D-T 扣件减振器（俗称科隆蛋）。

为减少轨道在列车运行过程中的振动对地面特殊建筑群的影响，在轨下安装减振器，是一项重要的措施。轨道减振器扣件是一种高弹性扣件，其减振是通过橡胶的剪切弹性变形来实现，可减振 10dB 左右。为降低地铁的振动和噪声，减小对附近居民的影响，上海地铁 1 号线部分地段采用了轨道减振器扣件。扣件为全弹性分开式，三阶减振。由金属承轨板、底座与橡胶圈硫化为一整体，橡胶圈承受压力与剪力，具有垂向和横向弹性。用于减振要求较高地段，见图 2.4-22～图 2.4-26 为Ⅲ型轨道减振器设计图与实体图。

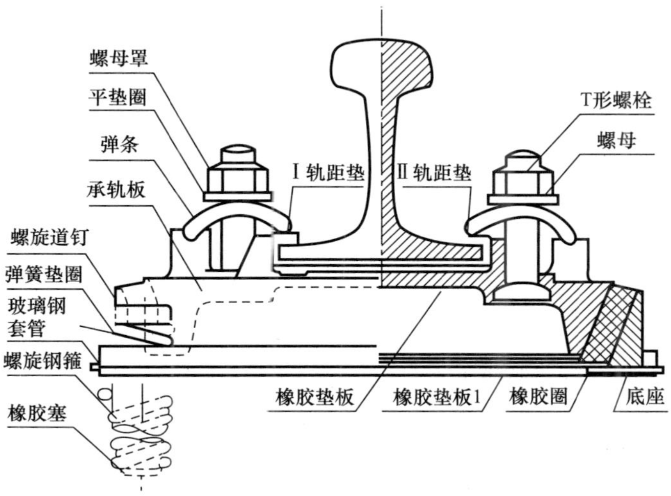

图 2.4-22　轨道减振器扣件图

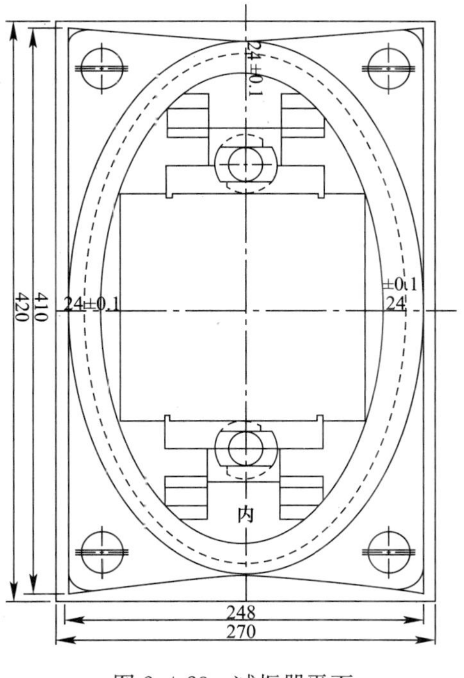

图 2.4-23　减振器平面

轨道减振器是国内轨道减振新的扣件形式，根据减振原理，结合地铁特点，确定外形为椭圆形，并从结构形式进行理论分析和刚度计算。

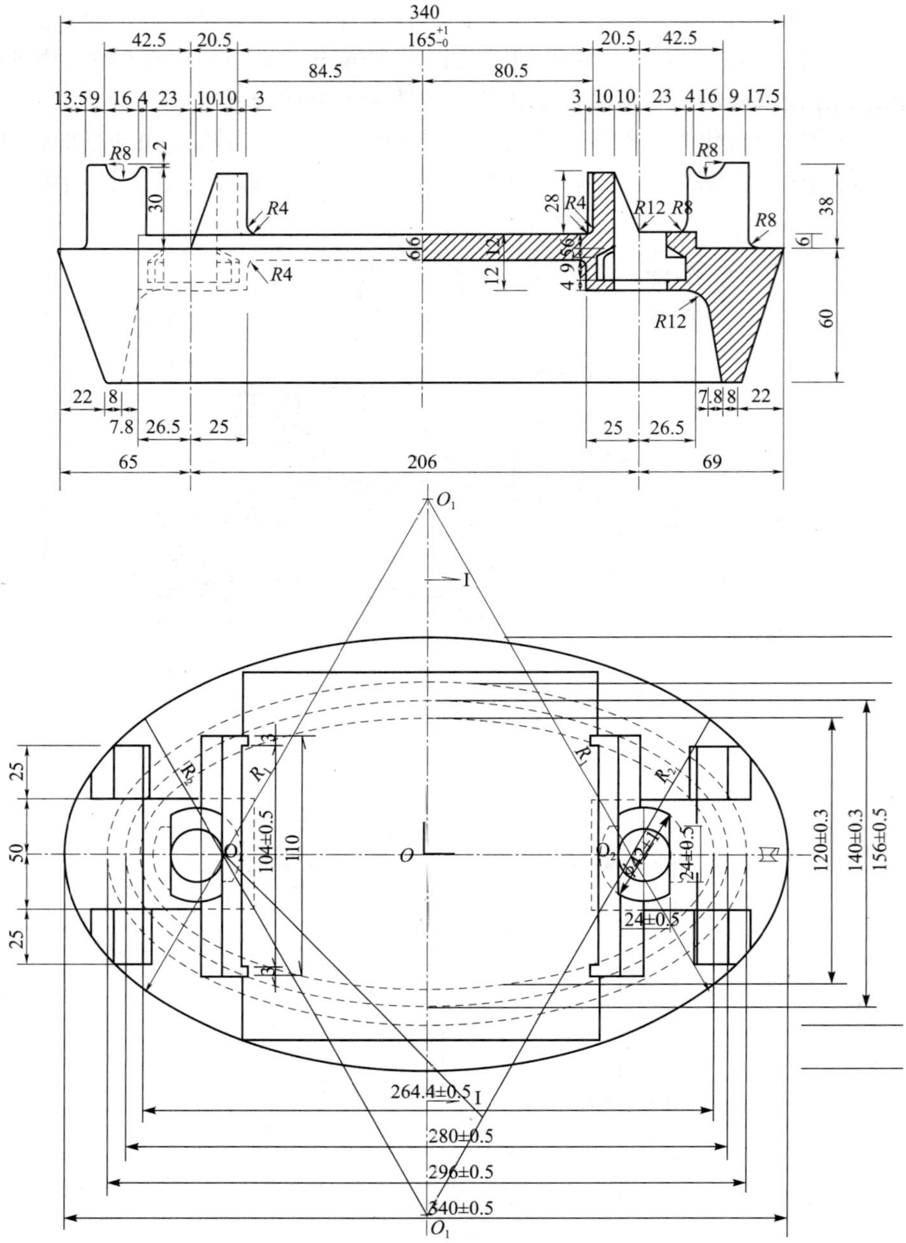

图 2.4-24　减振器设计图

1）扣件的组成

① 扣轨弹条；

② 轨下绝缘垫板；

③ 减振器下绝缘垫板；

④ T 形螺栓；

⑤ 螺母；

⑥ 防护罩；

图 2.4-25　减振器实体图

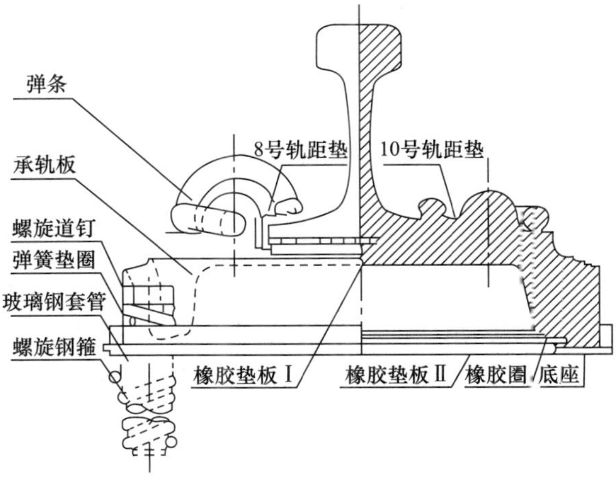

图 2.4-26　减振器组装图

⑦ 平垫圈；

⑧ 轨距垫（4～6）、（8～10）；

⑨ 承轨板；

⑩ 减振器底座；

⑪ 螺旋道钉；

⑫ 弹簧垫圈；

⑬ 螺旋钢箍；

⑭ 橡胶圈；

⑮ 玻璃钢套管；

⑯ 橡胶塞。

减振器扣件的弹条、轨距垫等均与DT-Ⅲ型扣件相同。

扣件与轨枕联结方式，均采取在轨枕中预埋玻璃钢套管。

2）扣件的技术参数：

① 设计最大垂向荷载：40kN；

② 最大横向荷载：35kN；

③ 设计垂向静刚度：10～12kN/mm；

④ 横向静刚度：12～15kN/mm；

⑤ 扣件轨距调整量：＋4mm，－16mm；

⑥ 一组扣件防爬阻力：≥8kN。

⑦ 轨距垫、橡胶垫板、玻璃钢套管的绝缘电阻值均大于 $10^8\Omega$。

3）扣件的特点

① 由于减振器外形为椭圆形，且橡胶圈与承轨板底座硫化成为一整体，可避免应力集中，延长使用年限。

② 橡胶圈为锥形，能较充分利用橡胶剪切变形，具有良好的弹性。

③ 有较好的绝缘性能。

④ 轨距、水平调整量较大。轨距可调＋8～－12mm，高低可调－5～＋30mm，国外

同类扣件不能调整轨距。

⑤ 弹条的扣压力，不会使橡胶圈变形，橡胶圈受力变形后也不影响扣件扣压力。

扣件综述：

由于减振器扣件的橡胶配方不同，减振的效果也不同，同时配方不同还可能对减振衰减的程度和速度带来影响。

扣件零部件较多，安装及更换尚嫌不便。轨距垫需有足够强度及厚度，以防止弹条扣紧时出现过大刻痕。橡胶垫板的材质及配方应予研究，以减少其过大的残余变形；橡胶圆粒需有足够承压面积；安装时扣压力不允许超过设计值。

对减振器的研究还刚刚远远没有结束，进一步的测试、分析、研制和开发工作，尚处于积极的运行过程中。

轨道减振器的质量保证关键在于橡胶配方与粘结疲劳强度。橡胶刚度必须适应本地的气温变化，并控制在设计范围内，避免冬天过硬，夏天过软现象。橡胶与金属粘结工艺必须加强。

各类扣件的总要求：

① 扣件的技术标准按设计文件执行。

② 扣件应保持齐全，位置正确，作用良好，缺少时应及时补充。

③ 扣件扭矩保持在 80～150N・m。

④ 扣件伤损应及时更换，胶垫压溃（两侧压宽合计 20mm）应及时更换。

⑤ 扣件结构应力求简单，并应具有足够的强度和扣压力、适量的弹性和轨距、水平调整量和良好的绝缘、防腐性能。

2.5 轨　　枕

1. 轨枕概述

轨枕承受来自钢轨的各向压力，并弹性地传布于道床，同时，有效地保持轨道的几何形位。轨枕应具有必要的坚固性、弹性和耐久性，还要造价低廉，制作简单，铺设及养护便易。轨枕的种类有木枕、混凝土枕两大类，在整体道床线路上，根据其特点，分别采用短木枕、混凝土短枕及混凝土支撑块。

2. 木枕

木枕的主要优点是弹性好，易加工，运输、铺设方便，缺点是使用寿命短，轨道几何形位不易有效保持。所以，目前在城市轨道交通线路上，仅基地线路使用木枕。木枕有普通木枕和岔枕两种。

使用新木枕应先钻孔，孔径 12.5mm，孔深 110mm。

改道用道木塞长 110mm，宽 15mm，厚 5～10mm，并经过防腐处理。

木枕失效的标准如下：

腐朽，失去承压能力，钉孔腐朽，不能持钉；

折断，不能保持轨距；

厚度不足 140mm。

3. 混凝土轨枕

（1）混凝土轨枕的名称与规格

混凝土枕不受气候、腐朽的影响，使用寿命长，具有较高的道床阻力，对提高线路稳定性是十分有利的，缺点是质量大，弹性差，更换困难。

目前，我国混凝土枕统一为三个级别：Ⅰ型枕：丝 79 型 PC 轨枕；Ⅱ型枕：丝 81 型 PC 轨枕及Ⅲ型混凝土轨枕。

应用于地面碎石道床线路的各式混凝土轨枕主要为 J-1 型混凝土轨枕、弦 69 型混凝土轨枕、筋 69 型混凝土轨枕。

预应力混凝土枕统一名称如表 2.5-1。

预应力混凝土枕统一名称 **表 2.5-1**

原称	统一名称
弦 79 型预应力钢弦混凝土轨枕	S-1 型预应力混凝土枕
J1 型预应力钢筋混凝土轨枕	J-1 型预应力混凝土枕
丝 81 型预应力钢丝混凝土轨枕	S-2 型预应力混凝土枕
筋 81 型预应力钢筋混凝土川轨枕	J-2 型预应力混凝土枕
与重型钢轨配套的高强度轨枕	S-Ⅲ型预应力混凝土枕

预应力混凝土枕几何尺寸如表 2.5-2。

预应力混凝土枕几何尺寸 **表 2.5-2**

类型	轨枕长（m）	截面高度（mm）			端头外形	承枕槽坡度
		轨下	中部	端部		
S-1	2.5	200	175	200	平	1∶40
J-1	2.5	201	165	200	平	1∶40
S-2	2.5	201	165	200	平	1∶40
S-2	2.5	201	165	200	平	1∶40
Ⅲ	2.6	320	265	205.5	平	1∶40

图 2.5-1 为轨枕断面图。

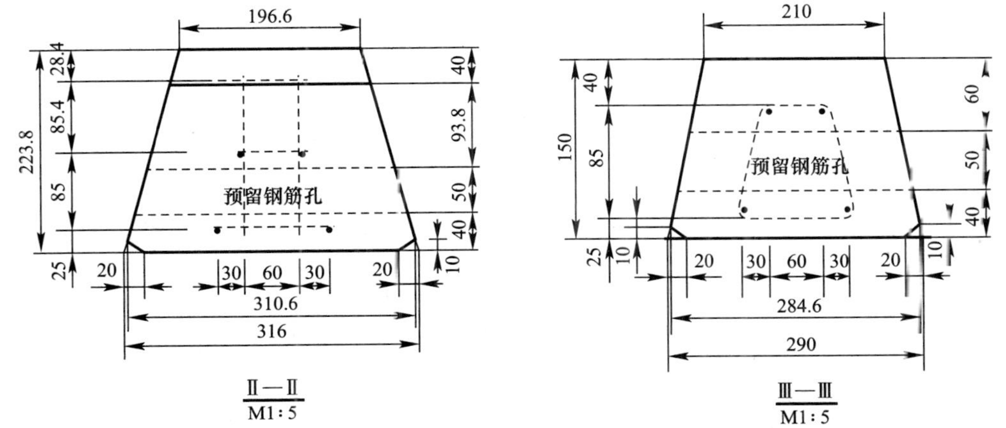

图 2.5-1 轨枕断面图

城市轨道交通地面线路使用得最广泛的 S-2 型枕（图 2. 5-2）

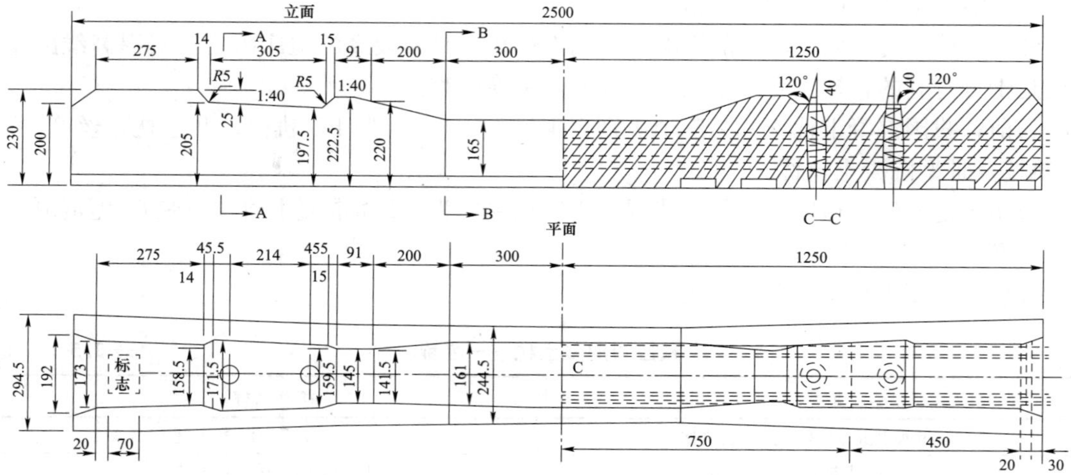

图 2. 5-2　S-2 型混凝土轨枕

（2）混凝土枕失效标准：

纵向水平裂缝基本贯通；

横向裂缝长度为枕高的 1/2 以上；

斜向裂缝长度为枕高的 1/2 以上；

挡肩破损 1/3 以上；

严重网状龟裂和掉块；

承轨槽压溃，深度超过 2mm。

（3）整体道床混凝土长枕

在隧道内的整体道床一般采用预应力钢筋混凝土长枕，适用于 DT-Ⅲ型扣件地段。有挡肩式长枕见图 2. 5-3，无挡肩式长枕见图 2. 5-4。

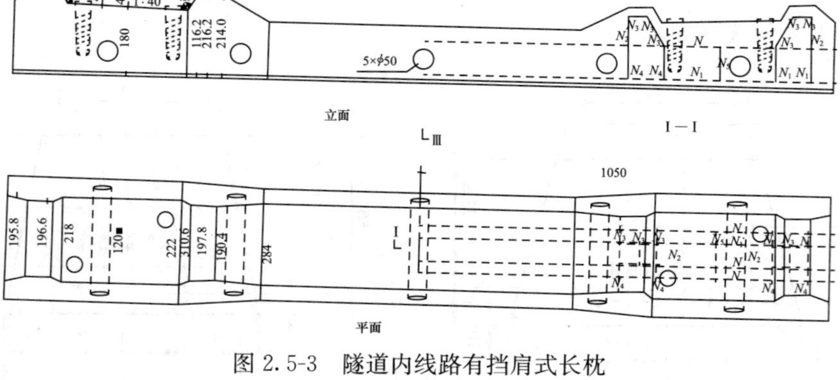

图 2. 5-3　隧道内线路有挡肩式长枕

长枕的设计，主筋采用 4 根直径 10mm，冷拉 2 级螺纹钢筋。轨枕的混凝土强度等级为 C50，采用不低于 32. 5 号快硬硅酸盐水泥，其技术标准应符合规定，或采用 52. 5 号普通硅酸盐水泥，其技术标准应符合《通用硅酸盐水泥》GB 175 的规定。粗骨料宜采用碎石或卵碎石，细骨料宜采用硬质天然砂。

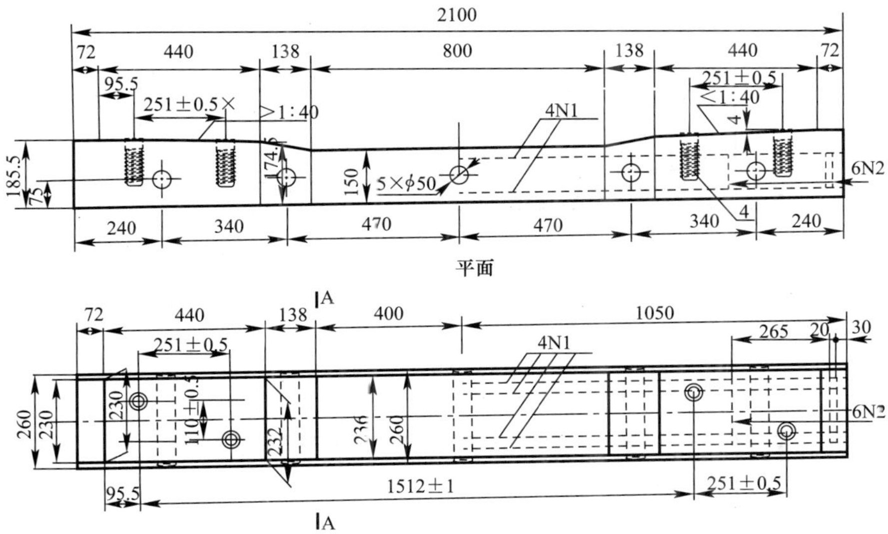

图 2.5-4　隧道内线路无挡肩式长枕

玻璃钢套管垂直于承轨槽面，并高出 4mm，轨枕制造时采用金属整体式模型，轨枕底面菱角作成 20×10mm 的折角。轨枕各部尺寸应满足精度要求，承轨槽挡肩坡度为 60°（允许误差半度），承轨槽表面凹凸不大于 1mm。由于扣件的形式在不断地创新，轨枕的形式也随之更新。隧道内无挡肩式的长枕也可能出现新的设计。

（4）轨枕级配与间隔

轨枕配置及轨枕间隔见表 2.5-3、表 2.5-4。

轨枕配置与轨枕间距　　　　**表 2.5-3**

每公里根数	每 25m 轨根数	轨枕间距（mm）
国铁正线 1840	46	543.5
城轨正线　1760	44	568.2
城轨正线　1680	42	595.2
城轨站线　1600	40	625

P60、P50 轨普通线路接头轨枕间距　　　　**表 2.5-4**

钢轨长度（m）	每公里配置数	每轨配置数	木枕			混凝土枕		
			c	*b*	*a*	*c*	*b*	*a*
12.5m	1600	20	440	594	640	540	587	635
	1680	21	440	544	610	540	584	600
	1760	22	440	524	580	540	569	570
	1840	23	440	534	550	540	544	544
25m	1600	40	440	537	635	540	579	630
	1680	42	440	487	605	540	573	598
	1760	44	440	497	575	540	549	570
	1840	46	440	459	550	540	538	544

（5）混凝土支撑块（图 2.5-5）

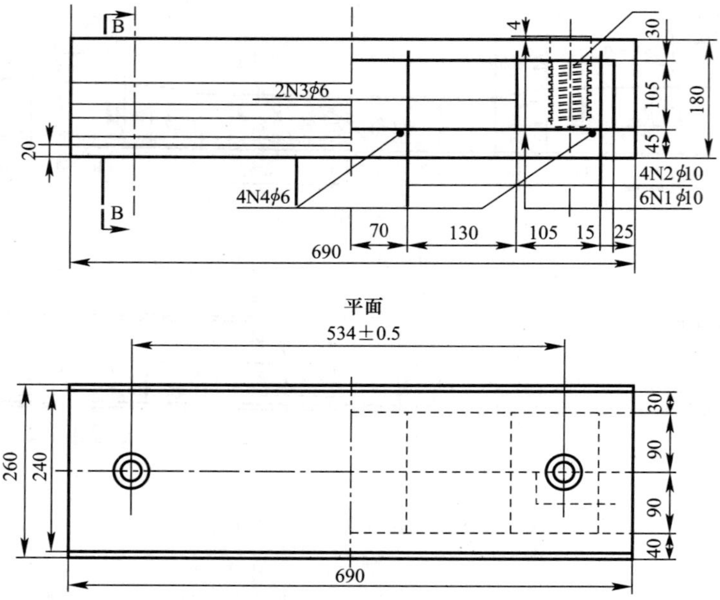

图 2.5-5　混凝土支撑块

2.6 道　　床

道床铺设于路基之上，轨枕之下，起承受、传递荷载，稳定轨道结构的作用。道床有碎石道床、整体道床两大类型。道床的一般规定如下：

（1）地面正线宜采用混凝土枕碎石道床。

（2）地面的出入线、试车线和库外线宜采用混凝土枕碎石道床或木枕碎石道床。

（3）同一曲线地段宜采用一种道床形式。

（4）基底坚实、稳定，排水良好的地面车站地段，可采用整体道床。

（5）车场库内线应采用短枕式整体道床。根据检修工艺要求，可采用检查坑整体道床或立柱式道床结构。

（6）道床面应低于轨枕承轨面 30～40mm，道床面横向排水坡度不宜小于 3%。

隧道内和高架桥上的道岔区宜采用短枕式整体道床，车场线道岔宜采用碎石道床。

（7）正线、出入线、试车线的整体道床与碎石道床间应设轨道弹性过渡段。

同一曲线地段宜采用一种道床形式。

1. 碎石道床

（1）碎石道床的结构

（2）碎石道床的功用

将列车荷载均布于路基面上，起保护路基的作用；

提供抵抗轨排纵横向位移的阻力，保持轨道的几何形位；

提供了良好的排水性能；

提供了一定的弹性；

通过起道、拨道等手段，便于调整轨道的几何尺寸。

道床的材料有碎石、熔炉矿碴、掺有碎石的筛选卵石等，城市地铁的地面线路通常用碎石道床，碎石道碴一般分为 3 种规格：25～70mm 粒径的标准石碴用于新建、大修及维修，15～40mm 的中碴用于维修，3～20mm 的细碴用于垫碴起道。碎石道床的断面道床断面包括道床厚度、顶面宽度及道床边坡 3 个主要特征。碎石道床断面如图 2.6-1。

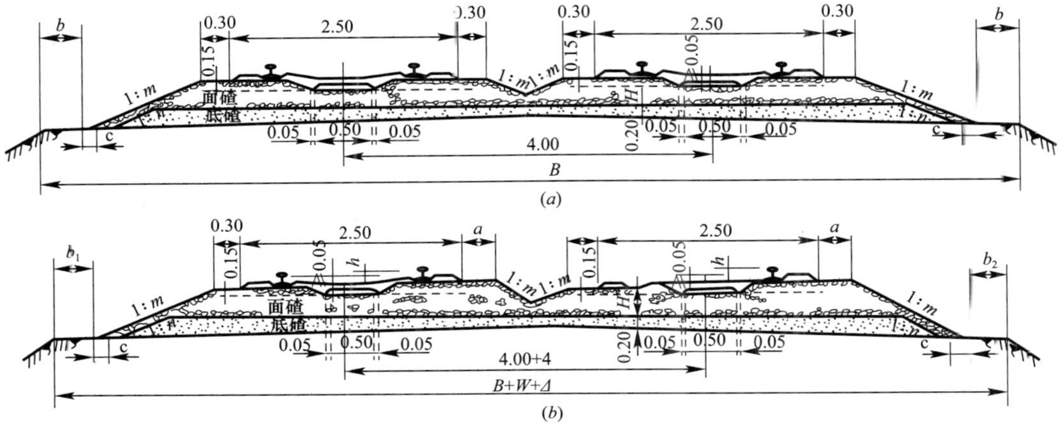

图 2.6-1　碎石道床断面图

（a）直线地段；（b）曲线地段

（3）碎石道床技术标准

1）碎石道床顶面宽度

正线 3.4m，站场线 2.9m。

2）碎石道床厚度

① 碎石道床厚度应符合表 2.6-1 的规定。

碎石道床厚度　　　　**表 2.6-1**

路基类型	道床厚度（mm）		
	正线		车场线
非渗水土路基	双层	单层 ZSO	车场线
非渗水土路基	双层	道碴 250	单层 ZSO
		底碴 200	
岩石、渗水土路基	单层道碴 300		

② 桥梁上道碴槽内道床厚度不应小于 250mm，与两端的道床厚度差应在桥台外不小于 10m 范围内递减。

③ 正线、辅助线、出入线和试车线应采用一级道碴。车场线可采用二级道碴。地面线碎石道床为 820～1000mm；

④ 线路中心线部位，路基面至枕底的垂直距离，其中上层为道碴层，厚度 350mm 下层为黄沙层，厚度 200mm；

⑤ 道床应保持丰满、均匀、整齐和密实，严格防止轨枕空吊。

3）碎石道床边坡

正线 1∶1.75，站场线 1∶1.5。

4）碴肩宽度与高度：

① 正线、联络线、出入线和试车线无缝线路地段碎石道床道碴肩宽不应小于 400mm，非无缝线路地段道碴肩宽不应小于 300mm。

② 无缝线路半径小于 800m、非无缝线路半径小于 600m 的曲线地段，曲线外侧道碴肩宽应增加 100mm 道床边坡均为 1∶1.75。

③ 车场线碎石道床道碴肩宽不应小于 200mm，半径小于 300m 的曲线地段，曲线外侧道碴肩宽应增加 100mm，道床边坡均为 1∶1.5。

④ 无缝线路碴肩应在碎石道碴上堆高 150mm，堆高道碴的坡度为 1∶1.75。

⑤ 混凝土枕碎石道床顶面应与轨枕中部顶面平齐，木枕碎石道床顶面应低于木枕顶面 30mm。

⑥ 轨枕端部至道碴顶面外侧的水平距离，正线 0.3m，碴肩堆高 0.15m，站场线按设计文件办理。

2. 整体道床

（1）整体道床概述

混凝土整体道床，也称无碴轨道，是在坚实基底上直接浇筑混凝土以取代道碴层的新型轨下基础，常用于地下铁道、无碴桥梁及检修库内的轨道。

整体道床的优越性如下：

结构稳定，几何尺寸变化小，从而日常维修工作量小；外观整洁；但整体道床不可避免地存在一定的缺点，如几何尺寸的调整没有碎石道床方便，除此以外；由于沉降引起的道床开裂和变形等，给维修工作带来极大的难度。

（2）整体道床技术标准

1）一般规定

① 长度大于 100m 的隧道内和隧道外 U 形结构地段及高架桥和大于 50m 的单体桥地段，宜采用短枕式或长枕式整体道床。

② 道床与结构底板或桥面联结应采取加强措施。

③ 轨下部位混凝土道床厚度，直线地段不宜小于 130mm、曲线地段不宜小于 110mm。

④ 整体道床应设置伸缩缝，隧道内宜每隔 12.5m、U 形结构地段和高架桥上宜每隔 6m 设置一个。在结构沉降缝和高架桥梁缝处，应设置道床伸缩缝。

⑤ 排水沟的纵向坡度应与线路坡度一致，线路平坡地段，排水沟纵向坡度不宜小于 2‰。

⑥ 整体道床应设铺轨基标，基标宜设在排水沟内，并宜每隔 15～24m 保留一个供维修用的永久基标。

2）混凝土强度

隧道内和隧道外 U 形结构地段，整体道床混凝土强度等级宜为 C30，高架桥上整体道床混凝土强度等级宜为 C40，道床内应布筋并与排流筋结合。

3）整体道床厚度

轨道结构高度根据不同结构形式，宜采用下列数值：

① 矩形隧道内混凝土整体道床为 560mm；

② 单线马蹄形隧道内混凝土整体道床为不小于 650mm；

③ 单线圆形隧道内混凝土整体道床为不小于 740mm；

④ 高架桥上整体道床为 500～520mm；

⑤ 浮置板轨道为 750～900mm。

4）整体道床的类型

整体道床有五大类型：

第一类为带枕浇筑式整体道床，其轨枕包括混凝土长枕、短枕和短木枕三种情况；

第二类为承轨台式整体道床；

第三类为平过道式整体道床；

第四类为坑道式及立柱式整体道床；

第五类为弹性整体道床。

（3）各类整体道床简介

1）带枕浇筑式整体道床

① 带长枕浇筑

长枕浇筑式整体道床为我国城市地铁建设的初期所采用，主要应用于隧道内的线路。道床内布有纵横交错的钢筋。每枕间隔布置一根横向钢筋，纵向布置五根，从轨枕的预留孔穿过，然后用混凝土浇筑为一体，结构强度非常理想。

圆形隧道内的整体道床结构设计图见图 1.1-5、图 2.6-2、图 2.6-3。矩形隧道内的整体道床结构设计图见图 1.1-6。

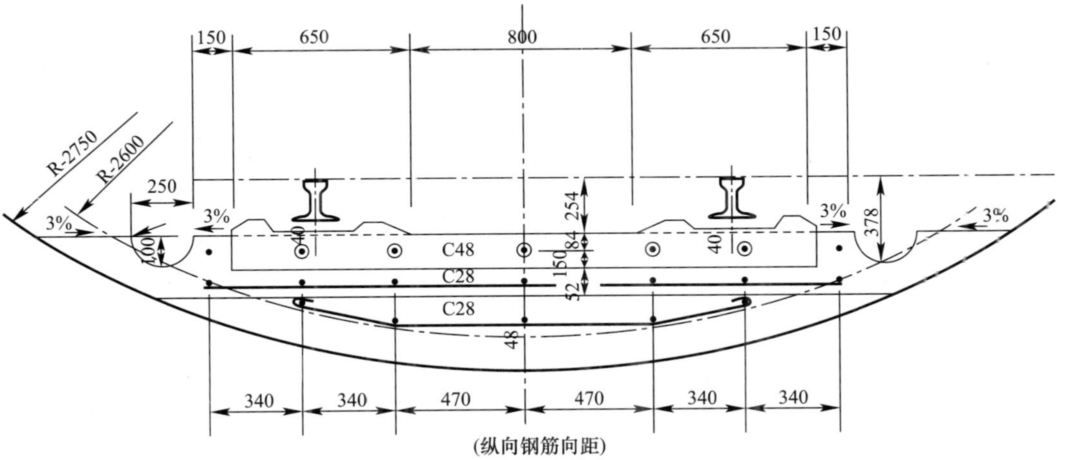

图 2.6-2　圆形隧道断面图二

② 带短枕浇筑

有短混凝土枕和短木枕两种，短枕基本上都为预制，大部分应用于停车库内检查坑道的线路，其中短混凝土枕也开始为隧道内和高架线路的正线所采用。

2）承轨台式整体道床

这是目前比较新颖的一种轨下基础，尤其对高架线路适用。先预制支撑块，通过扣件与钢轨联结，然后浇筑纵向混凝土承轨台，把支撑块与高架桥面上预留的垂直钢筋浇筑为一体。实物见图 2.6-4，设计图见图 2.6-5。

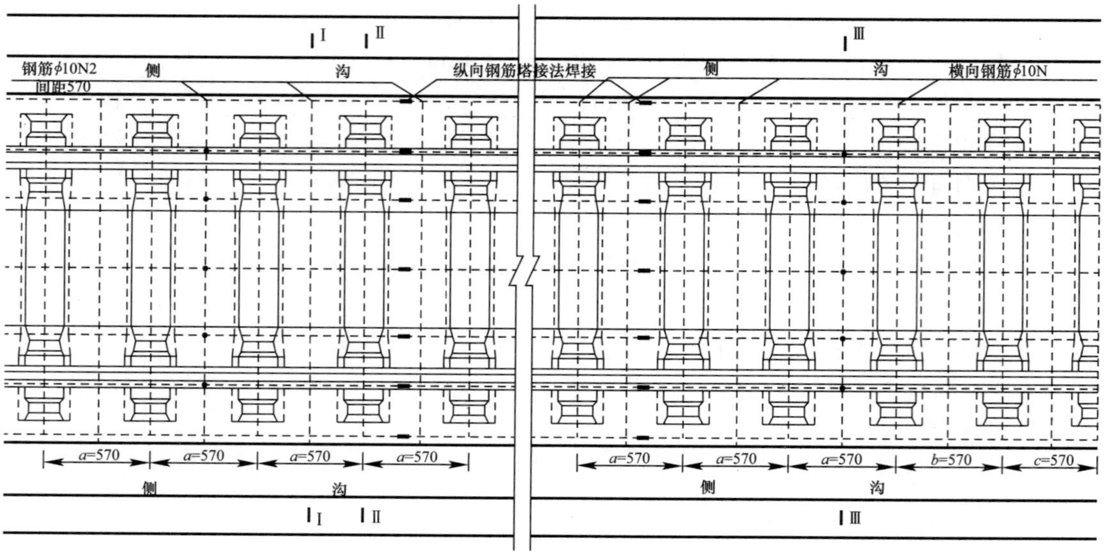

图 2.6-3 圆型隧道整体道床结构平面图

图 2.6-4 纵向承轨台式整体道床实物图

① 承轨台

支撑块式承轨台是在每股钢轨下面沿纵向铺设条形分段的钢筋混凝土结构，混凝土强度等级为 C40，相对于长轨枕式整体道床而言，承轨台结构简单、自重轻（其自重为 30kN/双线延米，仅为长轨枕式整体道床的一半）、排水性能好、工程造价低、方便施工及养护维修作业，是高架桥上无碴轨道较好的轨下基础形式之一。

当桥梁施工完毕，经过一段时间桥梁结构的最终变形（含徐变及墩台沉降变形）基本稳定，并控制在一定范围时即可施工承轨台。因承轨台与梁体系两次浇筑，为了加强其整体性能，通过预埋钢筋与梁体相联。当桥梁施工时，预先将承轨台与桥梁联结钢筋埋置在梁体内，预埋钢筋采用空 12 螺纹钢筋。

承轨台的布置。

承轨台平面按不同梁跨分别布置，即从梁两端分别往梁的跨中排列，其结构宽度为 800mm，长度分为 A、B、C 三种基本类型。A 型承轨台：长 400mm，为无支撑块式承轨台。布置在梁的端部，用以避开梁端伸缩缝。

标准型支撑块式承轨台（B 型承轨台）长 2300mm，支撑块间距为 600mm，相邻承轨台间净距为 100mm。高架桥每跨的结构不一，长度也不一，在梁的中部，承轨台的长度受相邻支撑块间距、梁跨及曲线半径的影响，必须对承轨台的几何尺寸进行调整（C 型承轨台）。

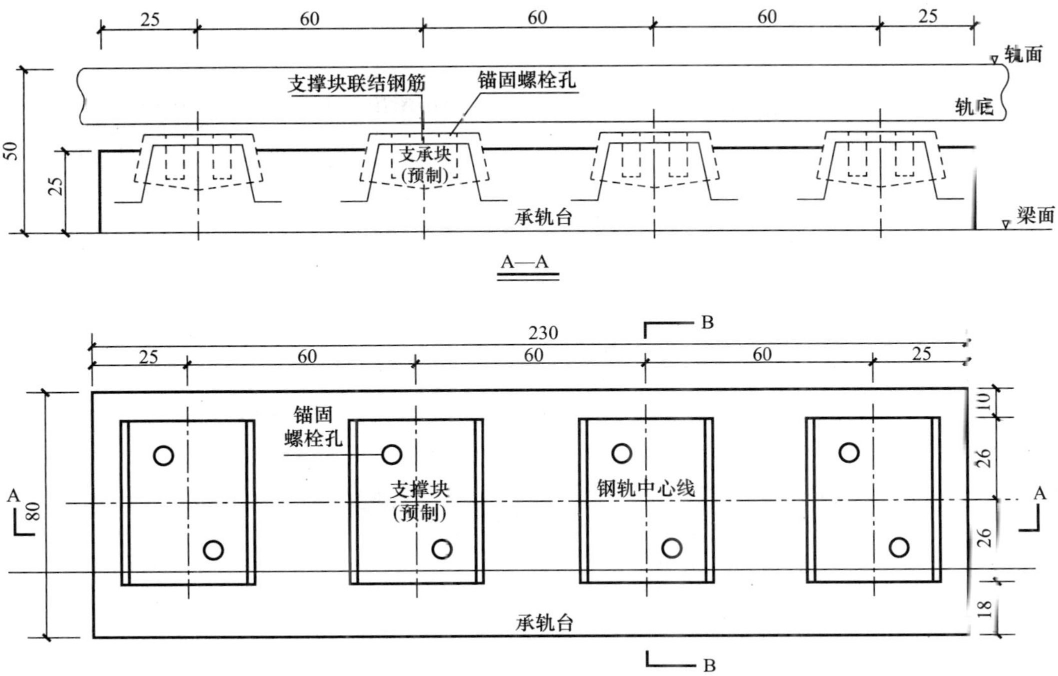

图 2.6-5　承轨台式整体道床设计图

② 支撑块

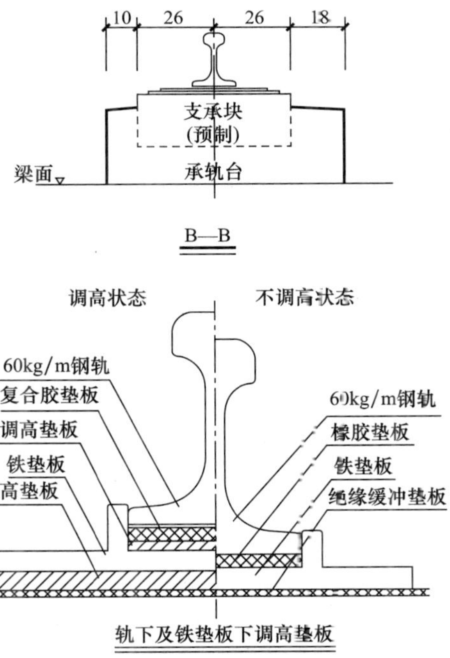

图 2.6-6　支撑块设计图

支撑块直接支撑钢轨及轨道联结部件，并埋设在承轨台中，为 C50 钢筋混凝土预制块。支撑块底部外露钢筋与整体道床的钢筋连接（图 2.6-6）。

为固定铁垫板锚固螺栓，每块支撑块预埋聚酰胺绝缘套管。考虑养护维修及排水需要，支撑块顶面高定相邻两支撑块间距不大于 600mm 设计标准，按 1680 组/km 级配标准设置。

过渡段整体道床与碎石道床连接处设过渡段，长度为 6.25m，采用 C15 素混凝土槽型基础，上铺设钢筋混凝土轨枕，碎石道床厚 25cm。为加强支撑块与承轨台的联接及防杂散电流，支撑块底部伸出钢筋与承轨台钢筋焊接。

平过道式（地坪式）整体道床：

此形式多为检修库内修建不需检查坑的整体地坪式的线路所采用。见图 2.6-7。

坑道式和立柱式轨下结构：

为了满足车辆检修库内检修工作的需要，轨下结构设计为坑道式及立柱式的检查坑。见图 2.6-8～图 2.6-10。其中图 2.6-9 检查坑的扣件在钢轨内侧全部焊接固定，当发生整体结构不均匀下沉时，调整轨面高低和水平非常困难。

图 2.6-7　平过道式道床

图 2.6-8　检查坑（可调扣件）

图 2.6-9　检查坑（固定扣件）

图 2.6-10　立柱式轨下结构

3）弹性整体道床（浮置板式，图 2.6-11）

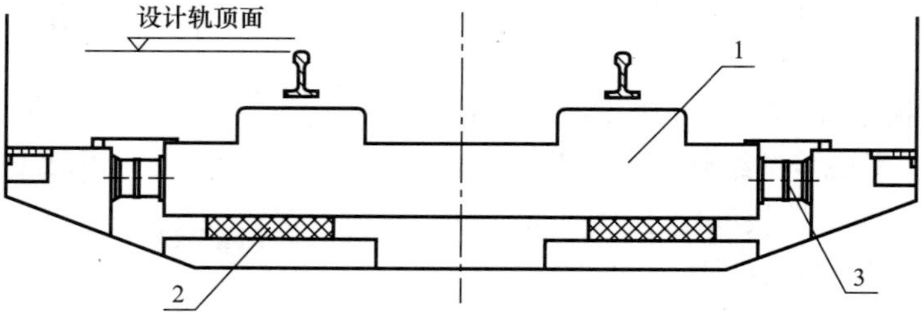

图 2.6-11　浮置板轨道断面图

浮置板式整体道床由于造价极高，而且修理困难，所以通常很少采用，城市地铁在特殊地段，由于减振的需要，设计有少量的浮置板式轨道。

浮置板长度一般为 0.65～20m，板宽为 3m 左右，板厚 0.3～0.4m，有就地灌注和预制两种施工方法。根据浮置板的长度一般可分为长型和短型两种结构形式。

① 长型浮置板轨道

长型浮置板是一个长约 15～20m 的钢筋混凝土板，板厚 300mm，在地铁隧道内现场浇注，靠橡胶支座支撑。浮置板的自振频率≤10Hz。

长型浮置板自重大，轨道结构横向稳定性较高。由于混凝土道床板须现场浇注，通常采用 GRC 永久性模板进行灌注。其施工工期长，与主体结构施工干扰大，施工计划缺乏灵活性。此外，这种结构板下橡胶支座不具备维修和更换条件。

② 短型浮置板轨道结构

短型浮置板轨道由独立的短型浮置板板单元组成，浮置板由橡胶支座支撑。浮置板厚一般为300mm，长1.5～3.0m，宽度与隧道底部的凹槽宽度一致。自振频率在12～15Hz之间。标准段浮置板为一块3m×3m的预制钢筋混凝土板，重约6.6t，板厚300～335mm，在顶面形成1∶40的横坡，便于排水。

浮置板底面及纵向端面处均设有凹槽，用于放置橡胶垫，侧面有预留孔，用于固定侧向支座。由于道床板前后左右均设置了橡胶垫支撑，因而与主体结构完全分离。

在浮置板顶面留有伸出钢筋，用来浇注纵向承轨台，加强两者的连接。整体道床轨道结构高度因隧道断面的不同而异，分述如下：

A. 矩形隧道：直线地段轨道结构高度为560mm，曲线地段轨道结构高度为560＋A/2（A为曲线超高值）。

B. 圆形隧道：直、曲线地段轨道结构高度均为740mm，在小半径曲线地段，外侧水沟沟底钢轨顶面高度按限界不能满足设计的400mm要求，在整体道床施工前的线路调线调坡时，要与线路专业在限界许可的范围内尽可能按大于780mm的结构高度进行调整，基本解决外侧水沟高度不足的问题。

4）板式道床（图2.6-12）

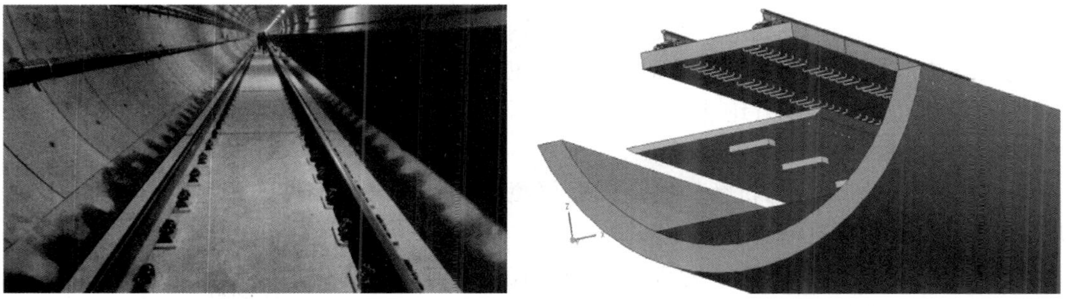

图2.6-12　板式道床

普通的整体道床有着施工时难于控制混凝土所产生的浮力，轨面精度不高，精调费用大的缺点。随着交通建设工程装配式技术的应用，构件生产标准、现场安装便捷、轨道平顺性高，施工精度高，节能环保的预制板式道床成为高铁与轨道交通建设的趋势。板式道床是整体支撑钢轨的基础，与钢轨组成叠合板梁结构，能大大改善钢轨和道床的工作条件。在板式轨道结构中，轨道板是把来自钢轨和扣件的轮载均匀地传递给水泥沥青砂浆垫层，并且把轨道纵向荷载和横向荷载传递给混凝土凸形定位柱。板式道床是由多片轨道板连接铺设而形成的道床面。

轨道板采用单元分块式结构，无挡肩钢筋混凝土结构，混凝土强度等级为C50，非预应力结构，标准轨道板长4700mm，宽2300mm，厚200mm，扣件间距为600mm。板缝为100mm。板重为5.4t，采用自密实混凝土浇筑，强度等级为C35，厚度为80mm，采用单层钢筋网配筋设置，自密实混凝土与基底间设置中间隔离层，采用4mm聚丙烯无纺土工布，基底为混凝土结构，强度等级为C35，轨道板下设门形筋，基底采用双凹槽方案，凹槽长700mm×宽400mm×深80mm。

图 2.6-13　高架整体道床道岔

5）道岔的整体道床（图 2-4-13）

道岔，除了地面线采用碎石道床的下部结构外，在隧道内和高架桥面上铺设道岔均采用了整体道床的方案。

隧道内使用预制的混凝土短枕，先进行拼装，然后进行整体浇注。轨道结构高度为560mm。高架桥面上的道岔，铺设方案与高架线路的铺设办法基本相似，先预制支撑块，通过道岔联结零件和一系列扣件将道岔拼装，再浇注纵向承轨台。

短岔枕根据铺设部位进行分类：转辙器滑床板部分、辙岔护轨部分、辙岔部分、辙后及辙岔趾跟端前后部分，根据铁垫板尺寸进行设计。其余部分采用与 DT 弹条 I 型扣件配套使用短轨枕。短轨枕采用 C50 混凝土在铺轨基地预制，轨枕内预埋螺纹套管。道床采用 C30 钢筋混凝土，顶面设 1%～3%横向排水坡，道床两侧设侧沟排水。道床内钢筋设计为 3m 左右网片，在现场按防迷流要求进行焊接。

（4）杂散电流腐蚀防护

杂散电流腐蚀防护采取“防排结合、以防为主、以排为辅”的设计原则。主要措施如下：

1）防止牵引馈电电流和信号传输电流从钢轨向道床泄漏，连接钢轨和道床的扣件均设计为三次电气绝缘结构，即钢轨对扣件铁垫板的电气绝缘、铁垫板对于连接螺栓的电气绝缘和螺栓对于道床的电气绝缘，扣件绝缘电阻值$\geqslant 10^8\Omega$。

2）短轨枕承轨面涂刷环氧树脂。

3）为了防止运营中轮轨磨耗的金属粉屑覆盖扣件，降低扣件的绝缘性，定期用高压力水轨道冲洗车冲洗轨道。

4）利用道床内结构钢筋作为排流钢筋，收集和排放道床内泄漏电流，再通过测防端子和馈电电缆把杂散电流排回牵引供电所的负极。

2.7　路基及其他设备

1. 路基

（1）路基概述

路基工程是指路基本体工程、路基防护和加固工程、路基排水工程等各项工程的统称。路基由轨道传来的列车动荷载的作用，它是轨道的基础。路基的稳定性与坚固性关系着线路的质量和列车的运行安全。路基的断面形式有以下 6 种（图 2.7-1）。

①路堤；②路堑；③半路堤；④半路堑；⑤半堤半堑；⑥不填不挖。

城轨线路的路基较少，线路结构大部分采用地下隧道和高架桥梁的形式，只有极少地段的碎石道床线路和站场线路采用了土路基，土路基的结构基本按照国家标准设计。

（2）土路基的一般规定与要求

1）路基必须具有足够的强度、稳定性和耐久性。

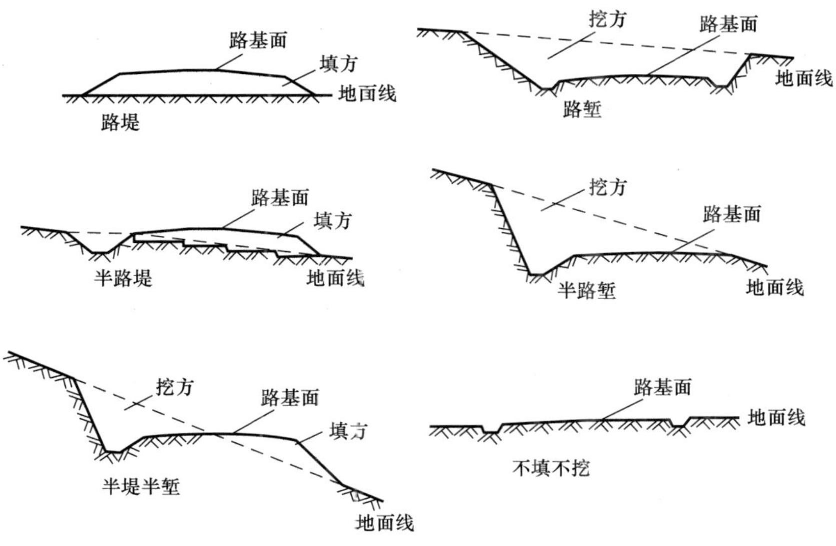

图 2.7-1 路基断面的形式

2）路基工程应优先采用新技术、新结构、新材料和新工艺，并采用机械化施工。

3）路基应符合环境保护的要求，重视沿线的绿化，并与邻近的建筑物相协调。

4）路基工程应做好防排水设计，确保排水通畅。

5）路肩及边坡上不应设置电缆沟槽，困难情况下必须设置时，应采取适当措施，并及时回填夯实，确保路基的完整稳定。在路基上设置其他杆架、管线等设备时，也必须采取保证路基稳定的措施。

6）根据维修要求可适当设置养路机械平台，间距宜采用 500m。在双线地段可采用两侧交错布置，单线地段可采用一侧布置。

（3）路基本体断面图各部几何尺寸：

1）路基面宽度

路基顶部的表面称路基顶面。区间曲线地段的路基面宽度，单线应在曲线外侧，双线应在外股曲线外侧按表 2.7-1 的数值加宽。加宽值在缓和曲线范围内线性递减。

曲线地段路基面加宽值 **表 2.7-1**

曲线半径及（m）	路基面外侧加宽值（m）
$R\leqslant600$	0.5
$600<R\leqslant800$	0.4
$800<R\leqslant1000$	0.3
$1000<R\leqslant2000$	0.2
$2000<R\leqslant5000$	0.1

2）路肩

路基本体顶面道床坡脚以外的部分，即路基两侧未被道床覆盖的部分称为路肩，为专业人员通行而设置。正线路肩宽度不小于 0.6m。当路肩埋有设备时，路堤及路堑的路肩宽度均不得小于 0.6m，无埋设设备时路肩宽度均不得小于 0.4m。站场线路不小于 0.4m。

路肩高程还应考虑与城市其他交通的衔接和相交等情况。

3）路基边坡

路基横断面两侧边线称为路基边坡。路基边坡采用1∶1.5或1∶1.75，主要根据路基的土质、高度或土质的物理力学性质决定。一般取1∶1.5；

高路堤上部1∶1.5，下部1∶1.75。

路堤坡脚外应设宽度不小于1.0m的天然护道。

站场线路，由于股道较多，可根据具体情况，设置为一面坡、两面坡、锯齿形坡。坡面排水横坡的坡度为2‰～4‰。

4）路拱

土路基顶面，由于排水需要，应设置路拱，我国采用梯形路拱，拱顶宽度2.1m，拱高0.15m，非渗水土和用封闭层处理的路基面应设路拱。路拱形状为三角形，单线路基的路拱高0.15m，双线路基的路拱高0.2m，底宽等于路基面宽度，曲线加宽地段仍保持三角形。

渗水土和岩石（年平均降水量大于400mm地区的易风化泥质岩石除外）的路基面为平面。路肩高程应高出非渗水土路肩Δh值，Δh为上述两种路基道床厚度之差再加轨下路拱高。

两种不同的路基面连接时，路肩施工高程应由衔接处向渗水土路肩施工高程顺坡，其长度不小于10m。无缝线路复线上下行路基采用三角形路拱，拱高0.2m。

（4）路基支挡结构物

1）路基在下列情况下应修筑支挡结构物：

① 路基位于陡坡地段或风化的路堑边坡地段；

② 为避免大量挖方及降低边坡高度的路堑地段；

③ 为节约用地，少占农田和城市用地的地段；

④ 为保护重要的既有建筑物及其他特殊条件和生态环境需要的地段。

2）支挡结构物设计应符合下列要求：

① 在各种设计荷载作用下，应满足稳定性、坚固性和耐久性要求；

② 结构类型及其设置位置，应做到安全可靠、经济合理、技术先进和便于施工及养护，同时应与周围环境协调；

③ 使用的材料应保证耐久、耐腐蚀。混凝土结构宜采用预制构件；

④ 路堤或路肩挡土墙的墙后填料及其压实度应符合表2.7-2及表2.7-3的规定；

⑤ 支挡结构物与桥台、地下结构、既有支挡结构物连接时应平顺衔接；

⑥ 需设置照明灯杆、电缆支架和声屏障立柱等设施的路基挡土墙地段，应预留上述设施的位置，并保证挡土墙的完整、稳定；

⑦ 路肩挡土墙的平面位置，在直线地段应按路基宽度确定，曲线地段宜按折线形布置，并应符合曲线路基加宽的规定。在折线处应设沉降缝；

⑧ 路堤或路肩挡土墙与路堤连接可采用锥体填土坡面，挡土墙端部深入路堤内应不小于0.75m，路堤锥体顺线路方向的坡度应不大于1∶1.25。

⑨ 路堤或路肩挡土墙嵌入原地层的深度，土层应不小于1.5m，弱风化的岩石应不小于1.0m，微风化的岩石应不小于0.5m。

⑩ 挡土墙基础埋置深度不应小于1m，同时在最大冻结深度以下不应小于0.25m。

（5）路基排水

1）路基应有完善的排水系统，并宜利用市政排水设施。排水设施应布置合理，当与桥涵、隧道、车站等排水设施衔接时，应保证排水畅通。

2）排水设施应按下列原则布置：

① 在路堤天然护道外设置单侧或双侧排水沟；

② 路堑应于路肩两侧设置侧沟；

③ 堑顶外应设置单侧或双侧天沟。

3）地面横坡明显地段，排水沟、天沟可在上方一侧设置。地面横坡不明显，宜在路基两侧设置。

4）路堑顶部天沟内边缘至堑顶距离不宜小于5m，当天沟采取加固防渗时，不应小于2m。

5）路基排水纵坡不应小于2‰；地面平坦地段或反坡排水地段，仅在困难情况下可减少至1‰。

6）纵向水沟：

① 土质水沟深度和底宽均不小于0.4m，边坡1∶1～1∶1.5，沟底纵坡不小于2‰；片石水沟除边坡以外，均参照上述标准。

② 排水沟的横断面应按流量及用地情况确定，并确保边坡稳定。

7）对路基有危害的地下水，应根据地下水类型、含水层的埋藏深度、地层的渗透性等条件，设置暗沟（管）、渗沟、检查井等地下排水设施。

8）地下排水设施的类型、位置及尺寸应根据工程地质和水文地质条件确定。

（6）路基防护

1）路基坡面防护

植物防护，方法有种草、铺草皮、植树。

抹面、勾缝、喷浆、灌浆。

砌石护坡，方法有干砌片石，浆砌片石，浆砌骨架，浆砌护墙等。

2）路基冲刷防护

抛石防护；

片石防护；

混凝土板防护；

石龙护坡；

挡土墙。

3）其他措施

① 对受自然因素作用易产生损坏的路基边坡坡面，应根据边坡的土质、岩性、水文地质条件、边坡坡度与高度以及周围景观等，选用适宜的防护措施。

② 在适宜于植物生长的土质边坡上应优先选用种草、铺草皮等方式进行绿化美化。

③ 路基内埋设横穿的电缆，应用钢管防护，管顶至路基面不得小于0.4m，并设置明显标志。在曲线地段，由于曲线外轨设置超高，外侧道床加厚，道床坡脚外移，外侧的路基应适当加宽。

（7）路基基床

① 路基基床分表层和底层，表层厚度应不小于 0.4m，底层厚度应不小于 1.1m。基床厚度以路肩施工高程为计算起点。

② 路堤基床表层填料应优先选用 A、B 组填料，基床底层填料可选用 A、B、C 组填料。使用 B 组填料中砂黏土及 C 组填料中的粉土、粉黏土和卵石土、碎石土、圆砾土、角砾土中细粒土含量大于 30%时，在年平均降水量大于 500mm 的地区，其塑性指数不得大于 12，液限指数不得大于 32%。

③ 基床土的压实度

路基基床各层的压实度按表 2.7-2 执行。

基床土的压实度 **表 2.7-2**

层位	填料类别压实指标	细粒土和黏砂、粉砂	细砂、中砂、粗砂、砾砂	砾石类	碎石类
表层	压实系数 K_h	0.91			
	地基系数 K_{30}(MPa/cm)	0.9	1.0	1.2	1.2
	相对密度 D_r		0.75	0.75	
底层	压实系数 K_h	0.89			
	地基系数 K_{30}(MPa/cm)	0.8	0.8	1.0	1.0
	相对密度 D_r		0.7	0.7	

注：1. K_h 为重型击实试验的压实系数；
2. K_{30} 30cm 直径荷载板试验得出的地基系数，一般取下沉量为 0.125cm 的荷载强度。

④ 高度小于基床厚度的低路堤，基床表层厚度范围内天然地基的土质及其压实度应符合上述的规定。基床底层厚度范围内天然地基为冲积细粒土时，其静力触探比贯入阻力 P_s 值不得小于 1MPa。

⑤ 路堑基床表层的压实度不应小于上述的规定值，否则应采取压实措施。基床底层为软弱土层时，其静力触探比贯入阻力 P_s 值不得小于 1MPa。

基床以下部分的填料可选用 A、B、C 组填料。

⑥ 基床以下部位的填料，可选用应选用 A、B、C 组填料。路堤浸水部位的填料，应选用渗水土填料，当渗水土填在非渗水土上时，非渗水土层顶面应向两侧设 4%的人字横坡。基床以下部分填料的压实度应符合表 2.7-3 的规定。

基床以下部分填料的压实度 **表 2.7-3**

填筑部位	填料类别压实指标	细粒土和黏砂、粉砂	细砂、中砂、粗砂、砾砂	砾石类	碎石类
不浸水部分	压实系数 K_h	0.91			
	地基系数 K_{30}(MPa/cm)	0.9	1.0	1.2	1.2
	相对密度 D_r		0.75	0.75	
浸水部分及路桥过渡段	压实系数 K_h	0.89			
	地基系数 K_{30} (MPa/cm)	0.8	0.8	1.0	1.0
	相对密度 D_r		0.7	0.7	

注：在年平均降水量小于 400 地区，压实系数可按表列数据值减少 0.05。

⑦ 路堤基底处理应符合下列要求：

A. 地基表层为人工杂填土时，必须清除换填。碾压后，其压实度应根据其不同部位分别满足表 2.7-2、表 2.7-3 的要求；

B. 基底有地下水影响路堤稳定时，应采取拦截引排至基底范围以外或在路堤底部填筑渗水土；

C. 若地基表层为软弱土层，其静力触探比贯入阻力 P_s 值小于 1MPa 时，应进行地基稳定性检算并采取排水疏干、清除淤泥、换填片石或砂砾石等方法，也可采用土工合成材料进行加固，加固后的地基承载力应满足其上部荷载的要求。

2. 道口设备

（1）概述

当轨道与公路平面交叉时应设置道口。城轨地下线路和高架线路都是全封闭式的运营设备，城轨地面线路均设有围栏，为半封闭式。因运营密度大，不能设计为与公路平面交叉，所以，城轨正线均没有道口设备。站场线路，轨道与站场内的机动车辆通行的公路避免不了要发生平面交叉，都设计为平交道口。有整体浇筑式和道口板拼铺式两种。均按照定性设计图铺设（图 2.7-2、图 2.7-3）。

图 2.7-2　库门大道口

图 2.7-3　站场小道口

（2）一般规定

1）正线不设置道口，优先考虑设置立体交叉。

2）站场、线路可以设置道口，道口宜设置在瞭望条件良好的地点。在距道口不小于 7m 范围内，应能看到两侧各 400m（双线 500m）以外的列车，列车在 800m 以外可以看见道口。

3）道口铺面宽度应与道路路面宽度相同，且应不小于 2.5m。

4）铁路钢轨头部外侧 50mm 范围内，道口铺面应低于轨面 5mm。

5）道口上道路与铁路应正交，有困难时，其交角应大于 45°。

6）道口采用木制、石制、钢制或混凝土制等铺面板，材质及规格应符合设计要求，铺砌应平整稳固。

7）护轨轮缘槽宽度，直线上应为 70～100mm，曲线内股应为 90～100mm；轮缘槽深度应为 45～60mm。护轨两端做成喇叭口，距护轨端 300mm 处弯向线路中心，其终端距钢轨工作边应不小于 150mm。

8）在道口处的道路上应设置道口标志和护桩（路堑内及城市市区内可不设护桩），道口标志设在通向道口、距道口最外股钢轨不小于 20m 处的道路右侧，护桩设在道口附近的道路两侧。在铁路上距道口 500～1000m 处设置司机鸣笛标（站内或站内道口两端不设）。根据需要在通向道口、距道口最外股钢轨 5m 处的道路右侧设置道口自动信号机；未设道口信号机的无人看守道口，应在安设道口信号机的位置设置停车（止步）让行标志。道口标志和停车（止步）让行标志应使用反光材料。

9）有人看守道口除按规定办理外，还应修建道口看守房，在距最外股钢轨不小于 3m 处设置带有标志（标志为红色圆牌，有条件的地方夜间可安设红灯）的栏杆或栏门，根据需要可安装自动显示装置和自动栏木，并应设置道口照明、道口自动信号及报警装置、道口与车站及机车联控的通信装置和电铃等设备，备有防护信号用具、钟表和扩声器。繁忙道口与瞭望条件不良道口应设置遮断色灯信号机，其位置距道口不小于 50m。

10）平过道应根据站、段、场、所的作业需要适当设置。平过道不设置标志和护桩，其铺面根据具体情况可参照道口铺面办理。

3. 轨道加强设备

木枕线路，正线半径 800m 及以下曲线，站场线半径 450m 及以下曲线应按以下规定设置加强设备（表 2.7-4）。

加强设备设置规定 **表 2.7-4**

曲线半径 R	轨距杆（根）		轨撑（对）	
	25m	12.5m	25m	12.5m
$R \leqslant 350$m	10	5	14	7
350m$<R \leqslant 450$m	10	5	14	7
450m$<R \leqslant 600$m	6～10	3～5	6～10	3～5

混凝土轨枕线路根据具体情况，比照以上标准执行。

（1）轨距拉杆

通常在碎石道床线路的小半径曲线地段、岔前基本轨接头附近、导曲线以及其他薄弱地段或线路状态不良处所安装轨距拉杆，用以保持轨距，并加强轨道框架结构的刚度。见图 2.7-4。设有轨道电路时，应使用绝缘轨距杆。

（2）防爬器

为增加木枕线路的纵向阻力，防止线路纵向爬行，在轨底安装防爬器，防爬器与木枕之间加设隔离板，再用防爬销打紧。见图 2.7-5。

图 2.7-4 轨距拉杆

图 2.7-5 防爬器

防爬器，25m轨，顺向4对，反向4对，12.5m轨，顺向2对，反向2对，但接头2根不宜安装。防爬支撑可以安装在钢轨底下，也可以安装在道心。防爬器与轨枕之间应设承力板，支撑与承力板都应与轨枕密贴。

（3）防爬撑

防爬撑是与防爬器配套使用的设备，有防爬木撑和石撑两种形式，安装的位置可以在线路道心，也可以在轨底部位，但必须安紧，不能留有空隙。见图2.7-6。

图2.7-6　防爬撑

防爬器与防爬木撑的布置有一定的规定，图2.7-7为单方向运行的布置方式，中间部分两组为双方向锁定组，两端部分各有一组为单方向锁定组。站场线路的各股道，基本上不存在单向运行的情况，可以对称布置，即双向锁定。

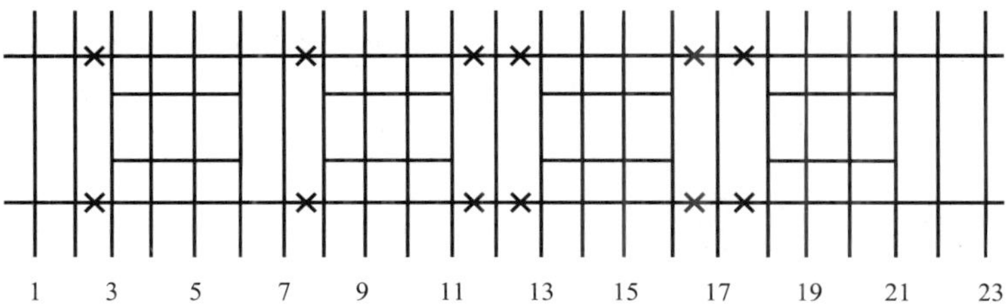

图2.7-7　防爬设备安装图

4. 车挡

为保证行车安全，所有线路的尽头都必须设置车挡。

车挡的类型主要有三大类：

第一类为简易式钢结构车挡（月牙型），见图2-7-8。用于停车库内行车速度极低的股道，在轨腰钻孔后直接安装。

第二类为片石混凝土结构的车挡，见图2-7-9。用于野外轨道的尽头。

图2.7-8　简易型车挡

图2.7-9　片石混凝土

第三类为缓冲式钢结构车挡，为保证列车进入线路终端时的安全，在正线、折返线及试车线的终端设置滑移式缓冲挡车器，设计考虑列车失控撞击挡车器的瞬时速度为 15km/h，车辆质量为 2160kN（6 辆编组）。挡车器的位置，需要设置在线路有效长度范围外，并且根据信号的需要，在挡车器的前端加设 24.5m 长度的信号安全区。挡车器的滑移距离根据计算确定为 13.5m，设计采用 24m，增加部分安全余量。滑移式缓冲车挡通常使用于比较重要的处所，考虑车辆有一定的速度，车挡上设有缓冲装置，能起缓冲作用，而且车挡还能有一定的滑动距离，比较安全可靠，但造价较高，目前，这类的车挡已有多种形式。

国外车挡有磁力式、液压式和滑动式等，前两种构造复杂、造价高，后一种较为简单、实用。滑移式缓冲车挡实物见图 2.7-10，设计图见图 2.7-11。

图 2.7-10　缓冲式钢结构

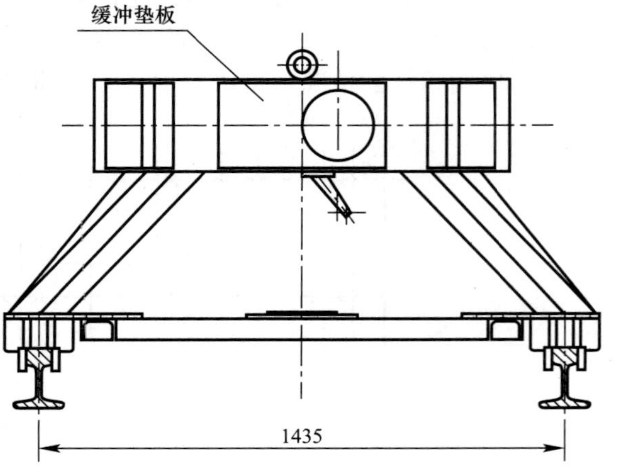

图 2.7-11　缓冲式钢结构车挡

5. 新型防脱护轨

（1）防脱护轨的设置范围

高架桥上，在下列地段宜设置防脱护轨：

1）半径小于 500m 曲线的缓圆（圆缓）点，缓和曲线部分 35m、圆曲线部分 15m 的范围内曲线下股钢轨内侧；

2）双线高架桥跨越城市干道和铁路地段及其以外各 20m 范围内，在靠近高架桥中线侧的钢轨内侧；单线高架桥上述地段两股钢轨内侧；

3）竖曲线与缓和曲线重叠处，重叠范围内两股钢轨内侧。

（2）新型防脱护轨设置原理

轨道交通运输的首要任务是确保行车安全畅通，而轨道结构是行车的基础工程，对列车安全运行起到关键作用。在运营的轨道设施中，小半径曲线轨道属于行车安全薄弱环节。

引起车辆脱轨的因素很多，其中线路轨道框架的状态对运行车辆的影响极大，虽然承轨台结构为保持轨道结构的稳定提供了可靠的保证，但在局部地段，例如在小半径曲线的缓和曲线范围及竖曲与缓和曲线重叠地段因超高顺坡造成轨顶平面的扭曲，不利于轨道的平顺性，当列车通过时，势必加剧车辆某些车轮的减载或悬浮，同时还将使轮轨间产生附加的横向水平力，为确保列车运行安全，在高架桥轨道的上述特殊地段设置新型防脱护轨。

列车通过小半径曲线轨道时，由于轮轨之间产生横向力过大，轨道的横向承载能力较弱，可能发生因轨距扩大超限，造成转向架导向车轴的内侧车轮踏面支撑宽度过小，从曲线轨道内股轨头顶面滑下，发生滑轨脱线事故。从轮轨几何关系计算分析可知，车轮踏面的支撑宽度 $X \geqslant 35$mm 时，可避免车轮不发生滑轨脱线事故。

根据上述列车车轮脱轨的机理与运营经验研制的新型防脱护轮轨，是在小半径曲线轨道内股钢轨的里侧安装新型护轨。根据轮轨关系动力学与运动学原理，合理设置护轨的轮缘槽宽度（简称 K），当列车通过小半径曲线轨道时，若发生外轮缘将爬（或跳）上曲线外股轨头顶面的那一瞬间，该轮轴的内侧轮背必将与护轨工作边发生接触。这时，护轨将对内轮缘背产生一个横向反作用力，它可减少（或分担）外轮对曲线外股钢轨作用的横向力，从而可使脱轨系数值降低，促使车轮脱轨的可能性减少。再者，护轨反作用于内轮缘背的横向力，对该转向架也能产生导向作用，这将促使该转向架向曲线圆心方向运动，迫使将（或已）爬（或跳）轨的车轮，回复到正常的运行轨迹。众所周知，车轮踏面为圆锥体，将爬轨脱线的外侧车轮是以较大的轮径在曲线外股轨头上滚动，而同一车轴的内侧车轮是以较小的轮径在曲线内股轨头上滚动，这势必促使该车轴的内、外侧车轮在滚动前进中产生自导向，从而迫使将爬轨的外侧车轮，围绕其内侧车轮轮背与护轨的接触点，并诱导将（或已）爬轨的车轮回复到正常轨迹滚动运行。

根据轮轨几何形位关系计算分析结果，新型防脱护轮轨的轮缘槽宽度，由于存在护轨的约束，车辆转向架导向轮轴的内侧车轮踏面，在曲线轨道内股钢轨轨头顶面的最小支撑宽度，远远大于前述的 35mm。因此，安装新型防脱护轨后，将能确保列车车轮不会发生从轨头顶面滑行的脱轨事故。

综上所述，在小半径曲线轨道上设置新型防脱护轨的目的是为了能可靠地防止列车车轮因故发生爬（或跳、滑）轨脱线事故，并可增强小半径曲线轨道圆缓点与缓圆点前后 40～60mm 范围内轨道结构的稳定性。

DP2—60 型防脱护轨装置的轮缘槽宽度设计采用 70mm。根据轮轨关系动力原理，当一侧车轮的轮背将与通过支架紧固基本轨上的防脱护轨接触，迫使车轮回复到正常轨道上运行，从而防止车轮脱轨事故发生。这种新型防脱护轨较传统护轨有着本质区别，传统护轮轨不能防止列车脱轨，而是避免脱轨列车在设置护轮轨地段倾覆。所以 DP2—60 型防脱护轨是一种积极预防列车车辆脱轨装置，这种装置已在我国铁路中使用，并在逐步推广。

（3）新型防脱护轨的结构

新型防脱护轨是由护轨、护轨支架、扣板、弹性绝缘缓冲垫片和联结紧固部件（螺栓、螺母）等组成，见图 2.7-12。安装平面示意图见 2.7-13。

护轨支架安装在相邻轨枕（支撑块）之间的基本轨轨底上，用螺栓和扣板将支架紧固在基本轨轨底上。护轨支架安装间距，根据运输条件（速度与轴重）拟定，一般为每间隔两根轨枕（或支撑块）安装一个支架；随后将加工好的护轨置于支架的承轨台上，用螺栓将护轨紧固于支架上。在护轨与基本轨之间护轨螺栓为 26mm。设置的轮缘槽宽度 K 值，应根据曲线半径、列车通过速度及现场使用单位对其功能的要求，应用轮轨关系及其相互作用原理，进行具体设置。护轨之间的接头用相应的夹板、螺栓连接；每一局部安装地段护轨的始端和终端，应设置缓冲段。

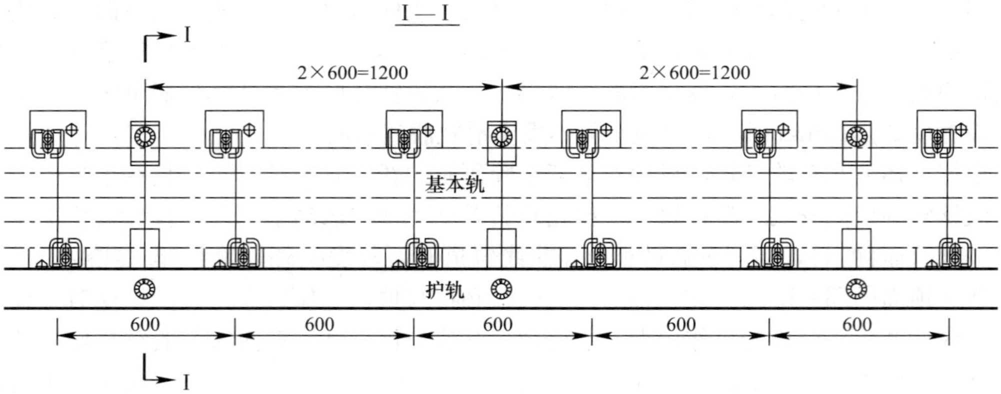

图 2.7-12 防脱护轨安装平面图

新型护轨装置一般安装在小半径曲线轨道内股钢轨的里侧，安装长度：曲线圆缓点和缓圆点的前后各 40～60m，主要是防止列车车轮发生爬（或跳、滑）轨脱线事故，确保行车安全；根据试验研究结果，其护轨可采用 15kg/m 的标准轻轨或角钢，护轨支架采用高强精密铸钢制作；加工数量很大，最好采用模锻工艺加工；绝缘弹性缓冲垫片采用高强高弹性绝缘材料，采用高压铸模工艺加工。其余联结紧固件，均采用现行通用标准件即可，若在山区安装使用时，也可采用铁路科学院配套开发特制的防盗螺母及其紧固扳手。新型防脱护轮轨装置的生产，必须采取强化技术质量监控，由定点专业工厂制作，批量生产，成套供应，方可确保产品质量。

（4）新型防脱护轮轨的功能与特点

1）能可靠地防止列车车轮在小半径曲线轨道上发生爬（或跳、滑）轨脱线事故。

2）能提高小半径曲线轨道整体结构抗横向变形的承载能力，增强其稳定性，可改善轮轨相互作用的横向动力学效应，以减少其线路养护维修工作量。

3）通用性好。因护轨不与轨下基础（含轨枕）发生直接连接紧固关系。

2.8 轨道的几何形位

1. 概述

车辆轮对在轨道上运行，轨道良好的几何形位对车辆运行的平稳和轮轨设备的使用寿命有着密切的关系，工务专业人员工作重点内容之一就是不断调查、研究、调整、改善轨道的几何形位，以满足运营的需要。

直线轨道在立体空间的几何形位包括轨距、轨向、水平、高低和轨底坡等 5 个最基本的要素，曲线轨道的几何形位包括曲线加宽、曲线超高、曲线正矢和轨面顺坡等几个方面，由于 2.9 详细介绍曲线轨道，因此曲线轨道的几何形位也纳入 2.9 节中，道岔的几何形位在道岔的章节中专题介绍，本节主要介绍直线轨道的几何形位。

国外对于几何形位的描述与我国有很大的差距，有的把“方向”称为“水平度”，而把“水平”称为“垂直度”，虽然是不可思议，但其实是不足奇怪的。把“水平度”理解为水平面上的偏离程度，实际上就是“方向”，而中国轨道的“水平”，实际上是两股钢轨顶面在垂直方向上的高程所误差的程度。名称只不过是一个代号而已，关键是它的含义。我们完全有必要对轨道的几何形位，在三维空间进行精确的、准确的描述。

轨道在三维空间的几何形位如图 2.8-1 所示。

如图 2.8-1 所示，X 轴为轨道的前进方向，Y 轴为轨道的横向宽度方向，Z 轴为轨道的垂直方向。XOY 所组成的平面为轨道平面，XOZ 所组成的平面为轨道纵断面，YOZ 为轨道的横断面。在 XOY 平面内描述轨道形位，中国专业名词有“直线”、“曲线”、“轨距”、“轨距加宽”、“轨向”“轨道中心线平面位置”、“钢轨侧面磨耗”等；

在 XOZ 纵断面内描述轨道形位，中国专业名词有“坡度”、“竖曲线”、“高低”、“轨道中心线垂直位置”、“钢轨垂直磨耗”等；

在 YOZ 横断面内描述轨道形位，中国专业名词有“水平”、“三角坑”、“超高”、“轨底坡”等。

2. 轨道在水平面（XOY）内的几何形位

(1) 轨距（图 2.8-2）

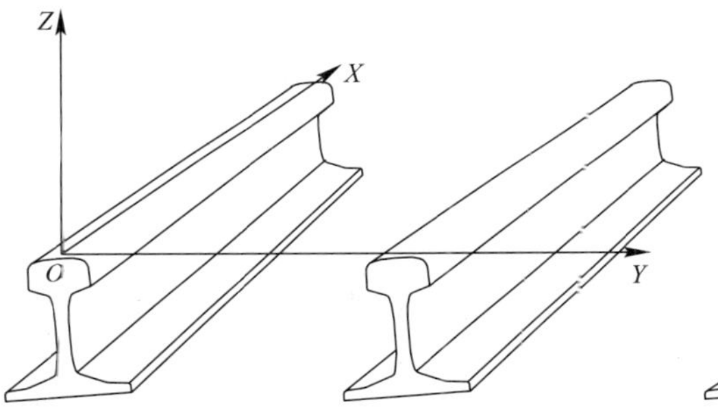

图 2.8-1　轨道三维空间示意图

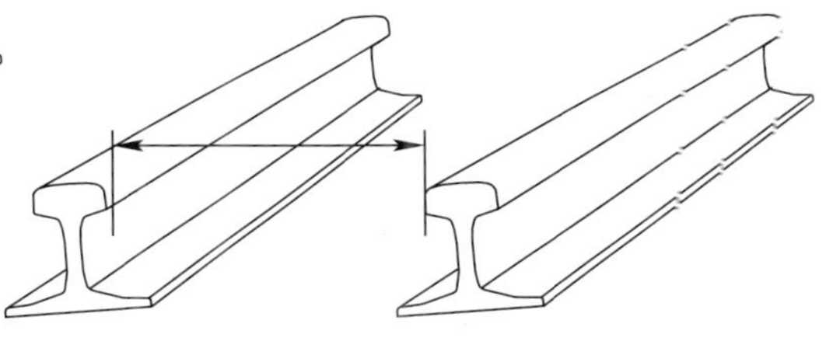
图 2.8-2　轨距示意图

1）定义

左右两股钢轨内侧作用边之间的水平距离。

2）测量方法

在轨顶面以下 16mm 处测量；

为适应车辆轮缘踏面倾斜坡度的需要，钢轨在铺设时，底部通过轨枕设置了轨底坡，使钢轨微微向内倾斜，钢轨内侧作用边并不垂直，所以，轨距应在钢轨头部为侧面下 16mm 处量取。

3）标准值：

城市轨道轨距采用国家标准，直线轨距为 1435mm。

4）容许误差（车站与区间相同）

轨距是保证车辆轮对平稳运行的重要因素之一，目前，我国国家标准规定正直线轨距误差的容许范围为+6mm，−2mm，保养标准为+8mm/−4mm。并规定轨距的变化率不大于 2‰，即 1m 范围内轨距不得有 2mm 以上的差异。

当轨距不符合要求或发生变化时，通常通过改道的方法处理，即调整轨距垫，使之得到矫正，但调整轨距时必须同时考虑它的变化率。

5）轨距加宽

地铁隧道内正线的曲线不设置轨距加宽，站场线路的曲线，加宽标准为：

$R \geqslant 350m$：加宽 0mm；

$350m > R \geqslant 300m$：加宽 5mm；

$R < 300m$：加宽 15mm。

（2）轨向（图 2.8-3）

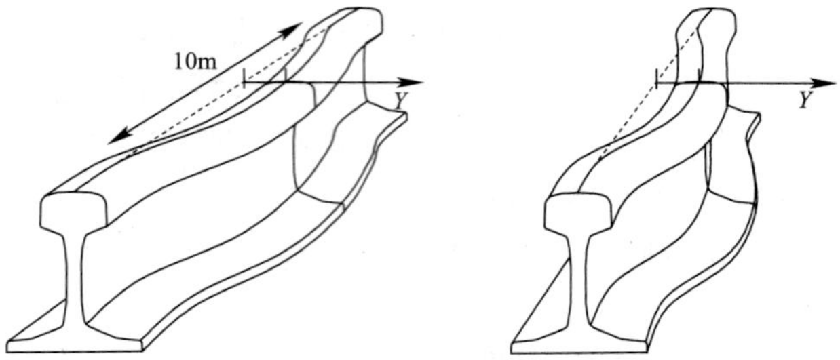

图 2.8-3　轨向示意图

1）定义

轨向就是轨道的前进方向，日常口语称方向。

通俗地说，轨向就是直线轨道是否直顺，曲线轨道是否圆顺。如有变形就称为轨向不好。轨向不好会引起列车蛇行振动。

2）测量方法

轨向一般通过目视法观测，如有异常，直线段轨道，用 10m 弦线在轨头侧面测量其矢度，曲线轨道，用 20m 弦线在轨顶面以下 16mm 处测量其正矢，其矢度必须符合规定。

3）标准值

直线段矢度 0mm，

4）容许误差（车站与区间相同）

维修标准：≤4mm；

保养标准：≤6mm。

曲线段正矢应符合该曲线的设计值；

（3）轨道中心线平面位置（图 2.8-4）

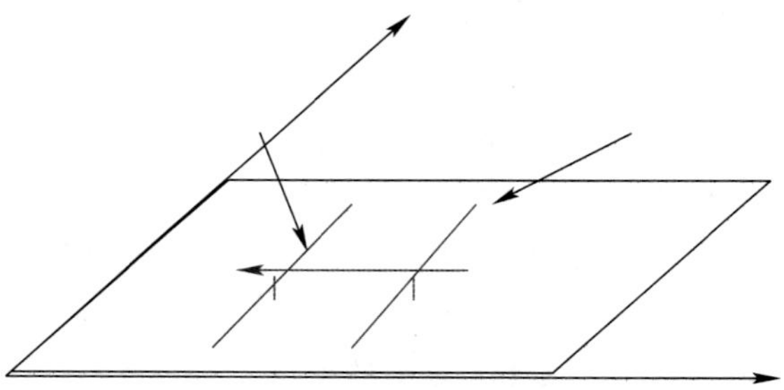

图 2.8-4　轨道中心线偏差示意图

1）定义

轨道中心线在水平面 XOY 上的投影。

2）容许误差（车站与区间相同）

轨道中心线距基标中心线：

调整精度容许偏差：±2mm；

工程验收容许偏差：±3mm。

3）线间距（图 2.8-5）

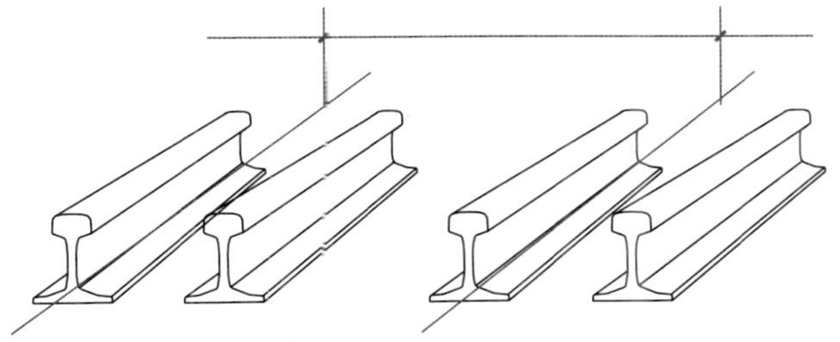

图 2.8-5　线间距示意图

线间距为上下行线路中心线之间的垂直距离，线间距由设计文件提供，通常 4.5～5m。

4）钢轨侧面磨耗：

① 测量方法：侧面磨耗在钢轨踏面下 16mm 处测量；

② 容许误差：<14mm（车站与区间相同）；

注：地面线路钢轨侧面磨耗，轻伤 14mm，重伤 17mm；隧道内线路侧磨 14mm，升为重伤。

5）平面限界（图 2.8-6）

线路轨道中心线距站台或其他建筑物边缘的水平距离≥1610mm。

3. 轨道在纵断面（*XOZ*）内的几何形位

（1）高低（图 2.8-7）

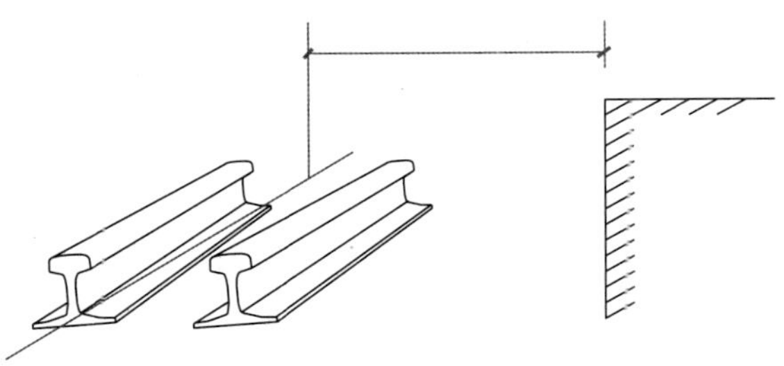

图 2.8-6　平面限界示意图

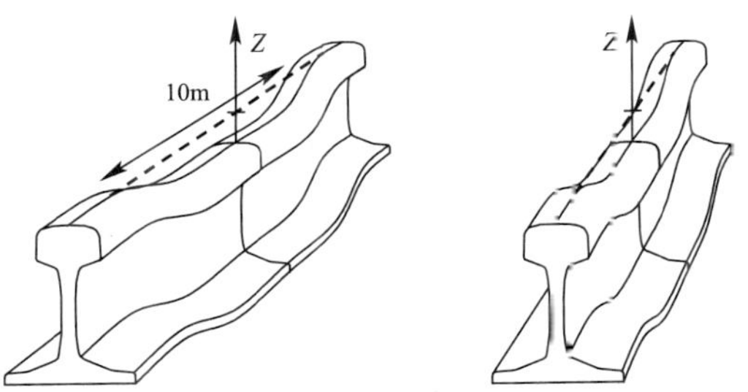

图 2.8-7　高低示意图

1）定义

轨道在前进方向上纵断面的平顺程度称为轨面前后高低，简称高低。

轨面的平顺程度，即轨道纵断面线形的优劣程度。前后不平顺时，列车通过这些地段，冲击动力增加，使变形加速，进一步扩大不平顺，再增加列车对轨道的冲击破坏力。

轨道在短距离范围内的轨面不平顺称之为小洼，长距离范围称为谩洼。处理“高低”及上述“水平”的方法根据高程误差的大小而不同，误差在 20mm 以内，采用垫板作业的方式。一般说来，整体道床线路，正常性的沉降，在局部范围，不可能有 20mm 以上的偏差，通过垫板作业完全能够得到解决，碎石道床线路，误差在 20mm 以上时，可以采取起道作业办法，但要考虑轨面的顺坡率。当起道量超过 40mm 时，必须申报供电系统的触网部门予以配合。

2）测量方法

轨面要求目视平顺，如有坑洼，用 10m 弦线在轨面测量矢度。

3）标准值

0mm；

4）容许误差：（车站与区间相同）

维修标准：≤4mm；

保养标准：≤6mm。

（2）轨道垂直位置（标高）（图 2.8-8）

1）定义

轨道中心线在立面 XOZ 上的投影。

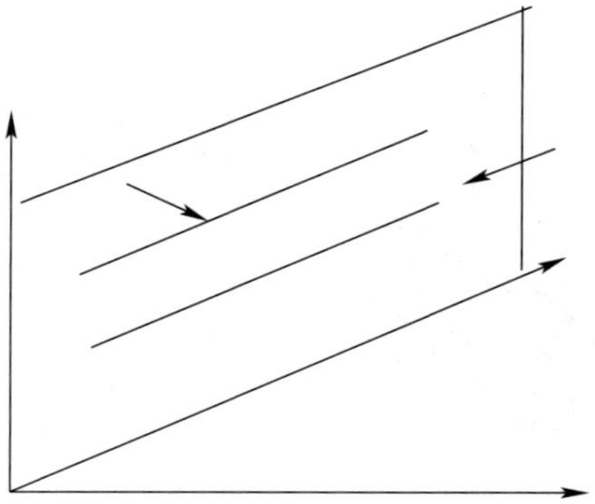

图 2.8-8　线路标高误差示意图

2）测量方法

用水平仪测量各点位高程；

3）容许误差

高程容许偏差为±2mm。

（3）线路坡度（图 2.8-9）

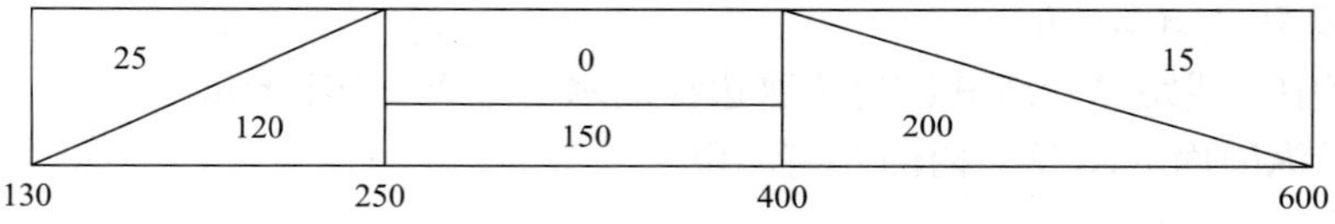

图 2.8-9　线路坡度示意图

线路坡度为轨道中心线相对于水平面 XOY 的倾斜度，坡度值为同一坡度上两点高差与水平距离之比。地铁既有正线最大坡度值 35‰。

如图 2.8-9 所示，坡度线上方数字为坡度，下方为坡长。

（4）竖曲线（图 2.8-10）

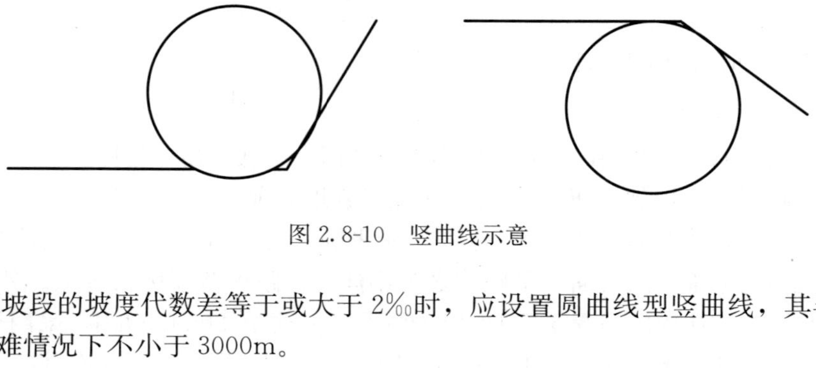

图 2.8-10　竖曲线示意

两相邻坡段的坡度代数差等于或大于 2‰时，应设置圆曲线型竖曲线，其半径一般为 5000m，困难情况下不小于 3000m。

（5）钢轨垂直磨耗

1）测量方法：垂直磨耗在钢轨顶面宽 1/3 处（距钢轨工作边）测量。

2）容许误差：≤8mm（车站与区间相同）。

4. 在 *YOZ* 断面内

（1）水平（图 2.8-11）

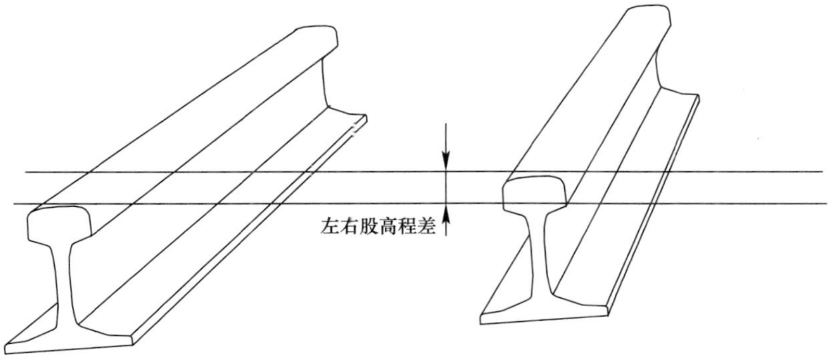

图 2.8-11　水平示意图

1）定义

水平指轨道左右两股钢轨顶面的高程之差。

直线轨道两股钢轨顶面应保持在同一水平（曲线轨道见 2.9 节）。水平误差正直线规定不得大于 4mm，并且其变化率不得超过 1‰，超过了容许范围，车辆将发生振动。

水平误差有两种情况，一种是在相当长的距离内，一股钢轨始终高于另一钢轨，另一种是在不太长的距离内先是左股高，后是右股高，这种误差称为三角坑。

2）测量方法

用轨道尺测量。

3）标准值

0mm。

4）容许误差（车站与区间相同）

维修标准：≤4mm；

保养标准：≤6mm。

（2）三角坑

1）定义

左右两根钢轨顶面的高程差发生交错性的变化称为三角坑。

三角坑在最不利的情况下能导致列车脱轨。因此，在延长 15m 的范围内不容许出现三角坑（注：15m 为地铁车辆前后轮轴之间的距离）。

2）测量方法

用轨道尺测量。

3）标准值

0mm。

4）容许误差（车站与区间相同）

维修标准：在一节车长的长度范围内≤4mm；

保养标准：在一节车长的长度范围内≤6mm。

（3）超高（图 2-6-12）

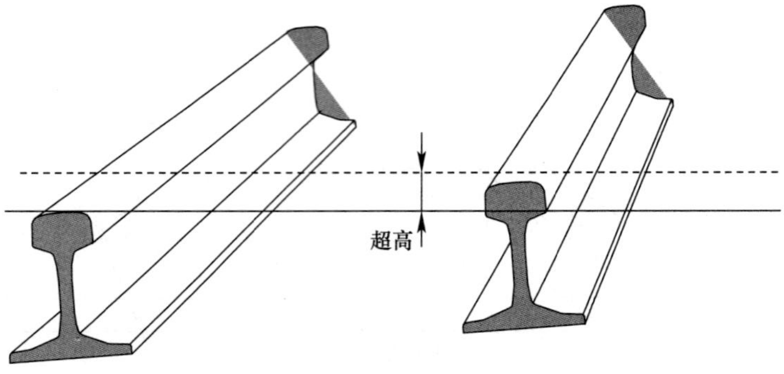

图 2.8-12　曲线超高示意图

1）定义

为平衡列车在曲线轨道上运行时所产生的离心力，把曲线外股适当抬高；这种抬高量称为超高。

2）测量方法

用轨道尺测量。

3）标准值

各曲线超高按设计值办理，小半径曲线最大超高值为 120mm。

4）容许误差（车站与区间相同）

维修标准：≤4mm；

保养标准：≤6mm。

（4）轨底坡（图 2.8-13，图 2.8-14）

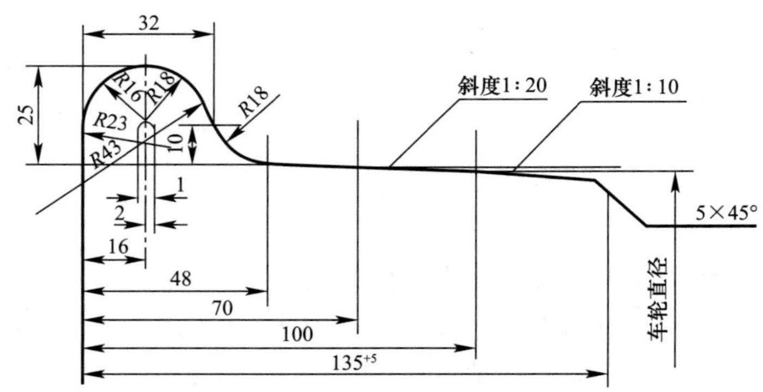

图 2.8-13　车轮踏面示意图

1）定义

为使钢轨顶面与车轮踏面斜坡相吻合，将钢轨适当向内倾斜，由此所产生的钢轨底面相对于轨枕顶面的倾斜度称为轨底坡，（实际上就是钢轨的内倾度）。列车运行时，车辆踏面与钢轨顶面接触，由于车轮在制作时，其踏面有一个倾斜坡度，因此，钢轨的倾斜度必须与车轮踏面的倾斜度基本吻合。如果不符合，轮轨接触点将偏离轨面中心线。轨面上，车轮碾压，会形成明亮的光带，如果光带居中，说明轮轨接触点良好，轨底坡适宜，如果光带偏向内侧，轨底坡偏小，如不纠偏，就要加剧钢轨内侧的磨耗。轨底坡的设置，是通过混凝土轨枕在制作过程来实现的，混凝土轨枕的承轨台已按规定设计有一定的坡度，对于线路的各种特定地段，还必须在轨下增设斜型垫片加以改善。

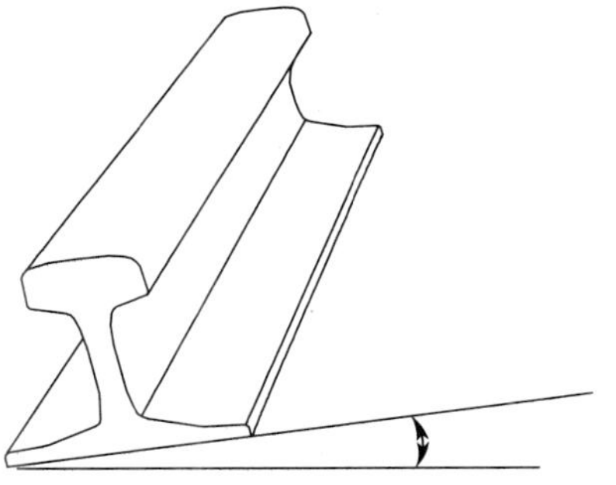

图 2.8-14　轨底坡示意图

2）标准值：1∶40

我国国家标准规定，轨底坡为 1∶40，在曲线地段，要根据超高的不同情况加以调整。

（5）轨面与站台面高差（图 2.8-15）

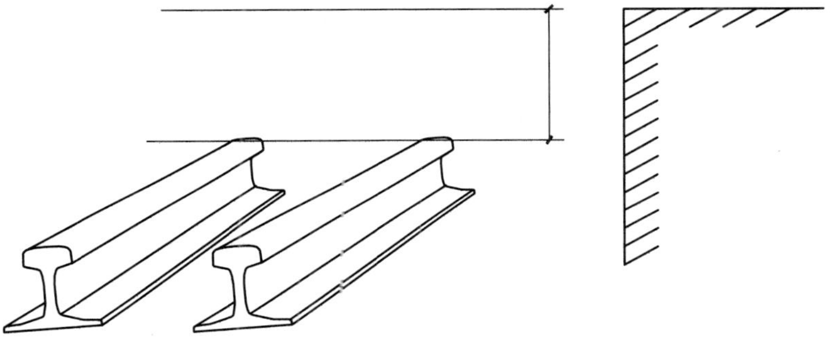

图 2.8-15　轨面与站台面高差示意图

1）轨面与站台面高程之差标准值为 1100mm；

2）容许误差：1100mm＞H≥1050mm（新规定 1080＞H≥1050mm）。

（6）轮轨关系

轮对宽度小于轨距，钢轨与轮缘之间存在一个空隙，称为游间，游间大，可防止车轮被轨道楔住，减少行车阻力及轮轨磨耗，但游间必须有一个限度，如果游间过大，会有很多负作用，如车辆蛇行幅度大，横向加速度大，轮缘对钢轨冲击角大，钢轨所受的横向力大，同时还会带来钢轨侧面不均匀磨耗等。

轮轨关系见图 2.8-16、图 2.8-17。

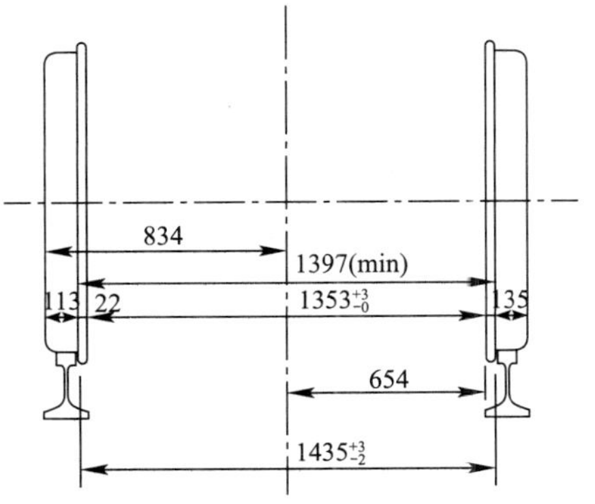

图 2.8-16　轮轨关系示意图

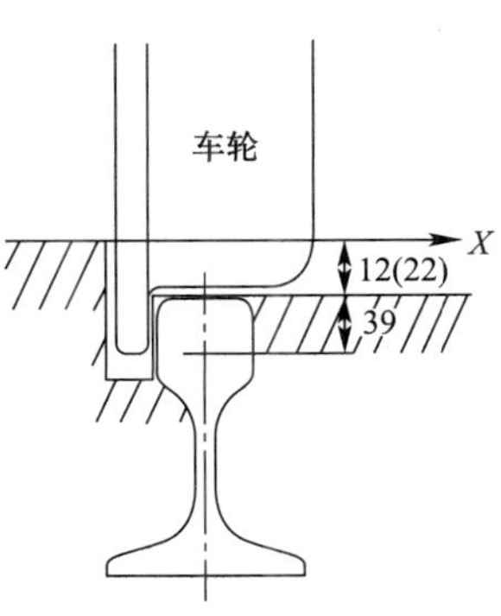

图 2.8-17　轮轨关系示意图

2.9 曲线轨道

1. 曲线平面

(1) 概述

在城市市区范围内的线路，一方面，由于线路规划的走势，决定了要经常改变其方向，另一方面，遇到地形、地物和重大建筑时，必须绕避障碍，于是，便形成了曲线。其实，不管是什么线路，都不可能永远是直线，凡是需要改变方向的地方就必须设置曲线。

有时线路方向得连续变化，连续设置曲线，前进方向在同一侧的称为同向曲线，见图 2.9-1。前进方向在不同侧的称为反向曲线，见图 2.9-2。通常，两条曲线之间设有一条直线作过渡，称为夹直线。这段线路由两条单曲线所组成。如果在两条曲线之间未设置夹直线，它就称为复曲线。

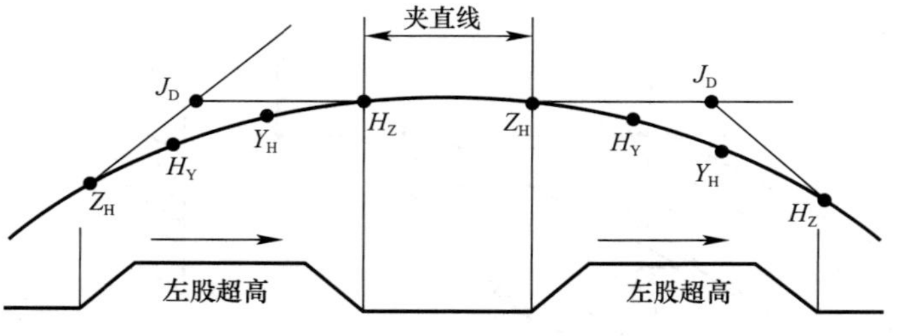

图 2.9-1　同向曲线

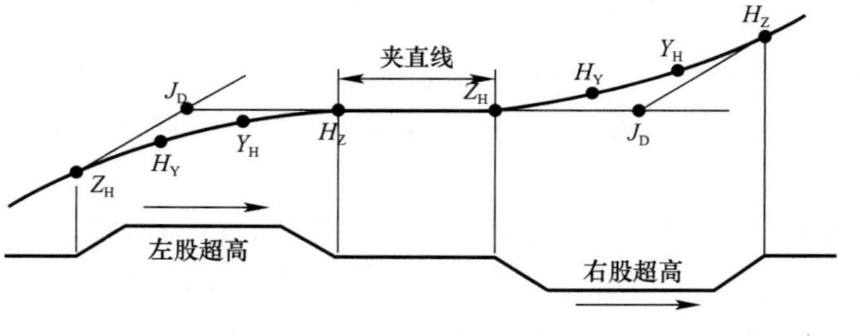

图 2.9-2　反向曲线

(2) 曲线的平面结构

曲线的主体部分为圆曲线，当圆曲线半径特大时，圆曲线直接与直线相连，一般情况下，圆曲线与直线之间都以缓和曲线作过渡。这样，一般曲线的平面形式如下：

直线→缓和曲线→圆曲线→缓和曲线→直线

按线路的前进方向，直线与缓和曲线的连接点称为直缓点，依次类推，其余各点分别为缓圆点、圆缓点、缓直点，分别记为 Z_H、H_Y、Y_H、H_Z。见图 2.9-3。

决定曲线平面走向的两个要素为转向角和圆曲线半径。为保证列车运行的平稳，减少轮轨磨耗，曲线半径不宜过小。目前，城市轨道最小半径为 300m，最大为 4000m。

(3) 曲线要素

曲线的基本要素如下：

1) 曲线中心角，和曲线交角相等，符号 α。

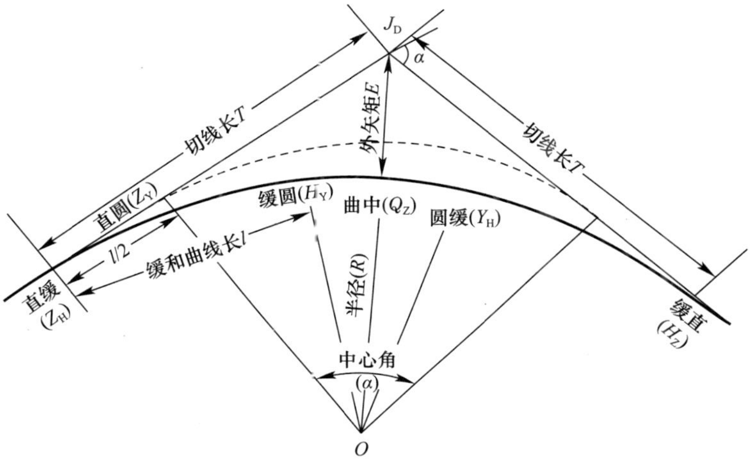

图 2.9-3　曲线要素示意图

2）曲线半径，符号 R。

3）曲线的切线长，符号 T。

4）曲线外矢距，符号 E。

5）曲线长度，符号 C。

6）缓和曲线长度，符号 l。

7）圆曲线与缓和曲线的总长，符号 L。

8）圆曲线正矢，符号 f。

圆曲线要素的关系式如下：

$$C=\text{Л}R\alpha/180。$$

圆曲线半径、弦长与正矢的关系如下：

$$f=d^2/8R$$

式中　f——正矢（mm）；

d——弦长（m）；

R——半径（m）。

当弦长固定为 20m 时，$f=50000/R$（mm），可见，圆曲线部分所有点的正矢都是相等的。

（4）曲线正矢

衡量曲线顺度通常采用测量正矢的办法。曲线上两点间连成一条直线，称为弦，弦上任意点到曲线对应点的垂直距离叫做矢距，位于弦中央的点的矢距叫做正矢。见图 2.9-4。

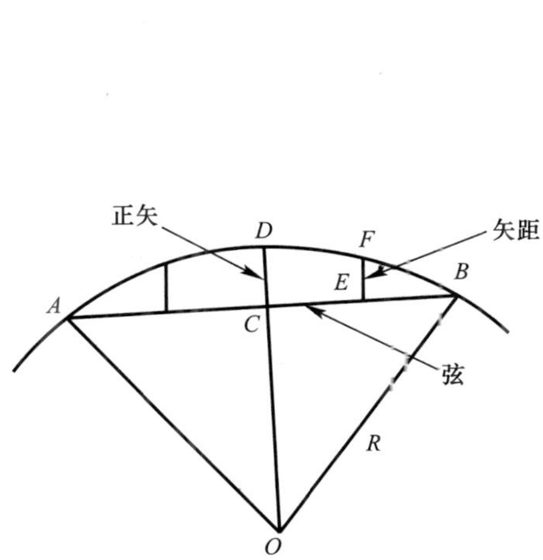

图 2.9-4　曲线正矢示意图

一般规定，采用 20m 长度弦线，在曲线外轨作用边内侧轨面下 16mm 处测量正矢。

不同半径的圆曲线正矢见表 2.9-1。

圆曲线正矢表 **表 2.9-1**

曲线半径 R(m)	正矢 f(mm)		曲线半径 R(m)	正矢 f(mm)	
	弦长 20m	弦长 10m		弦长 20	弦长 10m
200	250.0	62.5	800	62.5	15.6
250	200.0	50.0	850	58.8	14.7
300	166.7	41.7	900	55.6	13.9
350	142.9	35.7	950	52.6	13.2
400	125.0	31.2	1000	50.0	12.5
450	111.1	27.8	1200	41.7	10.4
500	100.0	25.0	1500	33.4	8.4
550	90.9	22.7	1800	27.8	7.0
600	83.3	20.8	2000	25.0	6.2
650	76.7	19.2	2500	20.0	5.0
700	71.5	17.9	3000	16.7	4.2
750	66.7	16.7	4000	12.6	3.1

曲线正矢误差不得超过表 2.9-2 规定。

曲线正矢容许误差表 **表 2.9-2**

曲线半径（m）	缓和曲线正矢与计算正矢之差		圆曲线正矢连续差		圆曲线正矢最大最小值差	
	正线	其他线	正线	其他线	正线	其他线
250 及以下	7	8	14	16	21	24
251～350	6	7	12	14	18	21
351～450	5	6	10	12	15	18
451～650	4	5	8	10	12	15
651 及以上	3	4	6	8	9	12

曲线轨向的圆顺通过正矢值进行检测，一般规定，采用 20m 长度弦线，在曲线外轨作用边内侧轨面下 16mm 处测量正矢。

曲线正矢误差不得超过表 2.9-3 的规定：

曲线正矢误差规定 **表 2.9-3**

曲线半径（m）	缓和曲线正矢与计算正矢之差		圆曲线正矢连续差		圆曲线正矢最大最小值差	
	正线	其他线	正线	其他线	正线	其他线
250 及以下	7	8	14	16	21	24
251～350	6	7	12	14	18	21
351～450	5	6	10	12	15	18
451～650	4	5	8	10	12	15
651 及以上	3	4	6	8	9	12

2. 圆曲线轨距加宽

由于轮轨间游间的存在，车辆转向架通过曲线轨道时，可以占有不同的位置，也就是说可以有不同的内接形式。

斜接；自由内接；契形内接。

以上三种方式中，自由内接是最有利的方式。该方式是车辆转向架外侧最前位轮缘与外轨轨距线接触，其他各轮缘无接触地在轨道上行驶。见图 2.9-5。

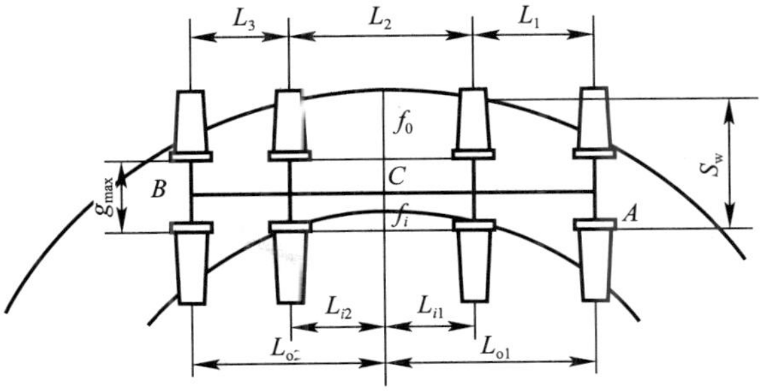

图 2.9-5　车辆轮对自由内接

曲线轨道的最大轨距，应能够确保行车安全，不使之掉道。在最不利的情况下，当轮对的一个车轮轮缘紧贴钢轨，另一个车轮的 1∶10 斜坡段部分应全部在轨头顶面范围内滚动，再根据轨距误差不超过 6mm 的规定，可以计算出曲线轨道最大容许轨距应为 1450mm，即曲线轨距最大加宽为 15mm。

国家铁路轨距加宽标准见表 2.9-4，城轨正线的曲线，半径 300m 及以上均不设加宽。

曲线轨距加宽标准　　　　**表 2.9-4**

曲线半径（m）	轨距加宽
350m 及以上	0
300～350m	5
小于 300m	15

3. 缓和曲线

曲线外轨超高，不能在圆曲线起始点实现突变，必须有一个顺坡的长度，同时，车辆由直线向圆曲线行驶，也需要有一个过渡的范围。因此，无论从平面关系还是从空间立体关系上来说，除特殊圆曲线以外，一般都设置一条曲率渐变的连接曲线以过渡。这种用于过渡的曲线称为缓和曲线。

缓和曲线应符合下列要求：

（1）横向力与竖向力渐渐变动，不突然发生；

（2）外轨超高与轨距加宽在缓和曲线上全部完成。

缓和曲线几何形位要求：坐标。

缓和曲线始终点坐标连续变化：偏角。

缓和曲线始终点偏角连续变化：曲率。

曲率连续变化：超高。

超高随曲率变化而连续变化：曲率变化率。

有直线型顺坡和曲线型顺坡两种。

常用缓和曲线为三次抛物线型，见图 2.9-6 所

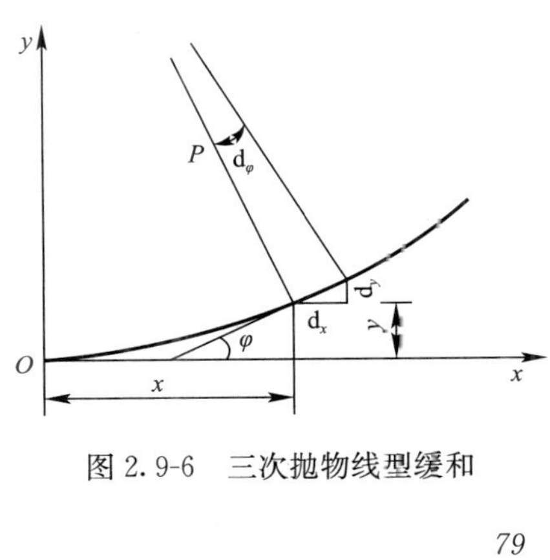

图 2.9-6　三次抛物线型缓和

示。亦有称其为放射螺旋型的近似参变数方程式。

缓和曲线正矢：缓和曲线正矢是从直线向圆曲线方向渐渐由小变大的，其变化的大小称为缓和曲线正矢的递增率。

缓和曲线正矢递增率＝圆曲线正矢/缓和曲线分段数。

缓和曲线任意点正矢＝缓和曲线正矢递增率×自缓和曲线起点到所求点的距离/10

测点正好在缓和曲线始终点时的正矢。

缓和曲线始点正矢＝缓和曲线正矢递增率/6。

缓和曲线终点正矢＝圆曲线正矢－缓和曲线始点正矢。

其余各测点的正矢＝缓和曲线正矢递增率×由曲线起点到该测点的分段数。

例如，曲线半径 300m，缓和曲线长为 70m。

圆曲线正矢＝50000/300＝167mm。

缓和曲线正矢递增率＝167/7＝24mm。

直缓点正矢＝24/6＝4mm。

缓圆点正矢＝167－4＝163mm。

缓和曲线各测点的正矢。

1 号测点的正矢＝24×1＝24mm。

2 号测点的正矢＝24×2＝48mm。

3 号测点的正矢＝24×3＝72mm。

4 号测点的正矢＝24×4＝96mm。

5 号测点的正矢＝24×5＝120mm。

6 号测点的正矢＝24×6＝144mm。

4. 曲线内股缩短轨

在曲线地段，外轨的长度大于内股的长度，而标准钢轨的长度是相等的，如内外股采用相同长度的钢轨，其左右接头偏差量就会越来越大，为保持钢轨接头的对接形式，曲线内股必须铺设缩短轨。

（1）曲线内股缩短量的计算：

1）圆曲线

$$\Delta L_1 = S_1 \cdot L_1 / R_1$$

式中 ΔL_1——圆曲线内股缩短量；

S_1——两股钢轨中心线之间的水平距离（采用近似值 1500mm）；

L_1——圆曲线长度（m）；

R——圆曲线半径（m）。

2）缓和曲线

$$\Delta L_2 = S_1 \times L_2 / 2R$$

式中 ΔL_2——缓和曲线内股缩短量；

L_2——一端缓和曲线长度（m）；

整个曲线总缩短量

$$\Delta L = \Delta L_1 + 2\Delta L_2$$

缩短轨需要量的计算：

标准缩短轨的缩短量

12.5m 钢轨：—40mm；—80mm；—120mm；

25.0m 钢轨：—40mm；—80mm；—160mm。

首先选用何种规格的缩短轨，将总缩短量除以单根缩短量，就是总根数。

铺设规定；

直线段，两股钢轨接头相错量不得超过 40mm；

曲线段，两股钢轨接头相错量不得超过 40mm 加所采用的缩短轨缩短量的一半。

因此，凡曲线内股，累计缩短量超过标准缩短轨缩短量一半的时候即布置一根缩短轨。

（2）曲线内股缩短量的规定

1）曲线内股缩短量按下式计算：

$$\Delta L_1 = S_1 \times L_1 / R_1$$

式中 ΔL_1——圆曲线内股缩短量；

S_1——两股钢轨中心线之间的水平距离（采用近似值 1500mm）；

L_1——圆曲线长度（m）；

R——圆曲线半径（m）。

2）缓和曲线内股缩短量按下式计算：

$$\Delta L_2 = S_1 \times L_2 / 2R$$

式中 ΔL_2——缓和曲线内股缩短量；

L_2——一端缓和曲线长度（m）；

3）曲线总缩短量

$$\Delta L = \Delta L_1 + 2\Delta L_2$$

铺设规定；

直线段，两股钢轨接头相错量不得超过 40mm；

曲线段，两股钢轨接头相错量不得超过 40mm 加所采用的缩短轨缩短量的一半。

5. 圆曲线外轨超高

列车在曲线轨道上运行时，会产生离心力，离心力过大会影响行车安全。为平衡离心力的作用，在曲线轨道上设置外轨超高，即把曲线外股适当抬高，车身倾斜，车辆重力的水平分力可以抵消离心力，达到内外两股钢轨受力均匀、垂直磨耗均等，减小离心加速度，增加旅客舒适感，提高线路稳定性和行车安全。曲线外轨超高见图 2.9-7 所示。

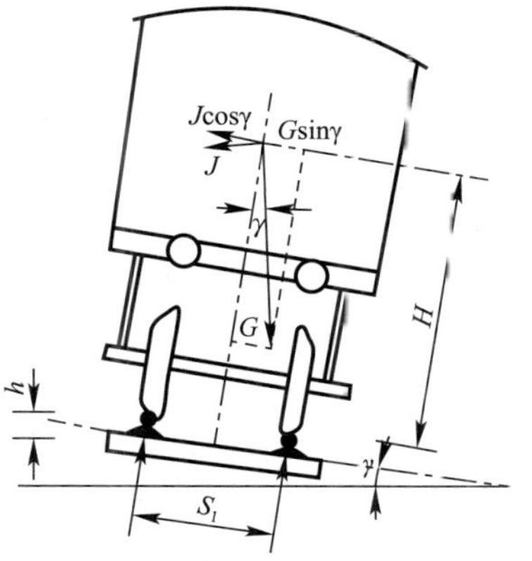

G——车辆重力(N)；h—外轨超高(mm)；

γ——轨顶线与水平线夹角(°)；

S_1——两股钢轨中心线间距离(mm)；

H——车辆重心在轨顶线以上的高度(mm)。

图 2.9-7 曲线外轨超高示意图

（1）曲线外轨超高的计算

外轨超高可按下式计算：

$$H = 11.8V^2 / R$$

式中　H——曲线外轨超高（mm）；

V——行车速度（km/h）；

R——曲线半径（m）。

（2）速度的计算

但实际上，通过曲线的各次列车，其速度不可能是相同的，上式中的 V 应取平均速度。一旦以某一平均速度计算并确定超高后，该曲线便成为固定的设施，而列车运行的实际速度如大于或小于平均速度时，使外轨超高与行车速度不相适应，这就不可避免地产生未被平衡的离心加速度。未被平衡的离心加速度不宜太大，否则，不仅会影响行车平稳，使旅客感觉不适，而且还会危及行车安全。

超高不够，存在未被平衡的离心力，我们把欠缺部分的超高称为欠超高，反过来，超高过大，出现未被平衡的向心力，把过大部分的超高称为过超高。两者总称为未被平衡的超高。

我国规定，允许最大未被平衡欠超高，一般为 75mm，特殊情况为 90mm。国铁线路最大外轨超高为 150mm。城市轨道交通的现有运营线，最大外轨超高为 120mm。

在已设置超高的条件下，最高行车速度按下式计算：

$$V_{max}^2=(h+\Delta h)\cdot R/11.8$$

式中　h——按平均速度设置的超高（mm）；

Δh——容许未被平衡超高（mm）。

（3）曲线超高的顺坡

1）曲线超高应在整个缓和曲线内顺完，容许速度大于 120km/h 的线路，顺坡坡度一般不大于 $1/(10V_{max})$，其他线路不大于 $1/(9V_{max})$；如缓和曲线长度不足，顺坡可延伸至直线上；如无缓和曲线，容许速度大于 120km/h 的线路，在直线上顺坡坡度一般不大于 $1/(10V_{max})$，其他线路不大于 $1/(9V_{max})$。容许速度大于 120km/h 的线路，在直线上顺坡的超高不得大于 8mm；其他线路，有缓和曲线时不得大于 15mm，无缓和曲线时不得大于 25mm。

复曲线时两圆曲线的曲率差大于表 2.9-5 规定的数值时，应设置中间缓和曲线。中间缓和曲线的长度应根据计算确定。

两圆曲线的曲率差　　**表 2.9-5**

行车速度（km/h）	120	100	80
可不设中间缓和曲线的两圆曲线的最大曲率差	1/4000	1/2000	1/1000

2）复曲线应在正矢递减范围内，从较大超高向较小超高均匀顺坡。

3）同向曲线两超高顺坡终点间的夹直线长度应满足表 2.9-6 的规定，特殊困难地段不应短于 25m。容许速度不大于 120km/h 的线路的极个别情况下，不足 25m 时，可在直线部分设置不短于 25m 的相等超高段，困难条件下可在直线部分从较大超高向较小超高均匀顺坡。

圆直线或夹直线最小长度 **表 2.9-6**

行车速度（km/h）			120	100	80
圆直线或夹直线最小长度（m）	工程条件	一般	80	60	50
		困难	50	40	30

4）反向曲线两超高顺坡终点间的夹直线长度应满足表 2.9-6 的规定，特殊困难地段不应短于 25m。容许速度不大于 120km/h 的线路的极个别情况下，不足 25m 时，正线上可不短于 20m，站线上可不短于 10m；困难条件下，可按不大于 $1/(7V_{max})$ 顺坡。

5）圆曲线最小长度应满足表 2.9-6 的规定，特殊困难地段不应短于 25m。

6）相邻两线采用反向曲线变更线间距时，如受圆曲线最小长度限制，可不设缓和曲线，但圆曲线半径不宜小于表 2.9-7 规定的数值。

最小圆曲线半径 **表 2.9-7**

行车速度（km/h）	120	100	80
可不设缓和曲线的最小圆曲线半径	5000	4000	3000

相邻两线采用反向曲线变更线间距时，若受曲线偏角限制难于采用表 2.9-6 规定的圆曲线最小长度标准，可采用较短的圆曲线长度，但不得短于 25m。

7）容许速度不大于 120km/h 的线路在特殊条件下的超高顺坡，可根据具体情况规定，但不得大于 2‰。

图 2.9-8～图 2.9-13 为顺坡与超高。

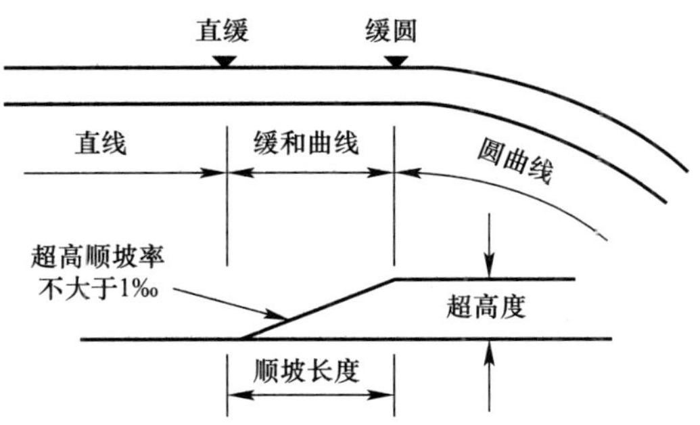

图 2.9-8　有缓和曲线时的顺坡

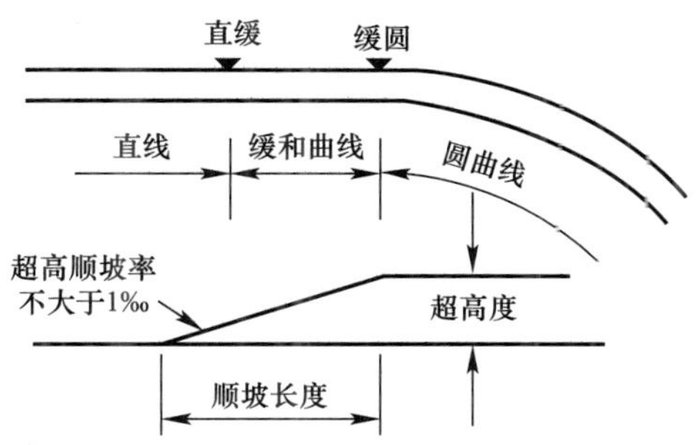

图 2.9-9　缓和曲线不足时的顺坡

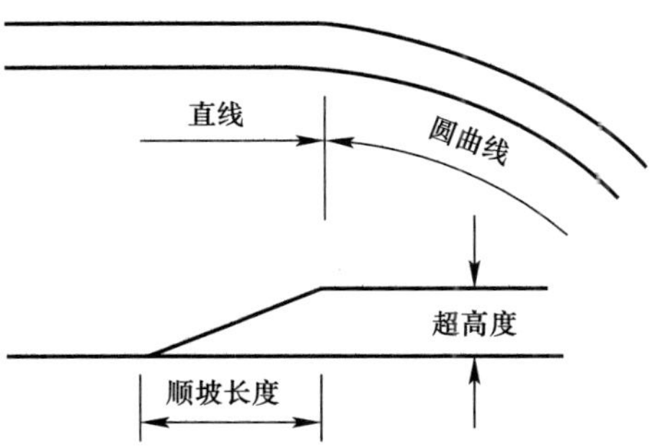

图 2.9-10　无缓和曲线时的超高顺坡

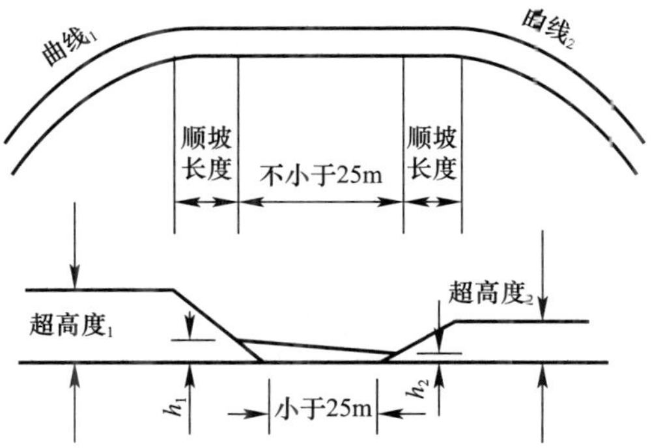

图 2.9-11　同向曲线超高顺坡

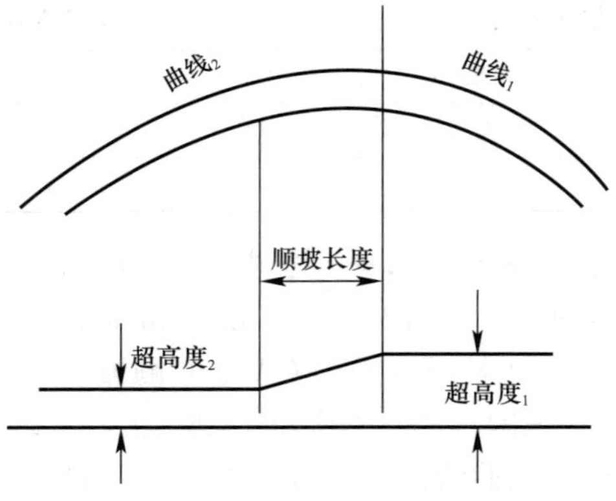

图 2.9-12　复心曲线超高

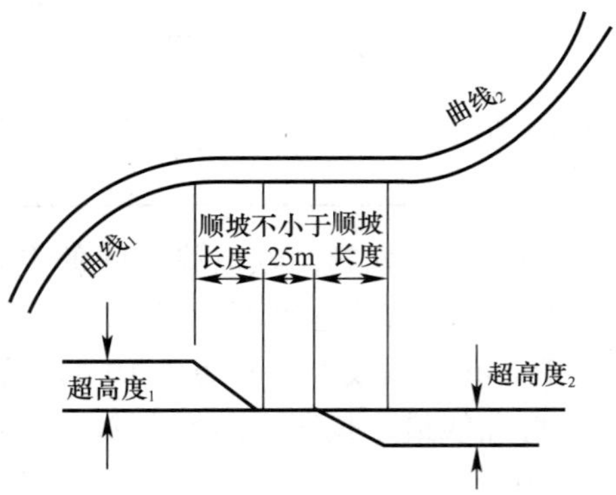

图 2.9-13　反向曲线超高

2.10 道　　岔

道岔是引导车辆由一条线路转往另一条线路的过渡设备，道岔是铁路轨道结构的重要组成部分。它的构造复杂，养护困难，是工、电、运多专业和多部门管理的结合部，又是行车事故的多发处所，所以，道岔是行车安全的关键设备。为了保证行车安全和列车畅通，线路养护工作者均应始终把道岔养护工作作为重中之重。

1. 道岔的类型

道岔的类型很多，可以按平面形状分类，又可以按轨型分类，还可以按转向角的大小分类以及按轨下基础分类等。

(1) 按形状分类

普通单开道岔（包括左开与右开）、单开对称道岔、三开道岔、交分道岔（包括单式交分与复式交分）、交叉道岔（包括直角交叉与菱型交叉）、交叉与道岔组合（包括单渡与交叉渡线）。各类道岔见图 2.10-1～图 2.10-6。

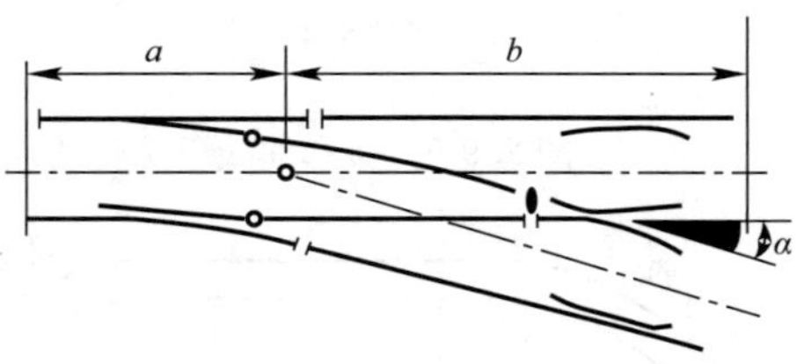

图 2.10-1　普通单开道岔

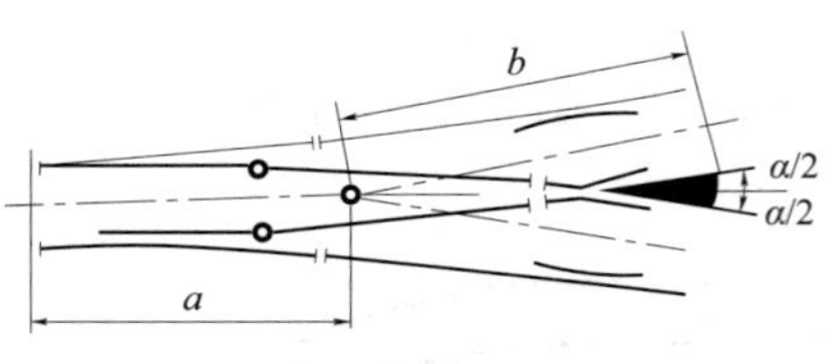

图 2.10-2　单开对称道岔

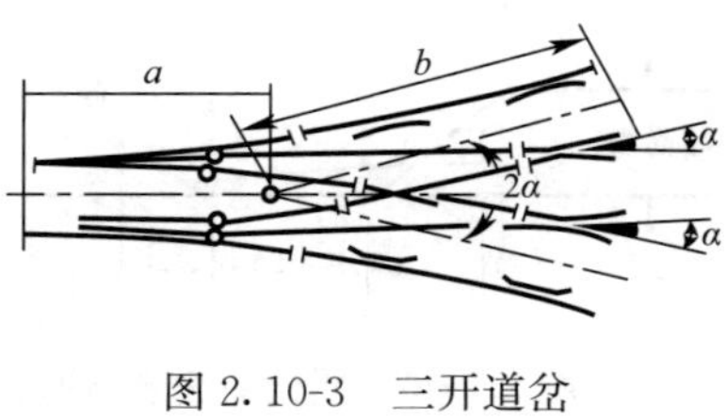

图 2.10-3　三开道岔

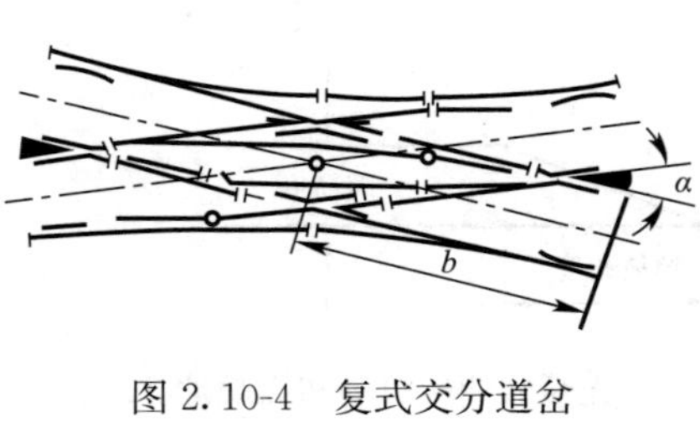

图 2.10-4　复式交分道岔

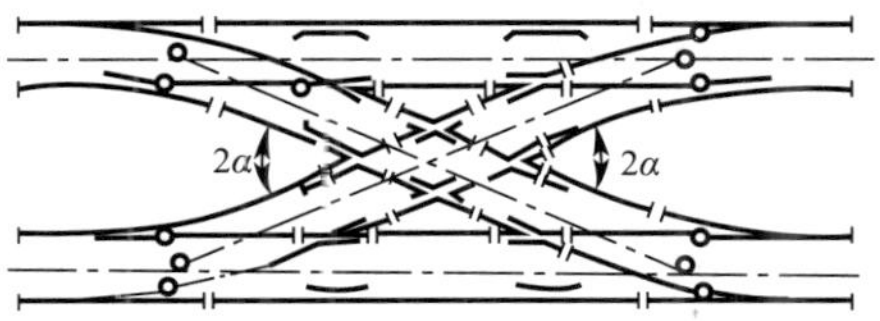

图 2.10-5　交叉渡线

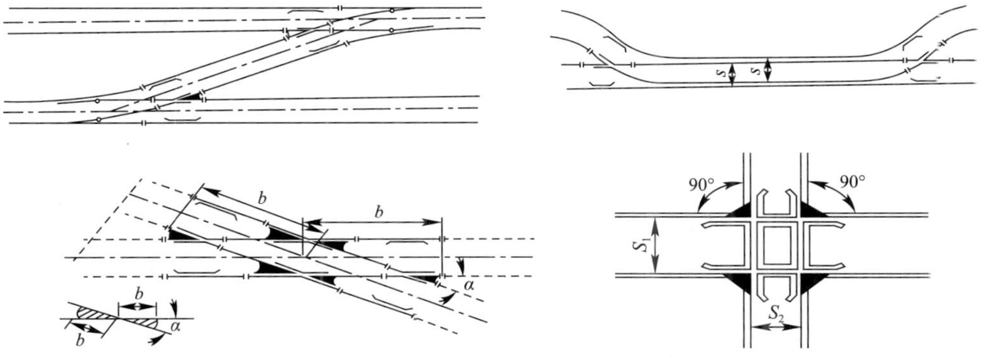

图 2.10-6　其他类型的道岔

（2）按轨型分类：

P60 道岔；

P50 道岔。

（3）按道岔转向角的大小分类

6 号道岔　转向角 9°27′44″。

7 号道岔　转向角 8°07′48″。

9 号道岔　转向角 6°20′25″。

12 号道岔　转向角 4°45′49″。

18 号道岔　转向角 3°10′47″。

说明：本处的道岔号是它的规格型号，而不能混同于道岔编号。

（4）按道岔的轨下基础分类

碎石道床道岔；

整体道床道岔。

一般情况下，道岔在分类时，要把各种特点综合起来。国铁道岔的类型很多，这里仅介绍城市地铁道岔的几种类型。

目前，在运营正线上的道岔有：

P60—9　碎石道床　单开道岔（地面线路）；

P60—9　碎石道床　交叉渡线（地面线路）；

P60—9　整体道床　单开道岔（地下线路及高架线路）；

P60—9　整体道床　复式交分道岔（地下线路及高架线路）；

P60—9　整体道床　交叉渡线（地下线路及高架线路）；

P60—9　整体道床　菱型交叉道岔（地下线路及高架线路）。

在后方基地的站场线路，道岔有如下类型：

P50—6　碎石道床　单开道岔；

P50—7　碎石道床　单开道岔；

P50—7　碎石道床　交叉渡线；

P50—7　碎石道床　复式交分道岔；

P50—9　碎石道床　单开道岔。

道岔与线路的组合形式很多，有单开与直线的组合，有交叉与直线的组合等，尽管道岔类型有那么多，但许多组合型的道岔通常是由单开道岔所组成，所以，我们首先必须从研究单开道岔入手。

2. 单开道岔的结构

主股是直线，侧股向左或向右分支的道岔称为单开道岔。站在道岔尖轨前端，面向道岔，侧股向左分支的道岔为左开道岔，反之为右开道岔。

单开道岔由转辙器、连接线及辙叉三部分所组成。见图 2.10-7、图 2.10-8。

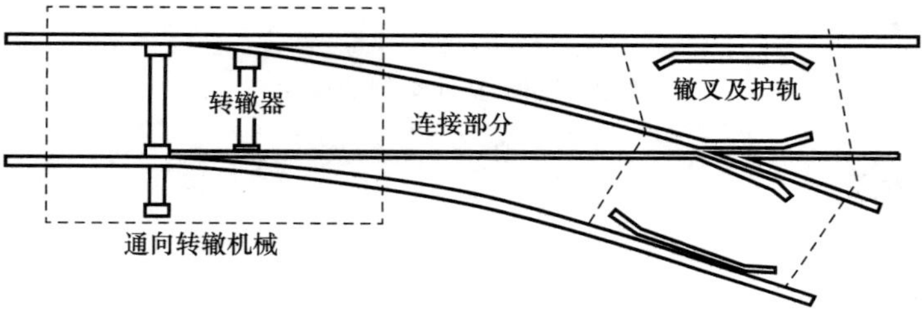

图 2.10-7　单开道岔的构造

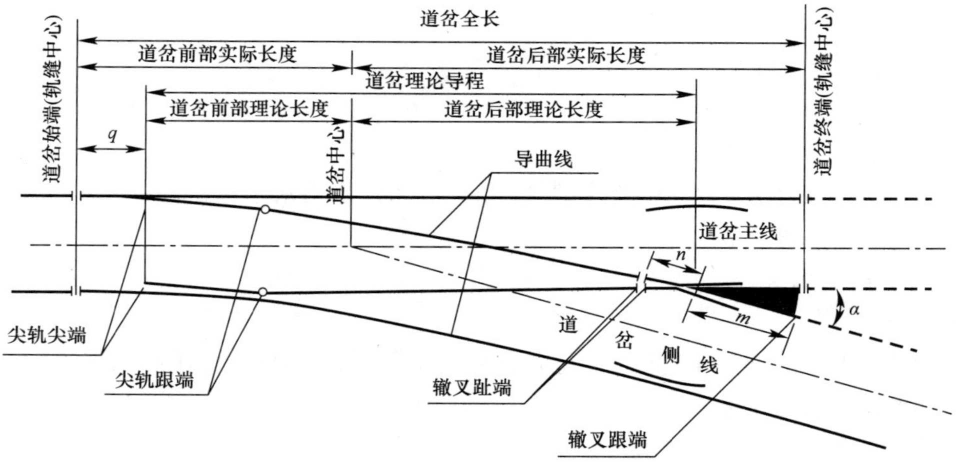

图 2.10-8　道岔各部名称

（1）转辙器

转辙器是引导车轮转向的重要部分，由两根基本轨、两根尖轨及各种联结零件所组成，见图 2.10-9 所示。

1）基本轨（图 2.10-10）

基本轨由标准断面的钢轨制作，一侧为直基本轨，一侧为曲基本轨。“92”型道岔尖轨采用藏尖式，基本轨轨头需要刨切。基本轨除承受车辆的垂直压力外，还与尖轨共同承受车轮的横向水平推力，并保持尖轨位置的稳定。曲基本轨由于要保持轨距及与尖轨的密贴，必须按设计图规定进行弯折。基本轨的轨腰上设有用于联结轨撑和辙跟设备的螺栓孔。为增加钢轨表面硬度，提高耐磨性并保持与尖轨良好的密贴状态，基本轨头顶面应进行淬火处理。

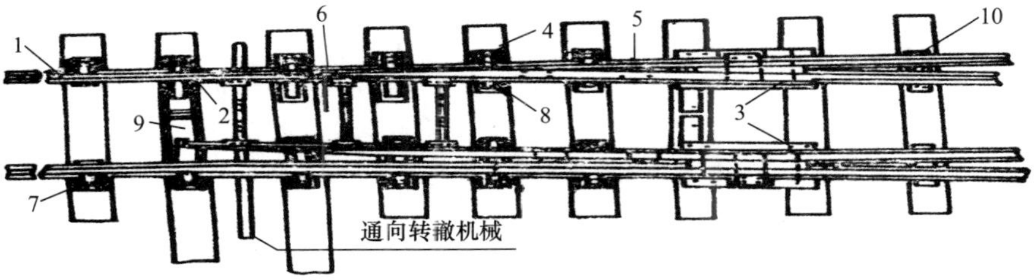

图 2.10-9　转辙器

1—基本轨；2—尖轨；3—跟部结构；4—轨撑；5—顶铁；6—连接杆；7—辙前垫板；8—滑床板；9—通长垫板；10—辙后顺坡垫板

基本轨有下列伤损或病害，应及时修理或更换：

① 曲股基本轨的弯折点位置或弯折尺寸不符合要求，造成轨距不合规定。

② 基本轨垂直磨耗，50kg/m 及以下钢轨，在正线上超过 6mm，站场线上超过 8mm。

③ 其他伤损达到钢轨轻伤标准时。

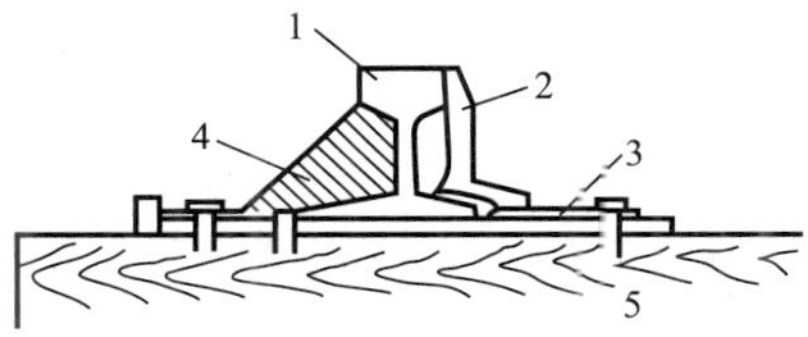

图 2.10-10　尖轨基本轨组合断面

1—基本轨；2—尖轨；3—滑床板；4—轨撑；5—岔枕

2）尖轨（图 2.10-11）

尖轨用与基本轨同型的标准轨刨切而成。尖轨的长度根据不同型道岔而异，同一型道岔，由于左开与右开的关系，尖轨分为左直、左曲；右直、右曲 4 种不同的类型。

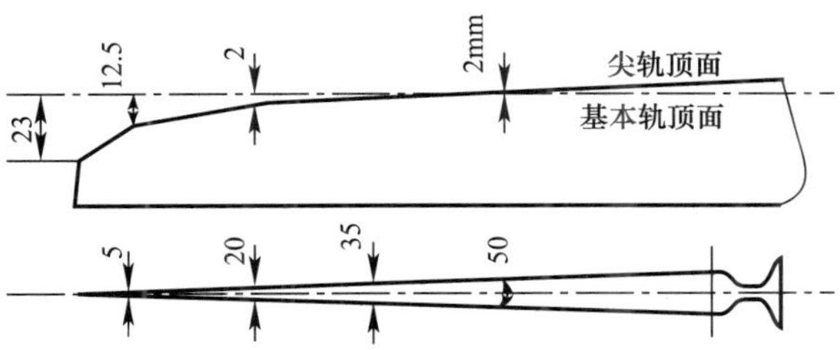

图 2.10-11　尖轨顶面纵坡

尖轨、可动心轨有下列伤损或病害，应及时修理或更换：

① 尖轨尖端与基本轨或可动心轨尖端与翼轨不靠贴；

② 尖轨、可动心轨侧弯造成轨距不符合规定；

③ 在尖轨、可动心轨顶面宽 50mm 及以上断面处，尖轨顶面低于基本轨顶面、可动心轨顶面低于翼轨顶面 2mm 及以上；

④ 尖轨工作面伤损，继续发展，轮缘有爬上尖轨的可能；

⑤ 内锁闭道岔两尖轨相互脱离时，分动外锁闭道岔两尖轨与连接装置、心轨接头铁与拉板相互分离或外锁闭装置失效时；

⑥ 其他伤损达到钢轨轻伤标准时。

3）转辙角（图 2.10-12）

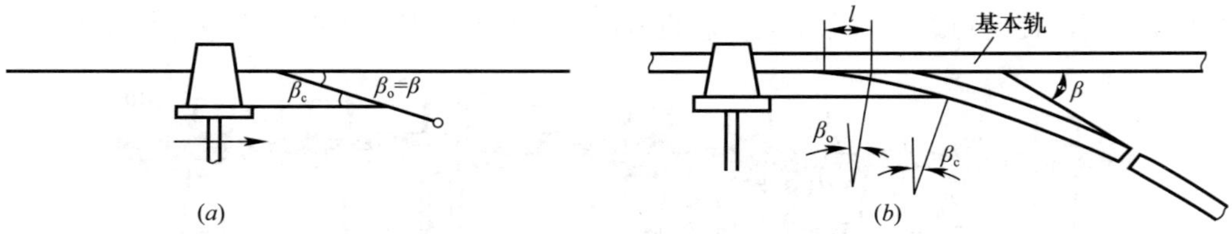

图 2.10-12　转辙角

直线型尖轨工作边为一条直线，它与基本轨工作边所成的交角称为转辙角。

转辙角与导曲线半径大小相匹配曲线型尖轨通常采用半切线型，尖轨曲线的理论点与基本轨工作边相切。

为确保行车安全和尖轨的使用寿命，尖轨应具有足够的强度，规定其顶面宽 50mm 以上部分才能完全受力，顶面宽 20mm 以下部分完全由基本轨受力。20～50mm 范围则为过渡段。因此，尖轨与基本轨，顶面应保持必要的高差，尖轨各部位必须采用降低值。其中，尖端降低 23mm，尖轨头宽 20mm 处减低 2mm，尖轨顶宽 50mm 处为减低始点，该处及以上断面，尖轨顶面不得低于基本轨顶面 2mm 及以上，以免车轮挤宽轨距或挤翻基本轨。根据以上各断面减低值，可制作尖轨顶面的纵坡，见图 2.10-11。

为使转辙器正确引导列车的行驶方向，尖轨尖端必须与基本轨紧密贴合。尖轨与基本轨组合断面见图 2.10-10 所示。

4）顶铁

安装于基本轨轨腰，作用是保持基本轨与尖轨之间的距离，使基本轨与尖轨共同承受水平力，并防止尖轨跳动。

5）轨撑

安装于转辙器基本轨外侧，起防止基本轨横向移动、外翻和保持轨距的作用。

6）拉杆

连接两尖轨并与转辙设备相连，用于转换尖轨位置。拉杆包括方钢、螺栓、螺母、开口销。见图 2.10-13。

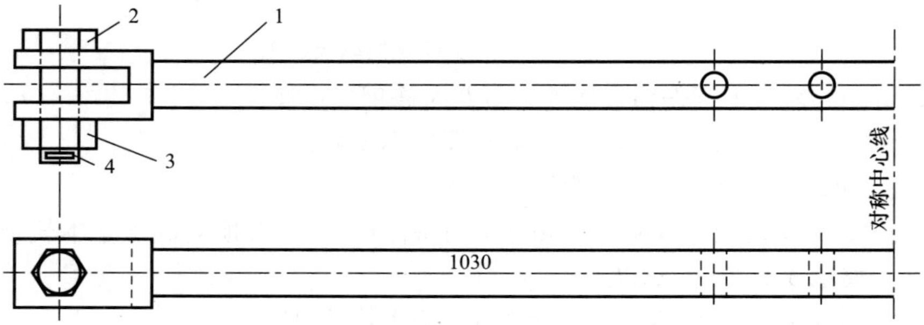

图 2.10-13　拉杆

1—方钢；2—螺栓；3—螺母；4—开口销

7）连杆

连接两根尖轨，增强尖轨的框架刚度，提高尖轨的稳定性。

8）接头铁

有T形接头铁和扁钢接头铁两种，用于尖轨与拉杆的连接，凡设有轨道电路的，应设置绝缘。图2.10-14为T形接头铁。

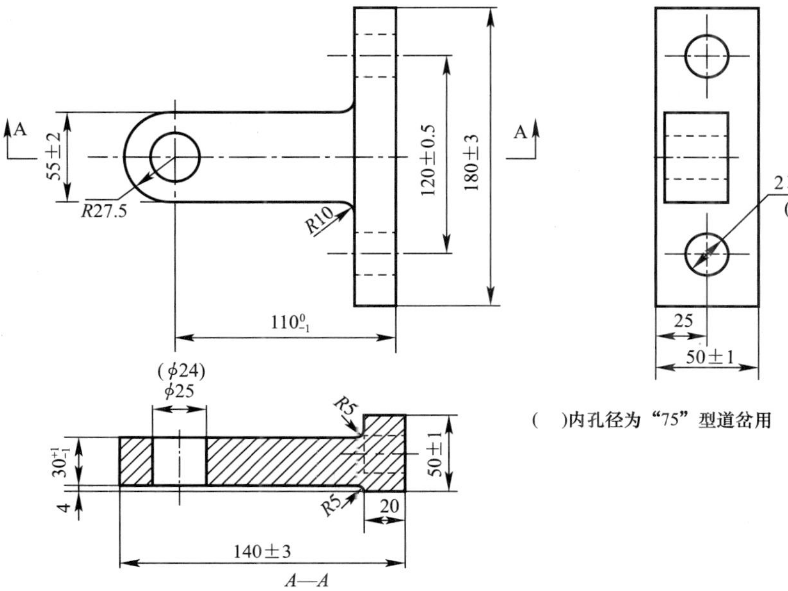

图2.10-14 接头铁

9）辙跟零件

尖轨跟部结构是转辙器的重要组成部分，通常由间隔铁、夹板、轨撑、套管及螺栓所组成。图2.10-15、图2.10-16。

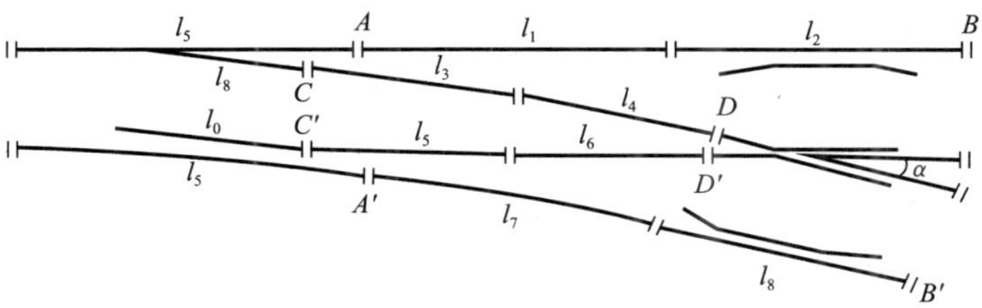

图2.10-15 道岔钢轨布置图

辙跟零件有双头螺栓、辙跟螺栓、T形螺栓、辙跟双孔间隔铁、辙跟双撑墙轨撑辙跟夹板等。其中，辙跟螺栓有方头螺栓、半圆头螺栓、方颈螺栓和长方头螺栓。

10）垫板

垫板有轨撑垫板、滑床板、辙后垫板双肩平垫板和辙跟垫板等，其中滑床板支撑尖轨与基本轨，保证尖轨在平台上能正常滑动。其余垫板均支撑钢轨。

11）扣件

采用分开式刚性可调扣板式扣件。其中包括中间扣板、接头扣板和支距扣板。

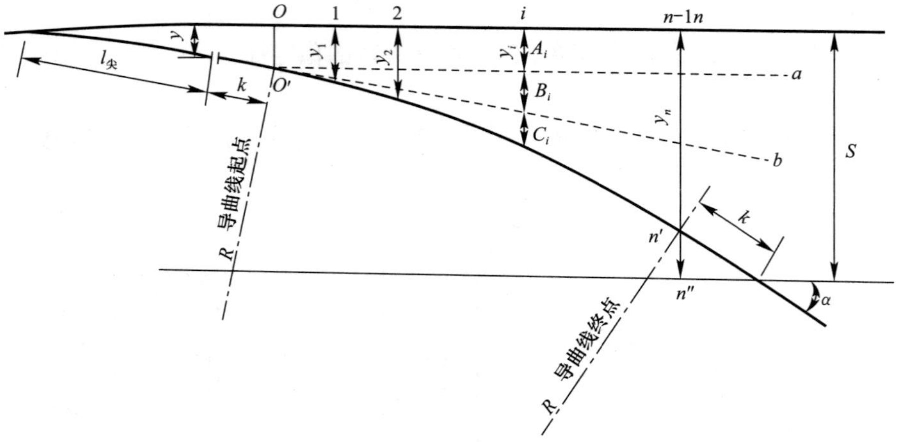

图 2.10-16　导曲线支距的计算

道岔各种零件应齐全，作用良好缺少、伤损、变形或作用不良时应有计划修理或更换。

（2）连接部分

连接转辙器与辙叉之间的线路称为连接部分。它与两者相连，构成一组道岔。连接部分的曲股称为导曲线，图 2.10-15。

连接部分一般配置 8 根钢轨，直股 4 根，曲股 4 根。连接部分的短轨一般不短于 6.25m。道岔钢轨的布置见图 2.10-17。

1）导曲线外轨超高

导曲线上设置超高对减轻行车摇晃有利，但由于道岔的导曲线较短，超高没有足够的递减距离，因此，一般不设置超高，但可以根据现场的具体情况，自行设置 4～8mm 的超高。

导曲线可根据需要设置 6mm 超高，并在导曲线范围内按不大于 2‰顺坡。

2）导曲线轨底坡

道岔设置轨底坡，将使结构更为复杂，制造加工工作量更大，故均不设置轨底坡。

3）导曲线的加强

为了防止轨距扩大，在导曲线外股安装一定数量的轨撑，必要时增设轨距拉杆。

4）导曲线支距

导曲线上股作用边、到直股上股作用边的垂直距离称为导曲线支距，正确的支距反映正确的圆顺度。支距点一般从尖轨跟端开始，每 2m 设一个点，由于其总长度不是 2 的倍数，故终点处的分段距离不是整数。

导曲线支距允许误差为 2mm，用 5m 弦测量，连续正矢差不得超过 2mm，最大与最小差不得大于 3mm。

5）导曲线支距的计算，见图 2.10-16。

从导曲线起点 O' 对应直股 O 开始，沿直股每 2m 依次定出 1，2，3，……，$n-1$，n 点，最后一点 n 和导曲线终点相对应。n 点和 $n-1$ 之间距离小于 2m 的零数。各点支距为 y_0，y_1，……，y_n。

从导曲线起点 O' 作一条和直股相平行的 $O'a$ 线，再从尖轨作一条延长 $O'b$，该线是导曲线起点处的切线。则从图中见各点支距 y_1，是由三部分组成。

$$Y_i = A_i + B_i + C_i$$

A_i 是 $O'a$ 线和直股两平行线间的距离为一常数 $O'O$ 线段长。

$$A_i = O'O = u \times \frac{L_0 + h}{L_0} = A_1$$

B_i 是按直线比例变化而变值。

$$B_i = \frac{u}{L_0} \times 2000 \times i = B_1 i$$

C_i 是按平方比例变化而变值。

$$C_i = \frac{2000^2}{2R_{外}} i^2$$

导曲线终点 n 点支距。

$$y_n = S - K\sin\alpha \approx S - K\tan\alpha \approx S - \frac{K}{N}\ (当\ \alpha\ 很小时)$$

上式中 L_0——尖轨长度；

i——任一导曲线点号；

h——尖轨后直线段长；

u——尖轨跟距；

K——导曲线终端垂直线段长；

S——轨距 1435mm；

α——辙叉角；

N——道岔号。

实例：标准 12 号道岔，$L_0 = 7700$mm，$h = 0$，$u = 144$mm，$S = 1435$mm。

$$R_{外} = 3330717\text{mm};\ K = 2486\text{mm}$$

解：根据上图所示、单位以毫米计，

$$A_i = u \times \frac{L_0 + h}{L_0} = 144 \times \frac{7700 + 0}{7700} = 144$$

$$B_i = \frac{u}{L_0} \times 2000 i = \frac{144}{7700} \times 2000 \times 1 = 37.4$$

$$C_i = \frac{2000^2}{2 \times R_{外}} i^2 = \frac{2000^2}{2 \times 330717} \times 1^2 = 6.06$$

$$y_n = S - \frac{K}{N} = 1435 - \frac{2486}{12} = 1228$$

各点支距计算见表 2.10-1 所示。

各支距计算 **表 2.10-1**

点数	$A_i = A_1$	$B_i = B_1$	$C_i = C_1 i^2$	$y_i = A_i + B_i + C_i$
(1)	(2)	(3)	(4)	(5)
0	144	0	0	144
1	144	6	6	187
2	144	37	24	243
3	144	75	55	311

续表

点数	$A_i = A_1$	$B_i = B_1$	$C_i = C_1 i^2$	$y_i = A_i + B_i + C_i$
4	144	112	97	391
5	144	150	152	483
6	144	187	218	586
7	144	224	297	703
8	144	262	388	831
9	144	299	491	972
10	144	374	606	1124
终点 n				1228

(3）辙叉

1）辙叉的组成。

辙叉由心轨、翼轨、护轨和联结零件所组成。道岔辙叉见图 2.10-17。

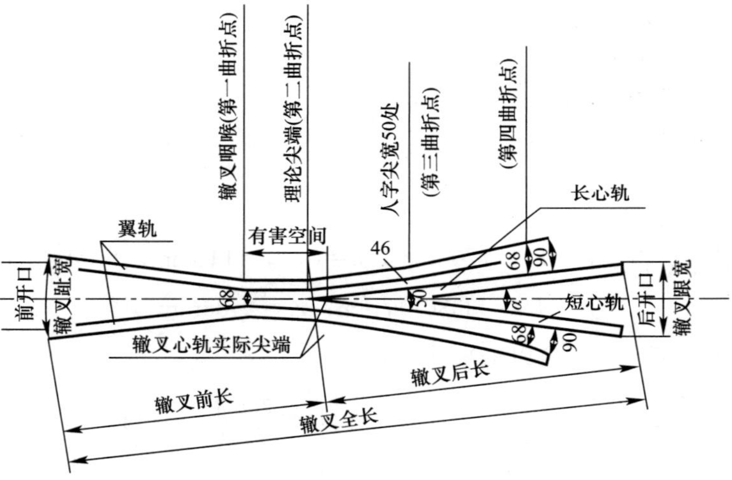

图 2.10-17　道岔辙叉各部名称示意图

按平面类型分，有直线辙叉和曲线辙叉两种，按构造类型分，有固定辙叉和活动辙叉两种。

2）辙叉角

辙叉心两侧作用边之间的夹角称辙叉角（图 2.10-18），我国国标《铁路道岔号数系列》TB/T 3171—2007 规定，道岔号数 n 以辙叉角 α 的余切值表示。

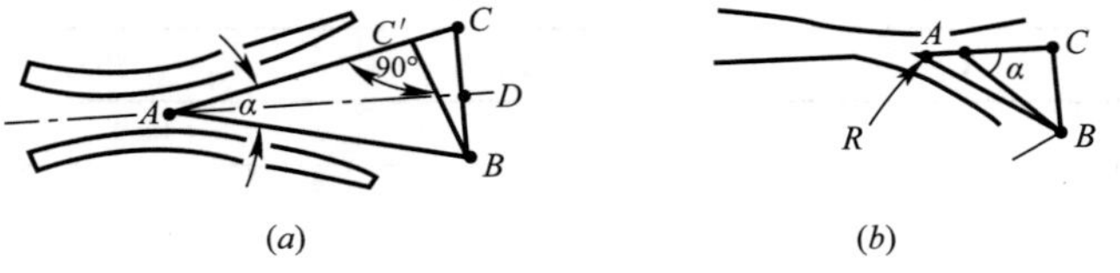

图 2.10-18　辙叉角

（a）直线辙叉；（b）曲线辙叉

$$N = AC'/BC'$$
$$= \cot\alpha$$

在心轨顶面找出 100mm 和 200mm 两处位置，量出两处的垂直距离（mm），将其除以 100，所得之商，即为该道岔的号数。（表 2.10-2）

道岔号数与辙叉角 **表 2.10-2**

道岔号数 N	6	7	9	12
辙叉角 α	9°27′44″	8°07′48″	6°20′25″	4°45′49″

我国铁路正线以 12 号道岔为主，城市轨道交通的正线以 9 号道岔为主，后方基地的次要线路，以 7 号道岔为主，少数城市也使用了 6 号道岔。

辙叉的类型按平面形式分为直线辙岔和曲线辙岔，按构造形式分为钢轨组合式和高锰钢整铸辙叉。目前，城市地铁的道岔均为整铸辙叉。整铸辙叉见图 2.10-19。

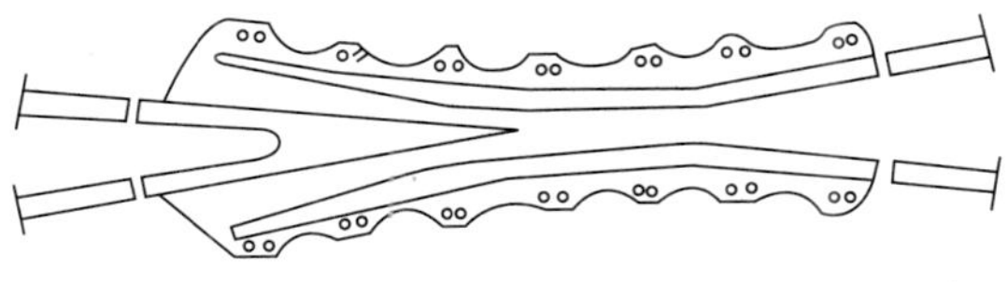

图 2.10-19　高锰整铸辙叉

钢轨组合辙叉，规定叉心顶宽 40mm 及以上部分能承受全部车轮压力，而在 30mm 及以下部分完全不能受力。为防止车轮撞击辙叉尖端，应使该处叉心顶面低于翼轨顶面 33mm 以上。

整铸辙叉的翼轨和叉心，全部用高锰钢浇铸成一整体，主要尺寸和钢轨组合辙叉相同。高锰整组辙叉，由于它的强度大，规定叉心顶宽 35mm 及以上部分承受全部车轮压力，而在 20mm 及以下部分完全不受力。翼轨顶面从辙叉咽喉到叉心顶宽 35mm 一段，用堆焊法加高。见图 2.10-20。

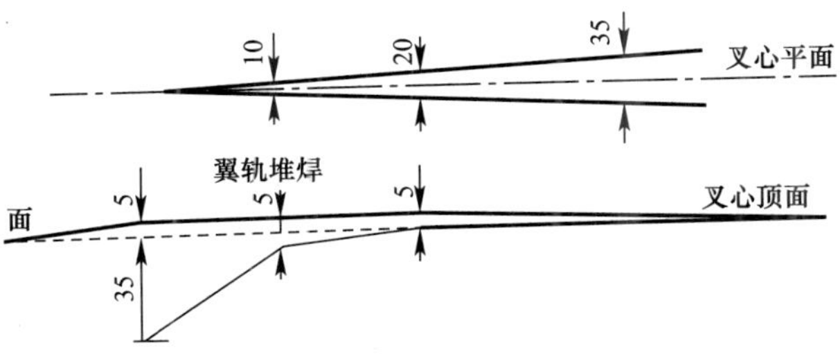

图 2.10-20　辙叉心平纵面

3）辙叉联结零件

辙叉联结零件如下：

叉跟间隔铁；

半圆头方颈螺栓；

叉跟垫板；辙叉垫板；

辙岔扣板；

辙叉接头扣板。

辙叉心两侧作用边的交点称辙叉理论中心（理论尖端），由于制造原因，实际上辙叉尖端有 6～10mm 宽度，称辙叉实际尖端。从辙叉咽喉到实际尖端，有一段轨线中断的空隙，称为道岔的“有害空间”，见图 2.10-21。

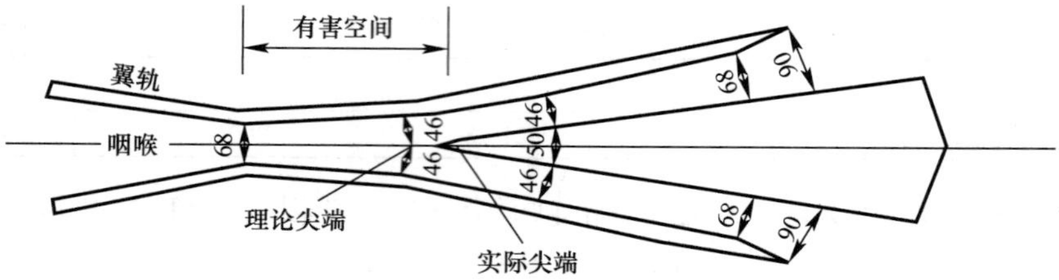

图 2.10-21 道岔有害空间

4）护轨

车轮通过有害空间时，叉心容易受到撞击，因此，必须在其两侧设置护轨，以引导车轮正确行驶。护轨是固定型辙叉的重要组成部分，护轨的组成包括平直段、两侧缓冲段和开口段。见图 2.10-22。

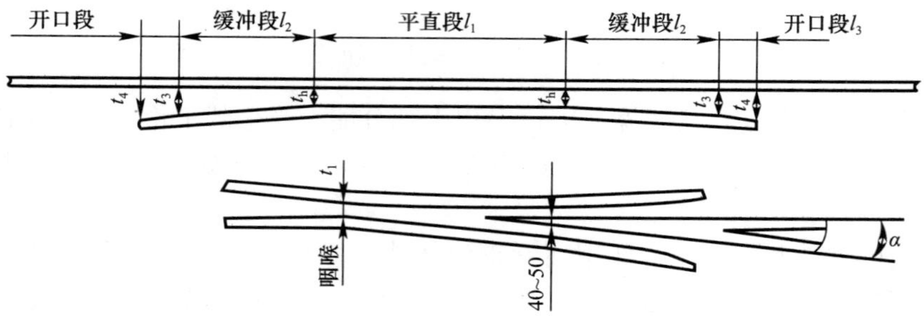

图 2.10-22 道岔护轨

目前，我国道岔的护轨类型主要有钢轨间隔铁型、H 型和槽型三种，前两种见图 2.10-23 所示。

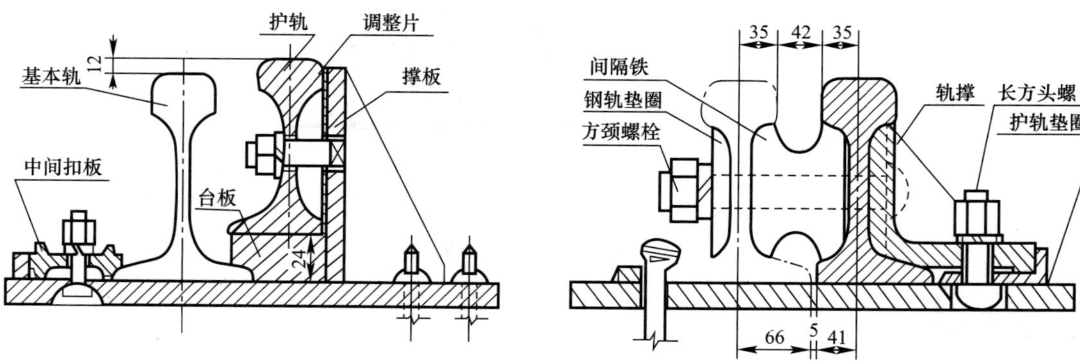

图 2.10-23 护轨类型与其结构

5）辙叉趾距与跟距

单开道岔辙叉从趾端到跟端的长度称辙叉全长，从趾端到理论中心的距离称辙叉趾距，从辙叉跟端到理论中心的距离称辙叉跟距。见图 2.10-24。

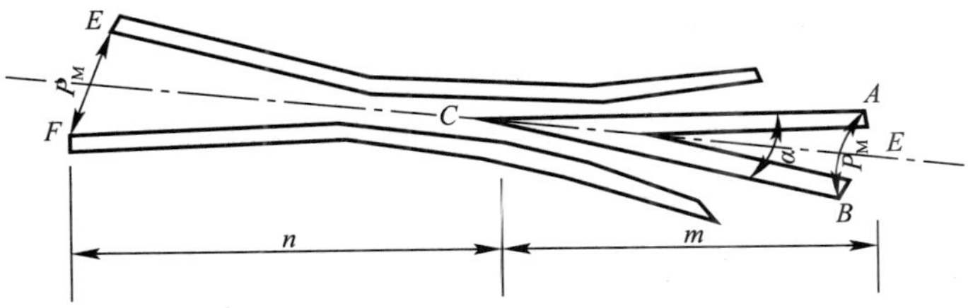

图 2.10-24　辙叉趾距与跟距

6）查照间隔（图 2.10-25、图 2.10-26）

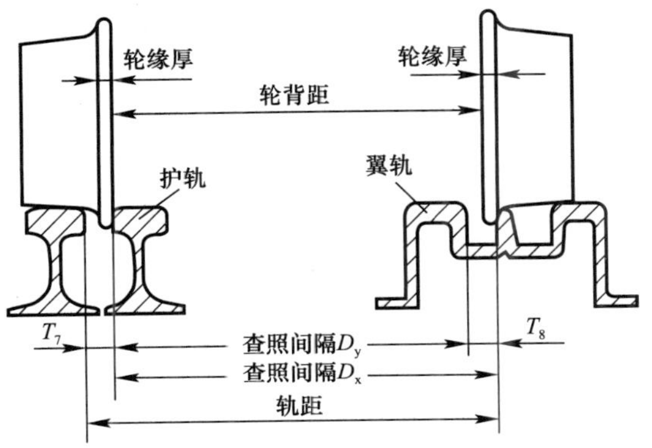

图 2.10-25　查照间隔立面示意图

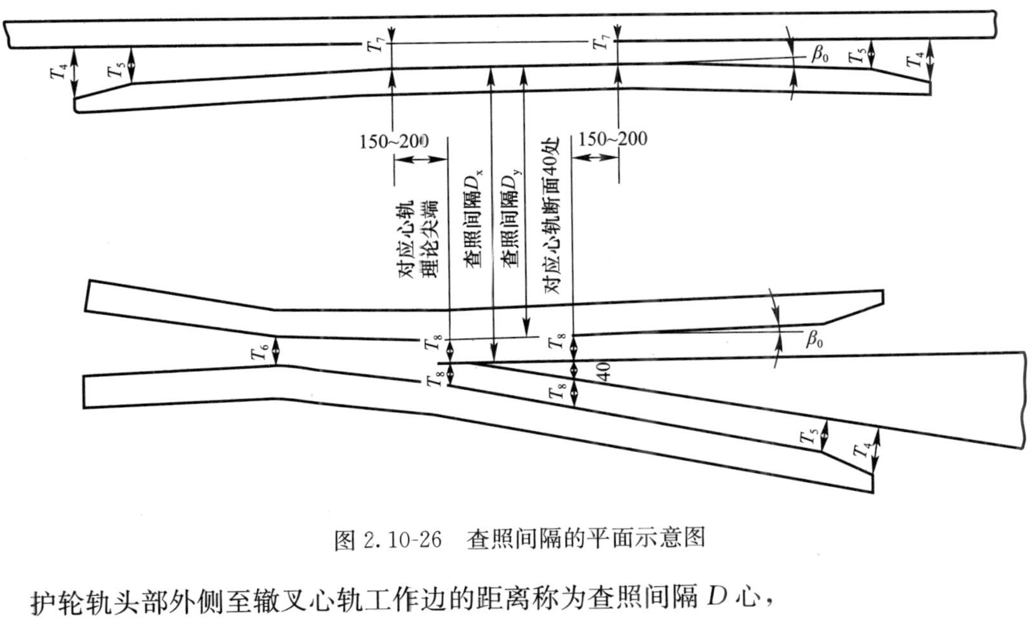

图 2.10-26　查照间隔的平面示意图

护轮轨头部外侧至辙叉心轨工作边的距离称为查照间隔 D 心，

护轮轨头部外侧至辙叉翼轨工作边距离称为查照间隔 D 翼，

有关技术数据在道岔的几何形位中介绍。

7）辙叉轻伤标准

① 辙叉心宽 40mm 断面处，垂直磨耗，正线超过 4mm，站场线超过 8mm；

② 辙叉顶面或侧面的任何部位有裂纹；

③ 辙叉心、辙叉翼轨面剥落掉块，长度超过 15mm 深度超过 1.5mm；

④ 探伤人员或养路工长认为有伤损的辙叉；

⑤ 辙叉有轻伤时应注意观测，达到重伤标准时应及时更换。

8）辙叉重伤标准

① 辙叉心宽 40mm 断面处，垂直磨耗，正线超过 6mm，站场线超过 10mm。

② 垂直裂纹长度超过表 2.10-3 规定者。

辙叉重伤标准（一）垂直裂纹长度　　表 2.10-3

项目	辙叉心（mm）		辙叉翼（mm）
	宽 0-50	宽 50 以后	
一条裂纹长度	50	50	40
两条裂纹相加	60	80	60

③ 纵向水平裂纹长度超过表 2.10-4 规定者。

辙叉重伤标准（二）纵向水平裂纹长度　　表 2.10-4

项目	辙叉心（mm）	辙叉翼（mm）	轮缘槽（mm）
一侧裂纹长度	100	80	200
一侧裂纹发展至轨面（含轨面裂纹长度）	60	60	—
两侧裂纹贯通长度	50	—	—
两侧裂纹相对部分长度	—	—	100

④ 叉趾、叉跟轨头及下鹗部位裂纹超过 30mm。

⑤ 叉趾、叉跟浇注断面变化部位斜向或水平裂纹长度超过 120mm，或垂直高度超过 40mm。

⑥ 底板裂纹向内裂至轨腰，并超过轨腰与圆弧的连接点。

⑦ 螺栓孔裂纹延伸至轨端、轨头下颚或轨底，两相邻螺栓孔裂通。

⑧ 辙叉心、辙叉翼轨面剥落掉块，长度超过 30mm，深度超过 6mm。

9）岔枕

地面碎石道床线路的道岔，岔枕以木枕为主，长度分为 16 极，其中最短 260cm，最长 485cm，级差 15cm。

地下整体道床线路的道岔，岔枕全部采用钢筋混凝土预制块（短枕）。

3. 道岔几何形位

道岔几何形位的正确与否，是保证列车安全和平顺通过的必要条件。尤其是转辙器，为行车安全的关键部位，轮轨关系十分复杂，从而，研究道岔的几何形位非常重要。按照道岔的三个组成部分，道岔的几何形位分为转辙器的几何形位、导曲线的几何形位和辙叉的几何形位。

（1）尖轨动程（图 2.10-27、图 2.10-28）

尖轨尖端非作用边与基本轨作用边之间的拉开距离称为尖轨动程，它应保证具有最不利条件的轮对通过而不挤压或碰撞尖轨（最不利指轮背距最小、轮缘最薄）。

尖轨动程规定在距尖轨尖端 380mm 的第一连接杆中心量取，最小动程，直尖轨 142mm，曲尖轨 152mm。

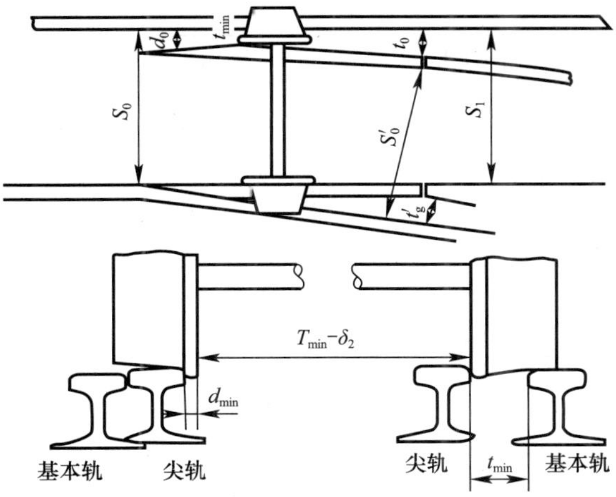

图 2.10-27　转辙器几何形位

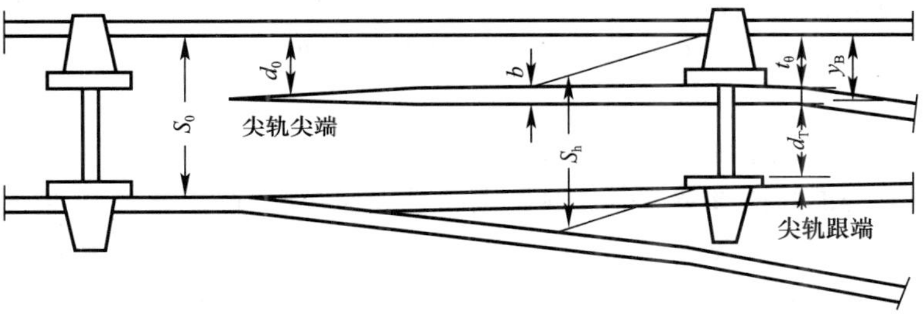

图 2.10-28　转辙器轮轨关系示意图

（2）道岔各部分轨距

60kg/m 钢轨 9 号、50kg/m 钢轨 6 号单开道岔轨距及各部分轨距允许偏差如表 2.10-5。其他类型的道岔按标准图办理。

单开道岔轨距及各部分轨距允许偏差　　　　表 2.10-5

道岔轨距		60kg/m 钢轨 9 号		50kg/m 钢轨 7 号		50kg/m 钢轨 6 号	
		标准（mm）	允许偏差（mm）	标准（mm）	允许偏差（mm）	标准（mm）	允许偏差（mm）
基本接头		1435	+2，−1	1435	+2，−1	1440	+3，−2
尖轨尖端		1440	+2，−1	1450	+2，−1	1450	+3，−2
尖轨中部	直股	1440	+2，−1	+2，−1	+2，−1		
	曲股	1440	+2，−1	+2，−1	+2，−1		
尖轨跟端	直股	1440	+2，−1	+2，−1	+2，−1	1435	−3，−2
	曲股	1440	+2，−1	+2，−1	+2，−1	1450	−3，−2
导曲线前 2m	直股	1435	+2，−1	+2，−1	+2，−1	1435	+3，−2
	曲股	1440	+2，−1	+2，−1	+2，−1	1450	+3，−2
导曲线后 2m	直股	1435	+2，−1	+2，−1	+2，−1	1435	+3，−2
	曲股	1440	+2，−1	+2，−1	+2，−1	1450	+3，−2
导曲中	直股	1435	+2，−1	+2，−1	+2，−1	1435	+3，−2
	曲股	1440	+2，−1	+2，−1	+2，−1	1450	+3，−2

续表

道岔轨距		60kg/m 钢轨 9 号		50kg/m 钢轨 7 号		50kg/m 钢轨 6 号	
		标准（mm）	允许偏差（mm）	标准（mm）	允许偏差（mm）	标准（mm）	允许偏差（mm）
导曲终	直股	1435	+2，−1	+2，−1	+2，−1	1435	+3，−2
	曲股	1440	+2，−1	+2，−1	+2，−1	1450	+3，−2
辙岔中	直股	1435	+2，−1	+2，−1	+2，−1	1435	+3，−2
	曲股	1435	+2，−1	+2，−1	+2，−1	1450	+3，−2
辙岔跟端	直股	1435	+2，−1	+2，−1	+2，−1	1435	+3，−2
	曲股	1435	+2，−1	+2，−1	+2，−1	1450	+3，−2
辙岔趾端	直股	1435	+2，−1	+2，−1	+2，−1	1435	+3，−2
	曲股	1435	+2，−1	+2，−1	+2，−1	1450	+3，−2

道岔各部分轨距加宽应有适当的递减距离，以保证列车通过时的行驶平稳。

1）尖轨尖端的轨距加宽应按不大于6‰的递减率向道岔外方递减至基本轨接头。

2）尖轨尖端与跟端轨距的差数，直尖轨在尖轨长度范围内均匀递减，曲尖轨按标准图办理。

3）尖轨跟端直向轨距加宽，向辙叉方向递减，距离为1.5m。

4）导曲线中部的轨距加宽，其递减距离，至导曲线起点为3m，至导曲线终点为4m。

5）对口道岔，两尖轨尖端距离小于6m，尖端轨距若相等时不做递减，若不相等时应从较大轨距向较小轨距递减。两尖轨尖端距离大于6m，应按规定递减，但中间应有不短于6m的轨距相等段。道岔前端与另一道岔的后端相连时，轨距递减率原则上不应超过6‰。

（3）道岔的轨距常检部位

导曲线中部轨距；

尖轨跟端处侧股轨距；

尖轨尖端处轨距；

基本轨前端接头处轨距；

导曲线终点处轨距。

（4）道岔轨距误差一般规定

道岔各部分轨距，如有误差，不论是正线还是站线，规定不超过+3mm或−2mm，有控制锁的尖规尖端，不超过+1mm、−1mm。

（5）轮缘槽宽度

护轨平直部分轮缘槽标准宽度为42mm，辙叉心轮缘槽标准宽度为46mm，容许误差为+3mm、−1mm。

（6）查照间隔与护背距离

为避免在最不利情况下车辆轮缘冲击辙叉心轨，规定$D_{心}\geqslant 1391$mm。

为避免在最不利情况下车辆轮对卡在护轨与翼轨之间，规定$D_{翼}\leqslant 1348$mm。

（7）导曲线支距与超高

导曲线支距按表2.10-6，在导曲轨与基本轨工作边之间测量。

道岔支距及允许偏差 **表 2.10-6**

项目	60kg/m 钢轨 9 号		50kg/m 钢轨	
	标准（mm）	允许偏差（mm）	标准（mm）	允许偏差（mm）
第一支距点	154		147	
第二支距点	213		273	
第三支距点	294		434	
第四支距点	397		633	
第五支距点	522	+1，−1	868	+3，−3
第六支距点	670		1233	
第七支距点	840			
第八支距点	1032			
第九支距点	1208			

导曲线可根据需要设置 6mm 的超高，并在导曲线范围内按不大于 2‰顺坡。

（8）过岔速度（表 2.10-7、表 2.10-8）

直向允许过岔速度 **表 2.10-7**

道岔号	咽喉至辙叉理论尖距（mm）	$\sin\beta_{咽}$	计算直向允许通过速度 $V=\frac{\sqrt{9}}{\sin\beta_{咽}}$（km/h）	直向允许通过速度（km/h）
8	544	0.0404	74.3	
9	612	0.0359	83.6	80
10	680	0.0324	92.5	
11	748	0.0294	102.0	
12	816	0.0270	111.1	110

侧向过岔速度 **表 2.10-8**

道岔号数	转辙部分		导曲线			规定的最高容许速度
	转辙角	$V=\frac{0.806}{\sin\beta}$	导曲线半径（m）	$V=2.453\sqrt{R}$	$V=2.550\sqrt{R}$	
8	1°44′11″	26.6	148.790	29.2		25
9	1°19′12.7″	35.0	180.7175	33.0		30
10	1°19′12.7	35.0	230.7175	37.3		35
11	1°04′18″	43.1	280.7175	41.1		40
12	1°04′18″	43.1	330.7175	44.6		45

4. 道岔的其他规定

（1）道岔护轨螺栓、可动心轨咽喉和叉后间隔铁螺栓、长短心轨联结螺栓、钢枕立柱螺栓、可动心轨凸缘与接头铁联结螺栓必须齐全，作用良好，折断时必须立即更换。同一部位同时有两条螺栓或可动心轨凸缘与接头铁螺栓有一条缺少或折损时，道岔应停止使用。

（2）道岔各种零件应齐全，作用良好，缺少时应及时补充。有下列伤损或病害，应有计划地进行修理或更换：

1）各种螺栓、连杆、顶铁和间隔铁损坏、变形或作用不良；

2）滑床板损坏、变形或滑床台磨耗大于 3mm；

3）轨撑损坏、松动，轨撑与轨头下鄂或轨撑与垫板挡肩离缝大于 2mm；

4）护轨垫板折损；

5）钢枕和钢枕垫板下胶垫及防切垫片损坏、失效；

6）弹片、销钉、挡板损坏。弹片与滑床板挡肩离缝、挡板前后离缝大于 2mm，销钉帽内侧距滑床板边缘大于 5mm；

7）其他各种零件损坏、变形或作用不良。

（3）单开道岔过岔最高速度。

1）直向过岔最高速度按线路设计速度运行，无需限速。

2）侧向过岔最高速度按设计文件办理。

（4）其他

1）正线上道岔的钢轨类型应与正线的钢轨类型一致。

2）正线、辅助线和试车线应采用不小于 9 号的各类道岔，车场线咽喉区应采用不大于 7 号的各类道岔，并宜采用 AT 尖轨、高锰钢辙叉和可调式护轨。

3）道岔上应采用弹性分开式扣件。

4）隧道内和高架上的道岔区宜采用短枕式整体道床，车场线道岔宜采用碎石道床。

5）相邻道岔间插入短钢轨的最小长度应符合表 2.10-9 的规定。

道岔间插入短钢轨的最小长度　　　　表 2.10-9

道岔位置		线别	插入短钢轨长度	
			一般地段（m）	困难地段（m）
对向单开道岔	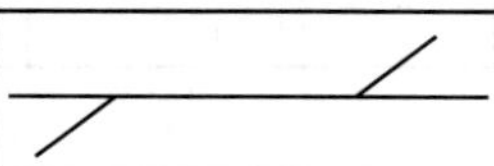	正线及辅助线	12.5	6.25
		车场线	4.5	0
顺向单开道岔	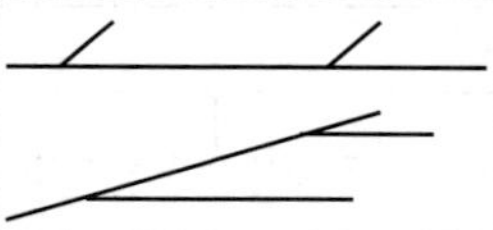	正线及辅助线	6.25	4.5
		车场线	4.5	3.0
反向单开道岔	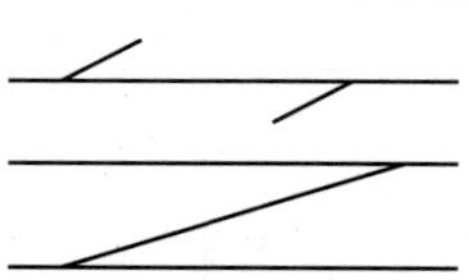	正线	6.25	4.5
		辅助线	6.25	0
		车场线	4.5	0

5. 新型道岔的应用

随着国家铁路的不断提速以及城市轨道交通建设的发展，道岔的设计正在不断更新，其中转辙器的设计变化比较明显。

道岔转辙器有液压与电动两种类型，钩锁器有内锁闭与外锁闭两种，运行有联动式与分动式两种。分动式外锁闭钩锁器道岔（武汉地铁）的主要特点由内锁闭改变为外锁闭，由联动式改变为分动式，两根尖轨不同步运行。尖轨部位原有的 3 根工务连接杆件全部取消，道岔构件的其他几何尺寸不变。

2.11 无缝线路

1. 概述

无缝线路是一种新型的轨道结构形式。由于钢轨接头是线路的薄弱环节，列车通过时，车轮对接缝处轨端发生巨大的冲击振动，不仅影响行车平稳和乘客的舒适，还加剧轨道设备的破损，如碎石道床发生局部下沉，导致空吊板，整体道床发生裂缝，车轮、钢轨接头及联结零件发生磨耗和伤损等，接头病害一直被人们认为是轨道的重要病害之一。

无缝线路由于在相当长的范围内消灭了钢轨接头，因此，具有行车平稳、旅客舒适、减少接头维修、延长线路设备和车轮的使用寿命等优点。无缝线路的发展经历了两大阶段，第一阶段由普通线路过渡到一般无缝线路，约 1～2km 长度，每段无缝线路作为一个行车信号的闭塞区段，两端设置缓冲区，并装有信号设备。

随着无缝线路技术的发展，人们又将一般无缝线路进一步焊接相连成几十公里甚至一、二百公里的长度，这样，超长型无缝线路便应运而生。城轨线路，除了基地站场线以外，正线均采用了超长型无缝线路的形式，所有运营线基本上都是一轨贯通。

(1) 名词术语

1) 无缝线路

用普通标准钢轨焊接成具有一定长度的长轨条所铺设成的轨道称为无缝线路。

2) 温度力

无缝线路，当轨温变化时，由于钢轨被锁定，无法伸缩，于是在钢轨内部产生内力，这种由于轨温变化而产生的内力，称为“温度力”。

3) 温度应力

单位断面上的温度力，称为“温度应力”。

4) 锁定轨温

将无缝线路两端扣件拧紧，打紧按设计安装的防爬设备，使无缝线路“锁定”。这时的实测轨温称为“锁定轨温”(通常取施工过程中的平均值)。

5) 轨温变化幅度

计算钢轨温度力时的轨温与无缝线路锁定时的轨温差数称为“轨温变化幅度”。

无缝线路温度力的大小与轨温变化幅度有关。

缓冲区：为调节轨缝变化，设置 2～4 根标准轨所组成的范围称为缓冲区。

伸缩区：在温度力作用下，长轨两端在一定距离内有伸缩量，这一范围称为伸缩区。

固定区：由于长轨两端接头、轨枕扣件及防爬设备等阻力，长轨中间部分处于稳定状态而不能伸缩，这一范围称为固定区。

应力放散：在允许设计锁定轨温范围内，将无缝线路全长的扣件、防爬器全部松开，采取一定措施使钢轨伸缩，当达到预计伸缩量时，将线路重新锁定，这就是无缝线路应力放散。

(2) 无缝线路的类型与结构

1) 无缝线路的类型

无缝线路分为锁定应力式和放散应力式两种。

锁定式无缝线路，把线路配件将钢轨锁定，无论是轨温上升还是下降，通过多种阻力与温度力相抗衡，使钢轨内应力得到锁定，不让其释放。如地面碎石道床线路及隧道内的整体道床线路均采用锁定应力式无缝线路。

放散应力式无缝线路是对钢轨不完全锁定，使长钢轨在温度力作用下进行一定量的伸缩，具体方法就是在长轨条两端设置钢轨伸缩调节器，当轨温发生变化时，钢轨内应力随着钢轨的伸缩而得到一定量的释放。如特大桥梁或城市高架桥面上铺设轨道均采用放散应力式无缝线路，以减少钢轨内应力对桥梁所发生的影响。

2）无缝线路的结构（图 2.11-1）

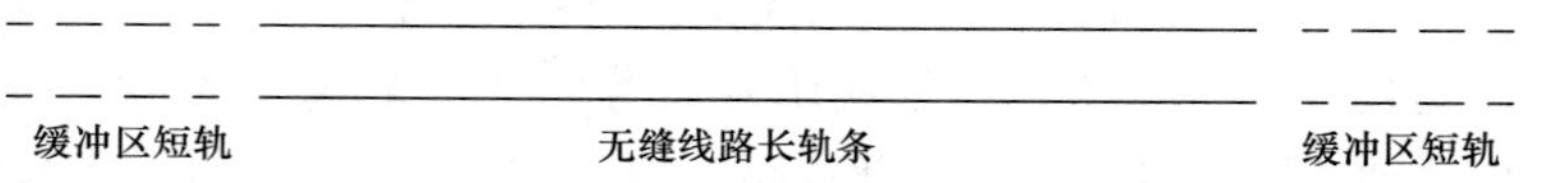

图 2.11-1　无缝线路平面示意图

温度应力式无缝线路，一般由固定区、伸缩区、缓冲区三部分构成。固定区长度不得短于 50m。伸缩区长度根据年轨温差幅值、道床纵向阻力、钢轨接头阻力等参数计算确定，一般为 50～100m。

缓冲区一般由 2～4 节标准轨（含厂制缩短轨）组成，普通绝缘接头为 4 节，采用胶接绝缘接头时，可将胶接绝缘钢轨插在 2 节或 4 节标准轨中间。缓冲区钢轨接头必须使用 10.9 级螺栓，扭矩应保持在 700～900N·m。绝缘接头轨缝不得小于 6mm。

2. 无缝线路的基本原理

（1）温度力及温度应力

一根可自由伸缩的钢轨，当轨温变化时，其伸缩量为：

$$\Delta L=\alpha L\Delta t$$

式中　ΔL——伸缩量（mm）；

α——钢轨的线膨胀系数，取 11.8×$^{-8}$/℃，即每米钢轨当轨温变化一度时钢轨伸缩 0.0000118m；

L——钢轨长度（m）；

Δt——轨温变化幅度（℃）。

如果钢轨完全被固定，不能随轨温变化而自由伸缩，则将在钢轨内部产生温度力，温度力与温度应力的关系是，温度力为钢轨全断面所受到的力（拉力或压力）而温度应力为单位断面上所受到的力，温度应力是温度力强度的表示。

根据虎克定律，温度应力为：

$$\sigma_{\mathrm{t}}=E\varepsilon=E\Delta L/L=E\alpha L\Delta t/L=E\alpha\Delta t$$

式中　σ_t——温度应力；

E——钢的弹性模量，$E=20.58\times10^4$MPa；

ε——钢的温度应变。

因此，不难看出，温度应力仅与轨温变化幅度有关，而与钢轨本身的长度无关，从理论上讲，钢轨可任意增长而不影响其内部的温度应力值，这就是无缝线路发展为现代超长轨节无缝线路的主要理论根据。降低钢轨内应力的关键在于如何控制轨温变化幅度。

一根钢轨全断面所受的温度力为：

$$P=cF=242.8\Delta tF$$

式中　F——钢轨断面积（cm^2），可以查阅钢轨断面表。

通过计算，一根钢轨在轨温变化1℃时内部温度应力值如下：

既然降低钢轨内应力的关键在于控制轨温变化幅度，那么，不能在任意条件下锁定无缝线路。如轨温锁定过高，严冬季节最低轨温时，拉应力过大，容易发生断轨；反过来，轨温锁定过低，炎夏最高轨温时，压应力过大，容易发生胀轨跑道。理论上，铺设无缝线路时的锁定轨温应该取本地区的中间轨温。但由于断轨与胀轨两者比较，胀轨跑道具有更大的威胁，所以一般情况下，铺设无缝线路时的锁定轨温通常略高于本地区的中间轨温（表2.11-1）。

钢轨内部应力变化　　　　**表2.11-1**

钢轨类型（kg/m^2）	断面积（cm^2）	每变化1℃时的内部应力（kN）
43	57.00	13.84
45	57.61	13.99
50	65.80	15.98
60	77.45	18.80
75	95.06	23.08

（2）阻力

无缝线路锁定后，长轨条两端由于温度变化而引起的伸缩量受到限制，这种阻止钢轨伸缩位移的力就是轨道阻力，它包括接头阻力、道床纵向阻力及扣件阻力三种。

1）接头阻力

接头阻力由钢轨与夹板之间的摩阻力和螺栓的抗弯、抗剪力提供。为考虑安全度，接头阻力只计摩阻力。螺栓的拧紧程度是保持接头阻力的关键。接头阻力必须达到表2.11-2的规定：一级螺栓的扭力矩应不低于980N·m，二级螺栓的扭力矩应不低于630N·m，三级螺栓不应低于440N·m。列车通过钢轨接头时产生的振动，会使扭力矩下降，接头阻力也相应降低。所以，要定期检查扭力矩，重新拧紧螺栓，以保持接头阻力值。

接头阻力　　　　**表2.11-2**

螺栓级别及强度		螺杆所受拉力（kN）		六孔夹板接头阻力F(kN)	
级别	屈服强度（MPa）	24mm	ϕ22mm	ϕ24mm	ϕ22mm
一	686	216	186	588	—
二	490	157	137	392	—
三	274	88	78	264	234

目前，一种新型的“施必牢”螺栓，改善了螺纹丝口的设计，能大大减低扭力矩衰减的程度，已得到广泛的应用。

2）道床纵向阻力

道床抵抗轨枕纵向移动的阻力，称为道床纵向阻力。道床纵向阻力受道碴材质、颗粒大小、道床端面、密实程度、脏污程度、轨道框架结构等因素的影响。道床阻力表示方式为每根轨枕为单位或每延长厘米轨道为单位。阻力值见表2.11-3。

阻力值 **表 2.11-3**

线路特征	每根轨枕道床纵向阻力 R(N)	一股钢轨下道床纵向阻力 P(N/cm)	
		1840 根/km	1760 根/km
木枕	6865	63	60
混凝土枕	9806	90	85

道床的纵向阻力与道床的丰满程度和道床的密实程度有关，我们既要保证道床的几何尺寸符合设计规定，又要加强道床的密实，才能确保其阻力达到要求。

3）扣件阻力

各种中间扣件和防爬设备抵抗钢轨纵向位移的阻力，称为扣件阻力。各种扣件阻力的参考值见表 2.11-4。

扣件阻力 **表 2.11-4**

名称	单位	阻力（kN）
混凝土轨枕扣件	每根轨枕	5.9
“K”分开式扣件	每根轨枕	14.7
普通道钉	每根轨枕	0.04

扣件阻力必须大于道床纵向阻力，否则，钢轨将沿轨枕移动。对混凝土轨枕来说，要求其中间扣件的扭力矩保持在 80～120N·m。扣件阻力也随着列车的反复碾压而逐渐下降，因此，要进行周期性的检查与回紧。

以上介绍了轨道的三种阻力，必须说明的是，无论是接头阻力、道床阻力还是扣件阻力，它们都不是主动力而是被动力，根据作用力与反作用力的原理，这些阻力随着温度力的变化而变化，它们的总和与温度力大小相等，而方向相反，当轨温与锁定轨温相等时，各种阻力也随之消失。线路构件在某一状态下的阻力大小与它能提供多大的阻力是两个概念。当温度力突破构件所能提供的最大阻力时，轨道的结构便发生位移或变形。

（3）无缝线路温度力的分布规律

无缝线路通常由一根长轨条和两端 2～4 根标准短轨所组成。两端短轨区的设置主要是为长轨条提供一定的伸缩量，称为缓冲区，长轨条的中部一般不进行伸缩，称为固定区，长轨条两端一定范围内，钢轨随轨温的变化而伸缩，称为伸缩区。

温度力沿长轨条的纵向分布，可以用温度力分布图来表示，见图 2.11-2。其中横座标表示钢轨长度，纵座标表示温度力的大小（拉力为正，压力为负）。

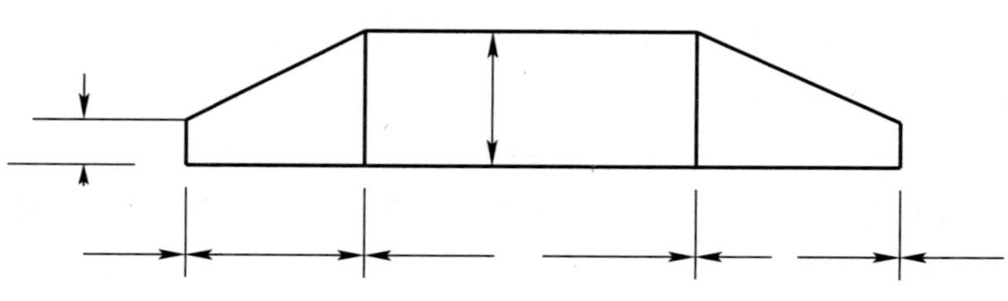

图 2.11-2 无缝线路温度力（拉力）

图 2.11-2 显示的是长轨条在承受最大拉力时其内应力的分布状况，由图可以看出，固定区温度力最大，由伸缩区至缓冲区，由于轨缝的变化和轨枕的位移，温度力得到一定

量的释放。这样，无缝线路的温度力图呈现为梯形的特征。当轨温逐渐升高时，温度力图上各点位的纵座标下移，图形趋于扁平，当轨温升高至锁定轨温时，图形为一条和横座标轴重合的直线，当轨温继续升高时，温度力图是在横座标轴以下的倒梯形。

(4) 无缝线路锁定轨温

无缝线路必须锁定在中间轨温（略高），一般说来，地面线路宜为30±2℃，地下线路宜为28±2℃，高架线路，由于散热条件较好，锁定轨温宜为26±2℃。但实际铺设无缝线路时的实测轨温与设计锁定轨温通常不相符合，可以采取以下的方法。

1) 当铺设轨温低于计划锁定轨温时

以1km左右长度作为一个长轨节，将轨节始端扣件拧紧加固50～75m长度，其余扣件全部拆除，使该段长轨节处于完全自由的状态。安装拉伸机，通过拉伸法，强制钢轨伸长至计划锁定轨温时的计划长度，然后全面紧固，将线路锁定。这就是说，先通过计算，获得长轨条在计划锁定轨温时应具有的长度，在铺设时的实际轨温未达到锁定轨温时，通过人工的模拟法，强制其到达计划长度，即认为其到达锁定轨温。此时，长轨条内部处于拉应力，但当铺设后的某一时刻，实际轨温一旦到达锁定轨温时，该段长轨条内部应处于零应力。这种在不具备轨温条件下所进行的方法，称为拉伸法，或称模拟轨温法、零应力法。

2) 当铺设轨温高于计划锁定轨温时，可以先行铺设，然后选择气温较低的季节，确定轨节，分段处理，在处理过程中，松拆扣件，使钢轨随气温自由回缩至零应力状态，然后再拉伸。

以上所进行的作业称为应力调整或应力放散。

(5) 应力调整与应力放散

1) 应力放散的条件

① 实际锁定轨温不在设计锁定轨温范围以内，或左右股长轨条的实际锁定轨温相差超过5℃；

② 锁定轨温不清楚或不准确；

③ 跨区间和全区间无缝线路的两相邻单元轨条的锁定轨温差超过5℃，同一区间内单元轨条的最低、最高锁定轨温相差超过10℃；

④ 当无缝线路铺设时的条件不成熟，必须在铺设后组织应力放散；

⑤ 铺设或维修作业方法不当，使长轨条产生不正常的伸缩；

⑥ 固定区和无缝道岔出现严重的不均匀位移；

⑦ 夏季线路轨向严重不良，碎弯多；

⑧ 由于养护不当，接头阻力、道床阻力、扣件阻力等线路的三大阻力不能与轨道的温度力相抗衡，线路发生纵向爬行；

⑨ 线路附近，有其他土建施工，使线路的路基发生扰动；

⑩ 在不同的气候条件下，多次焊接处理零星伤轨，而客观条件未能及时调整；

⑪ 通过测试，发现温度力分布严重不匀；

⑫ 因处理线路故障或施工改变了原锁定轨温；

⑬ 低温铺设长轨条时，拉伸不到位或拉伸不均匀。

⑭ 线路轨向应经常保持良好，对钢轨硬弯，应及时矫直

⑮ 钢轨长期运行疲劳而发生微量塑性变形，通常称应力损失。

无缝线路伸缩调节器要设置观测器，应用先进技术观测长轨条端部的位移。

以上原因都造成了设计锁定轨温与现场实际不符的情况，使得真正的锁定轨温不明，对于以后的养护维修作业没有准确的技术资料可以遵循，是一个极大的隐患。因此，必须进行应力放散。

还有一种情况，锁定轨温是正确的，技术资料也是齐全的，但要在特定的气候条件下，进行与轨道全断面有关的重大施工，此时，也必须先进行应力放散，重大施工结束后，还得再度进行一次应力放散。

应力放散的方式很多，有滚筒法、列车碾压法、撞轨法、拉伸法等，而其中应用最多的是拉伸法，其他如滚筒法、撞轨法等，都作为拉伸法作业中的配套措施。

应力调整，实际上是局部性的应力放散，当长轨节两端未发生爬行，而中间出现应力不均时，可以将两端固定，将应力不均部位的扣件松拆，采用滚筒法和撞轨法相结合，使钢轨得到振动后，使钢轨内应力在有限的范围内，进行有限制的调整。

2）应力放散计算

① 计算放散量

$$\Delta L=\alpha(T_{锁}-T_{原})L(\mathrm{mm})$$

② 缓冲区预留轨缝计算：

$\delta=0.0118(T_{max}-T)L-C(\mathrm{mm})$（前面钢轨联结部分已介绍）

计算结果必须满足：　　$3.3\mathrm{mm}<\delta<8.1\mathrm{mm}$

③ 锯轨量计算：

$$K=\Delta L+\sum a-\sum b$$

式中　K——锯轨量；

ΔL——放散量；

$\sum a$——缓冲区计划预留轨缝总和；

$\sum b$——放散前原有轨缝总和。

以上计算可以提前通过内业完成，但当原轨温不明时，只能在现场计算，首先让钢轨自由回缩，必要时使用撞轨器回撞，当轨条回缩稳定后，实测轨温作为原始轨温，然后进行该系列的计算

3）应力放散作业：

作业程序在线路单项作业中介绍。

（6）无缝线路伸缩调节器

1）概述

2）伸缩调节器的构造

伸缩调节器由一对基本轨和一对尖轨组成，通过扣件固定，但在线路纵向的方向上，基本轨与尖轨两者之间，能够进行相对位移，当轨温发生变化时，无缝线路的伸缩区即推（或拉）动调节器伸缩，这样，钢轨位移的发生，使无缝线路的温度力得到一定量的释放，大大降低对桥梁的影响。

城轨高架线路，铺设在特大型钢筋混凝土桥的桥面上，无缝线路巨大的温度应力会通过线路扣件传递给桥梁，从而对桥梁结构的稳定带来一定的影响。尤其是在高温季节，钢轨受热膨胀而不能伸缩，内部产生巨大的压应力，传递给桥梁的是反作用力一拉应力。对

于钢筋混凝土结构而言，威胁性最大的就是拉应力。为避免无缝线路温度力给桥梁带来毁坏性的影响，通常，特大高架桥面上铺设超长轨节无缝线路时，应在适当的部位设置伸缩调节器。伸缩调节器有单向伸缩与双向伸缩两种。见图 2.11-3、图 2.11-4。

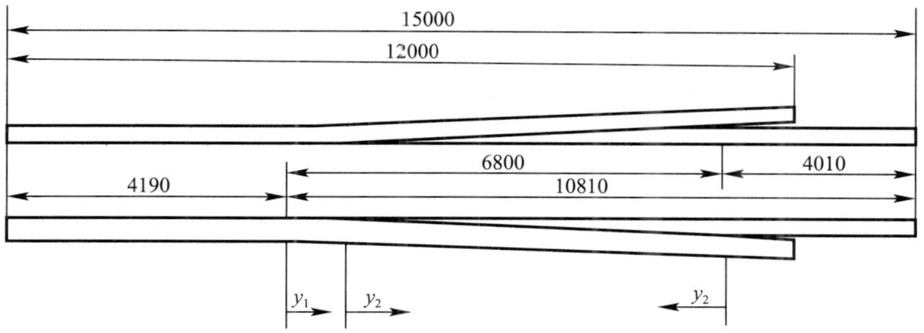

图 2.11-3　单向伸缩调节器示意图

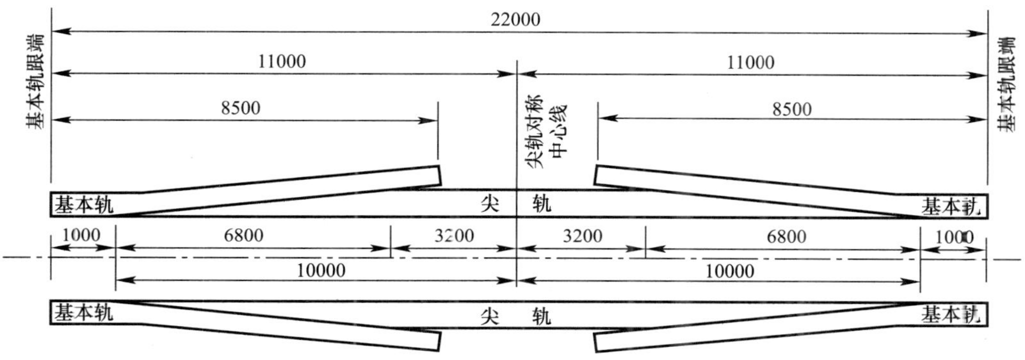

图 2.11-4　双向伸缩调节器示意图

（7）无缝线路有关规定

1）温度应力式无缝线路，固定区长度不得短于 50m。伸缩区长度根据年轨温差幅值、道床纵向阻力、钢轨接头阻力等参数计算确定，一般为 50～100m。缓冲区一般由 2～4 节标准轨（含厂制缩短轨）组成，普通绝缘接头为 4 节，采用胶接绝缘接头时，可将胶接绝缘钢轨插在 2 节或 4 节标准轨中间。缓冲区钢轨接头必须使用 10.9 级螺栓，扭矩应保持在 700～900N·m。绝缘接头轨缝不得小于 6mm。

2）变更无缝线路原设计结构或部分拆除时，必须有经上级有关部门批准的技术文件。

3）无缝线路应设置位移观测桩，两端伸缩区各三对，从长轨条头部开始每 100m 一对，长轨条中部一对。固定区较长时，可适当增加对数。

4）跨区间和全区间无缝线路，单元轨条长度大于 1200m 时，设置七对位移观测桩（单元轨条起、迄点，距单元轨条起、迄点 100m 及 400m 和单元轨条中点各设置一对）；单元轨条长度不大于 1200m 时，设置六对位移观测桩（单元轨条起、迄点，距单元轨条起、迄点 100m 及 400m 各设置一对）。

5）位移观测桩必须预先埋设牢固，在长轨条就位后，或应力放散拉伸到位后，立即做好标记，标志应清晰、明显、可靠。

6）跨区间及全区间无缝线路的维修管理，以一次铺设锁定的轨条长度为管理单元，无缝道岔以单组或相邻多组一次锁定的道岔及其间线路为管理单元。

7）应积极采用钢轨测标测量无缝线路锁定轨温技术，钢轨测标每 50m 或 100m 设一处。

8）长轨条及道岔内的焊缝部位要保持平直，出现凸凹应打磨、焊补。用 1m 直尺测量，工作边矢度不得大于 0.5mm。

9）联合接头不得设置在道口、桥台、桥墩上及不作单独设计的桥上，距桥台边墙不小于 2m。位于中跨度桥上的联合接头应布置在 1/4～1/2 桥跨处，并避开边跨；在大跨度桥上，应远离纵梁断开处。铝热焊缝距轨枕边不得小于 40mm。

10）跨区间无缝线路内铺设的道岔必须设在固定区。跨区间和全区间无缝线路和无缝道岔上的绝缘接头必须采用胶接绝缘钢轨。

2.12 轨道相关的其他设施

1. 标志

（1）概述

地铁线路上设置下列线路及信号标志：公里标、百米标、坡度标、曲线要素标、圆曲线和缓和曲线始终点标、竖曲线始终点标、水准基点标、停车位置标、进站预告标（分别设于距站界 100m、200m、300m 位置）、警冲标、连锁分界标等。其中：信号标志和百米标为反光标志。

地面线的标志埋设于线路路肩以外，隧道的标志安装于隧道的侧墙，高架桥面的标志安装于桥面的整体道床，但不管哪种标志的安装，都必须严格执行限界的规定，并要安装牢固。

线路标志及信号标志的式样应符合标准图的规定，并经常保持完整、位置正确、标志鲜明。

（2）线路、信号标志设置的位置

1）线路标志在单线上顺计算里程方向设于线路左侧，在双线上各设于本线列车运行方向左侧。

2）信号标志顺列车运行方向设于线路左侧。

3）各种标志（警冲标除外）应设在钢轨头部外侧不小于 2m 处。不超过钢轨顶面的标志，可设在距钢轨头部外侧不小于 1.35m 处。

4）警冲标设在会合线路两线间距为 4m 的起点处中间，有曲线时按限界加宽办法加宽；两线间距不足 4m 时，应设在两线最大间距的起点处中间。

2. 电缆设施

基地不铺设供电电缆的普通线路，轨端安装跳线使钢轨连接作为信号电路（图 2.12-1）。

图 2.12-1　轨端跳线

城市地铁列车基本采取电力驱动。供电电缆的方式有两种，第一种为接触网式，第二种为第三轨式（图 2.12-2）。

图 2.12-2　触网式及旁轨式供电电缆

凡铺设供电电缆的线路，轨端用电缆进行焊接，既作为信号电缆线，又作为供电回路的回流线（图 2.12-3）。

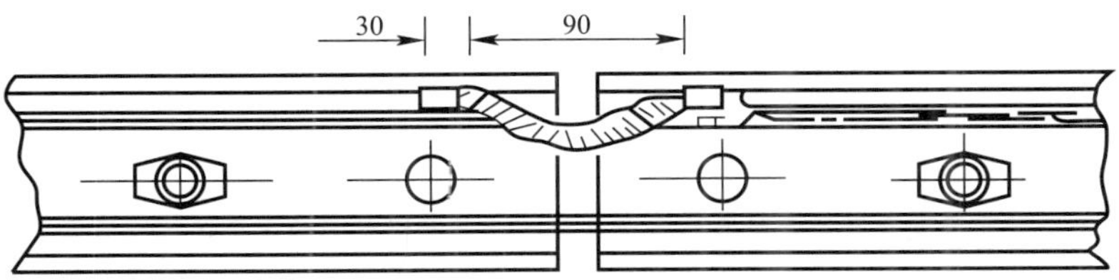

图 2.12-3　电缆线路

沿线信号电缆，有的设置在轨旁，也有的设置于道心（图 2.12-4）。

图 2.12-4　架空式的轨道电路

3. 隔声屏设施

对于轨道距离居民住宅区非常接近的地段，于轨旁护栏安装隔声屏设施，以减少噪声的影响（图 2.12-5）。

图 2.12-5　轨旁隔声屏设施实物图

第3章　城市轨道交通线路养护维修

3.1　养护维修概论

1. 养护维修工作基本原理

轨道受车辆运行的动力荷载作用及各种自然条件的影响，发生着各种各样的徐变，包括弹性形变与塑性形变，其中塑性形变是形成轨道残余变形的主要途径。这种残余变形积累到一定程度，将大大降低轨道结构的强度和稳定性，威胁行车安全。

轨道的变化分为如下三个方面：

第一类是形位变化。形位变化就是轨道空间几何形位上的变化，如水平、轨距、轨向、轨面高低及钢轨爬行等方面，显示轨道结构在三维空间发生了不良位移。

第二类是构件质变。组成轨道的各部件，如钢轨、零配件、轨枕等在行车动力以及环境自然条件影响下发生着各种各样的变化，如锈蚀、腐朽、磨耗、伤损、压溃、断裂等，其中，无论是化学变化还是物理变化，对轨道结构的质量而言，都产生着一定的影响。

第三类是紧固度变化。有时轨道的几何形位并没有变化，构件也没有质变，但是各种紧固件发生了松动和脱落等。虽然零部件的松动是局部的，但它发展的速度极快，最终必然导致轨道几何形位的变化，线路上，扣件的连续性松动以及道岔关键螺栓的脱落，直接影响行车，严重的要导致列车颠覆。

轨道的养护维修就是针对轨道受外界影响所发生的各种变化所组织的一系列维护工作。它不同于营造工程，而是在运营条件下所组织的设施维护，具有边运营边维护而又受运营条件限制的工作特点。

由于轨道变形是经常发生的，有许多变形完全具有规律性和周期性，所以，轨道的养护维修同样具有经常性和周期性。

线路养护维修工作的基本任务是经常保持线路设备完整和质量均衡，使列车能以规定的速度安全、平稳和不间断地运行，并尽量延长设备使用寿命。

线路维修工作，应贯彻“预防为主，防治结合，修养并重”的原则，按线路设备技术状态的变化规律和程度，相应地进行综合维修、经常保养和临时补修，有效地预防和整治线路病害，有计划地补偿线路设备损耗，以取得较好的技术经济效益。

城轨线路设施的维修要坚持“安全第一、预防为主”的方针。在养护与维修的关系上，要本着以养为主的指导思想，不能机械地套用维修周期而安排不必要的设备维修，要提倡科学养路，提高设备质量。要努力探索状态修的思路，建立“检测—分析—维修—检测……”的循环体系，不断进行质量跟踪，确保设施质量始终处于受控状态。

2. 线路养护维修的内容

根据国家铁路的维修方法，线路养护维修分为综合维修、经常保养和临时补修。

综合维修是根据线路变化规律和特点，以全面改善轨道弹性、调整轨道几何尺寸和更换、整修失效零部件为重点，按周期、有计划地对线路进行的综合修理，以恢复线路完好技术状态。

经常保养是根据线路变化情况，在全年度和线路全长范围内进行的有计划、有重点的养护，以保持线路质量经常处于均衡状态。临时补修是及时整修超过临修容许偏差管理值及其他不良处所的临时性修理，以保证行车平稳和安全。

以上三个层次具有不同的特点，对设备质量和行车安全都具有互补性，综合维修是根据轨道各部件老化的规律和使用寿命所进行的周期性工作，周期的长短主要取决于运量、部件的技术指标和质量指标，同时，还取决于日常养护维修的工作质量，当日常养护工作的质量高，完全可以延长维修周期。

经常保养是及时减缓或消灭线路所发生的经常性变化，阻止线路超限的发展或线路病害的积累，是确保全线质量均衡的措施。

临时补修带有突发性和不可预见性，及时发现和处理突发性病害是养护工作的重中之重。

国家铁路的维修方法机制具有一定的科学性、合理性和实用性，其中，综合维修为周期修，经常保养为状态修，通过周期修与状态修的结合，确保线路质量。当然，也不可避免地存在一定的缺点。

目前，各城市地铁所采取的维修形式是不一致的，有的基本按照国家铁路的体制运行，结合本企业的特点进行一些改革。有的完全实行状态修，或称故障修。

修程修制是非常重要的因素，但不是唯一的因素和决定的因素。最终要达到运行的结果：安全、质量、效益。

城轨线路综合维修的基本内容：

全面矫正计划范围内线路、道岔的平纵断面；

成段更换伤损、失效部件及扣件；

计划范围内的扣件螺栓涂油；

整治道床和排水设备；

标志刷新。

城轨线路经常保养的基本内容：

对轨道几何尺寸超过保养容许值的局部地段进行矫正；

局部更换伤损、失效部件及扣件；

复紧扣件、锁定线路；

季节性工作及其他单项作业。

城轨线路临时补修的基本内容：

对轨道几何尺寸超过临修容许值的处所进行调整；

更换突发性的重伤钢轨及其他伤损部件；

更换突发性的道岔伤损部件；

整治其他一切突发性病害。

3. 维修运作模式

不管是完全委外型、完全自营型，还是半委外半自营型，对于一个专业公司，其维修模式应该是一致的。无论是自身经营的这一块，还是发包的这一块，都要按专业公司所统一规定的规程或运作模式来进行运转。

(1) 维修计划

维修计划的种类包括：

施工进度计划；

费用计划；

物资申购计划；

劳力计划；

施工封锁计划。

按照时间上的周期来划分，又有年计划、月计划和日计划。

1) 施工进度计划

施工进度计划以一条运营线路为单元进行编制，编制依据主要根据设备维修的周期，并结合设备年检（秋季设备大检查）资料，首先编制年度总进度计划，然后分解为月计划，年度计划通常在上一年度的 12 月份制定，月度计划在上月下旬制定。

2) 费用计划

在编制年度生产计划的基础上，结合物料消耗定额和费用定额标准，可以编制年度费用计划。同样，费用计划也以一条运营线路为单元。

3) 物资申购计划

物料消耗与申购，是费用计划运行的一部分。通常可以采取大件按年申购，小件按月申购的办法。如果实行定额储备的方法，当月的消耗量便是次月的申购量。

4) 劳力计划

劳动力计划应在月度生产计划中反映，当岗位定员确定后，在正常情况下，劳力计划不是主要问题，可以在组织之间互相调剂，在非正常情况下，应另行采取措施。

5) 施工封锁计划

施工封锁计划是通过协调所确定的各专业施工单位在运营线停运后占用地段和时段的计划。施工封锁计划每半月申请一次，首先由车间（或管理部）层次提出，专业公司汇总后参加由总调所组织的施工协调会，通过各专业协调确定后颁布执行。

各生产班组凭总调所批准发放的书面计划，在施工区域所在车站办理施工前的登记手续和施工后的注销手续。

(2) 维修运作流程

见图 3.1-1。

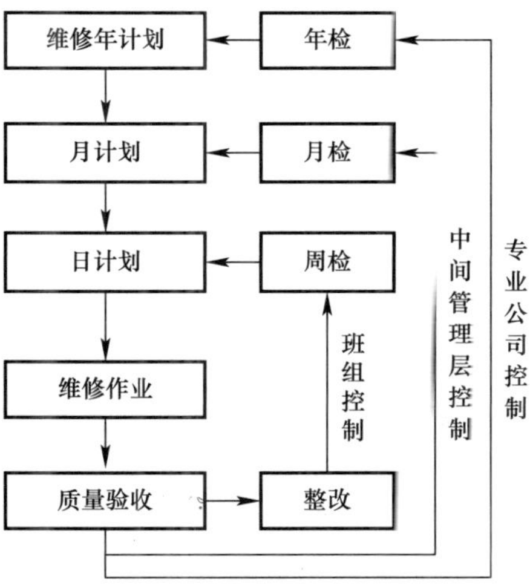

图 3.1-1　维修运作流程

3.2　线路检测技术

1. 线路检测概述

线路检测按检测的状态可以分为：

线路静态周期检测和线路动态检查。

按检测的周期可以分为：

日检、周检、月检和年检。

按检测专业项目可以分为：

轨道几何形位检测；

线路爬行检测；

曲线正矢检测；

扣件扭力矩检测；

扣件性能检测；

钢轨探伤；

钢轨磨耗检测；

伸缩器位移检测；

线路沉降检测；

计量器具检测。

2. 线路静态周期检测

1）日检

日检是指每天所进行的检查，即巡道或称巡检，当新线接管的初期，全线在建设期遗留下来的问题尚未完全处理完毕，施工单位尚未完全撤离，运营线路还没有进入封闭或半封闭状态，为确保行车安全，必须建立巡道制度。当试运营期结束，如确认巡道再无必要时，可以以周检取代日检，也可称巡检，只不过是检查周期与频率上的区别。

2）周检

周检，每周检查一遍，重要岔区，每周检查两遍，检查内容如下：

侵入限界的施工料具和一切其他障碍物；

线路轨面与方向的异常变化；

紧固件松动；

空吊板及道岔垫板断裂；

道岔尖轨密贴；

整体道床开裂。

3）月检

月检就是三全检查（全员、全线、全面），每月进行一次，月检除覆盖周检的项目以外，还必须增加以下项目：

全面测量线路与道岔的几何尺寸；

抽查螺栓扭力矩；

按季测量曲线正矢；

观察钢轨爬行；

检查道床与排水设施

其他与线路相关的附属设施。

月检结束后，应及时完成全线质量检查资料的汇总。

设备关键部位的重点检查：

对于钢轨，检查重点是焊接接头和伤损钢轨的发展。

对于夹板，检查重点是低扣接头，冬季的大缝接头和夏季的瞎缝接头以及异形接头。

对于道岔，检查重点是：

尖轨切削部位的状态；

连接杆两端的裂纹；

叉心 30～50mm 处的伤损；

护轮轨及螺栓的检查；

滑床板的断裂。

4）年检

为全面掌握线路状态，如实评定管内线路质量和养护维修工作质量，同时也为切实编制次年养护维修工作计划和费用计划提供依据。每年组织至少一次设备大检查，年检也就是秋季设备大检查，与当月的月检结合进行。年检可以分为轨距水平组、道岔组、轨面方向组、综合组等几个专业小组进行，检查内容应包括所有项目，外业工作结束后，编制"线路质量状态评定表"和"道岔质量状态评定表"，然后编制年度维修费用计划。

3. 线路动态检查

线路动态检查就是利用大型轨检车对线路状态进行检查，由于大型轨检车在运行过程中进行检测时，与地铁列车对线路具有较为接近的动荷载，通过检查，能够了解线路局部不平顺和区段整体不平顺的动态质量，它能够在检查的同时，对检测的数据进行记录，并能够按事先规定的需要进行数据输出，通过数据分析处理，其结果可以用于指导线路养护维修工作。

通常一个城市地铁建设的初步阶段，使用大型轨检车进行动态检测的设备利用率不高，但当轨道线路网形式规模时，引进轨检车进行现代化的检测，完全具有必要性。

检查项目：

轨距、水平、高低、轨向、三角坑、车体垂直振动加速度和横向振动加速度 7 项。检查结果以千米为单位进行评分。

无论是静态检查还是动态检查，设施的检查要配备现代化的检测装备，通过合理的周期对设施进行检测，检测的结果再通过现代化的方法和手段进行科学的分析，从而探索设施的运行质量状态，建立设施的动态档案。这样形成了一份伴随设备终身的技术档案资料，用以科学合理地安排设备的养护维修、大修或技术更新改造。

4. 专业项目检测

1）线路形位基本要素检测

线路形位最基本的要素有轨距、水平、轨向、高低等，各项技术参数的检测应采用现代化检测手段与人工检测相结合。

对轨道基本要素的检测，一共有三种方法：第一种是使用大型轨检车进行动态检测，第二种为使用手推式小型轨检车进行静态检测，第三种是使用轨距尺、弦线等传统工具进行人工检测。三种手段分别应用与不同的场合。

大型轨检车检测建议以月度为周期，每月对每条运营线路的几何尺寸进行一次检查，

一方面是对线路质量状态的分析评定，另一方面又可以以运营线路为单元，对养护维修工作的实级进行评价和考核。

手推式的小型轨检车可以每条运营线配备一部，用于该条运营线区域范围内的质量自查，及时掌握线路状态，同时还可以用来对维修班组进行检查考核，其运行密度应以周为周期。

尽管拥有以上两个层次的现代化装备，但仍然代替不了人工检测，因为所有的班组，在施工作业过程中始终要对过程的质量进行控制，同时，在收工前，还要通过检测，对当天作业地段的质量进行最后的确认，并做好检查记录方能离开工地。所以在任何时候，人工检测还是长期存在。

2）扣件扭力矩检测

扣件扭力矩是保证轨道结构稳定的重要指标，线路扣件的扭力矩必须保持在设计文件的容许范围之内。通常，设计所规定的数值范围，地面线扭力矩最高，隧道次之，高架线路最低。

因此，扣件的扭力矩并不是越大越好，如果扣件扭力矩过高，不仅使扣件弹性大大减少，而且影响扣件的使用寿命。特别是高架线路，无缝线路有一定的计划伸缩量，用以有限量地释放一部分应力，如果扭力矩过大，阻止了轨条的伸缩，其效果适得其反。

检测扭力矩，通常依靠扭力扳手，人工检测，可以根据线路的长度，按一定的比例进行抽检。

由于扭力矩的大小，存在人为因素，因此，要努力提高机械化的作业程度，尤其是小型机械的应用。如普遍使用符合扭力矩范围的标准电动扳手，可以完全解决扭力矩不均的问题。

除此以外，线路设计时，轨道扣件采用施必牢螺栓，达到了防松的效果，对线路的稳定能发挥重要的作用。

3）钢轨探伤

应用超声波探伤仪对钢轨进行周期性的探伤，是保证轨道质量的重要措施。钢轨探伤还包括接头焊缝探伤。探伤的周期一般根据运量制定，城轨线路正线的周期可以定为每月一次，站场线路可以三月一次。探伤的结果每月以报告书的形式上报。凡发现钢轨伤损，探伤人员除了在伤损处做好轻伤或重伤的标志外，还要分别向调度及所属养路工区报告，隔日，填报钢轨伤损报告单。伤轨的处置，可以根据轻重缓急，分别采取不同的方案。特别是重伤钢轨，不得延误，必须立即处理。

4）钢轨磨耗检测；

钢轨磨耗检测，由养路工区自行组织，当磨耗量极小时可以每年检测一次，磨耗至一定程度时半年检测一次，磨耗发展到接近重伤标准时必须每月检测一次。因此，检测的周期完全由磨耗的程度决定。

磨耗测量应与曲线正矢测量相结合，通过对应点的正矢值及磨耗值进行比较分析，而对曲线线路的状况作出判断。

5）扣件性能检测

当失效的扣件没有及时更换时，往往给人以假象。一条运营线路，在一定运量的前提下，线路扣件究竟能够使用多少年限，从教科书上并不能找到依据。扣件的失效，与线路状况的好坏、线路运量的大小以及零配件的质量等各种因素都有关系。在无法进行事先预测的情况下，应在一定的年限，对扣件进行试验性的检测，一般养护维修单位不具备试验能力时，可以与相关大学取得联系，进行联合测试，通过实验数据进行分析，为后续的更换扣件工作提供可靠的依据。

6）计量器具检测

工务专业的计量器具包括轨距尺、支矩尺、扭力扳手、水平仪、经纬仪、钢轨探伤仪、轨温计等等，根据计量器具的检测要求，所有的计量器具都有规定的检测周期，应严格按照计量法的规定办理。

7）无缝线路伸缩位移检测

无缝线路的纵向位移有两种情况，第一种为伸缩，第二种为爬行。长轨条受轨温影响而发生纵向位移，如果当轨温经过多次上升下降的反复，长轨条的位移变化幅度始终与轨温变化幅度保持一定的正常关系，这种情况称为伸缩位移。反之，如果不存在这种关系，钢轨发生纵向位移后不能恢复至原有状态，称为爬行。通常，对于爬行，利用长轨条的爬行观测桩进行人工检测。

高架桥梁的无缝线路都设计安装有伸缩调节器，可以利用“钢轨位移检测仪”对伸缩调节器进行检测。

无缝线路伸缩调节器由基本轨和尖轨所组成，基本轨与长轨条连接，尖轨根部连接长轨或短轨、道岔等。当长轨条发生伸缩时，基本轨即发生位移，从而改变了基本轨与尖轨之间的位置关系。通过设定标志，并进行检测，能够掌握钢轨的位移情况（图 3.2-1）。

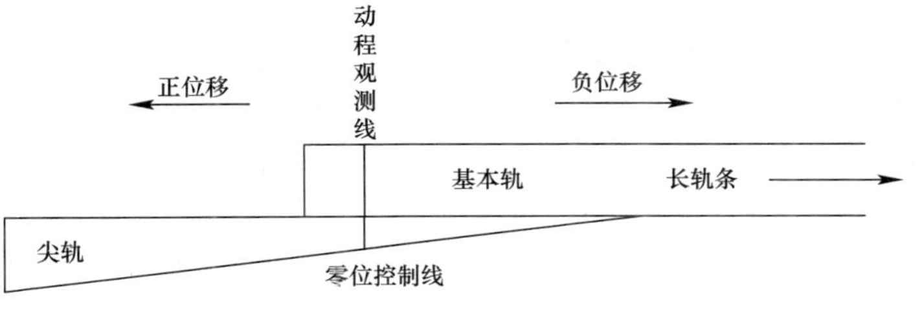

图 3.2-1　无缝线路伸缩调节器

动程观测线：

要对基本轨和尖轨在锁定轨温时的状态，即两者之间的相对位置进行确认，并制作控制线，其中，基本轨上的线条叫做动程观测线。

零位控制线：尖轨上的线条叫做零位控制线。

控制线的设置要求：零位控制线，应通过一定的办法，设置在钢筋混凝土的整体道床上。否则，以尖轨作为参照物，当尖轨发生爬行时，所测数据将会失真。

动程观测线和零位控制线都必须在接近于锁定轨温的条件下设定。如果设定时的轨温条件不能满足，可以通过电子计算机进行数据换算，重新设置正式的控制线。

动程读数：钢轨位移后，动程观测线与零位控制线之间的距离（矢量）叫做动程读数。动程读数是基本轨在某一即时轨温条件下，基本轨所处的位置控制线与零位控制线之间的距离。动程读数是即时值，所反映的数值是钢轨在即时轨温与锁定轨温之间两种不同状态下的位置差。它只能代表即时轨温与锁定轨温之间的位移量，而不能代表其他任何时候的位移量。

正位移：当轨温升高时，无缝线路伸长，基本轨按图示向左位移，定义为正。

负位移：当轨温降低时，无缝线路缩短，基本轨按图示向右位移，定义为负。

位移量：在任意一个时间段的范围内，钢轨沿线路方向伸缩移动，它的前后两个动程读数之差（后读数减前读数）即为该时间段的位移量。位移量是矢量。钢轨伸长时为正位移。钢轨缩短时为负位移。位移量是相对值。

车站分机（或称采集数据显示器）

车站分机与本站所有采集器通过线路进行连接。其技术要求主要为显示功能。将所采集的即时气温、即时轨温和各“位移采集器”所采集的即时动程读数进行显示。

考虑到车站很多，为减少投资，各车站的分机可以不设置统计、运算功能，只需要设置显示功能即可。

主机：每条运营线设置主机一台。功能要求如下：

① 随时显示全线各采集器传输过来的即时数据；

② 将数据自动存储；

③ 根据操作者指令，进行动程读数的记录存储或输出。

④ 根据设置的程序进行各项统计运算，并将计算结果进行自动存储或打印输出。

考虑分步投资，第一阶段可以研制一台主机，一台分机，和一组采集器。

位移检测数据处理的要求。

检测日报：在一天以内，选取几种不同轨温条件，将长轨条的两个轨端位移量的记录数据，通过主机进行统计并输出，即为检测日报。检测日报必须按日进行。

如果一个检测站有 4 组钢轨伸缩调节器，该车站应配置一个气温采集器，一个轨温采集器和 8 个位移采集器。车站的分机分别与这 10 个采集器相连，（即 1 拖 10）。

车站分机的显示屏幕应不间断地显示各采集器所采集的 10 项数据，其中选取关键时间的数值输出打印，作为该检测站的检测日报。

钢轨位移量曲线（动程读数曲线）：气温、轨温和动程读数三项数据的采集应不间断地进行。

作为车站显示器，应不间断地进行显示。

作为主机，应能根据需求，选取一定的时间间隔，将数据进行自动存储，并能自动绘制成连续的曲线。

每个检测站应有 8 个曲线图，每个曲线图应包括 1 条气温变化曲线，1 条轨温变化曲线和 1 条动程读数的变化曲线。

第 1 行序：气温变化曲线。横坐标为时间。

计量范围：从 0 点到 24 点。纵坐标为气温－12～42℃。

第 2 行序：轨温变化曲线。横坐标时间，纵坐标轨温。

计量范围：－12～65℃。

第 3 行序：记录钢轨动程读数变化量曲线。横坐标时间，纵坐标动程。动程计量范围－200～＋200mm。

数据和曲线图的输出：动程读数曲线，在春、秋两季不要求每天输出，但对于非正常的曲线必须输出。在气温 35℃以上和 5℃以下的条件下，应每天输出。

高温季节，检测主机应在每天 12∶30；1∶00；1∶30；2∶00；2∶30 5 个时间，将每个检测站所检测的数据和曲线图，通过内部网向工务分公司调度传输。以便及时掌握长轨动态。

检测分析。

检测分析之一：相同钢轨，不同检测期的数据比较。

在理论上，对于相同长度的长轨条，在相同轨温的条件下，其伸缩量应基本相同。因此，可以对同一对象，在同一轨温下的历史数据进行比较分析。如出现反常，填写非正常伸缩的情况报表，如表 3.2-1。

正常与非正常的含义。

对于同一钢轨，在相同轨温的条件下，动程读数的历史数据应比较接近。误差在 2mm 及以内时，初步定义为正常，误差大于 2mm 时为不正常。

非正常伸缩情况报表 **表 3.2-1**

年 月 日

检测站		历史检测动程读数平均值						
采集器		℃	℃	℃	℃	℃	℃	℃
轨条区间								
上下行		本次检测所获非正常数据						
长轨编号		℃	℃	℃	℃	℃	℃	℃
轨端								

报告人：

如果尖轨发生爬行，位移量在 2mm 以内时属正常，超过 2mm 时为不正常。

钢轨伸缩曲线图应相对圆顺，发现有拐点即为不正常。

检测分析之二：不同钢轨，相同检测期数据比较。

对于长度接近相同的长轨条可以进行横向比较，检查它们在相同轨温条件下的位移量（见表 3.2-2）。

钢轨伸缩量对比表 **表 3.2-2**

序	长轨条编号	轨条长度	钢轨在相同轨温下的伸缩量比较						
			℃	℃	℃	℃	℃	℃	℃

制表人： 日期：

检测分析之三：所有轨条在最高轨温时的动程读数比较。

在理论上，钢轨的伸缩量与钢轨的长度与温度的变化成正比。但实际上并不如此。由于钢轨越长，轨下阻力就越大。所以，检测钢轨的位移情况，可以判定其轨下阻力的情况。

根据专业测量单位所提供的某隧道的沉降资料所示，隧道沉降的问题比较严重。软土地质条件下隧道的不均匀沉降问题应该成为从事与本项工作有关的专家和专业人员共同关注的课题。

8）线路沉降检测

由于不均匀沉降，使轨面前后高低发生了变化，并改变了轨道纵断面设计坡度，改变了竖曲线的曲率半径，使轨道的几何形位出现超限。因此，沉降观测、沉降技术分析以及与此相关的对策措施，都必须引起有关部门重视。

沉降观测应每5m设置一个观测点，编号应与线路里程相匹配，如上行线K2＋125，该处沉降观测点的编号应为：S02125 使测量部门的测点与线路维修部门的检测点完全一致。

测量的周期应每半年进行一次，并及时向线路维修部门提供下列电子版本资料：

① 线路原设计纵断面与本期实测纵断面二位一体的线路高程综合图；

② 各测点设计高程与本期实测高程数据对比表（一图一表）；

③ 各测点本期沉降量数据（一图一表）；

④ 各测点本期累计沉降量数据（一图一表）；

⑤ 以“毫米/月”为计量单位的月度沉降量计算表；

⑥ 以“(本期-上期)/上期”为计算基准的沉降速度比率汇总表。

作为设计部门，应积极开发设计调高量达50mm的线路扣件，以满足线路水平、高低调整的需要。

隧道管片，实际上是一个纵向联结刚度不足的呼啦圈，尽管内部有高强度的整体道床，但整体道床与隧道管片之间的垫层却布置了极少的钢筋，且垫层与管片没有钢筋联结，在列车动荷载的作用下，比较容易发生脱离。因此，应改变设计，使隧道底部、垫层、整体道床三者联为一体，形成一个纵向的钢筋混凝土连续梁，从而大大提高隧道的纵向抗弯强度。除此以外，隧道底部外围的压密注浆程度应加强，使隧道底部以下部分的浆体与软土层凝结成一个不规则的承台，对阻止隧道的下沉能发挥积极的作用。

3.3 养护维修标准

一条新线，从施工结束到接管后的养护维修，大致要经历如下几个阶段：

（1）初验及整改阶段；

（2）设备调试阶段；

（3）终验及试运营阶段；

（4）正式运营阶段。

负责线路养护维修的专业单位在初验过程中负责线路几何尺寸的实测，实测资料所反映的所有线路缺陷均由原施工单位负责整改，整改后由维修专业单位确认。

在设备调试阶段，部分列车进入线路参与联合调试。此阶段，线路由于受动力作用所发生的动态变化应由维修专业单位负责保养，以确保行车安全。

在试运营阶段，列车载客运行。线路实行全线保养，除养护工作以外不发生维修项目。

进入正式运营阶段，线路维修专业按正式的周期修与状态修相结合的方式运转。

1. 维修准备工作

（1）建立修程修制

需要建立的最起码的修程修制如下：

1）线路维修规则；

2）生产组织体系；

3）安全控制体系；

4）质量保证体系。

（2）技术资料准备

新线接管阶段，完全有可能施工单位的竣工资料没有编制完毕，但由于养护维修工作的需要，施工单位必须提前向维修专业单位提供必需的技术资料。

1）正线线路综合图；

2）正线道岔设计图；

3）伸缩调节器设计图；

4）正线结构设计图；

5）扣件设计与组装图；

6）无缝线路长轨轨节配置图；

7）焊接记录；

8）锁定轨温资料；

9）水准点资料；

10）正线曲线资料；

11）正线坡度资料；

12）车场线平面布置图；

13）车场线配轨图；

14）车场曲线表；

15）车场道岔设计图；

16）容许运行速度资料；

17）变更设计通知书；

18）质量检查和验收资料。

19）排水系统设计图；

20）附属设施技术资料。

（3）建立线路设备台账

线路设备台账以运营线为单元编制。

1）线路设备汇总表；

2）正线登记表；

3）正线曲线统计表；

4）正线辅助线统计表；

5）正线道岔统计表；

6）辅助线道岔统计表；

7）伸缩调节器统计表；

8）车场线股道表；

9）车场线曲线表；

10）车场线道岔表。

（4）其他准备

其他准备，包括人员组织准备、生产用房准备、机具准备、线路材料准备、劳防用品准备等。（略）

2. 编制维修计划

正线线路维修，原则上以整公里为单元，车场线以股道为单元，道岔以组为单元。由于城轨线路的曲线较多，并且多为跨公里，鉴于曲线的特点，在维修过程中，不能分段进行，应以整条曲线为单元。因此，组织线路维修，编制维修计划之前，必须首先合理地确定维修基本单元。

（1）年度维修计划

年生产计划以每一条运营线路为单元，编制依据主要根据设备维修的周期，编制维修周期表，然后按周期表编制年度维修计划，除周期性计划以外，再结合线路的状态，编制年度重点保养计划（表 3.3-1）。

维修周期表 **表 3.3-1**

单位	项目	第一季度						第二季度					
		一月		二月		三月		四月		五月		六月	
工区 1	正线维修												
	正线重点保养												
	道岔维修												
	道岔重点保养												
	伸缩器维修												
工区 2	正线维修												
	正线重点保养												
	道岔维修												
	道岔重点保养												
	伸缩器维修												
工区 3	车场线维修												
	车场线重点保养												
	车场道岔维修												
	车场道岔重点保养												
单位	项目	第三季度						第四季度					
		七月		八月		九月		十月		十一月		十二月	
工区 1	正线维修												
	正线重点保养												
	道岔维修												
	道岔重点保养												
工区 2	伸缩器维修												
	正线维修												
	正线重点保养												
	道岔维修												

续表

单位	项目	第三季度						第四季度					
		七月		八月		九月		十月		十一月		十二月	
工区 3	道岔重点保养												
	伸缩器维修												
	车场线维修												
	车场线重点保养												
	车场道岔维修												
	车场道岔重点保养												

(2) 年度费用计划

在编制年度生产计划的基础上，结合物料消耗定额和费用定额标准，编制年度费用计划。同样，费用计划也以每一条运营线路为单元。

对于已投入运营的线路，无论是年度维修计划还是年度费用计划，都应该在设备年检（秋检）之后进行，按线路设备的状态为依据。

(3) 月度生产计划（表 3.3-2）

生产计划表　　　　受控号：　　　　　　　　表 3.3-2

部门　　　　　　　　　　　　　　　　　　　　年　　　　月份

序号	计划生产项目	计划情况		完成情况			备注
		工程量	计划工日	完成工作量	完成工日	工程质量	
1	综合维修						
正线	(1) 线路维修						
	(2) 道岔维修						
站线	(1) 线路维修						
	(2) 道岔维修						
2	重点保养						
正线	(1) 线路保养						
	(2) 道岔保养						
站线	(1) 线路保养						
	(2) 道岔保养						
3	常规工作						
	(1) 巡检						
	(2) 月检						
	(3) 曲线轨涂油						
	(4) 工电联检						
4	应急补修						
5	其他						

编制　　　　　　　　　　　　　　　　　　审核

月度生产计划也以运营线路为单元，月计划是年计划的分解。

编制依据：

年度维修计划与年度重点保养计划；

上月线路检查的技术质量资料。

（4）班组作业计划

班组维修作业计划由养路工区编制，与年计划、月计划的区别是，年计划、月计划只反映计划量的大小与多少，而不反映日程的安排。但班组作业计划要分解到工作日，将本班组的月度养护维修计划，按作业日期进行编排。

3. 施工管理

（1）施工封锁

城市地铁线路，实行全封闭式，进入正式运营阶段，由于列车运行间隔只有几分钟，所以线路正线不得利用列车间隔进行养护维修作业，必须在夜间停运后进行。所有专业的维修工作都必须以运营线为单元，编制施工封锁计划（口语："点"计划）（表 3.3-3）。

施工封锁计划申请表 **表 3.3-3**

（由专业公司申请时使用） 受控号：

年 月

日期	施工项目	负责人	作业范围	作业时间	牵引动力	触网停电区段	备注

申请单位 申请人 批准人 日期

施工封锁计划就是各专业施工单位在运营线停运后所占用的地段和时段。

施工封锁计划，每半月编制一次，总调度所每半月召开一次施工封锁计划会，根据各运营线各专业的申报计划进行调整、发布。

各专业单位的维修施工一律按总调度所的批文为准（表 3.3-4）。

日常养护维修作业，各养路工区施工负责人都必须持有经批准的书面计划办理作业前的登记手续和作业后的注销手续。

在夜间停营期间开行工程列车、轨道车或自动闭塞设备故障时实施电话闭塞法行车。

工程列车占用区间的行车凭证为路票，列车发车凭证为行车人员显示的发车手信号。

工程列车发车间隔须达到"两站两区间空闲"的要求。

施工封锁计划 **表 3.3-4**

（由总调度所发布时使用）

日期：

日期	线别	施工单位	作业负责人	施工范围	起止时间	施工内容	牵引动力	触网停电范围	备注

（2）施工停电

凡工作人员的正常活动范围与接触网带电设备的安全距离不足 1m 时，必须停电作业。

凡需接触网停电的作业，必须断开相应的断路器，拉开相应的隔离开关，并进行验电接地。

隔离开关操作人员必须熟悉供电系统的隔离开关，分断绝缘器位置及线路有无接触网等设备情况（表 3.3-5）。

（　　）号线接触网停电、停域申请单 **表 3.3-5**

（申请与批准在同一表式上操作）

<table>
<tr><td>申请单位</td><td></td><td>申请人</td><td></td><td>工作负责人</td><td></td><td>电话</td><td></td><td>接受申请人</td><td></td></tr>
<tr><td rowspan="3">申请停电设备</td><td rowspan="3"></td><td rowspan="3">工作地点</td><td rowspan="3"></td><td rowspan="3">详细工作内容</td><td colspan="5">1</td></tr>
<tr><td colspan="5">2</td></tr>
<tr><td colspan="5">3</td></tr>
<tr><td>申请停电时间</td><td colspan="3">自　年　月　日　时　分
至　年　月　日　分</td><td>批准停电时间</td><td colspan="5">自　年　月　日　时　分
至　年　月　日　分</td></tr>
<tr><td>电调批准</td><td colspan="3"></td><td>检修方式</td><td colspan="5"></td></tr>
<tr><td rowspan="2">安全措施</td><td rowspan="2" colspan="3"></td><td>注意事项</td><td colspan="5">(1) 该申请已　月　日由技术部批复，隧道施工封闭不属于电调批复范围．由施工单位另外向技术部提出申请；
(2) 具体许可工作时间由当值电调与工作负责人电话联系时间为准；
(3) 凡在工作地点属称“工作地线”的挂接或拆除，安全措施由施工单位自行负责停/送电前电调作必要的提醒</td></tr>
<tr><td>电调批准人</td><td colspan="2"></td><td>批准日期</td><td colspan="2"></td></tr>
</table>

(3) 施工现场管理

包括定置管理、文明施工（略）。

在维修运作过程中，车间级层次（即按运营线为单元的管理层次）日常管理的业务性工作。

1）编制月度生产计划；

2）编制月度材料申购计划；

3）每半月编制一次线路封锁计划；

4）审核工区的作业计划；

5）申请“工、电”施工配合事宜；

6）质量不定期抽查和重点部位检查；

7）当月综合维修项目验收；

8）办理线路材料备品的发放手续；

9）办理劳防用品的发放；

10）审核工区的月度检查报表和月度生产报表；

11）编制车间的月度生产报表；

12）定期组织安全技术教育；

13）组织安全检查；

14）组织召开月度安全生产例会；

15）组织季节性设备检查、节前检查和年度设备检查；

16）有计划地组织各种抢险演练活动；

17）组织病害的整治和突发故障的应急抢修；

18）完成上级各主管业务部门的一切交办任务。

4. 技术管理

线路养护维修范畴的技术管理工作有如下几个方面：

（1）技术档案资料管理；

（2）设备台账管理；

（3）技术规程的编制和修订；

（4）作业标准的编制和修订；

（5）伤损钢轨、构件的鉴定；

（6）钢轨纵向位移观测分析；

（7）钢轨侧磨观测分析；

（8）沉降观测分析；

（9）线路病害的分析与对策；

（10）重大施工方案的编制。

线路工程师的业务技能与工作内容：

（1）有能力编制、修订线路维修规则和各项作业标准；

（2）能健全线路设备台账，并根据运营线延伸和技术改造等变化，及时做好设备台账的校核和修改；

（3）能编制、审核年度、月度线路维修计划和费用计划；

（4）能掌握现场生产进度和费用使用情况；

（5）能对月度技术资料进行统计分析，掌握线路设备的状态；

（6）能编制或审核设备大修等立项工程的施工方案、施工预算，配合相关管理部组织施工，参与施工过程中的质量管理，做好工程竣工质量验收和技术资料的归档；

（7）参与日常设备检查及季节性设备大检查，负责技术资料的统计汇总；

（8）组织开展技术管理和技术攻关活动；

（9）完成其他临时交办任务。

5. 无缝线路养护维修

（1）引言

温度力在无缝线路的纵向分布是十分复杂的，在长轨条的中部固定区，温度力接近于均匀分布，在长轨条两端的伸缩区，温度力由轨端向固定区呈递增型线性分布。每当轨温发生变化时，温度力总是随之发生变化而产生新的分布。

如果轨道的状态良好，轨道的接头、道床、扣件等三大阻力足以与温度力相抗衡，使长轨条处于稳定平衡的状态。但线路所能提供的阻力并不是一成不变的，列车运行对轨道的冲击振动，使线路扣件的拧紧程度和碎石道床的密实程度持续不断地受到一定的影响。另外，进行线路养护维修作业时的措施不力，也削弱了轨道的阻力。温度力将显示其巨大神威。

在正常情况下，一切养护维修工作都按照温度力的规律办事，温度力难以给线路带来危害。在非正常情况下，如果违反了温度力的规律而违章作业，造成长轨条内部应力严重不均，内应力便从线路的薄弱环节打开缺口，形成应力集中，而发生突发性演变。所以，内应力是隐藏在钢轨内部看不见摸不着的隐形杀手，随时都在寻找突破口，对行车安全构成威胁。

超长轨节无缝线路的铺设，在理论上与一般无缝线路没有重大的变化。但是，由于其轨节太长，产生了一系列新的问题。

对温度力分布状况的了解难度大。由于很长的轨节不可能在同一天铺设，或者说是不可能在同一轨温的条件下铺设，这样就造成前后轨节之间的锁定温差。通常，一根超长型无缝线路的各个分段轨节，其锁定轨温都不相同，尽管都在容许的偏差范围内，但是，温度力分布情况的复杂程度已大大提高。

隧道内外的轨温差较大。根据有关资料提供，夏季隧道内的轨温要比隧道外的轨温低20℃左右，（其实根据现场的实测，温差要大于20℃，可能与地区、环境和测定时间有关），如此之大的温差，足以表明超长型无缝线路内应力分布的极大差异。尤其是在温差悬殊大的衔接地段，养护维修工作的难度大。

受不同轨下基础附加力的影响大

对于地下线路，长轨条要穿越碎石道床、圆形隧道和矩形隧道的整体道床等各种不同结构形式的轨下基础，对于高架线路，整条超长轨节纵穿高架车站土建设施、特大高架混凝土桥和高架钢桥等一系列新型的轨下基础。不同的基础对钢轨产生不同的附加力，这也是超长型无缝线路的重要特点之一。

长轨条对轨下基础毁坏性的影响程度大

长轨条的内压应力传递给轨下基础的便是拉应力，容易造成钢筋混凝土结构的开裂，为减少这一影响，高架桥面上的无缝线路，均铺设了钢轨伸缩调节器，让钢轨在气温的影响下，能有一定限量的伸缩而释放应力。本来，一般线路的扣件必须达到一定的扭矩，用以阻止钢轨的伸缩爬行。然而，高架桥面上的无缝线路，则有意识地按新规定降低扣件扭矩。这样，轨道上部结构与下部结构之间在温度应力上的矛盾为无缝线路的养护维修带来新的难题。

不管怎样，长大设备，操作上的难度与管理上的难度总是伴随着设备的超长而增加。

尽管难度增加，也不管无缝线路的长度结构如何演变，温度力的原理还是一样的，我们完全可以在相同原理的指导下，研究和探索对于不同对象的策划。

（2）超长轨节无缝线路养护对策

对策之一：坚持作业轨温。

无缝线路的显著特点是温度应力。因此，进行无缝线路养护维修作业的首要问题就是坚持作业轨温。

当长轨条的锁定轨温与作业时的轨温之差，达到20℃以上时，应停止进行起、拨、改等减弱线路阻力的各项作业。这就要求在温差20℃的季节到来之前，要全面抓紧做好线路的养护维修工作，消灭超限处所，全面提高线路的道床阻力和扣件阻力。要充分利用好这个季节，确保线路的质量状态，使线路设备在不良季节能实现平稳过渡。如果违背了这种客观规律办事，就必然铸成大错。

当轨温差超过20℃以上，虽然不能进行起、拨、改等项作业，但是，仍然可以进行补充道碴、加强道床及拧紧扣件等提高线路纵横向阻力的各项作业。

当温差在10℃～20℃时，虽然可以进行养护维修作业，但对作业的程度和范围应该进行有效的限制。详见无缝线路养护维修作业轨温条件表（表3.3-6）。

为保证养护维修的作业范围不超过轨温的限制条件，从接近高温季节及严冬季节开始，必须认真测量轨温，每天作业前、作业中、作业后分三次测量，并做好实测轨温记录。

对策之二：加强道床和扣件的阻力。

对于碎石道床线路，始终保持道床的饱满、密实是维持道床阻力的基本方法。进行起道、找小洼和拨方向等作业，要坚持“维修一日清”，“急修一撬清”。其根本目的就是随时恢复破坏了的道床，做到随时回填夯实。特别要提醒的是凡是缺碴地段不得进行盲目起道和拨道。

即使是未进行作业的地段，由于列车运行的冲击作用，造成道床的沉降或变形，使轨枕下出现空吊，表面看起来，道床似乎是丰满的，但实际上，完全是一种假象，该地段道床阻力已不存在。因此，应认真地进行设备状态的巡视，并将线路添乘与实地查看相结合，通过加强线路检查，做好道床的捣固、夯实，以提高线路纵横向阻力。

对线路轨道的扣件，无论是整体道床还是碎石道床，均要始终保持规定的扭力矩。凡是当天的作业地段，收工前除了进行线路检查外，还有一项重要工作就是做好扣件的复紧，使扭力矩符合要求。当然，扣件的扭矩，并不是越大越好。如果超过了规定，便适得其反，过大的扭矩，一方面会使扣件失去弹性，另一方面，扣件的超度疲劳，会导致塑性变形而使它很快失效。

对策之三：重视轨向不良的整治。

轨向不良是线路的内病外露，也就是说，是线路若干内在不良因素的外部反映。轨向不良的原因很多，第一是弯曲点的横向阻力不够；第二是该地段前后钢轨内应力不匀；第三是轨距偏大，动力的冲击使轨道受到横向水平力；第四是钢轨本身并不可能绝对直顺，哪怕是微小的矢度，也会在其他各因素的共同作用下，形成破坏力集中的突破口。

通常，我们所见到的轨向，并不完全是温度力所致，一般都是内力与外力的叠加，是久而久之逐渐形成的。轨向在其发展的过程中，每变化一次，温度应力也随之释放一次，达到新的平衡，当再次发生更大的冲击力或更大的应力集中时，新的平衡又被破坏，轨向矢度得到进一步扩展，如此周而复始地进行着轨向不良的徐徐演变。

无缝线路养护维修作业轨温条件 **表3.3-6**

序号	作业项目	按实际锁定轨温计算				
		减20℃以下	减15～20℃	增减10℃以内	增10～20℃	增20℃以上
1	扒道床（直线及半径≥800m的曲线）	连续扒开不超过25m	连续扒开不超过50m	与普通线路相同	连续扒开不超过50m，但不得扒开枕头道床	禁止
2	起道（直线及半径≥800m的曲线）	高度不超过30mm长度不超过25m	高度不超过40mm长度不超过50m	与普通线路相同	高度不超过30mm长度不超过50m	禁止
3	拨道（直线及半径≥800m的曲线）	拨道量不超过10mm	拨道量不超过20mm	与普通线路相同	拨道量不超过10mm	禁止

续表

序号	作业项目	按实际锁定轨温计算				
		减 20℃以下	减 15～20℃	增减 10℃以内	增 10～20℃	增 20℃以上
4	改道	与普通线路相同	与普通线路相同	与普通线路相同	与普通线路相同	禁止
5	松动防爬设备	同时松动不超过 25m	同时松动不超过 25m	与普通线路相同	同时松动不超过 12.5m	禁止
6	更换扣件或涂油	隔二松一，流水作业	隔二松一，流水作业	隔二松一，流水作业	隔二松一，流水作业	禁止
7	方正轨枕	当日连续方动不超过两根	隔二方一，方后捣固，恢复道床逐根进行（配合起道除外）	与普通线路相同	隔二方一，方后捣固，恢复道床逐根进行（配合起道除外）	禁止
8	更换轨枕	当日不连续更换	当日连续更换不超过两根	与普通线路相同	禁止	禁止
9	更换接头螺栓和涂油	禁止	逐根进行	逐根进行	逐根进行	禁止
10	更换钢轨或夹板，破底清筛道床	禁止	禁止	与普通线路相同	禁止	禁止
11	不破底清筛道床	逐孔倒筛夯实	逐孔倒筛夯实	逐孔倒筛夯实	逐孔倒筛夯实	逐孔倒筛夯实
12	矫直钢轨硬弯	禁止	禁止	禁止	与普通线路相同	与普通线路相同

如果能够对线路进行经常性、及时性、有效性的保养，就不至于形成病害。反之，如果线路状态恶化，当线路阻力与温度力抗衡达到临界状态时，轨向不良便马上发生突变：胀轨跑道。无缝线路胀轨预兆的显著特点之一就是碎弯增多。因此，我们除了要保持线路道床及扣件的阻力以外，始终保持轨向直顺及曲线圆顺是非常重要的。尤其是缓和曲线地段，要保持缓和曲线的几何要素，更应防止出现反弯。在整治轨向不良的过程中因拨道或改道所引起的轨面水平高低、坑洼须及时处理，同时保持道床的密实。

对策之四：加强无缝线路检测。

以上所述，线路方向不良，实际上是线路的局部地段发生异常性的横向位移，线路除了发生横向位移以外，还有纵向性的位移。无缝线路虽然是通过扣件进行锁定的，但由于众多因素，依然在导致钢轨经常发生纵向性的位移。第一因素是轨温变化，第二是扣件的损坏或松动造成线路扣件阻力的变化，使钢轨在轨枕上爬行。第三是道床阻力的变化，钢轨带动轨枕同时爬行。第四是轨道附近其他工程的干扰，使道床下的路基发生变化而波及道床松动。由此，线路纵向位移的类型各有不同，我们要根据它的特征，分析它的起因，也就是说，透过现象，抓住本质。于是，加强无缝线路的检测是不可缺少的一环。尤其是对于高架桥面上的无缝线路，由于人工检测难以进行，应充分运用科技手段，全面、真实地掌握它的运行状态。无缝线路检测的办法就是沿线设置观测点，有周期地进行观测，既要测量钢轨相对于轨下基础之间的位移，又要测量钢轨相对于所设定参照物之间的位移，还要测定位移情况发生所处的温度环境。只有数据资料齐全，才能得出正确的分析与判断，并及时对该地段的不正常现象作出反映。

国铁无缝线路所发生的许多胀轨跑道的案例告诉我们，这些线路的作业班组，在整治线路病害的过程中发生了胀轨跑道，岂不发人深省。是盲干还是蛮干，不可而知。事故的教训提醒我们要着意加强工务人员关于温度力的教育培训，以不断提高无缝线路养护的技术水平。

（3）无缝线路的应力放散与应力调整

无缝线路的应力放散在第1章“城轨线路基本原理”中已作介绍，所谓应力放散，就是将无缝线路全长的扣件、防爬器及轨道加强设备全部松开，采取一定的措施使钢轨伸缩，当达到预计伸缩量时，将钢轨重新锁定。

由于线路阻力衰减或路基受到扰动，线路发生爬行，或者在温差很大的情况下，处理伤轨，应力未及时调整。这样，真正的锁定轨温不明，原有的锁定轨温资料已基本失效，不能为今后的养护维修提供依据，为消除隐患，必须进行应力放散。

对于一般无缝线路，由于长度只有1～2km，应一次性放散。选择在作业轨温稍低于计划锁定轨温的季节进行，有条件的使用两台拉伸机，两股钢轨同时作业，或者一台拉伸机一股一股作业，方法是先选择固定端和拉伸端，在拉伸端龙口配备好龙门轨，作业开始时先一隔一松拆扣件，随后再拆除另一半扣件，于轨底安装滚筒，通过撞轨器配合使长轨条自然回缩，在长轨条自由状态时测量轨温，计算与计划锁定轨温的温差，通过温差、轨条长度、钢轨线膨胀系数等三要素，计算钢轨的计划伸长量和龙门轨计划长度，将备轨截取计划长度，取代缓冲区原有的短轨，然后安装拉伸器，再配合以撞轨，将长轨条拉伸至模拟轨温合龙后重新锁定。

如果原有锁定轨温有效，由于特殊施工需要应力放散，这就比较简单，根据放散量计算缓冲区需要配置短轨的长度预先加工，作业时先更换短轨，然后安装拉伸器，拉伸到位后锁定。与以上方案比较，免去了回缩轨条、即时计算及现场锯轨的过程，其他程序和要求都是一致的。全过程作业具体实施程序另见“无缝线路应力放散作业标准”。

超长型的无缝线路，由于轨条太长，一个工作日内无法完成，另外，轨条长，拉伸时的附加阻力也影响了锁定轨温的准确性，因此，必须采用分段放散的方法。例如，一根4km长度的轨条，如果没有其他条件约束，可以选择中间为固定端，两头为拉伸端，第一次放散左段2km，将长轨条向左拉伸，调整左端缓冲区短轨的长度，第二次放散右段2km，将长轨条向右拉伸，调整右段缓冲区短轨的长度。如果轨条5～6km长度甚至更长，必须认真拟订放散方案，根据现场具体情况，确定每工作日的放散长度，各段依次进行，但中间各段的拉伸都必须对钢轨进行切割和焊接。

曲线地段进行应力放散作业，必须注意，钢轨在拉伸的过程中，要向曲线圆心方向发生横向位移，使扣件难以安装。因此，安装扣件的次序，曲线外股必须先内后外，曲线内股必须先外后内。（这里所指的内外均以道心为准）。

还有一种情况，就是无缝线路铺设时的作业轨温偏高，或者是在高温季节，成段处理伤轨和成段更换小半径曲线，也必须进行应力放散。有两种办法，第一种是让它自由收缩至理想状态时锁定，第二种是彻底收缩后拉伸，视温差大小情况而定。

无缝线路应力调整，顾名思义，是对局部地段应力不匀所进行的调整。处理方法非常简单，先在受影响的范围之外，拧紧螺栓加以固定，再把受影响范围的扣件拆除，采用滚筒法和撞轨法相结合，使钢轨受到振动后，内应力相应得到调整，而不需要使用拉伸机进行拉伸作业。另外，还有一种情况，是在低温条件下处理伤轨造成前后温差过大，应进行应力调整，但要计算调整的范围。如某段线路原锁定轨温为 28℃，在轨温 10℃时处理过一次伤轨，(假定松拆范围 100m）由于应力不匀，而进行应力调整。首先可以肯定，调整后的锁定轨温必然低于原锁定轨温（28℃），但必须在规范容许范围内。其次，锁定轨温降低后，钢轨长度的收缩量应与低温区钢轨长度的伸长量相等。因此，不难计算调整范围的长度。方法如下：

$$\Delta L_1 = \alpha L_1 \Delta T_1 \tag{3.3-1}$$

$$\Delta L_2 = \alpha L_2 \Delta T_2 \tag{3.3-2}$$

式（3.3-1）中　L_1——处理伤轨时松拆扣件范围的长度，本例 $L_1=100$；

ΔT_1——调整后的锁定轨温与处理伤轨时的轨温之差，本例 $\Delta T_1=28-T_{锁}$；

α——钢轨的线膨胀系数；

ΔL_1——低温区钢轨至调整后状态应该伸长的长度。

式（3.3-2）中　L_2——调整范围的长度；

ΔT_2——调整范围内，调整前后的锁定轨温之差，本例 $\Delta T_2=T_{锁}-10$；

ΔL_2——调整过程中，钢轨所收缩的长度，$\Delta L_2=\Delta L_1$；

得：

$$L_1\Delta T_1=L_2\Delta T_2$$

$$L_1/L_2 = \Delta T_2/\Delta T_1$$

$$100/L_2 = (28-T_{锁})/(T_{锁}-10)$$

如果调整后的锁定轨温确定为 25℃，则调整范围应为 500m；

如果调整后的锁定轨温确定为 26℃，则调整范围应为 800m。

（4）无缝线路的应急抢修

设备故障抢修有两种情况，第一种是已发现故障，并判认其已危及行车安全，利用非运营时间所进行的应急抢修，第二种是线路病害已迫使运营中断所进行的事故抢修。

无缝线路发生故障，大致分为两大类，第一类是局部钢轨伤损，第二类是胀轨跑道。

1）伤轨处理

钢轨伤损有多种情况，第一是疲劳损伤，第二是材质问题造成的内部损伤，第三是纵向或横向裂纹，第四是剥落掉块，第五是焊缝伤，第六是不正常磨耗，第七是透锈。

轻伤钢轨的处理办法是加固观察，重伤钢轨的处理是进行更换。如果施工条件不成熟，可以两步法施工，先临时采用安装夹板的办法插入短轨，并焊接电路，然后择机组织焊接更换。凡有条件的应直接组织焊接更换。具体程序如下：第一步，运卸备轨；第二步，松拆扣件；第三步，割断并拨出伤轨；第四步，架接矫正新轨的轨面及轨向；第五步轨端处理，同时，线路一端拨出提供气压焊拉伸挤压的弯曲余量；第六步，利用小型气压焊接机进行焊接，焊接过程中配备以拉伸挤压；第七步，正火；第八步，钢轨焊缝打磨与探伤；第九步，安装扣件，焊接回流线；第十步，线路回检整理，回收旧轨料。

通过对重伤钢轨的处理，防止钢轨在运营时间内发生折断。但如果发生了钢轨折断，在拦停列车，并处理好若干事宜后，应立即进行抢修。方法如下：

① 应急处理

当断缝小于50mm时，在断缝处安装鼓包夹板，或直接钻孔安装夹板，焊接回流线，断缝两端各50m范围上紧扣件，该地段以15～25km限速放行列车。

② 临时处理

当断缝既不能按上述办法应急处理，又不能立即焊接修复，应进行临时处理。利用小型机械锯轨，临时插入不短于6m的短轨，用10.9级高强螺栓拧紧，焊好回流线后以正常速度放行列车。

③ 永久处理

以上临时处理仅仅是一个过渡手段，事后应尽快组织永久处理。按照以上介绍的处理重伤钢轨的方法进行焊接恢复。

2）胀轨跑道处理

当胀轨跑道已经发生，应停止放行列车。首先，应立即进行的是浇水降温，在钢轨上覆盖草包，反复浇水，胀轨跑道范围以外，每侧不小于50～100m浇淋长度，顺序由外向内。与此同时，对胀轨地段的道床进行补碴、回填和夯实。

但是，浇水降温的效果往往不十分理想，速度特别缓慢，难以满足尽快恢复行车的需要，只能起辅助作用。而电气化线路，因供电触网的限制，又难以通过拨出S弯的方法进行处理。所以，与浇水降温同步实行的是进行气割，采用夹板连接的形式临时插入短轨，焊接电路，拨正线路，夯实道床，确认线路符合开通条件后，以25km时速放行列车，并对线路状态进行密切观测。在非运营时间，再重新焊接无缝线路。

经过胀轨处理的轨道，因锁定轨温已完全变化，应另行选择适宜的作业轨温条件，进行应力放散，才能彻底消除隐患。

为分析事故发生的原因，以便总结经验，吸取教训。抢修人员到达事故现场后的第一项工作应是保护现场，丈量各破损设备的几何尺寸以及它们之间的相对距离。既是决定抢修技术方案的需要，又是事故分析的需要和留存事故档案资料的需要。

6. 道岔养护维修

（1）道岔常见病害的整治

1）尖轨动程过小，见表3.3-7。

尖轨动程过小 **表3.3-7**

序	主要原因	整治措施
1	第一连接杆过长	调好基本轨方向； 调整第一连接杆处尖轨与基本轨的距离； 对第一连接杆的几何尺寸，在电务人员的配合下调试合适后再固定
2	转撤机与道岔拉杆调试位置不适当	
3	尖轨耳铁，加垫过厚	

2）尖轨与基本轨不密贴，见表3.3-8。

尖轨与基本轨不密贴 **表3.3-8**

序	主要原因	整治措施
1	尖轨制造公差，与基本轨轨头下颚抵触，无法密贴	对制造公差进行打磨
2	尖轨50mm断面内刨切长度不够	刨切不足处再作刨切

续表

序	主要原因	整治措施
3	转撤器的位置与尖轨动作拉杆的位置不在同一水平直线上	调整转撤机及尖轨拉杆位置，使其在同一水平线
4	尖轨顶铁过长，尖轨补强板螺栓凸出	对顶铁与补强螺栓进行打磨、焊补或更换
5	基本轨弯曲点错后	拨正基本轨方向，矫正弯折点的位置和矢度
6	钢轨内侧有飞边	打磨基本轨内侧飞边
7	基本轨横向移动	调整扣件，消除假轨距
8	基本轨或尖轨有硬弯	调直尖轨或基本轨，拨正方向，改好轨距
9	连接杆与尖轨耳铁的距离不合适	调整连接杆的长度，改变耳铁的孔位或加入绝缘垫片，误差较大时更换尖轨耳铁或方钢
10	基本轨、轨撑、滑床板挡肩之间有离缝	

3）尖轨跳动，见表 3.3-9。

尖轨跳动　　表 3-3-9

序	主要原因	整治措施
1	尖轨跟部零件磨耗，尤其是间隔铁、夹板、尖轨螺栓孔和双头螺栓磨耗	更换相关零件
2	跟部桥型垫板和防跳卡铁等缺少和失效	整修桥型垫板和防跳卡铁，增设尖轨防跳器
3	捣固不均匀，轨枕空吊	加强捣固，消灭空吊
4	跟部接头错牙	消灭高低和左右错牙
5	尖轨中部滑床板拱腰	整治或更换滑床板
6	尖轨拱腰	整治尖轨拱腰

4）尖轨扳动不灵，见表 3.3-10。

尖轨扳动不灵　　表 3.3-10

序	主要原因	整治措施
1	尖轨爬行，两股前后不一致	串动尖轨、基本轨，使之处于正确位置，并将尖轨跟端螺栓方正，锁定爬行
2	拉杆或连接杆位置不正	调整拉杆或连接杆位置
3	尖轨跟部双头螺栓磨耗或间隔铁夹板磨耗严重，螺栓拧紧后影响尖轨扳动	整修磨耗超限零件
4	基本轨有小反，滑床板有不平直，个别板下有杂物	清除杂物，整平或更换不平直的滑床板
5	拉杆、连接杆、接头铁螺栓孔磨耗扩大，螺杆磨细，减弱了尖轨整体框架的钢性	保持尖轨跟端轨缝，不超过规定，不允许挤成瞎缝

5）尖轨与滑床板不密贴，见表 3.3-11。

尖轨与滑床板不密贴　　表 3.3-11

序	主要原因	整治措施
1	尖轨拱腰	按整治尖轨跳动和尖轨拱腰的办法整治
2	滑床板弯曲	更换标准型的滑床板

续表

序	主要原因	整治措施
3	岔枕变形或岔枕空吊	抽换变形岔枕
4	滑床台磨耗或塌陷	焊补或更换
5	基本轨有小反	
6	捣固不实	切实做好捣固

6）道岔方向不良

主要原因：

① 养护维修时忽略了道岔前后线路，造成道岔与前后线路不顺，受列车冲击，方向与轨距发生变化；

② 道岔铺设位置不正确，增大列车对轨道的冲击，造成前后、左右错位；

③ 作业方法不合理，整正轨距时硬性凑合，造成连接不圆顺；

④ 曲基本轨弯折点不正确，使尖轨前端递减距离和方向难以保持，尖轨尖端和中部轨距变小，尖轨跟部与导曲线连接方向不顺，直股基本轨尖轨尖端处方向不良；

⑤ 捣固不实，使线路出现低洼，加剧列车通过时的摇摆和冲击，增加横向推力，促使方向变化；

⑥ 道碴不足，因道岔零部件多，影响补碴和夯实，减低道床阻力，方向难以保持；

⑦ 道岔零件联结不好，使零件磨耗加大，也引起基本轨横移、轨距变化、轨道爬行、方向不正等一系列病害；

⑧ 其他一切几何尺寸的不良都能加剧车体的摇摆而破坏道岔方向。

预防整治措施：

① 做好道岔前后 50m 线路的整体维修，经常保持轨面方向平顺；

② 做好直股基本轨方向，拨好道岔位置，道岔轨距与支距均以直股基本轨为基准，如拨动牵涉范围较大，应进行测量，全面布置道岔群位置，再进行拨正；

③ 正确弯好曲基本轨的曲折点，做好轨距加宽递减；

④ 认真检查确认出厂新轨的弯折量；

⑤ 加强捣固作业，力求质量均衡；

⑥ 加强各部零件的养护维修，充分发挥扣件固定钢轨的作用。

（2）道岔施工中的工电配合

道岔是列车运行安全的关键设备，也是工、电、运各部门养护、维修、管理的结合部。其中工、电配合尤为重要，工、电部门应通过相互磋商，制定切实可行的施工配合办法，以下方案条款仅供参考。

附：道岔工、电配合办法

主题内容与适用范围。

本办法规定了如下内容：

道岔转撤部位技术标准；

道岔日常检查办法；

道岔工电联检办法；

道岔施工配合与协调办法。

本办法适用于城轨正线及站场所有道岔的维修协调管理。

1）道岔转撤部位技术标准：

① 工务标准

A. 几何尺寸

(A) 轨距：P60-9，尖轨尖：1435mm，＋3mm，－2mm。

中：1445mm。

跟：1439mm。

递减率：小于 0.6%。

(B) 水平：4mm。

(C) 高低：4mm。

(D) 轨向：4mm。

B. 其他

(A) 尖轨尖端与基本轨应保持密贴。

(B) 尖轨顶面宽 50mm 及以上断面处，尖轨顶面不得低于基本轨 2mm 及以上。

(C) 基本轨垂直磨耗 60 轨小于 6mm。

(D) 尖轨第一拉杆处最小动程：152mm。

② 电务标准（电务部门制定）。

2）道岔日常检修办法。

工务检查：

A. 巡检

(A) 检查频率：每周一、周五进行两次；

(B) 检查内容：紧固件松动，铁垫板、滑床板断裂，轨枕、整体道床开裂及其他异常。

(C) 记录表式：巡检记录。

B. 月检（三全检查）

(A) 检查频率：每月检查一次。

(B) 检查内容：除覆盖巡检内容以外，全面检测各部几何尺寸，并包括尖轨的开程。

(C) 记录表式：道岔检查记录。

C. 年检（秋季设备大检查）

年检由管理部组织，成立专业组，与所在月份的三全检查结合进行。

电务检查（由电务部门制定）

3）道岔工电联检办法

① 联检频率

每条运营正线末端折返道岔，每半月联检一次，正线其他道岔，每月联检一次，基地站线主要道岔每月联检一次，次要道岔每两月联检一次。

② 联检内容与程序

第一步　专业自检：分别由工、电双方人员各自按标准进行自检。

第二步　专业联检：操动道岔尖轨。

工务检查：	静态	动态
	尖轨部位轨距	尖轨空吊情况

尖轨密贴情况	尖轨上下跳动
顶铁密贴情况	尖轨水平抖动
尖轨动程	运行过程受阻

电务检查（电务制定）：

第三步　联检确认，通过联检，由双方人员对道岔状态进行确认，并填写联检记录。

在联检过程中所发现的问题，根据轻重缓急，由双方共同协商整改的日期，整改后在原记录表中注销。

4）道岔施工配合办法

① 需申请配合的作业范围：

工务专业在进行下列作业时必须申请电务配合：

A. 更换尖轨、基本轨、导曲轨、岔心等主要构件；

B. 更换胶垫、铁垫板、滑床板；

C. 更换尖轨拉杆；

D. 尖轨部位调整轨距及拉杆端部插片；

E. 碎石道床道岔起、拨、改及更换岔枕作业。

电务专业在进行下列作业时必须申请工务配合（电务制定）：

② 配合办法

A. 日常养护维修配合

凡属于养护维修范围内的作业，由双方工长提前一天以上协商配合事项。

B. 抢修配合

由于道岔突发性变化，必须进行抢修时，管理部作业计划经分公司批准后，由调度向通号分公司电传施工配合联系单（格式见表 3.3-12），其中包括作业项目、作业地点、道岔号、作业日期等，必要时由双方现场调查，确认配合事项。

工务在编制道岔作业计划时，除抢修以外，其余单项作业的安排都要充分考虑电务配合的时间余地。

通号部门在办妥落实事宜后，应在联系单上签注回复意见电传工务调度。

施工配合手续办理完毕后，双方调度应将联系单复印件转技术部门备案。

一般情况下，施工配合联系单应提前两天以上办理，根据抢修的应急程度，急事急办。

③ 施工过程中的配合

A. 施工前状态确认

施工前由双方对设备几何状态进行检测，必要时操动道岔，对作业前尖轨运行状态进行确认，其结果作为施工后状态恢复校核的依据。

B. 施工程序

工务办理施工登记手续→撤除关联电务设备→拆除扣件→拆除伤损构件→安装新构件→安装扣件并初拧→安装电务设备→工电双方分别检测→联合调试→整改→确认→扣件回紧→旧料回收→收工前检查与记录→办理销点手续。

C. 质量回检

施工后的道岔设备，即使质量完好，隔天仍然必须由双方进行回检，当施工质量存在问题时，其影响行车的主要问题必须在当天解决，次要问题可以通过协商，经列车压道后，次日整改。

施工配合联系单　　表 3.3-12

年　月　日

申请人		施工负责人	
作业内容		作业地点	
道岔号		要求配合事项	
施工日期		作业时间	
申请方调度经办人		配合方调度经办人	
配合方回复			
备注			

7. 养护维修技术标准

（1）轨道静态几何尺寸管理值

轨道静态几何尺寸管理值分为三挡：作业验收、经常保养和临时补修。其中作业验收管理值为线路综合维修质量验收标准以及其他各项作业后质量必须达到的共同标准，经常保养管理值为轨道日常应保持的质量标准和技术状态，临时补修管理值是及时安排整修的质量控制标准，换言之，一旦超过容许偏差管理值时，就应立即进行整修。

1）线路轨道静态几何尺寸容许偏差管理值（表 3.3-13）

线路轨道静态几何尺寸容许偏差管理值（mm）　　表 3.3-13

项目		作业验收		经常保养		临时补修	
		正线	车场线	正线	车场线	正线	车场线
轨距		+6 −2	+6 −2	+8 −4	+9 −4	+9 −4	+10 −4
水平		4	5	6	8	10	11
高低		4	5	6	8	10	11
轨向		4	5	6	8	10	11
三角坑	缓和曲线	4	5	6	7	7	8
	直线圆曲线	4	5	6	8	9	10

2）道岔静态几何尺寸容许偏差管理值（表 3.3-14）

道岔静态几何尺寸容许偏差管理值（mm）　　表 3-3-14

项目		作业验收		经常保养		临时补修	
		正线	车场线	正线	车场线	正线	车场线
轨距		+3 −2	+3 −2	+5 −3	+5 −3	+6 −3	+6 −3
水平		4	6	6	8	9	10
高低		4	6	6	8	9	10
轨向	直线	4	6	6	8	9	10
	支距	2	2	3	3	4	4

（2）轨道动态几何尺寸容许偏差管理值

各项动态偏差管理值见表 3.3-15。

各项动态偏差管理值 **表 3.3-15**

项目 \ 速度	120km/h≥V>100km/h				V≤100km/h			
	Ⅰ级	Ⅱ级	Ⅲ级	Ⅳ级	Ⅰ级	Ⅱ级	Ⅲ级	Ⅳ级
高低（mm）	8	12	20	24	12	16	22	26
轨向（mm）	8	10	16	20	10	14	20	23
轨距（mm）	+8 −6	+12 −8	+20 −10	+24 −12	+12 −6	+16 −8	+24 −10	+28 −12
水平（mm）	8	12	18	22	12	16	22	25
三角坑（基长 2.4m）（mm）	8	10	14	16	10	12	16	18
车体垂直加速度 g	0.10	0.15	0.20	0.25	0.1	0.15	0.2	0.25
车体横向加速度 g	0.06	0.10	0.15	0.20	0.06	0.10	0，15	0.20

1）线路动态几何尺寸通过轨检车进行检测。

2）评定项目：轨距、水平、高低、轨向、三角坑、车体垂直加速度和车体横向加速度共 7 项。偏差等级划分为 4 级：

Ⅰ级为保养标准，每处扣 1 分；Ⅱ级为舒适度标准，每处扣 5 分；

Ⅲ级为临时补修标准，每处扣 100 分；Ⅳ级为限速标准，每处扣 301 分。

3）线路动态评定标准

线路动态评定以公里为单位，每公里动态质量标准如下：

优良：扣分在 50 分以内；　合格：扣分在 51～300 分；

失格：扣分在 300 分以上。

（3）维修验收标准

1）线路综合维修验收标准（表 3.3-16）。

线路综合维修验收标准 **表 3.3-16**

项目	内容	编号	扣分条件		抽验数量	单位	扣分	说明
			正线	站场线				
轨道几何尺寸	轨距水平三角坑	1	超过验收标准容许偏差	超过验收标准容许偏差	连续检测 100m	处	4	选择质量较差地段，有曲线时检测一个曲线的正矢，曲线正矢超限每处扣 4 分
		2	超过保养标准容许偏差	超过保养标准容许偏差		处	41	
		3	轨距变化率大于 2‰	轨距变化率大于‰		处	2	
	轨向高低	4	超过验收标准容许偏差	超过验收标准容许偏差	全面查看重点检测	处	4	
		5	超过保养标准容许偏差	超过保养标准容许偏差		处	41	
钢轨	错牙	6	轨面及内侧错牙大于 1mm	错牙大于 2mm	全面查看重点检测	处	4	错牙大于 3mm 扣 41 分
	接头相对	7	直线偏差大于 40mm，曲线偏差大于 40mm 加缩短量一半	直线偏差大于 60mm，曲线偏差大于 60mm 加缩短量一半	全面查看重点检测	处	4	在限制范围以内检查
	轨缝	8	连续瞎缝或大于构造轨缝	连续瞎缝或大于构造轨缝	全面查看重点检测	处	8	
		9	轨端飞边大于 2mm	轨端飞边大于 2mm	全面查看重点检测	处	8	

续表

项目	内容	编号	扣分条件		抽验数量	单位	扣分	说明
			正线	站场线				
轨枕	位置	10	位置、间距或偏斜大于50mm	位置、间距或偏斜大于60mm	重点检测	处	1	枕上或枕下离缝大于2mm者为吊板暗吊板不明显时可松开扣件查看
	失效	11	接头或焊缝处失效，其他处连续失效	接头或焊缝处失效，其他处连续三根及以上失效	重点检测	处	8	
	修理	12	应修未修	应修未修	全面查	根	1	
	吊板率	13	大于8%（注：每增1%）		连续测50头	见注	2	
联结零件	接头螺栓	14	缺少、松动或扭矩不符合规定	缺少、松动或扭矩不符合规定	抽测4处	个	2	
	垫板	15	数量缺少	数量缺少	连续查100头	块	2	
		16	失效超过8% （注：每增1%）		连续检测100头	见注	1	
	道钉扣件	17	道钉、扣件缺少	道钉、扣件缺少	连续查100头	个	2	一组扣件的零件不全按缺少一个计算
		18	道钉浮离或挡板离缝大于2mm者，超过8%	超过12%	连续测50个	每增2%	1	
		19	扣件扭矩超出规定范围或弹条扣件离缝大于1mm者，超过8%	扣件扭矩超出规定范围或弹条扣件离缝大于1mm者，超过8%	连续测50个	每增1%	1	
轨道加强设备	拉杆轨撑	20	缺损或松动	缺损或松动	全面查重点测	根、个	2	无缝线路无观测桩或观测桩不起作用按爬行超限计算，站内线路爬行检查道岔及绝缘接头前后
	防爬设备	21	防爬器缺损、松动或离缝大于2mm	防爬器缺损、松动或离缝大于2mm	连续测50个	个	2	
		22	支撑缺损、失效、尺寸不符合标准	支撑缺损、失效、尺寸不符合标准	连续测50个	个	1	
	线路爬行	23	普通线路爬行量大于20mm，无缝线路位移观测无记录	普通线路爬行量大于20mm，无缝线路位移观测无记录	全面检测	km	41	
碎石道床	脏污	24	枕盒或边坡不洁	枕盒或边坡不洁	重点扒开检查	10m	2	
	尺寸	25	轨枕中部下尺寸不符合规定	轨枕中部下尺寸不符合规定	查看100m	10m	1	
	外观	26	不饱满、不均匀、不整齐、有杂草	不饱满、不均匀、不整齐、有杂草	全面查看	10m	1	
路基	路肩	27	不平整、有反坡	不平整、有反坡	全面查看	20m	1	单侧计算
	排水	28	侧沟未疏通	侧沟未疏通	全面查看	10m	2	
道口	铺面	29	铺面不平整、松动	铺面不平整、松动	查看检测	块	4	
	轮缘槽	30	尺寸不符合规定	尺寸不符合规定	查看检测	处	16	
	护桩	31	缺损、歪斜	缺损、歪斜	全面查	个	2	

续表

项目	内容	编号	扣分条件		抽验数量	单位	扣分	说明
			正线	站场线				
标志	标志	32	缺损、歪斜、字迹不清	缺损、歪斜、字迹不清	全面查	个	2	道口标志缺扣41分
	标记	33	标记不齐全、位置不对、字迹不清	标记不齐全、位置不对、字迹不清	全面查	处	1	

2）道岔综合维修验收评分标准（表3.3-17）。

道岔综合维修验收评分标准 **表3.3-17**

项目	内容	编号	扣分条件		抽验数量	单位	扣分	说明
			正线	站场线				
轨道几何尺寸	轨距水平	1	超过验收标准容许偏差	超过验收标准容许偏差	全面检测	处	4	同时检测两距小于5.2m的连接曲线轨用10m弦测量连续正矢差
		2	超过经常保养容许偏差	超过经常保养容许偏差		处	41	
	轨向高低	3	超过验收标准容许偏差	超过验收标准容许偏差	全面查重点检	处	4	
		4	超过经常保养容许偏差	超过经常保养容许偏差		处	41	
	查照间隔	5	超过容许限度	超过容许限度	全面检测	处	41	尖趾距离指动心轨撤叉长心轨尖端至叉的距离
	护背	6	超过容许限度	超过容许限度	全面检测	处	41	
	尖趾距离	7	超过容许限度	超过容许限度	全面检测	处	41	
钢轨	尖轨靠贴	8	不靠贴	不靠贴	全面检测		41	
	接头错牙	9	轨面或内侧错牙大于1mm	轨面或内侧错牙大于1mm	全面查看重点检测	处	4	错牙大于3mm扣41分
	轨缝	10	连续瞎缝或大于构造轨缝	连续瞎缝或大于构造轨缝	全面查看	处	8	
		11	飞边大于2mm	飞边大于2mm	全面查看	处	8	含胶接绝缘
岔枕	位置	12	位置或间距偏差大于40mm	大于50mm	全面查看	处	2	枕上或枕下离缝大于2mm为吊板，枕下暗吊根据状态判断不明者扒开道床查看
	失效	13	接头处失效其他处连续失效	接头处失效其他处连续3根及以上失效	全面查看	处	8	
	修理	14	应修未修		全面查看	根	2	
	吊板	15	大于8%	大于12%	连续检测50头	每1%	2	
联结零件	滑床板	16	尖轨与滑床板缝隙大于2mm	尖轨与滑床板缝隙大于2mm	连续检测50头	块	2	
		17	滑床板及护弹片上反或离缝大于2mm销钉离大于5mm	滑床板及护弹片上反或离缝大于2mm销钉离大	连续检测50头	块	2	
	螺栓	18	连杆顶铁间隔铁及护轨螺栓缺少	连杆顶铁间隔铁及护轨螺栓缺少	全面查看	个块	16	
		19	以上螺栓松动接头螺栓缺少松动或扭矩不符合规定	以上螺栓松动接头螺栓缺少松动或扭矩不符合	查看检测	个块	2	

续表

项目	内容	编号	扣分条件		抽验数量	单位	扣分	说明
			正线	站场线				
联结零件	螺栓	20	心轨螺栓缺少松动	心轨螺栓缺少松动	查看检测	个	41	
		21	联结螺栓松动	联结螺栓松动	查看检测	个	16	
		22	其他螺栓缺少松动	其他螺栓缺少松动	查看检测	个	1	
	铁垫板	23	铁垫板或胶垫板胶垫片缺少	铁垫板或胶垫板胶垫片缺少	连续查看50块	块	2	
	胶垫	24	胶垫板或胶垫片失效超过8%	失效超过12%	连续检测50块	每增1%	1	
	道钉扣件	25	道钉扣件缺少	道钉扣件缺少	连续查看50个	个	2	一组扣件的零件不全按缺少一个计算弹条扣件也可测扭矩
		26	道钉浮离或轨距板前后缝大于2mm者弹条离缝大于1mm者超过8%	超过12%	连续检测50个	每增1%	1	
轨道加强设备	轨撑轨距杆	27	轨撑离缝大于2mm，轨撑或轨距杆缺损松动	轨撑离缝大于2mm，轨撑或轨距杆缺损松动	查看检测	个根	2	轨撑离缝指规撑与轨头下颚或轨撑与垫板挡肩之司的空隙
	防爬设备	28	防爬器缺损松动或离缝大于2mm支撑缺损失效尺寸不符合标准	防爬器缺损松动或离缝大于2mm支撑缺损失效尺寸不符合标准	查看检测	个	2	
	爬行	29	爬行量大于20mm	爬行量大于20mm	检测	组	41	测尖轨尖相错量
道床	脏污	30	道床不洁	道床不洁	重点扒开检查	组	6	
	外观	31	不饱满不均匀不整齐有杂草	不饱满不均匀不整齐有杂草	全面查看	组	4	
路基	路肩	32	不平整有反坡	不平整有反坡	全面查看	组	2	
	排水	33	侧沟未疏通	侧沟未疏通	全面查看	组	4	

（4）线路保养质量评分标准（表3.3-18）。

线路保养质量评分标准 **表3.3-18**

项目	编号	扣分条件	抽验数量	单位	扣分	说明
几何尺寸	1	超过经常保养标准容许偏差	轨距水平连续检测100m，轨向高低全面查，重点测	处	4	选择质量较差地段检查，曲线正矢全检，曲线正矢超限每处扣4分
	2	超过临时补修容许偏差		处	41	
	3	轨距变化率大于2‰		处	2	
钢轨	4	轨面及内侧错牙大于2mm	全面查重点测	处	4	错牙大于3mm扣41分
	5	轨缝大于构造轨缝或有连续三个及以上瞎缝	全面查重，点测	处	8	轨缝在调整轨缝轨温限制范围以内检查未及时是指断缝后已逾一周或插入短轨后进入锁定轨温季节已逾一个月
	6	轨端飞边大于2mm	全面查重，点测	处	4	
	7	未及时进行临时处理或未及时进行永久性处理	全面查看	处	16	
轨枕	8	接头或焊缝处失效，其他处连续失效	全面查重，点测	处	6	
	9	每处调高垫板超过2块或总厚度超过10mm	连续查测100头	头	1	使用调高扣件，每头超过3块或总厚超过25mm

续表

项目	编号	扣分条件	抽验数量	单位	扣分	说明
联结零件	10	扣件缺少	连续测 100 头	个	1	
	11	浮离或离缝，超过 12%	连续查看 50 头	注	1	每增 2% .
	12	扭矩超出规定范围或扣件离缝大于 1mm 者超过 12%	连续测 50 头	注	1	每增 1%
	13	螺栓缺少、松动或扭矩不符	抽测 4 个接头	个	1～2	
防爬设备	14	防爬器、支撑缺损或失效	连续查 50 个	个	2	
	15	爬行量超过 20mm 或观测桩缺损，位移观测桩无记录	全面检测	km	16	
道床	16	翻浆冒泥	全面查看	孔	0.2	
	17	宽度不足不饱满	全面查看	注	1	注：20m
路基	18	侧沟未疏通	全面查看	注	1	注：10m
	19	路肩冲失或大草多	全面查看	注	1	注：10m
道口	20	铺面缺损松动护桩缺损	全面查看	个	4	
	21	护轨不合标准	全面检测	处	16	
标志	22	标志缺少或字迹不清	全面查看	个	1	

（5）道岔保养质量评分标准（表 3.3-19）

道岔保养质量评分标准 **表 3.3-19**

项目	编号	扣分条件	抽查数量	单位	扣分	说明
轨道几何尺寸	1	轨距水平轨向高低超过经常保养容许偏差	全面检测	处	4	同时检测两条距离小于 5.2m 的连接曲线轨向，用 10m 玄测量续正矢差不超过 4mm
	2	轨距水平轨向高低超过临时补修容许偏差		处	41	
	3	查照间隔超过容许限度	全面查看重点检测	处	4	
	4	护背距离超过容许限度		处	41	
	5	尖趾距离超过容许限度	全面检测	处	41	
钢轨	6	接头轨面或内侧错牙大于 2mm	全面查看重点检测	处	4	大于 3 扣 41
	7	存在尖轨、心轨等五项病害之一		组	41	
	8	存在基本轨等各项病害之一		组	16	
	9	轨缝大于构造轨缝或连续 3 个瞎缝	全面查看重点检测	处	4	
	10	轨端飞边大于 2mm	全面查看重点检测	处	4	含胶接绝缘
枕	11	接头处失效其他处连续失效	全面查看重点检测	处	6	
联结零件	12	尖轨心轨与滑床板缝隙大于 2mm	全面检测	块	2	
	13	连杆等螺栓缺少，顶铁离缝大于 2mm	全面检测	个	8	
	14	心轨螺栓缺少松动	查看检测	个	41	
	15	长短心轨联结螺栓缺少松动	查看检测	个	16	
	16	接头螺栓缺少	全面查看	个	2	
	17	其他螺栓缺少，各种螺栓松动	全面查看	个	1	
	18	垫板道钉胶垫扣件缺少	全面查看	个	1	
	19	道钉浮离或挡板离缝大于 2mm，扭矩超出规定或弹条离缝大于 1mm 超过 12%	连检 50 头	增 1%	1	

续表

项目	编号	扣分条件	抽查数量	单位	扣分	说明
加强设备	20	转撤撤叉部分轨撑离缝大于 2mm 其他部分轨撑或轨距杆损坏松动	查看检测	个根	1	
	21	防爬器、支撑缺损失效	全面查看	个	2	
	22	爬行量超过 20mm	全面查看	组	16	尖轨尖相错
道床	23	翻浆冒泥	全面查看	孔	2	
	24	肩宽不足不饱满	查看	组	1	
标志	25	警冲标损坏或显示不良	查看	组	1	
	26	标志缺少或字迹不清	查看	处	1	

线路综合维修验收记录（表 3.3-20）。

线路综合维修验收记录　　受控号：　　　　表 3.3-20

正线　　线　　行　　km　　km　　站场线：　　线　　股道

序	项目	评分标准号	缺点扣分内容	扣分	备注
1	轨道几何尺寸		轨距误差及变化率		
			水平误差及三角坑		
			轨向误差		
			高低误差		
2	钢轨		接头错牙及接头相对误差		
			连续瞎缝及大轨缝		
			轨端飞边		
3	轨枕		位置、间距误差及偏斜		
			失效情况及修理		
			吊板率		
4	联结零件		接头螺栓缺少及作用情况		
			铁垫板缺少大小胶垫缺少及失效		
			道钉扣件缺少		
			道钉浮离，扣板离缝扣件扣押情况		
5	轨道加强设备		轨距杆及轨撑缺损或松动		
			防爬设备松动线路爬行		
6	道床		尺寸及外观		
7	道口		铺面及轮缘槽，护桩		
8	路基		路肩及排水		
9	标志		缺少及不良		
10	评定质量				

验收人（签字）　　　　　　　　　　年　　月　　日

道岔综合维修验收记录（表 3.3-21）。

道岔综合维修验收记录　　受控号：　　　　　　　表 3. 3-21

站名：　　　　　　　　　　　　　　　　道岔号数：　　　　　　　　　　　　　道岔型号：

序	项目	评分标准编号	缺点扣分内容	扣分	备注
1	轨道几何尺寸		轨距误差		
			水平误差		
			轨向（支距）误差		
			高低误差		
			查照间隔和护背距离		
			尖趾距离		
2	钢轨		尖轨、可动心轨靠贴		
			接头错牙		
			连续瞎缝和大轨缝		
			轨端飞边		
3	岔枕		位置及间隔误差		
			失效情况及修理		
			吊板率		
4	联结零件		尖轨可动心轨与滑床板离隙		
			滑床板及护轨弹片上反或离缝，销钉离缝		
			连杆顶铁间隔铁及护轨螺栓缺少		
			接头螺栓情况		
			心轨凸缘螺栓缺少松动		
			长短心轨联结螺栓缺少松动		
			其余各种螺栓情况		
			铁垫板缺少大小胶垫缺少及失效		
			道钉扣件缺少		
			道钉浮离，轨距挡板、弹条作用情况		
5	轨道加强设备		轨撑、轨距杆作用情况		
			防爬设备及道岔爬行		
6	道床		脏污及外观		
7	路基		路肩及排水		
8	标志		缺少及不良		
9	评定质量				

验收人：　　　　　　　　　　　　　　　　　　　　　　日期：

第4章　城市轨道交通线路养护维修作业与管理

4.1　主要单项作业内容及标准

城市轨道交通主要单项作业包括：起道捣固作业、拨道作业、改道作业、无缝线路应力放散作业、道岔起、拨、改单项作业、其他单项作业等。

1. 起道捣固作业

为消除有碴线路水平、高低超限，或增加道床厚度，提高道床弹性，要进行起道捣固作业。

(1) 主题内容与适用范围

本节规定了起道捣固作业的技术标准、作业条件、作业组织、作业程序和方法，安全注意事项等。

本节适用于城市轨道交通的地面正线、站场线等一切有碴线路的人工起道捣固作业。

(2) 技术标准

1) 水平

正线水平误差不超过4mm，站场线路不超过6mm。

2) 三角坑

在延长6.25m内的三角坑，正线不超过4mm，站场线路不超过6mm。

3) 高低

线路纵向长平，目视平顺，用10m弦线测量，前后高低误差，正线不超过4mm，站场线路不超过6mm。

4) 坡度

起道时应保持既有坡度，不改变变坡点位置和竖曲线半径，不超过与相邻线规定的最大变坡差。起道作业后的轨面顺坡，作业时不少于200倍，收工时不少于400倍。

5) 空吊板

起道捣固地段的空吊板应不超过8%。

(3) 作业条件

1) 隧道内或高架桥面上的整体道床线路都不进行起道作业项目。

2) 地铁地面正线碎石道床线路，在试运行阶段列车间隔较大时，经上级批准，可以利用列车运行间隔进行40mm以下的起道作业。在正式运营阶段，凡列车运营时间范围内，均不得进行拨道作业，必须安排在夜间停止运营后进行。

3) 起道量在20mm以内时，无论是碎石道床线路还是整体道床线路，均采取垫板作业，(另见垫板作业标准)。

4）在本线或邻线有工程车辆运行的地段进行起道作业必须设置施工防护。

5）站场碎石道床线路可以不限在夜间作业，但必须是在批准后的封锁时间内进行，工地设专人防护，并应在施工地点两端设置作业标。

6）起道量 41～100mm，应提前与供电系统触网有关部门联系，并提供起道量的有关技术资料，以申请施工配合。

7）地铁地面正线，在起道量超过 100mm 时的起道必须获得上级的批准，在充分组织施工协调的基础上进行。

8）特殊情况下，因路基、道床发生突变，线路水平、高低严重超限，影响列车安全时，经上级批准，采取紧急措施，按规定办理施工手续后进行临时抢修。

（4）作业组织

起道捣固作业一般分为起道人员与捣固人员两部分。

1）起道人员由 3～4 人组成，一人看道，量水平，一人使用起道机抬道，一人使用手镐打塞，一人点撬、扒机窝、恢复道床。

2）当工作量较大时，可以分两组流水作业，第一组负责基准股起道，第二组负责另一股水平。

起道后由捣固人员用手镐进行捣固，有条件的可以利用小型捣固机械作业。

捣固人员的数量根据工作量决定。

（5）作业程序和方法

1）准备工作

① 起道作业前，混凝土轨枕线路，要全面取下本地段在日常保养时垫入的竹木垫板，然后拧紧螺栓。

② 木枕线路必须打好浮起道钉，消灭空吊板。

③ 看道人员要事先核对水平道尺，如有误差，要进行调整。

④ 起道机手要检查起道机的性能是否完好，严禁使用带病起道机参加作业。

⑤ 起道前应先调查线路坑洼，以便准确划撬，确定起道量。

2）确定基准股

① 直线地段用水平尺选择高股作为基准股，普通起道时一般以前进里程的左股作为基准股。

② 曲线地段以下股为基准股。

③ 道岔起道，单开道岔以直股外股，双开道岔以过车多的外股为基准股。

3）看道

① 基准股确定后，由起道指挥人负责看道，用目测法指挥起道。

② 看道距离一般 20～30m 范围，以三点一线为依据。

③ 看道方法为俯身于基准股，目测钢轨外侧下颚水平线的高低情况，凡前后高低出现坑洼时，必须对坑洼处进行起道。

④ 点撬人在看道人的指挥下，于轨面点撬定位，确定放置起道机的位置，然后负责扒好机窝。

4）放置起道机

① 全起全捣时一般先在中间放一次，然后每隔 6～8 根轨枕放一次，顺次向前。

② 重起重捣时，在坑底处放一次，漫坑要放置2～3次，根据情况决定。

③ 起道机必须放置平稳，接头放在接缝下，直接放在钢轨里口，曲线上股放在外口，以防胀轨和影响线路方向。

④ 绝缘接头、焊缝接头及道岔跳线部位禁止防置起道机。

5）起道

① 起道机手在看道人的指挥下，使用起道机抬高轨面。

② 在一般情况下，起道应使用液压式起道机，当起道量很大，可使用齿条式起道机。

③ 起道人应与指挥人紧密配合，动作协调，随时注意指挥人的手势或口令，动作要迅速敏捷。

④ 在坡道上起道，从上坡往下坡看道时，每点的起道都不能低，从下坡往上坡看道时，每点的起道都不能高。

6）找平

① 基准股起平后，用水平道尺找平另一股。

② 道尺要放在起道机的起道始点一侧，尽可能靠近起道机。

③ 道岔起道时，道尺应放在尖轨前接头、尖轨尖端、尖轨跟端、辙叉前后接头，导曲线中间酌情放置。

7）打塞

① 打塞（或称砸撬）是指起道或找平后，为维持轨面平顺，对关键部位所作的临时捣固。

② 打塞要在钢轨部位，将道碴朝枕底方向打入。

③ 接头处起道时，两根轨枕要同时打塞，每根打两面镐。

④ 打塞时不得使用大石碴。

⑤ 起道地段如有工程车辆通过时，对于单股起道，必须于车辆通过前在一根轨枕上捣固好长度不少于四个镐窝的四面镐，对于双股起道，必须在两根轨枕上同时捣固好长度不少于四个镐窝的四面镐。

⑥ 起道过高时，应用镐尖透镐，禁止使用起道机撞击钢轨或轨枕。

⑦ 捣固捣固作业有手工捣固，手提电动捣固机捣固，小型液压捣固机捣固，以及大型起道机捣固四种类型。

8）人工捣固

① 捣固方向

捣固作业的方向应由坑洼两头开始向坑洼中间捣固，不能由坑洼中间向两头捣，以防越赶越高。

② 站脚位置

前脚站在被捣固轨枕上，脚尖不准伸出轨枕边缘，后脚站在两根轨枕中间，不要探入轨底。

③ 排镐顺序

先由轨底向外排，再由外向轨底排镐，轨底中心向两侧各捣固长为400～500mm（木枕应打6个镐窝，混凝土枕应打7个镐窝，每镐约有4mm重叠量）。

混凝土轨枕中部500～600mm长度范围内，严禁捣固或串实，应与轨枕底部保留

20mm 的间隙，防止轨枕中间受力，发生上挠裂纹。

④ 打镐数量

起道力量小于 5mm 时打 16 镐，6～14mm 打 18 镐，15～20mm 打 20 镐，大于 20mm 打 22 镐。

对接头、撬中间、大腰、空吊板等处要加强捣固，撬尾、小腰要适当减镐。

⑤ 落镐位置

镐落在距轨枕底边约 20～30mm 处，避免打伤轨枕。

⑥ 落镐角度

镐头与轨枕侧面成 40°～45°角。

⑦ 捣固质量

捣固质量必须达到五够：

力度够、高度够、宽度够、镐数够、面数够。

判断捣固质量的方法：

感觉：持续手感麻木；

听声：道碴发生急脱；

观看：枕底坚实，道碴难入；

敲击：轨枕发声清脆。

9）回检

两股道均起平后，应复查回看轨面的平顺，有条件的利用车辆压道后，继续做好找小洼等轨面回检工作。

10）整理

凡当天进行起道作业的地段，收工前后应组织人员对线路道床进行全面恢复与整理，特要做到一撬作业一撬清，半日作业半日清，随时夯实道床，保持道床阻力，并恢复道床外观。

（6）质量要求

1）水平状态良好，无明显小坑，轨道纵向长平目视平顺，无漫坑漫包。水平高低误差符合规定。

2）起道预留下沉量不超过 4mm。

（7）安全注意事项

1）无缝线路，当钢轨实际温度超过锁定轨温±20℃时不得进行起道作业。

2）凡缺碴地段，除找小洼以外，严禁盲目起道。

3）短轨地段，进行起道作业，不得盲目抬高接头，多留下沉量。

4）使用起道机应定机、定人，起道机手必须经考试合格后才准许上道操作。

5）起道机的放置必须严格执行有关规定，即绝缘接头、焊缝接头及道岔跳线部位，禁止放置起道机。

6）起道机在使用过程中必须做到人不离机，手不离把。

7）起道机底座小车应设置偏心装置，并用油漆涂上醒目标记。

2. 拨道作业

为消除有碴线路方向不良，要进行拨道作业。

（1）主题内容与适用范围

本节规定了拨道作业的技术标准、作业条件、作业程序和方法、安全注意事项等。

本节适用于城市轨道交通一切有碴线路的人工拨道作业。

（2）技术标准

1）直线方向目视直顺，用 10m 弦线丈量，正线误差不超过 4mm，其他线误差不超过 6mm。

2）曲线方向目视圆顺，用 20m 弦线在钢轨面下 16mm 处测量正矢，其误差不得超过表 4.1-1 限度。

技术标准 **表 4.1-1**

曲线半径（m）	缓和曲线正矢与计算正矢差		圆曲线正矢连续差		圆曲线正矢最大值与最小值差	
	正线	站场线	正线	站场线	正线	站场线
250 及以下	7	8	14	16	21	24
251～350	6	7	12	14	18	21
351～450	5	6	10	12	15	18
451～650	4	5	8	10	12	15
651 及以上	3	4	6	8	9	12

3）曲线头尾无反弯或鹅头。

4）由于拨道造成轨缝、高低、水平、道床变化或空吊板，必须按标准做好。

（3）作业条件

1）地铁地面正线，在试运行阶段，经上级批准，可以利用列车运行间隔进行 40mm 以下拨道量的拨道作业。在正式运营阶段，凡列车运营时间范围内，均不得进行拨道作业，必须安排在夜间非运营时间内进行。

2）站场碎石道床线路的拨道，不限于夜间作业，但必须申请封锁，同时设置施工防护。

3）通常情况下拨道量应控制在 40mm 以下，当拨道量 41～100mm 应向供电系统触网部门提供技术资料并申请施工配合。

4）拨道量超过 100mm 应得到上级公司批准，在组织好有关协调后进行。

5）无论是隧道内还是高架桥面上的整体道床线路，除 WJ-2 型扣件以外，均不得进行拨道作业，而进行改道的方式，见改道作业标准。对于 WJ-2 型扣件的线路，其拨道方法另有介绍。

6）特殊情况下，当线路方向严重不良或发生胀轨预兆，影响行车安全时，必须采取紧急措施，经上级批准后按规定办理封锁或慢行手续，进行临时抢修，但必须设置防护。

（4）木枕线路拨道的程序和方法

1）调查

① 拨量调查，拨道前要事先调查好拨道处所和拨道量。

② 轨缝调查，凡短轨地段线路，拨道前要对轨缝进行调查，考虑拨道对轨缝的影响，曲线向上拨轨缝增大，向下拨轨缝会减小。

2）确定基准股

一般在直线地段如两股方向大小相差不多时，应以里程顺序左股为基准股，如一股方向好，则以较好的一股为基准股，曲线地段应以上股为基准股。

3）排除障碍

拨道前根据拨动方向，刨松枕木头石碴，设有防爬设备的，按拨动方向，把靠近木撑的石碴扒开，如果拨量较大，要扒出所需要的间隙，使线路容易拨正。

4）撬棍的使用

① 作业人员每人一根撬棍，分两组在两股钢轨上同时进行拨道。

② 撬棍插入道床时，上手握撬棍末端，下手在邻近中心，双脚站立于道床，前脚距轨底边缘250mm，两脚相距300～400mm，成60°角。

③ 插入撬棍时，上身稍向前倾，将撬棍到轨底下道床内，与道床成45°～60°角。插入深度不少于200mm，要轻拨一下是否插牢。

④ 拨小弯时撬棍要集中在突出点，拨大弯要一撬一撬往前倒翻。

5）看道

① 看道由拨道指挥人负责，用目测法指挥拨道。

② 看道距离，小拨50m左右，大拨100m左右。

③ 看道人双腿横跨基准股两侧进行指挥，拨曲线时看道人应站立于上股外侧。

④ 看道人的指挥手势见本节附录，看道人的手势要及时、迅速、准确。

6）拨动线路

① 在看道人的指挥下，先由点撬人在轨面点撬，正确决定撬位和拨动方向。

② 拨道人员根据撬位和拨动方向就位并插入撬棍。

③ 拨道时身体略向拨动方向倾斜，并且视看道人，由一人喊号，统一动作。

④ 根据拨量大小及线路情况，要适当留有回弹量。

⑤ 拨好一撬后，再按指挥人的手势转移地点，继续拨道。

7）整理

拨道后要将扒开的石碴整平，尤其是枕木头及防爬设备部位的石碴要回填夯实，保持道床阻力。

（5）混凝土枕线路拨道程序和方法

1）机具的使用

① 混凝土枕线路当拨量较小时，使用液压拨道器拨道。

② 液压拨道器一般配备3台，拨正方向一侧安设2台，另一侧安设1台，3台位置呈三角形，每台之间相距2～3根轨枕。

③ 当拨动量较大，线路有封锁或慢行条件时可以使用齿条式起道机拨道，其配备数量根据事先调查的工作量确定，每台机配备主副手各一人。

④ 拨道前由点撬人在看道人指挥下点撬定位定向，并由点撬人按拨动方向扒好机窝。

⑤ 齿条式起道机应将机身底部安放于机窝，机身倾斜，齿条顶住钢轨下颚，起道机手在看道人指挥下拨道，一人喊号，统一工作。

2）其他

混凝土轨枕线路拨道前的调查、确定基准股、排除障碍、看道指挥、整理等均与木枕线路相同。

(6) 绳正法曲线拨道的方法

1) 外业测量

① 外业测量前，应首先检查曲线两端的直线方向，如果曲线头尾有反弯，应事先拨正。

② 在外股钢轨上，用钢尺丈量，每 10m 设置一个测点。当曲线原有标志清晰且位置准确时一般采用原有测点。当曲线原有标志不清，或位置不准且又缺乏曲线资料时。必须通过计算，先求曲线中央点位置，然后计算曲线全长，确定曲线头尾位置，最后确定各测点位置。

③ 在轨面下 16mm 处，用 20m 长弦线测量各个测点正矢。

内业计算：

第一栏为缓和曲线和圆曲线的头尾位置。

第二栏为现场正矢的测点号。

第三栏为实测的现场正矢。

绳正法整正曲线的内业计算一般采用列表进行（见表 4.1-2)。

内页计算表 **表 4.1-2**

位置	测点号	现场正矢	计划正矢	正矢差	差累计	调整差累计	调后差累计	半拨量	全拨量	拨后正矢
1	2	3	4	5	6	7	8	9	10	11
	0									
ZH	1									
	2									
	…									
HY										
	…									
YH										
	…									
HZ										

第四栏为计划正矢，计算方法如下；

圆曲线计划正矢＝现场正矢合计/(圆曲线分段数＋一端缓和曲数分段数)；

缓和曲线递增率＝圆曲线计划正矢/一端缓和曲线分段数；

直缓点正矢＝缓和曲线递增率/一端缓和曲线分段数；

缓圆点正矢＝圆曲线计划正矢－直缓点正矢。

第五栏为正矢差，正矢差＝现场正矢－计划正矢

第六栏为差累计，将正矢差累加起来，计算时可按表中箭线所示进行“斜加平记”。

第七栏为调整差累计，当差累计的最后结果不为零时，必须调整差累计，使调整后差累计的最后结果为零。

第八栏为调后差累计

第九栏为半拨量，将第八栏调整后的差累计再进行累加，计算时可按表中箭线进行平加下记。半拨量的最后结果应等于零，否则计算有错误。

第十栏为全拨量，将半拨量乘以 2，即得各测点的拨动量。

第十一栏为拨后正矢

拨后正矢 = 该点现场正矢 + 该点拨量 −（前后相邻半拨量之和）

2）拨道作业

① 根据内业资料的拨量计算，先将各测点的拨量及拨后正矢用石笔于轨底做好标记。

② 设置拨道桩，以拨道桩为参照物，以拨量为依据，进行拨道，先拨测点，而后进行顺撬，直至符合要求为止。

③ 各测点拨道时，看道人必须手持量尺，以控制测点拨量的方法指挥拨道。

④ 各相邻测点之间进行顺撬时，看道人以目测曲线圆顺度的方法指挥拨道。

⑤ 拨道结束后要用 20m 弦线进行检查，凡不符合要求的测点，要继续进行调整。对于圆曲线，除测点满足要求外要保证任意点正矢符合规定。

⑥ 拨量大的曲线，拨道结束后要经列车压道多遍后进行复查调整。

⑦ 因拨道造成的水平、高低超限应及时消灭。

⑧ 经整正后的曲线要进行道床整理及标志刷新工作。

（7）安全注意事项

1）地面正线，未申请供电触网部门配合，一次拨道量不得超过 40mm。

2）一侧拨道量年度累计不得大于 120mm，并不得侵入限界。

3）无缝线路，当温差超过正负 20℃时，禁止拨道作业。

4）木枕线路，禁止使用起道机拨道。

5）在有轨道电路及绝缘接头处拨道时，撬棍应加绝缘防护。

6）由于拨道引起的水平、高低、三角坑等不良变化，必须及时整修，消灭超限。

7）在计划拨道地段，如线路方向有较大漫弯或曲线拨量较大时，除一次拨正外还要继续找细，并做好轨枕头的捣固。

附录：指挥拨道手势

① 向前去：右手张开举过头顶，手心向前做推送动作；

② 往回来：右手张开举过头顶，手心向后作招手动作；

③ 拨动方向：向哪一边拨动就伸出哪一边手臂，拨量大挥动大；

④ 接头：双手握拳高举头顶相碰；

⑤ 大腰：双手高举头上，食指，拇指张开，比成大圆形状；

⑥ 小腰：双手胸前，食指，拇指张开，比成小圆形状；

⑦ 交叉拨：双手在胸前交叉；

⑧ 一撬拨好；右手伸过头顶；

⑨ 暂停；两手臂左右平伸；

⑩ 全部拨完：右手握拳，在头部前方自上而下划圆圈。

3. 改道作业

线路轨距误差超限或轨距变化率超限时应进行改道作业。地铁地下整体道床线路方向不良也通过改道予以整正或改善。

(1) 主题内容与适用范围

本标准规定了线路改道的技术标准、作业条件、作业程序和方法、安全注意事项等，本标准适用于城市轨道交地面、地下及高架等一切线路。

(2) 技术标准

1) 木枕线路

① 轨距：轨距误差不大于 6mm，不小于 2mm。

② 轨距变化率：不超过 2‰。

③ 道钉状态：道钉应靠贴轨底垂直打入，浮离不得超过 2mm。钉顶打成豆形，并不出现八害道钉。

附注：八害道钉指：俯、仰、歪、斜、浮、离、磨、弯。

2) 混凝土枕线路（包括整体道床线路）

① 轨距：轨距误差不大于 6mm，不小于 2mm。

② 轨距变化率：不超过 2‰。

③ 扣件状态：扣件与轨底及扣件之间的距离的离缝不得超过 2mm，扣件串上轨底等不良处所不超过 8%。

④ 胶垫状态；各种胶垫位置应正确，歪斜不超过 5mm，大胶垫端棱不得串上轨枕。

⑤ 扭力矩：螺旋钉帽扭力矩应为 80～120N·m。

⑥ 线路方向：直线用 10m 弦量，正矢误差不超过 4mm，其他线不超过 6mm，由线用 20m 量，正矢误差不超过限度。

(3) 作业条件

1) 地铁正线改道一律在夜间非运营时间内进行作业。并按规定办理施工登记手续。

2) 站场线路改道，不限于夜间作业，但必须办理施工封锁登记手续，特殊情况下也可无封锁无慢行，但必须设置专人防护。并于施工地点两端设置作业标。

(4) 作业组织

1) 改道作业一般 3～4 人为一组，其中一人量轨距、看方向，划作业符号，一人松、紧螺栓（木枕线路起、钉道钉），1～2 人整正扣件、拨动钢轨、改正轨距。

2) 为提高作业效率，改道作业应尽可能与更换胶垫、全面拧紧螺栓、串动轨枕、清扫承轨面灰砂及螺栓涂油、螺母封口等项工作结合进行，此时的作业组织根据增加的项目，酌情增配人员。

3) 地下整体道床线路的改道，除改正轨距外，还要整正线路的不良方向。

4) 有碴混凝土枕线路必须贯彻先改后拨的原则，因改道作业造成的方向不良应及时拨正。

5) 木枕线路的改道应在拨道后进行，先拨正基准股方向后再进行改道。

(5) 木枕线路改道作业程序和方法

1) 确定基准股

① 一般选方向较好的一股作为基准股，先改好基准股道钉，再改另一股。

② 曲线地段以外股为基准股，根据外股改里股。

2) 划撬

改道由作业组长负责指挥。对需要改道的处所，由作业组长先进行调查，并划上改道的符号。

3）起拨道钉

① 起钉时，必须使用有嘴撬棍及起钉垫，不得使用石块或道钉杆代替起钉垫。

② 起钉姿势：前脚站在轨枕上，后脚站在轨枕盒中，成八字形，两手紧握撬棍。

③ 起钉时必须做到三起三垫：将撬棍插入卡住道钉，垫入起钉垫，用力下压，当道钉冒起约 10～20mm 时应将撬棍及起钉垫稍向后撤，继续用力下压，当道钉冒起约 50mm 时再次将起钉垫后撤，当道钉起出约 2/3 左右时，停止下压，用力猛向上挑，起出道钉。

④ 道钉起出后，应随手放在适当位置，禁止乱扔。

4）整修道钉

道钉弯曲会破坏钉孔，减弱持钉力，对拨出的道钉，凡有弯曲必须使用直钉器，将道钉整直后再使用。

5）安插木片

为加强木枕的持钉力，应在原有的道钉孔内插入钉孔木片（需预先制作）。

木片插入的位置应根据调整轨距时需将钢轨拨动的方向来决定，不得随便插入。

如果安插木片时，发现原有钉孔歪斜，应首先整修钉孔，然后插入木片。

如果木枕已腐朽失效，必须更换枕木后，再进行钻孔。

6）调整轨距

使用轨距调整器，拨动钢轨方向，调好轨距。

7）打入道钉

① 正手持钉为拇指、中指、无名指握钉，食指在下方抵住道钉侧面：

反手持钉为拇指、食指相夹，由手掌支住。

② 栽道钉

钉尖要离开轨底 8mm，并保持垂直，过近挤仰道钉，过远则离缝，右手持锤轻击道钉顶部，载稳为止。

③ 打道钉

先轻打一下，使道钉保持垂直和稳固，然后重打、稳打和准打，当道钉帽接近轨底时要轻打、闷打，以防打断钉帽或道钉打离、打活。

（6）混凝土枕线路改道作业程序和方法

混凝土枕线路的改道是通过调整扣板、轨距挡板或轨距垫来实现的。

1）确定基准股

改道前先调查轨向和扣件状态，选方向较好的一股为基准股，先整修基准股不良扣件，达到正、紧、靠要求，再改正另一股。

2）划撬

同木枕线路改道，由作业组长负责对需要改道的处所划出作业符号。

3）拆卸扣件

采取调整扣件办法时，将改道处所钢轨里外口螺栓松开，取下扣件。

采取加垫消垫片办法时，钢轨里外口螺栓松开，但只需将钢轨移动过去的一侧扣板提起即可。

拆下的扣件应合理放置，不能乱扔，造成使用不便。

4）拨动钢轨

使用撬棍或液压拨动器，拨动钢轨至应有位置，轨距或线路方向得到整正。

5）调整扣件

① 调整说明

70 型扣板式扣件，其扣板共有 6 种规格，每规格扣板又可翻转使用，这样共有 12 种扣件号码，改道时如轨距过小，加大内侧扣板号码，相应减小外侧扣板号码，如轨距过大，则反之，但必须注意，P60 钢轨每股内外侧扣板号码之和等于 16。

弹条Ⅰ型扣件，P50 轨用轨距挡板分中间和接头两种，每种又分为 14、20 两个号码，除 14 号接头轨距安装 B 型弹条外，其余为 A 型弹条。P60 轨用轨距挡板仅一种，分 6、10 两个号码，一律安装 B 型弹条。挡板座分 2-4，0-6 号两种，P60 仅用 2-4 号一种。

城轨新扣件，控制轨距的多为轨距垫，轨距垫的厚度有 4mm、6mm、8mm、10mm 等各种规格，因此，只要调整左右两股钢轨内外侧的规格，便可以达到调整轨距的目的。

② 调整方法

调整扣件的方法有扣件翻转、内外侧扣件互换，或重新更换其他规格的扣件等多种办法，不得已时也可能于扣板后部夹三角垫片。采取什么方法主要取决于现场轨距、方向误差大小以及该地段扣件的可调范围。为满足改道更换扣件的需要，改道前后携带一定数量的各种规格的扣件。

③ 串动轨枕

有碴线路，由于轨枕位置发生偏差而产生的轨距或方向不良应先串动轨枕而后调整扣件。

④ 注意事项

对于整体道床线路改道时必须注意，不能顾此失彼，因处理轨距问题而导致轨向不良，反过来也不能因处理轨向问题而导致轨距超限，两者必须兼顾，使调整轨距与调整轨向同步进行，否则，会造成晃车现象。

⑤ 扣件整理

扣件调整后，要进行整理，使其位置正确，各部位就位落槽，并达到密贴。拧紧螺栓将松开的螺栓全部上齐，使用长柄扭力全部拧紧螺母。当轨距偏大时应先拧紧外侧，当轨距小时，先拧紧内侧，扭力矩要达到 80～120N・m，使用 W 弹条时，要达到三点密靠。

扣件回收：收工前，要将改道时拆换下来的所有废旧扣件回收利用，做到施工现场工完料尽。

（7）安全注意事项

线路改道时，不得连续松开 10 根以上轨枕螺栓，有工程车辆时，来不及全部拧紧的，准许每隔两枕有一根不紧。线路改道如果与螺纹道钉除锈涂油结合进行，一般每隔一枕做一枕。

无缝线路当温差超过±20℃时禁止改道作业。

改道使用的撬棍必须加有绝缘套管，防止搭接两股钢轨造成短路。

起道钉要坚持三起三垫，不准用道钉、石块代替起钉垫，防止撬棍滑脱伤人。

打道钉前要检查锤把安装是否牢固。

发现有道钉歪斜，要起出重打，不准打扫锤，也不准打轮锤。

起钉、打锤都要注意前后间隔。分组作业，其距离应不少于 6 根枕木，防止撬棍、道锤及飞钉伤人。

调整方式与轨距调整量对照表见表 4.1-3。

调整方式与轨距调整量对照表 **表 4.1-3**

部件	调整方式	P50 轨距调整量（mm）	P60 轨距调整量（mm）
挡板座	翻边、更换	0～6	2
挡板	内外侧调整	6	4
板、座	两者配合	−8～+16	−4～+8

4. 无缝线路应力放散作业

（1）主题内容与适用范围

本节规定了无缝线路应力放散的技术标准、作业条件、作业方法和安全注意事项等。

（2）名词术语

见第 2 章 2.11 无缝线路。

（3）技术标准

1）轨距：误差±4mm 变化不大于 2‰。

2）轨向：直线远视直顺，曲线方向圆顺，正矢差不超过 5mm。

3）轨枕扣件：扭力矩为 80～140N·m，弹条三点密靠，不靠者扭力矩不小于 120N·m，扣件位置正确，歪斜及不密贴大于 2mm 者不超过 6%。大胶垫歪斜不超过 8%。

4）缓冲区接头相错不大于 40mm。轨缝误差±2mm，接头螺栓扭力矩应达到 900N·m，防爬设备安装齐全，无失效。

5）铝热焊接头距承轨面边缘不得小于 4mm。

6）无缝线路锁定轨温必须准确、可靠。50kg/m 钢轨为 19～34℃，60kg/m 钢轨为 25～37℃。

7）一根轨条不得有两个及以上的锁定轨温，左右股的锁定轨温差不得大于 5℃，曲线上股锁定轨温不得高于下股。

8）夏季线路大中修以前，进行应力放散 50kg/m 放散 40～45℃，60kg/m 放散 43～48℃。冬季 50kg/m 放散到 5～10℃，60kg/m 放散到 5～10℃。

9）无缝线路应力放散应放够放匀，每 100m 观察点放散量误差不得超过 5mm。

10）每段无缝线路 5～7 对爬行观测桩应保持齐全、牢固、标记明显。

（4）作业条件

1）无缝线路应力放散，必须组织施工协调会，利用夜间停运后的计划封锁时间进行施工，并于施工前按规定办理登记手续。

2）非停运时间以及未进行施工协调的均不得擅自作业。

（5）应力放散前的准备工作

1）线路调查

① 丈量长钢轨全长。

② 调查原锁定轨温及变化情况。

③ 调查缓冲区短轨配置及短轨长度、轨缝、接头相错量等。

④ 调查绝缘接头、铝热焊缝、道口、桥梁、曲线等应力放散的影响。

2）作业准备

① 根据调查资料绘制平面示意图。

② 确定放散方案，明确向一端放散，还是向两端放散。

③ 确定设计轨温或模拟锁定轨温。

3）计算放散量

① 计算总放散量

$$总放散量=0.0118\times放散长度\ (m)\times(计划轨温-原锁定轨温)$$

② 计算观察点放散量

$$观察点放散量=\frac{总放散量}{观察点数}\times观察点号数$$

③ 根据放散量对缓冲区进行配轨。

4）现场准备

① 按每百米长度确定测点，按放散方向顺序进行测点编号，每测点做好放散位移观测线。

② 根据缓冲区配轨计划锯轨、钻孔，运至工地并安放对位。

③ 确定拉轨器位置，做好醒目标记。

（6）应力放散作业程序和方法

1）第一阶段的作业

① 固定段（这里指拉伸作业的固定端，而不是无缝线路的固定区）线路长度 37.5m，拧紧螺栓，要求接头螺栓达到 900N·m，扣件螺栓达到 80～120N·m。

② 散布滚筒或滚棒。

③ 一隔一松拆全部扣件，但曲线地段上股里口和下股外口每隔 12.5m 设置一块挡板，防止钢轨向心移动。

④ 拆除道口板、防爬设备及其他障碍物。

⑤ 铝热焊接头附近的轨枕，如影响放散，必须移动。

⑥ 龙门口部位，6 孔鱼尾板接头先拆除两只螺栓。

2）第二阶段的作业

① 轨道车进入放散地段龙门口附近。

② 拆下拉轨器，轨卡，并推运到位。

③ 松拆扣件先拆开第一段钢轨所有剩余扣件。

④ 扣件拆开后，用起道机或撬棍抬起钢轨，每 12.5m 处安装滚筒或滚棒一只。

⑤ 龙门口作业人员拆卸接头螺栓，连成线，更换调整轨，调整轨缝后，再拧紧所有螺栓。

⑥ 安装第一股拉伸器。

⑦ 一切准备工作就绪后，由施工负责人向工地统一布置拉伸开始。

⑧ 各撞轨器必须密切配合拉伸器，进行撞轨。

⑨ 松拆扣件人员可转入第二股钢轨松拆扣件。

⑩ 各测点观测人员必须通过报话机向施工负责人汇报测点位移情况。

⑪ 各测点计划位移量到位后，由施工负责人统一发布第一股拉伸结束。

⑫ 全体作业人员必须立即一隔一扣件安装，拧紧第一股钢轨的扣件。

⑬ 第一股钢轨一隔一扣件拧紧后，拆除拉伸器。

⑭ 按同样方法，拉伸另一股钢轨。

⑮ 两股拉完，可让轨道车返回车站或撤离施工地段待命。

⑯ 各地段带班人员必须认真检查本责任地段线路，一隔一拧紧扣件，并保证轨距、轨向无超限。

3）第三阶段的作业

① 所有作业人员抓紧上齐拧紧另一半轨枕的扣件，并达到规定要求。

② 安装打紧线路防爬设备。

③ 方正、捣固已方动过的轨枕，并找平轨面。

④ 恢复道口铺面及其他设备。

⑤ 调查记录，每测点的位移，调查缓冲区轨缝及轨头相错量。

⑥ 换算拉伸后的长轨锁定轨温。

⑦ 做好锁定轨温标记及爬行观测栓标记。

⑧ 经检查，确认线路无超限方可离开工地。

（7）安全注意事项

1）无缝线路应力放散必须坚持一隔一松拆扣件及一隔一安装拧紧扣件。

2）放散应力时，必须做到放够防匀。

3）因轨道车配合施工，工地应设置防护，掌握轨道车的运行情况，并及时指挥作业人员下道避车。

5. 道岔起、拨、改单项作业

（1）道岔起道作业

1）作业范围

① 对道岔范围内的水平、高低、三角坑进行调整；

② 在线路进行调整纵断面时，对道岔所进行的局部或全部起道。

2）作业条件

① 凡碎石道床道岔的起道，除局部找小洼以外，都必须利用非运营时间进行作业；

② 站场道岔起道，可以在白天进行，但由于占用道岔，影响股道较多，必须征得站场运转部门同意，按规定办理封锁登记手续后方可施工，工地应设置施工防护和作业标志。

③ 道岔起道应联系电务配合；

④ 起道量超过 40mm 时，应申请供电系统触网部门配合。

3）作业程序

① 线路调查，做好起道标记；

② 检查道尺和起道机的性能状态；

③ 拆除影响施工的防爬支撑；

④ 用撬棍撬起轨枕，打紧道钉，拧紧扣件；

⑤ 目测法看道，指挥起道作业，先做好长平，然后做好另一股水平；

⑥ 人工捣固，重点部位应增加捣固力度和镐数；

⑦ 回检找细，认真检查水平、高低和空吊板；

⑧ 安装所拆除的防爬设备和道岔加固设备；

⑨ 回填整理道床，夯拍密实；

⑩ 经全面检查确认，符合要求后，清理现场，拆除防护，并办理注销登记手续。

4）质量要求

① 正线道岔，水平误差不超过 4mm，站场道岔不超过 6mm；

② 道岔应与前后线路顺接良好，方向正线不超过 4mm，站场不超过 6mm；导曲线不得出现反弯；

③ 除设计变更以外，应保持原有坡度；

④ 道床石碴丰满，捣固密实，空吊板不超过 8 %；

⑤ 因起道所引起的其他项目，都应符合各有关技术标准。

5）安全事项

① 坚持按轨温作业；

② 起道机手操作时应做到人不离机，手不离把，多台机器应同时起落；

③ 捣固作业时注意防止手稿伤人；

④ 其他事项可参考线路起道作业。

（2）道岔拨道作业

1）作业范围

碎石道床线路，道岔的方向发生显著变化，通过拨道予以矫正。

2）作业条件

① 所有正线道岔的拨道，都必须利用非运营时间进行；

② 站场道岔的拨道，必须办理封锁股道手续，设置作业标和施工防护。

③ 拨移量超过 40mm 应向触网部门办理施工配合手续。

3）作业程序

① 扒开岔枕端头道碴，拆除防爬设备；

② 先拨道岔直股，然后以直股为准，做好道岔曲股的支距和各部间隔；

③ 手工捣固，回填石碴，整平夯实；

④ 安装防爬设备和道岔加固设备；

⑤ 会同有关人员共同检验，确认符合要求后，清理现场，拆除防护，办理注销手续。

4）质量要求

① 方向直顺，用 10m 弦测量，正线道岔不超过 4mm，站场道岔不超过 6mm；

② 附带曲线正矢连续差，正线道岔不超过 3mm，站场道岔不超过 4mm；

因拨道引起的轨面高低、水平及其他项目应符合各有关标准。

5）安全事项

① 使用撬棍拨道，必须插牢，防止脱撬伤人；

② 拨道或捣固时防止毁坏电务设备；

③ 拨量较大，未申请施工配合，不得进行。

（3）道岔改道作业

1）作业范围

① 改正超限及变化率不符合标准的轨距；

② 整修道岔支距，护轮轨与辙叉心的查照间隔。

2）作业条件

同道岔拨道作业，站场道岔改道，如工作量较小，也可不封锁股道，但必须办理登记手续，并设置防护。

3）作业程序

① 用道尺由道岔前部向后每 2～3 枕测量一次轨距，用支距尺测量各点支距；

② 做好改道标志；

③ 整修岔枕；

④ 起拨道钉或松拆扣件；

⑤ 道钉孔塞入防腐木片；

⑥ 整修或更换道钉；

⑦ 用撬棍或改道器拨动钢轨到位后钉好道钉或拧紧扣件；

⑧ 经检验确认符合要求后，清理现场，撤除防护，办理注销手续。

4）质量要求

① 目视直股直顺，曲股圆顺，各部尺寸符合要求；

② 支距误差不超过 2mm，用 5m 弦线测量导曲线正矢，连续误差不超过 2mm；

③ 改道范围内的各种零配件均符合要求。

5）注意事项

① 转辙部位：先改好直向外股基本轨，使道岔与前后线路连接良好，尖轨跟端至护轮轨前端，可在两端与钢轨等距离的岔枕上钉钉拉线，改好方向；

② 连接部分：在直向外股钢轨上标上支距点，用支距尺按标准图改好导曲线上股，再用道尺改好导曲线下股，根据直向外股，用道尺改好直向内股，尖轨跟端后做好轨距递减。

③ 辙叉部分：辙叉趾端、跟端轨距，误差控制在 2mm 以内，改好查照间隔；

④ 以上作业中，凡涉及与电务有关的必须申请配合。

6. 其他单项作业

（1）扒道床作业

1）作业程序

① 刨松枕木头：用捣镐刨松枕木头道碴。

② 扒道床：用齿耙扒出枕木头盒内及钢轨内侧的石碴，然后用捣镐串出钢轨底部石碴。串碴时必须将石碴串到钢轨底以外，以利排水。

③ 扒碴一般先扒左股外口，再扒右股内口，转身扒右股外口，最后扒左股内口，两次往复回到原轨枕处。但扒碴时，要扒开大石碴（大于 70mm），留下小石碴。混凝土轨枕和无缝线路地段，如两侧石碴较多，可两人用拉耙扒碴，遇有需方正枕木时，应同时将方正枕木位置处的石碴扒清。

2）作业质量

必须做到“三够一清”：

① 扒碴长度够，自钢轨中心向两侧各扒 400～450mm；

② 扒碴深度够，不起道时扒至枕底下 10～20mm；起道 10mm 时扒至枕底平，起道超

过 20mm 时留碴量为起道高的 2 倍；

③ 扒碴宽度够，扒至距离两侧轨枕 100～150mm；

④ 轨底要清，轨底石碴要扒清时留碴量为起道高的 2 倍。

3）作业安全

① 不伤手、伤脚，发生事故；

② 严防事故隐患发生；

③ 石碴高度不超过轨面。

（2）起打道钉作业

1）作业程序

① 起钉：使用撬棍用二起二垫或三起三垫垂直起出。先起铁垫板与木枕连接道钉，后起钢轨里外口道钉。起出的道钉应放在木枕面上。

② 插入注油道钉孔木片。

③ 用直钉器整直弯曲的道钉：直钉器应顺着木枕盒放在平整的道床，弯钉凸面向上钉帽对着直钉器，用打闷锤的方法将道钉整直。

④ 修理钉孔：对歪斜钉孔要进行整修。钉孔前俯时，刀刃直面要靠钉孔内侧后仰时，要靠钉孔外侧。钉凿子孔深度约 100mm。

⑤ 栽钉：钉尖要栽在离开轨底边缘 8mm 处，并保持垂直。栽钉时两脚跨在钢轨两侧。栽钢轨左侧为正手持钉，左手拇指、中指及无名指紧握道钉两侧面，食指顶住道钉后面。栽钢轨右侧道钉为反手持钉，左手拇指、食指夹住道钉两侧面，后面以手掌撑住。

⑥ 打钉：

A. 举锤时，两脚骑轨站立，两手握住锤把，相距 500mm，上身挺直，落锤时上身向前稍弯，两腿随锤下蹲，用力下打。当锤与道钉接触时，锤把呈水平状态，并与轨道平行。

B. 打钉时，第一锤要轻打、稳打、准打，中间几锤要重而准打，最后一锤要应打。

发现道钉不良时，必须起下重打。各项打钉应符合要求。

C. 严禁打花锤、轮锤、归钉、搂钉。

⑦ 检查：检查道钉是否符合标准。

2）作业质量

① 每钉锤花两个以下；

② 钉帽无划痕；

③ 钉应整直；

④ 俯、仰、歪、斜、浮、离、磨、弯八害道钉；

⑤ 不打在钢轨、铁垫板、木枕上。

3）作业安全

① 使用起钉垫，起钉数量符合规定；

② 无打飞钉现象；

③ 不伤手脚；

④ 轨道电路区段，撬棍带绝缘套。

(3) 更换夹板作业

1) 作业程序

① 换前准备：

卸掉2、5位螺栓，逐条加垫圈后再拧紧。里外口靠轨底各松一个道钉再打紧，其余道钉起掉，插入木片，遇有大缝或瞎缝应调整。

② 设置防护：

利用列车间隔时间作业，工地用停车手信号（个别更换夹板用电话联系）防护；更换绝缘接头夹板，拆开两个及以上夹板，必须用封锁线路施工防护办法进行防护。

③ 起钉、卸螺栓：

起剩余接头道钉，并插入木片，或卸掉轨枕扣件。将接头螺栓卸掉，顺序按6孔夹板先1、3、5位，后2、4、6位；4夹板孔先1、3位，后2、4位。

④ 更换夹板：

拆开夹板，注意检查轨腹轨端有无伤损，然后除锈，给螺栓丝扣、夹板与钢轨接触面涂油，并将新夹板扣入。

⑤ 上接头螺栓：

用螺丝扳手尖端将夹板孔和钢轨孔串顺后，再穿入全部螺栓。直线6孔夹板，先拧紧1、6、3、4位螺栓，再拧紧2、5位螺栓，4孔夹板先2、3位后4、1位；曲线6孔夹板先拧紧1、6、5、2位，后拧紧3、4位，4孔夹板先1、4位后3、2位

⑥ 钉齐接头道钉：

将接头道钉全部钉齐或上好扣件。绝缘接头处，钉头或扣板不得贴靠夹板。

⑦ 撤除防护：

确认达到放行列车条件后，撤除防护。

⑧ 捣固：

遇有接头暗坑、吊板或低接头时，对接头轨枕应捣固坚实。

⑨ 回收旧料：

换下的旧料收回工区。

2) 作业质量

① 轨面及内侧错牙，正线、到发线小于1mm，站、专线小于2mm；

② 垫圈口朝下；

③ 螺栓扭力矩：普通螺栓冬季P43、P50轨为400N·m，P60轨为500N·m；Ⅰ级螺栓P43、P50轨为600N·m，P60轨为700N·m。夏季适当减少，但不低于规定值100N·m以上。

3) 作业安全

① 按规定设好防护方可开始作业；

② 来车前每端上好两个螺栓；

③ 不伤手脚。

(4) 单根抽换木枕作业

1) 作业程序

① 散木枕：根据更换符号，将枕木散到应有位置，曲线一般散在下股。

② 拆除防爬设备：遇有防爬设备应拆除。

③ 扒道床：扒开与爬行方向相反一侧枕木盒道碴：曲线一般应在下股开门；扒碴深度一般低于枕底 20mm，要考虑削平深度不妨碍抽、穿木枕，将清碴与混碴分开，混碴扔在路肩上。

④ 起钉、撤垫板：将起下的道钉、垫板放在相邻的木枕上。弯曲道钉用直钉器调直。

⑤ 抽出旧枕：用撬棍将旧枕拨入扒开的枕木盒内，然后用拉枕钳将枕木拉出，放在路肩上，要底面朝上，以便干燥后运回。

2）作业质量

① 铁垫板位置正确；

② 树心（或大面）应向下。

3）作业安全

① 隔 6 根换 1 根；

② 用夹枕钳抽出穿入木枕；

③ 人员、工具及时下道避车。

（5）调整轨缝作业

1）作业范围

轨缝不均匀或连续三个以上瞎缝，绝缘接头轨缝超过 5～15mm 的范围，用不拆开接头的方法进行调整。

2）作业条件

① 正线成段均匀轨缝，必须利用停运后的计划封锁时间进行，站场线路可以采取申请封锁股道的办法，但必须设置防护，工地应设有施工作业标。

② 轨温条件：12.5m 钢轨不得高于 35℃，25m 钢轨不得高于 25℃。

3）作业程序

① 轨缝调查；

② 计算每根钢轨的串动量；

③ 拧松接头夹板螺栓，松开扣件，松拆轨距拉杆、防爬设备和一切影响钢轨串动的其他障碍物；

④ 利用液压匀缝器按计划串动钢轨，每次一根，最多不超过两根。

⑤ 拧紧接头螺栓，紧固扣件，恢复防爬设备和加固设备；

⑥ 线路回检整理。

4）作业质量

① 轨缝均匀，无大缝，无瞎缝；

② 正线直线接头相对偏差不超过 40mm，曲线不超过 40mm 加缩短量的一半，站场线路，以上数值放宽至 60mm。

③ 接头螺栓和扣件螺栓的扭矩必须符合技术规定。

5）作业安全

① 运营时间内的运营线路，不得进行均匀轨缝作业，非运营时间，有工程车辆通行的线路也不得进行匀缝作业；

② 站场线路施工，不得侵入邻线限界；

③ 不得用撞击夹板的方法调整轨缝；

④ 未申请电务配合的，不得施工。

（6）检查道岔几何尺寸

1）作业程序

① 选用工具：量具选用正确、测量准确（轨距尺、支距尺、弦绳、木折尺等）

② 检查轨距水平：根据不同类型道岔逐项逐处检查，不得漏检、错检，

③ 检查支距：逐点检查，不得漏检、错检，

④ 检查轮缘槽：部位正确，

⑤ 检查动程：部位正确，

⑥ 其他项目：

检查高低、方向超限处所；

尖轨尖端是否密贴

特种道岔要注意检查前后锐角、钝角辙叉的叉前叉后的轨距、水平，叉中的轨距、查照间隔、护背距离、曲中内、外矢距等。

2）作业质量

① 数据齐全，不漏项；

② 测量轨距误差为＋3，－2mm 水平、高低、直线轨向误差≤2mm，支距误差≤2mm 误差超限；

③ 超限处所不漏项，并应注明；

3）作业安全

① 不夹轨距尺；

② 无摔倒、碰伤现象；

③ 不脚踏尖轨、连接杆。

（7）线路工区一日作业标准

1）班前准备

① 按时参加点名，思想集中，精神饱满，了解当日作业地点、内容、项目、完成数量、作业程序及当日安全注意事项。

② 备好当日作业所需工、料具和防护劳保用品，对工、料具及其他用品进行检查，确认其质量良好，方可使用。

2）前往工地

① 行走路肩、跨越线路、通过桥隧要“一停、二看、三通过”。

② 来车时，注意瞭望，确保安全，手提、肩扛工具不得侵入限界。

③ 乘车时，车未停稳不准上下车，严禁坐在危险处所，人要坐稳，工具、材料放置牢固，不超限。

3）施工作业

① 按照工班长或工地负责人的布置安排，设置好施工防护，准备施工作业。

② 施工按综合、单项技术标准规定的程序和要求进行，不简化，不漏项。

4）下道避车

① 施工时，如有列车开来，应及时下道避车，并将工具、材料撤下道，不得将压机

等物放在道心。

② 下道后应注意瞭望，不超限，注意安全。

5）质量回检

不合格要及时返工，不得将病害留在线路上。

6）结束工作

清理工具、材料、收净存妥，撤除防护，返回驻地，工具、材料入库、归位。

7）分析总结

① 总结作业情况；

② 分析安全情况；

③ 评分及合理化建议。

4.2 施工管理

1. 施工作业

（1）起道作业

1）地面正线正式运营时间内，一律不得进行起道作业。站场线在无封锁无慢行条件下，一次起道量不得超过 40mm。

2）电气化线路起道，单股不得超过 40mm，若超过规定须事先通知有关部门派员到场配合。

3）绝缘接头、焊缝接头及道岔跳线部位，禁止放置起道机。

4）起道作业时防护人员必须掌握本线与邻线车辆运行情况，并加强瞭望，严禁抢撬。

5）邻线来车时，应保证作业人员及施工料具不侵入限界。

6）本线来车时，应组织作业人员及时下道，并随手取下一切施工料具。

7）起道后的捣固作业，前后人员距离应相隔不少于三枕，以免互相妨碍及落镐伤人。

8）捣固时应注意避免打伤轨枕边棱、扣件、导线等各种工务或电务设备。

（2）拨道作业安全措施

1）地面正线，正式运营时间内，一律不得进行拨道作业，站场线无封锁慢行条件下，一次拨道量不得超过 40mm。

2）电气化线路拨道，线路中心位移不得超过正负 40mm，一侧拨道量年度累计不得大于 120mm，并不得侵入限界。

3）无缝线路，当温差超过正负 20℃时，禁止拨道作业。

4）木枕线路，禁止使用起道机拨道。

5）在有轨道电路及绝缘接头处拨道时，撬棍应加绝缘防护。

6）由于拨道引起的水平、高低、三角坑等不良变化，必须及时整修，消灭超限。

7）在计划拨道地段，如线路方向有较大漫弯或曲线拨量较大时，除一次拨正外还要继续找细，并做好轨枕头的捣固。

（3）改道作业安全措施

1）线路改道时，不得连续松开 5 根以上轨枕螺栓，来车时，来不及全部拧紧的，准许每隔两枕有一根不紧。

2）线路改道如果与螺纹道钉除锈涂油结合进行，一般每隔一枕做一枕。

3）无缝线路当温差超过±20℃时禁止改道作业。

4）改道使用的撬棍必须加有绝缘套管防止搭接两股钢轨造成短路。

5）起道钉要坚持三起三垫，不准用道钉、石块代替起钉垫，防止撬棍滑脱伤人。

6）打道钉前要检查锤把安装是否牢固。

7）发现有道钉歪斜，要起出重打，不准打扫锤，也不准打轮锤。

8）起钉、打锤都要注意前后间隔。分组作业，其距离应不少于6根枕木，防止撬棍、道锤及飞钉伤人。

（4）应力放散安全措施

1）无缝线路应力放散或应力调整必须利用停运后的计划封锁时间进行。

2）放散前要认真检查拉伸机等机械动力设备，确保性能完好。

3）作业过程中，必须坚持一隔一松拆扣件及一隔一安装拧紧扣件。

4）应力放散或应力调整，都必须做到放够放匀。

5）轨道车的运行要服从施工负责人的指挥。

6）工地应设置作业防护，轨道车往返运行时，施工人员要及时下道避车。

（5）起打道钉安全措施

1）使用起钉垫，起钉数量符合规定。

2）无打飞钉现象。

3）不伤手脚。

4）轨道电路区段，撬棍带绝缘套。

（6）更换夹板安全措施

1）按规定设好防护方可开始作业。

2）来车前每端上好两个螺栓。

3）不伤手脚。

（7）无缝线路养护维修安全措施

1）坚持作业轨温。

2）当长轨条的锁定轨温与作业时的轨温之差，达到20℃以上时，应停止进行起、拨、改等减弱线路阻力的各项作业。

3）进行找小洼和拨方向作业要坚持“维修一日清”，“急修一撬清”，随时恢复破坏了的道床，做到随时回填夯实。

4）线路扣件要始终保持规定的扭力矩。凡是当天的作业地段，收工前除了进行线路检查外，还要做好扣件的复紧，使扭力矩符合要求。

（8）机械动力施工安全一般规定

1）严禁酒后操作，严禁疲劳操作，严禁在患病期间驾驶和操作。

2）操作人员工作时必须精神集中，不得擅自离开工作岗位。

3）施工作业前，操作人员首先应听取施工技术人员现场交底和有关安全注意事项。

4）作业前应对机械进行仔细的检查，严禁机械带病作业。

5）在机械操作前，要确认机械周围和作业场地没有闲杂人员和障碍物，方可作业。

6）严禁机械超荷载作业，不得随意扩大机械使用范围。

7）夜间作业，应装有足够的照明设备，工作场地应有辅助照明设备，工作视线不良时，不得作业。

8）危险地段必须设有醒目标志，并有专人指挥。操作人员只能接受一个指挥人员发出的规定手势信号，确认信号后方可作业。

9）应保证机械的喇叭、雨刮器、转向指示灯、倒车警报器和其他装置都能正常工作。

（9）机械动力作业安全措施

1）在埋有电缆或其他管道的地点作业时，应事先设立安全警示标志，并制订相应的施工安全措施。

2）履带式机械通过铁路平交道口应与工务专业联系，按规定设置防护，并于轨面铺垫木板后准予通行，机械通过后应立即恢复线路。

3）机械在轨道两旁作业时，应有专人防护。

4）机械在时严禁空挡滑行，在陡坡上严禁换挡调头。

5）在对机械进行检修保养时，应停车制动，关闭发动机。如在发动机运转中检修时，应由两人进行，一人检修，一人防护。

6）机械添加燃油时，严禁烟火。

7）机械操作人员必须熟悉机械上配备的灭火器的性能和使用方法，并保持灭火器始终有效。

8）不应在坡道上停放机械或检修，如不得已时，应拉好制动，并于车轮的下坡方向垫上三角木。

9）拉钢丝绳时必须戴好眼镜和手套；穿钢丝绳时，手与滑轮应保持一定距离；用钢丝绳时应防备钢丝绳突然崩断。

10）液压系统发生故障，如停止作业进行检修时，必须释放压力。

11）在道路边坡、坑道边缘或沟边作业时，机械应与边缘保持一定安全距离，车轮应压在坚实的地面上。

（10）机械动力遇有不良作业条件时的规定

凡遇有下列情况应立即停工：

1）土体不稳，有发生塌方危险时。

2）气候突变，发生暴雨、雷雨或水位暴涨时。

3）工作场地发生交通堵塞或严重干扰时。

4）场地陷车或道路打滑时。

5）防护装置毁坏或失效时。

6）工作面净空不足以保证安全作业和运行时。

（11）轨料装、运、卸和堆放安全措施

1）轨料装车不得超限、超载和偏载，并应捆绑牢固。

2）料车运行中发现装载不良，必须停车处理，未经处理，严禁继续运行。

3）夜间卸料应有照明，卸料现场应清除障碍物，不得损坏轨旁一切运营设备。

4）随车装卸人员应乘坐有栏杆的平板车或轨道车内，车未停稳，严禁上下。

5）装卸料人员应按规定穿戴劳动防护用品，装卸作业时应有专人统一指挥。

6）车辆运行时严禁边走边卸。

7）卸料结束后应安排人员清道，确认不侵入限界后方可撤离。

（12）工地搬运轨料安全措施

1）工地搬运轨料可根据具体情况采用撬棍拨轨、翻轨、拉运或抬运等方法。

2）使用撬棍翻、拨钢轨应由熟练的施工人员操作。

3）抬运时应使用牢固的扛棒和绳索，每人担负的重量不得超过 60kg，并有专人指挥，动作一致。

4）对运卸轨料地段的轨旁设施，应做好保护措施，运卸过程中不得抛掷。

5）作业人员要眼明手快，动作敏捷，服从统一指挥，防止砸伤手脚。

2. 施工防护

（1）正线施工

城市轨道交通运营线路，由于列车运行密度大，所以，一般情况下，均不得利用列车运行间隔进行养护维修作业，必须在停运后，按批准的封锁计划组织施工。每天作业前办理登记手续，作业后办理注销手续。

（2）车场线施工

对于车场线路，由于调车作业的行车密度小，运行速度低，可以在白天安排施工，凡进行调整轨道几何尺寸的作业，都要办理封锁股道或道岔的申请手续，并要按规定设置施工防护。

车场内线路施工，将施工线路两端道岔扳向不能通往施工地点的位置，并加锁或钉固，可不设置移动停车信号牌；如不能加锁或钉固道岔时，在施工地点两端各 50m 处线路中心，设置移动停车信号牌防护（图 4.2-1）。

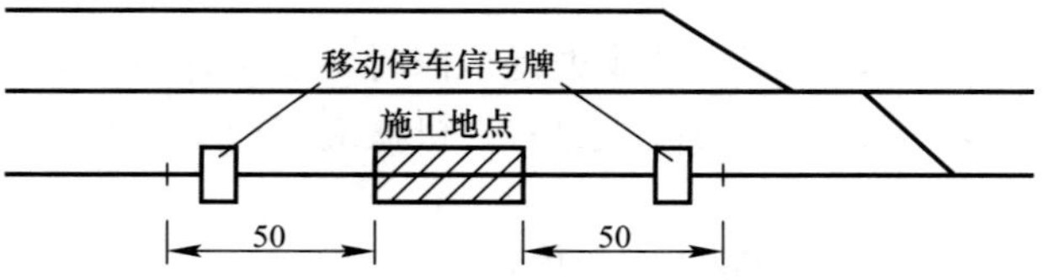

图 4.2-1　移动停车信号防护设置示意图

对于不需要设置停车防护的，应在施工地点两端设置作业标（图 4.2-2）。

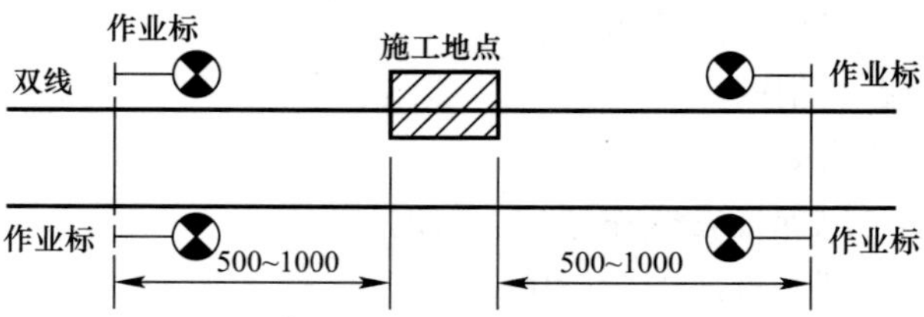

图 4.2-2　作业标设置示意图

在站内道岔上施工，一端距离施工地点 50m，另一端两条线路距离施工地点 50m，分别在线路中心，设置移动停车信号牌防护（图 4.2-3）。

如一端距离外方道岔少于 50m 时，将道岔扳向不能通往施工地点的位置，并加锁或钉固。

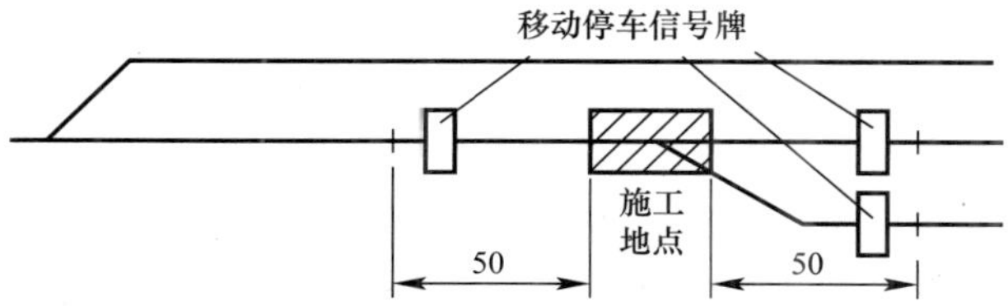

图 4.2-3　道岔施工防护设置示意图

（3）发生故障时的防护

线路发生故障时的防护办法如下：

1）立即通知总调度所及附近车站，并在故障地点设置停车信号。

2）当确知一端来车时，应先向该端设置停车防护，然后返回故障地点。

3）如不知来车方向，应在故障地点注意瞭望，发现来车，应急速奔向列车，用手信号旗或徒手显示停车信号，使列车在故障地点前停车。

4）站内线路、道岔发生故障时，应立即通知运转，采取措施，使车辆不能通往该故障地点，并设置停车信号防护。

5）工务人员发现线路设备故障危及行车安全时，除立即连续发出警报信号和以停车手信号防护外，应采取紧急措施设法修复，如不能立即修复时，应封锁区间或限速运行。

运营线路大、中维修施工放行列车条件（表 4.2-1）。

运营线路大、中维修施工放行列车条件　　**表 4.2-1**

项目	列车减速通过	列车不减速通过
轨枕盒内道碴	不少于 1/3	填满
轨枕下道碴	串实	捣固坚实
轨枕	每隔 6 根可空 1 根	均匀不缺
起道顺坡长度	不小于起道高度的 200 倍	作业时为起道量的 200 倍，收工时为起道量的 400 倍
接头螺栓	每个接头上紧 4 个（每端 2 个）	接头螺栓齐全，扭矩符合规定
道钉或扣件	半径小于或等于 800m 的曲线地段接头 2 根轨枕扣件齐全有效其他地段可每隔一根或每隔二根拧紧一根	道钉、扣件齐全有效，扭矩符合规定

3. 工务设备故障与行车安全的关系

（1）轨向不良

轨向不良包括直线地段不直顺，曲线地段不圆顺，能导致列车在水平面上产生左右摇摆式的蛇行运动，严重的要发生脱轨。

（2）水平不良

如果左右股钢轨顶面水平不良，也就是说，直线地段不是同一水平，曲线地段不符合超高规定，能导致列车在垂直面上摇晃，严重的要发生倾覆。

（3）轨距不良

轨距小于规定值，加剧轮轨磨耗，大于规定值到一定程度，要发生列车轮缘掉道。

(4) 高低不良

轨道前后高低不良，使列车在运行过程中，前后颠簸，严重的要发生脱轨。

(5) 成段扣件松动

扣件是保证轨道几何形态的重要零部件，要始终保持规定的扭力矩，防止发生松动，当发生零星的即不连续的松动或脱离时，暂不对行车安全构成威胁，成段的松动或脱落使钢轨不能固定，安全的几何形位便不能得到保证。

扣件松动还会带来钢轨爬行，造成轨道内应力不均，是高温季节胀轨跑道的根源之一。

(6) 接头螺栓松动

接头螺栓松动，降低接头阻力，使钢轨纵向位移，而产生连续瞎缝，同样造成轨道内应力不均。

(7) 道床松动

碎石道床由于在作业过程中压密捣实不够，或许由于附近其他施工的影响，使轨道路基和道床发生扰动，道床阻力严重降低，不能抵抗轨道内力而使轨道上部结构发生纵向爬行，也是高温季节胀轨的原因之一。

(8) 钢轨磨耗超限

曲线地段，受客观条件的影响，发生钢轨磨耗，其中有垂直磨耗和侧面磨耗，侧面磨耗加大轨距，垂直磨耗降低轨面，两者的组合使钢轨断面发生异常变化，当超过一定量时，严重影响行车安全，或者车轮掉道，或者轮缘爬上轨面。

(9) 钢轨伤损

钢轨有多种多样的伤损，其发展结果不外乎三个方面：第一是横向断裂；第二是内侧作用边纵向断裂掉块；第三是轨头揭盖。都能构成行车事故。

(10) 路基塌方

路基排水不畅，受雨水浸泡的影响，路基强度严重降低而发生沉降或塌方，或者由于其他施工影响，受外力作用而发生塌方。轨道上部结构无以依附，必须中断行车。

(11) 道岔不良

道岔是列车转线的重要设备，也是行车安全的关键设备和事故多发的险要地段。同时道岔还是多专业使用和维护的结合部。道岔设备故障或道岔发生事故有供电系统方面的原因，有信号系统方面的原因，有行车误认信号、冒进信号方面的原因，有错误扳动道岔的原因，还有工务设备方面的原因。

1) 道岔不良有以下几个方面：

2) 尖轨不密贴；

3) 尖轨、基本轨磨耗超限；

4) 滑床板断裂，影响尖轨滑移；

5) 咽喉区查照间隔不符；

6) 轮缘槽尺寸不符；

7) 方向、轨距、水平不好；

8) 紧固件螺丝松动、脱落；

9) 叉心伤损或磨耗超限；

10) 碎石道床松动，轨枕空吊。

4. 人身安全管理

（1）人身伤亡事故的种类

1）车辆伤害

指养护维修的作业人员或其他工作人员与运营列车或工程车辆所发生的冲突，而致使伤亡的事故。

2）起重伤害

使用起重设备进行各种起吊作业时所发生的人身伤亡事故。

3）机具伤害

各种施工器械、工具对人身所构成的伤害，包括挤伤、切伤、撞击等。

4）高处坠落

在登高离开基准面 2m 及以上进行作业而坠落所造成的人身伤亡事故。

5）触电伤害

作业人员接触高压电源所造成的电击伤害。

6）中毒窒息

发生食物中毒以及在隧道、坑井等封闭型的构筑物内因通风不良处造成的伤害。

7）物体打击

施工场地，各种设备的零配件以及土建碎块给作业人员的打击所造成的伤害。

8）爆炸伤害

易燃易爆物在发生意外爆炸时给人员所造成的伤害。

（2）人身伤亡事故的预防

1）车辆伤害的预防

① 班前必须充分休息，不得饮酒，班中按规定着装，佩戴防护用品。

② 精力集中，认真操作，执行各项安全操作规定，不得打盹睡觉，不准玩笑打闹，不准做与本职工作无关的事情。

③ 运营正线，封闭式或半封闭式的线路，在运营时段，不得入内。在站场敞开式的线路顺着轨道行走，应走路肩，禁止走道心和轨枕头，不准脚踩道岔的尖轨、连接杆以及线路上的信号电缆等设施。

④ 确需横穿线路时，应一站、二看、三通过，并注意瞭望运行车辆和观察脚下的障碍物，不得抢道。

⑤ 在运营时段，因特殊原因，必须对地面线路进行检查，应获得有关部门的批准，但必须设置专人防护，发现来车，立即下道避让。站场线路巡视，发现来车，应下道至安全地点，不得在邻线避车。

2）起重伤害的预防

① 工务人员吊、装、运、卸钢轨，与起重机及轨道车吊轨机经常打交道，对起重伤害的预防非常重要。

② 臂式起重机的司机及轨道车吊轨机的操作手应经有关的安全技术培训，考核合格，取得操作证后，方准独立操作。

③ 接班时，应对启动、制动、吊钩、钢丝绳和其他各种安全装置进行检查，发现性能不正常时，应在操作前排除。

④ 启动前应鸣铃，接近人员时应给予报警声。

⑤ 起吊作业应专人指挥，操作人员应绝对服从指挥人员的信号，其他人员不得干预。

⑥ 闭合主电源或工作中发生断电时，应将所有的控制器手柄置于零位，重新工作前，应检查起重机动作是否都正常。

⑦ 起吊作业时，机下及周围不得有闲人停留围观。

⑧ 吊臂与附近的电杆及其他建筑设施必须留有一定的安全距离，隧道内吊、卸钢轨，不得损坏电缆设施。

⑨ 吊机维护保养时，应切断主电源，并挂上标志或加锁。

⑩ 遇有下列情况之一时，不得操作：

超载或钢轨看不清，吊机零部件有影响安全的损伤，吊挂不稳或钢轨倾斜，视线昏暗，看不清指挥信号。

指挥人员应做到：

① 作业前与操作手交代清楚注意事项。

② 选择安全、明显的地点指挥。

③ 指挥时，要正确、及时、明显、果断地显示信号。

④ 随时掌握周围环境的情况，发现危险，立即显示停车信号。

⑤ 严禁臆测指挥。

⑥ 作业结束，应检查场所的安全情况，消除隐患。

吊轨配合作业人员的要求：

① 明确指挥信号。

② 挂钩应安装牢靠。

③ 绳索所经过的菱角处应加衬垫。

④ 多人挂钩应步调一致。

3）机具伤害的预防

① 起道机手要由考核合格的人员担任。

② 作业时要做到人不离机、手不离把。起道机打炮速降时应做到呼喊应答。

③ 起道作业时，起道机对面不得有人停留，防止撬棍飞出伤人。

④ 使用有嘴撬棍翻动钢轨应由操作熟练的人员担任，两人翻动钢轨，要注意动作配合协调。

4）高处坠落事故的预防

① 高空作业必须戴安全帽，系安全带或安全绳，穿防滑鞋。

② 升降机、必须性能完好。

③ 登高梯、脚手架、跳板必须搭设牢固。

5）触电事故的预防

① 在带有供电触网的轨道上施工，作业人员及施工料具必须与触网保持 2m 以上的距离。

② 如工作需要，与触网距离不足 2m 时，必须办理停电、验电手续，并设置接地棒。

③ 施工结束后，办理注销手续。

④ 手持电动工具必须有良好的绝缘。

4.3 应急管理

地铁是都市的大动脉。地铁设施一旦发生突发性故障，就会造成运行中断，给社会带来极大的影响。因此要建立完善的设施保证体系，配备抢修人员、抢修设备、抢修物资及制定可靠的抢修方案和措施。在设备发生突发性故障时，随时参与应急抢险，最大限度地减少故障发生后的损失。

1. 主题内容与适用范围

（1）主题内容

本预案包括以下内容：

地面无缝线路胀轨抢修；

线路断轨抢修；

挤岔抢修；

抗洪抢修。

（2）适用范围

本预案适用于城市轨道交通运营正线和基地站场线路设备的应急抢修。

2. 组织机构与工作职责

（1）机构组织（图 4.3-1）

负责线路设备养护维修的专业公司成立抢修队，下设技术组、保障组和若干抢修作业组。抢修组织要报上级公司备案。

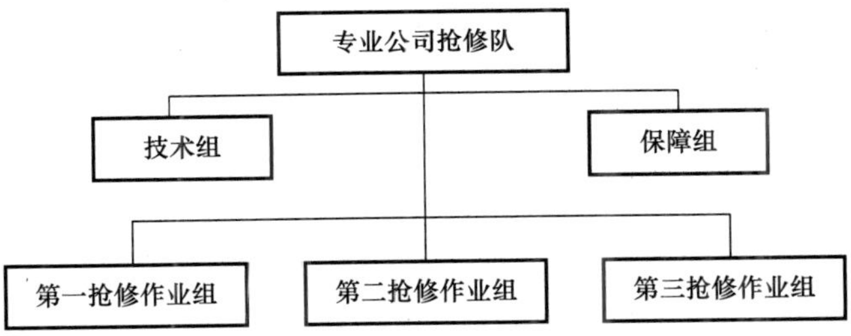

图 4.3-1　机构组织

（2）工作职责

1）抢修队指挥部职责

① 负责抢修工作的总体指挥和调度；

② 负责与上级指挥部门沟通与汇报；

③ 负责对下设技术组、保障组和各抢修作业组发布抢修指令；

④ 负责对拟采取的抢修方案批准并组织实施；

⑤ 负责对其他专业公司的联络与配合；

⑥ 负责对下设各抢修作业组的协调；

⑦ 组织对抢修作业组的专业培训和日常拉动演练。

2）技术组职责

① 负责抢修前对现场进行数据采集、状态评估，拟定抢修技术方案；

② 负责抢修过程中监控设备状态及数据变化，随时修正抢修方案；
③ 负责抢修作业后设备状态的鉴定和有关资料的收集汇总；
④ 负责对抢修预案演练的技术指导；
⑤ 密切配合教育部门的专业培训工作；
⑥ 负责对抢修预案的修订完善。

3）保障组职责

① 负责抢修信息的传递；
② 负责抢修设备物资的调度；
③ 负责抢修车辆的调度；
④ 负责应急物资的供应；
⑤ 负责抢修作业人员的后勤保障。
⑥ 负责抢修物资的储备和日常管理，确保抢修物资的供应正常和状态良好。

4）抢修作业组职责

① 负责及时组织抢修作业组人员携带抢修用具迅速赶赴现场；
② 配合技术组开展状态评估和数据采集；
③ 协助技术组提出抢修方案建议；
④ 负责抢修作业的实施；
⑤ 负责抢修作业过程中的标准化和规范化；
⑥ 负责抢修作业过程的质量管理、安全管理与现场工料管理；
⑦ 协助技术组对抢修后设备状态进行鉴定；
⑧ 参与抢修后的设备质量验交；
⑨ 积极参与日常技术比武和抢修演练活动。

3. 抢修信息流程

（1）抢修信息传递流程（图 4.3-2）

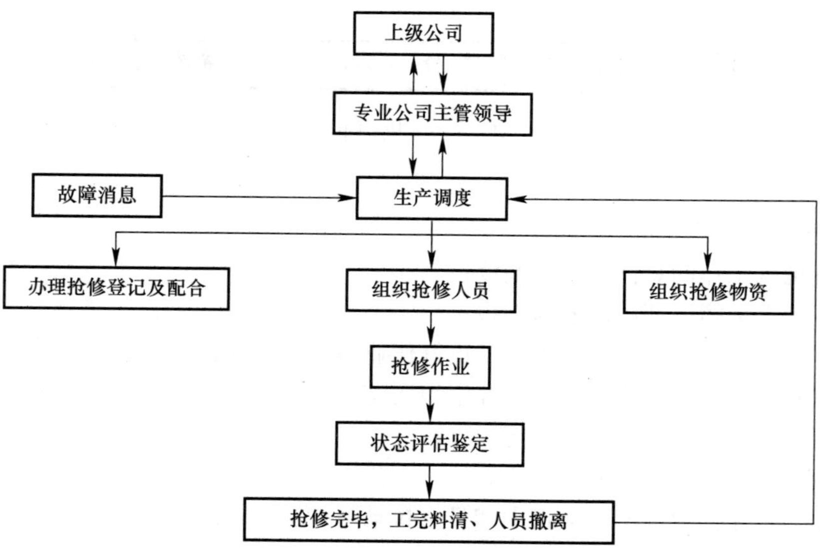

图 4.3-2 抢修信息传递流程

(2) 抢修信息传递内容

1) 设备故障发现人或传递人的姓名和单位部门；

2) 设备故障的地点，包括线别、车站、区间、里程、百米标等；

3) 设备故障发现的时间或接报的时间；

4) 设备故障的类别、初步状态程度。

4. 抢修物资的储备与管理

(1) 抢修物资的储备

选择一个运营线路基地设置抢修物资中心仓库，中心仓库最少储备下列抢修物资：

锯轨机1台，锯片5片；P50和P60钻眼机各1台，钻头各2根；380V和220V发电机各1台；380V和220V拖线盘各2只；电动捣固棒1台；水泵2台；太阳灯4只，灯管10根；吊轨小车3只；弯轨器1台；轨缝调节器1台；急救器1组；P50和P60接头夹板含螺栓各4套；撬棍5根；大锤2把；道钉锤2把；长固定扳手10把；小摇手10把；375活扳手4把；大拉耙2把；杠棒4根配绳索；30m钢尺1把；5m钢尺1把；编织袋100只。

其他各基地设置抢修物资分仓库，分仓库最少储备下列抢修物资：

水泵1台；道尺1把；轨温计1台；弦线塞尺1套；捣固手镐8把；四齿耙8把；箩筐6只；线路零配件100套；道岔主要零配件1组；各型道岔连接杆1套；各型钢轨接头夹板含螺栓4套。

各基地露天指定地点最少储备下列抢修物资：

P60混凝土轨枕20根；普通木枕20根；黄砂100袋；25mP50轨2根；25mP60轨2根；异形接头钢轨1根，各型温调器各1组。

各正线折返岔区最少配置下列抢修物资：

各形尖轨各1根；各型基本轨各1根；各型辙叉心各1只；各型护轮轨各1根；各型连接杆各1套；滑床板各1套；活接头螺栓1组。

(2) 抢修物资的管理

抢修中心仓库物资的开启使用须经调度批准，库内物资日常由基地站线工区负责管理。其他各抢修分仓库和露天仓库由相关设备管理部门负责管理。各沿线岔区抢修备料由相关工区负责管理。

各抢修仓库物资仅供抢修队在执行设备抢修作业时使用，使用后由相关设备管理部门负责对抢修物资进行添补和整新。

保障组有关人员做好抢修物资使用的相关台账，并经常性督促有关部门工区对抢修物资进行日常保养维护，使其保持良好应急使用状态。

各设备管理部门及下属工区应经常性保持抢修物资的良好状态，建立统计台账，做到账卡物相符，对动力机具做好日常保养和定期试机。

5. 地面无缝线路胀轨抢修预案

(1) 抢修作业程序

1) 迅速赶赴故障现场；

2) 申请线路停运，必要时申请邻线停运，胀轨处所前后100m设停车防护员；

3) 必要数据采集：胀轨处所里程轨号、胀轨范围合计延长米、胀轨矢度、现场轨温、轨距水平方向高低；

4）寻找水源，浇水降温；

5）确定抢修方案（持续浇水降温或使用液态 CO_2 降温或截断长轨插入短轨）经批准实施；

6）按方案实施；

7）全面拨正线路、补碴、捣镐、夯拍道床；

8）全面复紧扣件；

9）作业前中后测量轨温；

（2）线路恢复开通

1）开通前线路检查；

2）线路几何尺寸符合线路设备维修规则要求，取消停车防护，抢修指挥申请以 5km/h 速度放行第一趟列车；

3）根据线路变化情况对故障地点进行轨道几何尺寸修正，以 25km/h 速度放行第二趟列车；

4）根据线路变化情况对故障地点进行轨道几何尺寸修正，线路处于稳定状态时可以 45km/h 速度放行后续列车；

5）安排人员监护至列车运行结束，监护期间轨道变化如不能满足行车要求，立即申请利用运行间隔继续安排抢修直至线路状态稳定。

抢修后在合适时间根据轨温条件安排应力调整。

6. 线路断轨抢修预案

（1）抢修作业程序

1）迅速赶赴故障现场；

2）申请线路停运，必要时申请邻线停运，断轨处所前后 100m 设停车防护员；

3）必要数据采集：断轨处所里程轨号、断轨范围合计延长米、断轨处轨缝尺寸、钢轨纵向位移长度、现场轨温、轨距水平方向高低；

4）切割钢轨断裂部分，插入不短于 4.5m 的同型钢轨；

5）安装接头夹板及螺栓；

6）断裂处前后 100m 全面复紧扣件；

7）作业前中后测量轨温；

（2）线路恢复开通

1）开通前线路检查；

2）线路几何尺寸符合线路设备维修规则要求，取消停车防护，抢修指挥申请以 5km/h 速度放行第一趟列车；

3）根据线路变化情况对故障地点进行轨道几何尺寸修正，以 25km/h 速度放行第二趟列车；

4）根据线路变化情况对故障地点进行轨道几何尺寸修正，线路处于稳定状态时可以 45km/h 速度放行后续列车；

5）安排人员监护至列车运行结束，监护期间轨道变化如不能满足行车要求，立即申请利用运行间隔继续安排抢修直至线路状态稳定。

抢修后在合适时间根据轨温条件安排应力调整。线路恢复开通。

7. 挤岔抢修预案

（1）抢修作业程序

1）迅速赶赴故障现场；

2）申请岔区线路停运，岔区前后 100m 设停车防护员；

3）现场状态调查：尖轨、基本轨、护轮轨、辙叉心、拉连杆及零配件损坏情况，密贴、开程、轨距、水平、支距、方向；

4）拆除破损的尖轨、基本轨、护轮轨、辙叉心及拉连杆零配件；

5）更换破损的尖轨、基本轨、护轮轨、辙叉心及拉连杆零配件；

6）调整各部分尺寸；

7）全面拧紧各部分螺栓；

8）检查密贴、开程、轨距、水平、支距、方向等道岔尺寸；

9）与电务联动测试道岔状态，由车站确认道岔状态。

（2）线路恢复开通

1）开通前线路检查；

2）线路几何尺寸符合线路设备维修规则要求，取消停车防护，抢修指挥申请以 5km/h 速度放行第一趟列车；

3）根据线路变化情况对故障地点进行轨道几何尺寸修正，以 25km/h 速度放行第二趟列车；

4）根据线路变化情况对故障地点进行轨道几何尺寸修正，线路处于稳定状态时可以 45km/h 速度放行后续列车；

5）安排人员监护至列车运行结束，监护期间轨道变化如不能满足行车要求，立即申请利用运行间隔继续安排抢修直至线路状态稳定。

8. 抗洪抢修预案

（1）抢修作业程序

1）迅速赶赴故障现场；

2）根据现场情况申请线路停运（积水面距轨面小于 50mm）；限速 20km/h（积水面距轨面小于 100mm）；限速 40km/h（积水面距轨面小于 150mm）；积水面距轨面大于 150mm 时可不限速；积水地点前后 100m 设防护员；

3）现场状态调查：道床、路基含水、浸没、冲刷及坍塌情况和线路下沉变化情况；

垫设沙包拦截水源，疏通排水沟；

4）开启排水泵抽取积水，降低水位；

5）根据轨面下沉及石碴路基坍塌陷落情况申请停运安排起道捣固、补碴、抛填片石、夯拍道床；

6）检查道床、路基含水、浸没、冲刷及坍塌情况和线路几何尺寸。

（2）线路恢复开通

1）抢修结束，申请以 5km/h 速度放行第一趟列车；

2）根据线路变化情况对故障地点进行轨道几何尺寸修正；以 25km/h 速度放行第二

趟列车；

3）根据线路变化情况对故障地点进行轨道几何尺寸修正；线路处于稳定状态时可以45km/h或更高速度放行后续列车；

4）安排人员监护至列车运行结束，监护期间轨道变化如不能满足行车要求，立即申请利用间隔，继续安排抢修直至线路状态稳定。

第2篇

城市轨道交通隧道维护

第5章　城市轨道交通隧道类型概述

区间隧道是连接两个地下车站之间的建筑物，根据线路的敷设方式一般分为盾构法隧道和明挖法隧道。盾构法隧道适用于城市中心繁华地段，建筑物秘籍区域；明挖法隧道适用于周边场地条件良好处，也用作地下区间和高架区间的连接段。

5.1　盾构法隧道

盾构隧道是指采用盾构法施工建造而成的隧道。盾构法是暗挖法施工中的一种全机械化施工方法，它是将盾构机械在地中推进，通过盾构外壳和管片支撑四周围岩，防止发生往隧道内的坍塌，同时在开挖面前方用切削装置进行土体开挖，通过出土机械运出洞外，靠千斤顶在后部加压顶进，并拼装预制混凝土管片，形成隧道结构的一种机械化施工方法。

盾构隧道管片按材料可分为钢筋混凝土、钢、铸铁以及由几种材料组合而成的复合管片，见表5.1-1。在区间隧道的特殊地段，如集水井、需要开口的衬砌环或预计将承受特殊荷载的地段，一般采用钢或铸铁管片。

管片类型及对比　　表5.1-1

管片名称	特点	存在问题
钢筋混凝土管片	(1) 成本低、使用最多； (2) 耐久性好	(1) 厚度大，致使掘削面大； (2) 重量大、运输、组装需要手工操作、易损伤
球墨混凝土管片	(1) 强度好、耐久性好。制作精度高； (2) 与混凝土管片相比重量轻、掘削面小； (3) 承受特殊合作的地点可选用特殊构造	(1) 成本高； (2) 焊接困难
钢管片	(1) 重量轻、组装运输容易； (2) 可任意按照加固材、加固容易； (3) 中小盾构隧道中使用多	(1) 容易变形； (2) 耐腐蚀性差
复合管片	管片混凝土和钢板有效复合构造，与钢筋混凝土管片相比厚度小	(1) 钢板的抗腐蚀性差； (2) 接头构造复杂

1. 单圆隧道

就单圆隧道而言，其管片厚度350mm，内径为5500mm，管片材料为C55高强混凝土，抗渗等级≥S10，一般隧道衬砌环由6块管片拼装而成，即由一块小封顶块F、两块邻接块L、两块标准块B和一块大拱底块组成，如图5.1-1。大拱底块布置两条对称的三角肋，在靠近隧道外弧面设弹性密封垫槽，内弧面设嵌缝槽。在衬砌接缝构造设计中，考虑到软土地层的特性，便于在环间传递一定的剪力，控制环间踏步，同时方便管片拼装时定位，在环缝和纵缝上均设计成凹凸榫槽；也有在管片纵缝上设置塑料定位棒的。目前，隧道管片块与块、环与环之间采用高强度螺栓连接，常用的螺栓连接有以下三种形式：弯螺栓、直螺栓和斜螺栓。通常环向管片间以 2 根 M30 的环向螺栓压密相连，纵向环间以 17 根纵向螺栓相连。

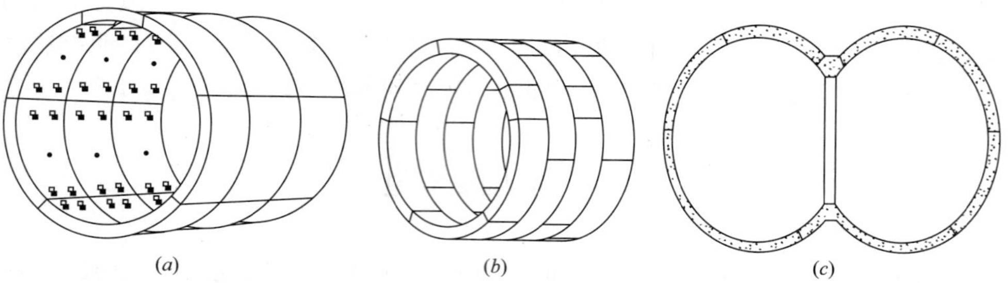

图 5.1-1　通缝拼装和错缝拼装隧道

（*a*）通缝拼装；（*b*）错缝拼装；（*c*）双圆隧道

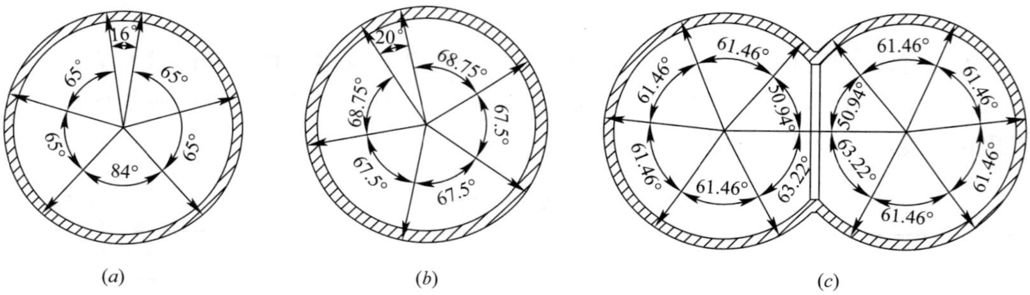

图 5.1-2　整环隧道构成

（*a*）整环通缝拼装；（*b*）整环错缝拼装；（*c*）双圆隧道拼装

管片圆环的拼缝形式有通缝、错缝两种。衬砌环的纵缝环环对齐的称为通缝，而环间纵缝互相错开的称为错缝。通缝形式具有拼装施工容易、施工效率高的优点。目前上海地铁盾构隧道大多采用通缝拼装的方式。错缝拼装的优点在于能够使圆环接缝刚度均匀分布，提高管片衬砌的纵向刚度，减小接缝及整个结构的变形。通缝拼装时各环管片拼装方式相同，6 块管片所对应圆心角分别为 16°、4×65°、84°，如图 5.1-2（*a*）。错缝拼装与通缝拼装略有不同，如图 5.1-1。其拼装方式是隔环相同，拱底块不设三角肋，在道床底部有一条纵缝，6 块管片所对应圆心角分别为 20°、2×68.75°、3×67.5°，如图 5.1-2（*b*）。错缝隧道的纵向刚度通常要比通缝隧道的刚度大，单圆盾构隧道见图 5.1-3。

2. 双圆隧道

双圆隧道是采用多圆形加泥土压平衡盾构机开挖形成的有 2 个圆形断面的隧道，2 个圆形断面连接位置上设置海鸥形接头管片。双圆盾构隧道可有效减少断面，节约地下资源。并且一次施工可完成两条隧道的掘进，缩短施工周期。双圆隧道管片为C50高强混凝土，由8块A型标准块管片、1块B型管片（海鸥形管片）、1块C型管片（小海鸥形管片）、1块D型管（中立柱连接B块与C块）片组成一环。外径分别为10.9m（水平方向）和6.3m（垂直方向），内径分别为10.3m（水平方向）、5.7m（垂直方向），管片厚度为0.3m，接缝形式为预埋螺栓型接头，如图5.1-2（*c*）。

双圆盾构隧道一般通过对上下异形的管片的处理，采用相邻圆环互相交替组合的方式来实现错缝拼装（图5.1-4）。

图5.1-3　单圆盾构隧道

图5.1-4　双圆盾构隧道

3. 旁通道

区间隧道主要附属设备为旁通道，也称联络通道。区间纵向的设置根据区间的长短和建设深度的要求，通常设计成V形，即出车站向下，至最低点处后上升，直至另一车站。旁通道就设在区间隧道的V形的最低部位，埋藏深度大，采用暗挖法施工。设计中采用了联络通道与排水泵房合建式的方案。

5.2　明挖法隧道

明挖区间隧道，为深埋盾构隧道区间与地面段高架桥梁连接过渡段的隧道，属于浅埋式地下结构。明挖法适用于市郊施工场地开阔，软岩等环境场地中，它的优点是进度快、工作面大，便于机械和大量劳动力投入，但也存在破坏环境生态，影响交通，带来尘土和噪声污染等缺点。

明挖法施工的地铁区间隧道结构通常采用矩形断面，一般为整体浇筑或者装配式结构，其优点是内轮廓与区间隧道建筑限界接近，内部净空可得到充分利用，结构受力合理，便于顶板上敷设城市地下管网设施。

矩形隧道结构（图5.2-1）一般由隧道底板、隧道顶板与侧墙组成，隧道采用混凝土现浇方式进行施工，施工工艺有四项：围护结构施工、降排水施工、土方开挖、结构施工。

主体结构的4个阶段顺序作业：接地网垫层底板防水层→底板→侧墙、顶板防水层→土体回填。

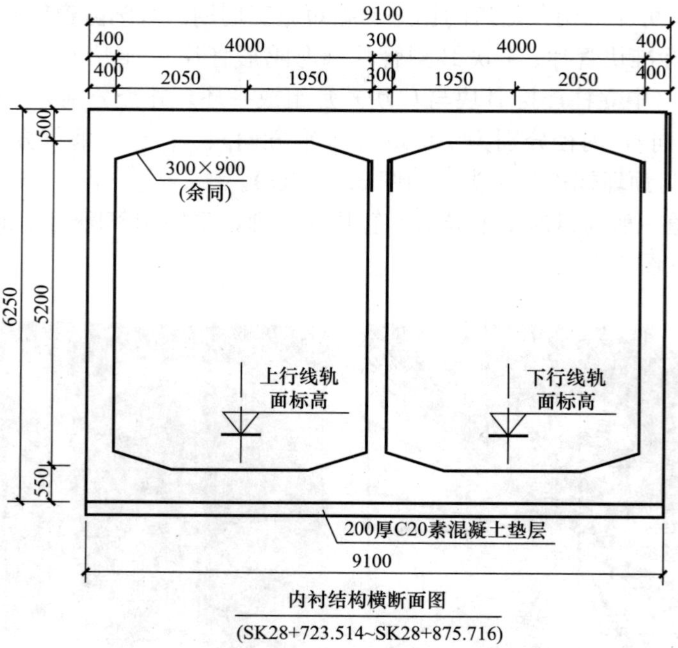

图 5.2-1　矩形隧道结构图

第6章　城市轨道交通隧道主要技术标准

6.1　盾构法隧道变形标准

1. 盾构法隧道变形控制指标

地铁隧道在建设过程中主体结构主要随工况及地层降沉而变化，在运营期间其主体结构受多种因素影响而产生结构变形。由于地铁隧道变形与周边土地密切相关，隧道周边保护区施工会造成地铁隧道的差异沉降、隧道管片收敛等变形现象。因此，需要通过长期监测地铁结构变形，掌握地铁隧道的变形状况，对隧道安全进行正确的评估。

隧道长期监测变形，主要对以纵向变形及横向变形两项指标进行监测。

（1）隧道竖向变形控制指标在以下范围内，认为隧道结构是安全的：

连续6个月，差异沉降速率小于0.6mm/月；

沉降曲线斜率小于1.6‰；

沉降曲线曲率半径大于15000m。

（2）目前，城市轨道交通只对盾构法隧道提出横向变形控制指标要求。隧道横向变形控制指标在以下范围内，认为隧道结构是安全的：

单圆通缝拼装盾构隧道水平直径收敛值小于等于100m；

单圆错缝拼装盾构隧道水平直径收敛值小于等于70mm；

隧道水平直径收敛值年变化值小于等于10mm。

2. 隧道变形预警体系

若某一隧道区段的变形超过了控制指标值，应及时进行预警，并将该区段列为重点区段，持续进行跟踪，适当加密监测频次。并应根据现场情况，及时采取应对措施。对于变形超标地段都应优先处理范围内的渗漏水病害。沉降地段的治理，可采用双液微扰动注浆等工艺。收敛地段按其变化值采取不同方式进行治理：单圆通缝拼装隧道水平直径收敛值90～100mm采用贴芳纶纤维布进行加固；大于100mm进行钢内衬加固；错缝拼装隧道水平直径收敛值大于等于70mm或出现收敛变形裂缝的进行钢内衬加固；变化值大的，视情况进行处理。

3. 隧道结构病害的治理等级及标准

隧道衬砌结构根据直径变形量的数值分三级标准进行治理，如表6.1-1所示。

隧道结构病害治理等级标准判别表　　表6.1-1

衬砌直径变形δ（mm）	$60\leqslant\delta<90$	$90\leqslant\delta<100$	$\delta\geqslant100$
治理等级	三级	二级	一级

注：错缝拼装的隧道结构直径变形量按上表数值标准的0.7倍折算。

按照隧道变形的等级划分，采取对应的治理方式，隧道结构病害的具体治理标准及要求如下：

（1）治理等级为三级的隧道，应采取接缝渗漏水的封堵＋管片混凝土破碎修补的方式进行治理。对有碎裂、渗漏的管片应先作注浆堵漏处理（包括管片内表面出现的众多渗水细裂缝、管片环纵缝的渗漏）；在进行堵漏处理且管片不渗漏之后，采用裂缝修补材料进行管片破损混凝土修补；治理后的区间隧道需达到二级防水标准的要求。

（2）治理等级为二级的隧道，应采取接缝渗漏水的封堵＋芳纶纤维布的粘贴补强的方式进行治理。采用壁后注浆与隧道内接缝注浆结合的方式进行隧道堵漏施工。对接缝张开的管片采用单组分聚氨酯膨胀密封胶结合高模量聚氨酯密封胶嵌填；对封顶块、邻接块纵缝张开量大于 6mm 的管片进行芳纶纤维布的粘贴加强，要求芳纶纤维布跨纵缝覆贴；控制管片最终直径变形不大于 9cm，治理后的区间隧道需达到二级防水要求。

（3）治理等级为一级的隧道，应采取接缝渗漏水的封堵＋微扰动注浆＋钢圈加固的方式进行治理。注浆与接缝张开治理要求与二级一致；对通缝拼装管片直径变形不小于 10cm 的管片，错缝拼装管片直径变形不小于 7cm 的管片，进行加设内张钢圈的补强。对于环间错台大于 2cm 的管片，内张钢环骑缝布置；对管片直径变形大于等于 12cm 的管片，应在实施钢圈加固前在受损区段管片外侧进行双液浆充填纠偏加固，并在灌浆施工期间实时监测管片的直径变形，要求管片的直径变形减小 1～3cm 并稳定后停止注浆加固。控制管片的直径变形减小 3cm，治理后的区间隧道需达到二级防水要求。

6.2 隧道防水标准

渗漏水会影响结构的耐久性，导致结构产生不均匀沉降，危及行车安全，影响设备的正常使用，所以，防水对于地下工程的功能是非常重要的。目前，我国地下工程的防水等级按渗漏分为一级～四级（表 6.2-1）。地铁隧道工程应纳入二级防水要求。

地下工程的防水标准 **表 6.2-1**

防水等级	防水标准
一级	不允许渗水，结构表面无湿渍
二级	不允许漏水，结构表面可有少量湿渍。 工业与民用建筑：总湿渍面积不应大于总防水面积（包括顶板、墙面、地面）的 1/1000；任意 $100m^2$ 防水面积上的湿渍不超过 2 处，单个湿渍的最大面积不大于 $0.1m^2$。 其他地下工程：总湿渍面积不应大于总防水面积的 2/1000；任意 $100m^2$ 防水面积上的湿渍不超过 3 处，单个湿渍的最大面积不大于 $0.2m^2$；其中，隧道工程还要求平均渗漏量不大于 $0.05L/(m^2 \cdot d)$，任意 $100m^2$ 防水面积上的渗水量不大于 $0.15L/(m^2 \cdot d)$
三级	有少量漏水点，不得有线流和漏泥砂。 任意 $100m^2$ 防水面积上的漏水或湿渍点数不超过 7 处，单个漏水点的最大漏水量不大于 2.5L/d，单个湿渍的最大面积不大于 $0.3m^2$
四级	有漏水点，不得有线流和漏泥砂。 整个工程平均漏水量不大于 $2L/(m^2 \cdot d)$；任意 $100m^2$ 防水面积上的平均漏水量不大于 $4L/(m^2 \cdot d)$

明挖法和地下工程的防水设防要求，按表 6.2-2 选用。

明挖法地下工程防水设防要求 表 6.2-2

<table>
<tr><td colspan="2">工程部位</td><td colspan="7">主体结构</td><td colspan="7">施工缝</td><td colspan="5">后浇带</td><td colspan="6">变形缝、诱导缝</td></tr>
<tr><td colspan="2">防水措施</td><td>防水混凝土</td><td>防水卷材</td><td>防水涂料</td><td>塑料防水板</td><td>膨润土防水材料</td><td>防水砂浆</td><td>金属防水板</td><td>遇水膨胀止水条（胶）</td><td>外贴式止水带</td><td>中埋式止水带</td><td>外抹防水砂浆</td><td>外涂防水涂料</td><td>水泥基渗透结晶型防水涂料</td><td>预埋注浆管</td><td>补偿收缩混凝土</td><td>外贴式止水带</td><td>预埋注浆管</td><td>遇水膨胀止水条（胶）</td><td>防水密封材料</td><td>中埋式止水带</td><td>外贴式止水带</td><td>可卸式止水带</td><td>防水密封材料</td><td>外贴防水卷材</td><td>外涂防水涂料</td></tr>
<tr><td rowspan="3">防水等级</td><td>一级</td><td>应选</td><td colspan="6">应选 1～2 种</td><td colspan="7">应选 2 种</td><td>应选</td><td colspan="4">应选 2 种</td><td>应选</td><td colspan="5">应选 1～2 种</td></tr>
<tr><td>二级</td><td>应选</td><td colspan="6">应选 1 种</td><td colspan="7">应选 1～2 种</td><td>应选</td><td colspan="4">应选 1～2 种</td><td>应选</td><td colspan="5">应选 1～2 种</td></tr>
<tr><td>三级</td><td>应选</td><td colspan="6">宜选 1 种</td><td colspan="7">宜选 1～2 种</td><td>应选</td><td colspan="4">宜选 1～2 种</td><td>应选</td><td colspan="5">宜选 1～2 种</td></tr>
<tr><td></td><td>四级</td><td>宜选</td><td colspan="6">—</td><td colspan="7">宜选 1 种</td><td>应选</td><td colspan="4">宜选 1 种</td><td>应选</td><td colspan="5">宜选 1 种</td></tr>
</table>

不同的场所适用不同的防水等级（表 6.2-3）。一般来说区间及其他隧道结构不得有线流和漏泥沙，当有少量漏水点时，昼夜的漏水量不得大于 0.5L/m^2，即介于二级和三级之间。

不同防水等级的适用范围 表 6.2-3

防水等级	适用范围
一级	人员长期停留的场所；因有少量湿渍会使物品变质、失效的贮物场所及严重影响设备正常运转和危机工程安全运营的部位；极重要的战备工程
二级	人员经常活动的场所，在有少量湿渍情况下不会使物品变质、失效的贮物场所及基本不影响设备正常运转和工程安全运营的部位；重要的战备工程
三级	人员临时活动的场所，一般战备工程
四级	对渗漏水无严格要求的工程

第7章　城市轨道交通隧道主要病害类型

7.1 渗　　漏

在用盾构法施工中，由钢筋混凝土管片（衬砌）拼装而成的隧道，由于各种原因造成管片的渗漏水。隧道发生渗漏，不但会影响隧道使用，影响管片的寿命，还会造成地面沉降，危害地面建筑及路面。

1. 湿渍

由管片接缝处防水不密闭引起，在管片表面接缝或螺栓附近可见的明显色泽变化的潮湿斑（图7.1-1）。

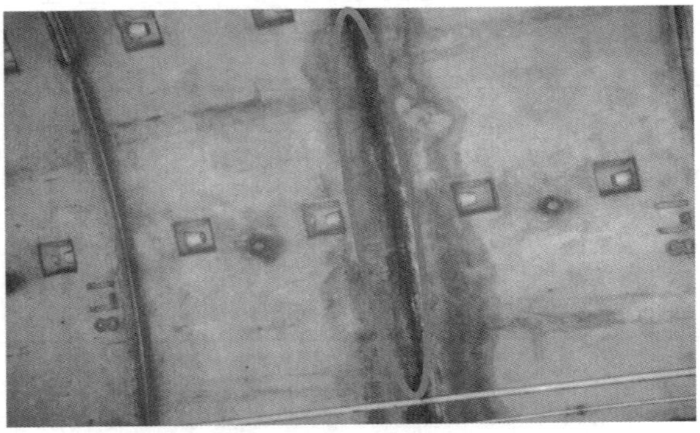

图7.1-1　湿渍

2. 渗水

由管片接缝处防水不密闭引起，在管片表面接缝或螺栓附近可见的明显的流挂水膜（图7.1-2）。

图7.1-2　渗水

3. 滴漏

由管片接缝处防水不密闭引起，当渗漏水部位在隧道顶部时发生的滴落现象，滴落速度至少每分钟一滴（图 7.1-3）。

图 7.1-3　滴漏

4. 线漏

一般由管片接缝处防水严重损失引起，当渗漏水部位在隧道顶部时，在管片表面接缝或螺栓附近形成连续的渗漏水现象（图 7.1-4）。

5. 漏泥砂

一般指隧道或地下车站内结构渗漏水中含有一定量细小砂粒的现象，大多数出现在严重渗漏水位置（图 7.1-5）。

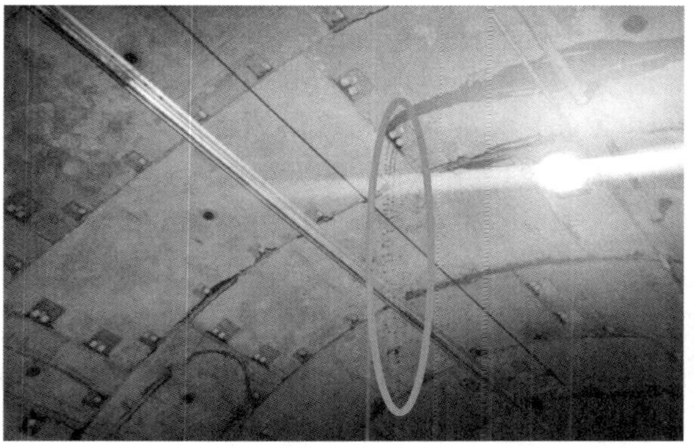

图 7.1-4　线漏

图 7.1-5　渗泥沙

7.2 变　形

1. 沉降（图 7.2-1）

当某些环隧道因受到内外部荷载改变或土层扰动时，会发生竖向沉降（或隆起）变形，带动相邻隧道发生竖向变形，依此影响到更大的范围，使隧道纵向形成一个沉降槽。从理论上分析，地铁隧道衬砌环脱离盾尾后的沉降发展过程可大致有三个阶段：初始沉降；下卧层超孔隙水压力消散引起的主固结沉降；下卧层土体的蠕变引起的次固结沉降。但由于导致软土地区隧道长期变形的因素众多，既有隧道施工期的，又有地铁运营期的，既有隧道结构本身的，也有周边环境变化引起的，这就使隧道长期沉降特征比理论分析结论复杂得多。

隧道纵向变形基本上是以环缝发生错台的方式进行，已发生不同环缝错台形成纵向沉降曲线，同一半径沉降曲线上不同位置的错台量是不同的。过大的不均匀沉降会影响轨道的平整性，影响乘坐的舒适性。

图 7.2-1 沉降

2. 收敛（图 7.2-2）

收敛变形是指隧道出现竖向缩短、横向增大的现象，变形过大会导致结构受力失衡而造成隧道破坏，正上方建筑活动、侧面基坑施工等情况，会加速变形趋势。按照设计要求，衬砌拼装成环的水平和竖向直径偏差≤4‰D，严格限制荷载作用下结构变形小于 1‰D，接头张开量小于 6mm，且接头满足力、防水和耐久的要求。隧道横向变形一般呈现“横鸭蛋”形式。当隧道发生水平横向变大时，隧道顶底靠近外弧面的部位呈受压状态，而对应的内弧面呈手拉状态。隧道内壁最显著的外观表象是：

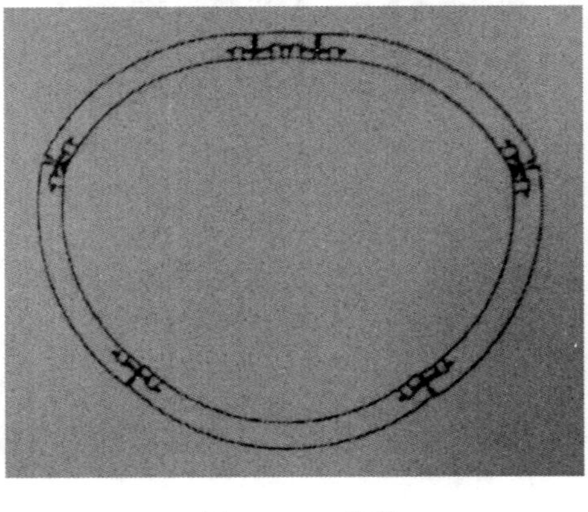

图 7.2-2 收敛

（1）封顶块两侧的纵缝张开明显；

（2）螺栓拉流或螺帽与螺杆脱离；

（3）标准块与邻接块纵缝两侧出现明显压碎压损现象，并可能伴随发生漏水现象；

（4）标准块与拱底块沿纵缝发生错台和张开；

（5）道床与管片之间产生脱开。

隧道横向变形事关隧道结构安全，在隧道上部加载严重的情况下，常会发生封顶块两侧纵缝张开、螺栓拉流拉断、腰部管片压损、拱底块与标准块之间的纵缝张开、标准块向外推移，底部还可能会产生裂缝现象，十分危险。

7.3 裂 损

1. 张裂与压溃

张裂。一般指在水土压力作用下，隧道衬砌（钢筋混凝土管片或钢管片等）结构在弯曲受拉区域或偏心受拉引起的裂缝，其特征是裂纹、裂面与应力方向正交，裂缝宽度由表及里逐渐变窄，图 7.3-1 为裂损。

压溃。一般指在水土压力作用下，隧道衬砌（钢筋混凝土管片或钢管片等）结构在弯曲受压区域或偏心受压区引起的裂缝，其特征是裂纹边缘呈压碎状，严重时受压区表面产生碎片剥落掉块等现象（图 7.3-2）。

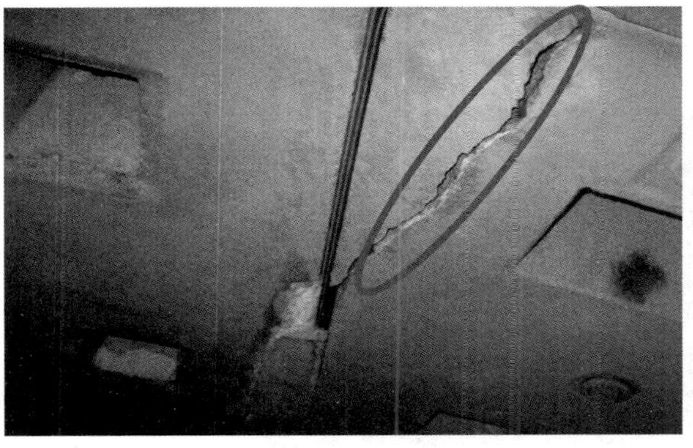

图 7.3-1　裂损

图 7.3-2　压溃

2. 错缝与错台

错台。一般指在水土压力作用下，隧道衬砌（钢筋混凝土管片或钢管片等）结构由剪切力引起的沿裂缝或环纵缝方向的错动，即形成错台（图 7.3-3）。

图 7.3-3　错台

错缝。一般指隧道内环缝或纵缝在交接面上出现位移的现象（图 7.3-4）。

3. 嵌缝条脱落

嵌缝条脱落。（图 7.3-5）一般指隧道内环缝与纵缝的嵌缝条在地铁列车振动或其他原因下，出现的松脱掉落现象。

图 7.3-4　错缝

图 7.3-5　嵌缝条脱落

第 8 章　城市轨道交通隧道病害治理措施

8.1　隧道表观现象分级标准

表观现象分级标准用来指导处理病害的优先顺序。隧道表观现象分级标准如表 8.1-1 所示。

隧道表观现象分级标准　　表 8.1-1

表观现象等级	表观现象内容
AA	(1) 涌水；(2) 线漏；(3) 隧道内成水膜状的连续渗流；(4) 严重的或有堆积的渗泥沙；(5) 旁通道隔断门无法固定牢固的情况；(6) 隧道顶部加固件及防排水设备破损等有侵限危险的现象；(7) 顶部嵌缝条悬垂大于 20cm；(8) 其他隧道结构及附属设施有侵限危险的现象
A	(1) 管片腰部渗水；(2) 管片底部环纵缝渗水；(3) 轻微渗泥沙；(4) 隧道附属设施松动；(5) 达不到 AA 级的顶部异物悬垂；(6) 旁通道本体及钢环处渗漏水现象
BB	(1) 除 AA、A 级以外的日常检查发现的其他渗漏水现象或积水现象；(2) 管片顶部汞于可见螺栓；(3) 腰部混凝土严重压损；(4) 道床排水沟与管片交接处纵向裂缝；(5) 道床及排水沟横向裂缝；(6) 轨枕与整体道床离缝，(7) 其他隧道附属设施一般病害
B	(1) 专项检查所发现的顶部开裂有掉块危险；(2) 掉块露筋等病害；(3) 错台、错缝现象；(4) 达不到国家二级防水要求的湿渍
C	(1) 满足国家二级防水技术要求的湿渍；(2) 面积小于 $0.01m^2$ 且不露筋的管片掉块等轻微现象

8.2　渗漏治理措施

1. 隧道渗漏水调查及测量方法

隧道内表面局部渗漏量的量测一般有以下 3 种方法：

(1) 可以用带有密封缘口的规定尺寸方框，安装在要求测量的隧道内表面，将渗漏水导入量测容器中。

(2) 隧道上半部的明显滴漏和连续渗流，可以直接用容器收集，进行量测。

(3) 目测法。即凭借长期观测的经验，摸索出一套办法。

以上三种方法，我们多采用第三种。经验告诉我们：当每分钟滴落 3～4 滴的漏水点，一昼夜的渗水量就是 1L。如果滴落速度每分钟大于 300 滴，则形成连续细流。

在地铁日常巡检工作中，我们对隧道漏水的描述，参照英国建筑工业研究和情报协会 (CIRIA) D 第 81 号报告“隧道防水”(1979 年 4 月)，推荐使用如下术语：

渗迹：隧道衬砌混凝土表面，呈现明显色泽变化的潮湿斑（建议标示号用“≠”）；

渗水：水从隧道衬砌壁面渗出，可观察到移动的水膜（建议标示符号用“⪔”）；

垂珠：悬垂在隧道衬砌顶面的水珠，其滴落间隔时间超过 1min，称为垂珠现象（建议标示符号用“◇”）；

滴漏：水珠的滴漏速度，每分钟至少一滴称滴漏现象（建议标示符号为“”）；

连续渗流：指渗漏成线或喷水的状态（建议标示符号为“”）；

道床排水沟开裂：指整体道床与管片脱离或排水沟开裂的现象（建议标示符号为“”）。

隧道年检中可采用上述渗漏水现象描述标示方法，对盾构法施工的地铁隧道进行渗漏水观测（表 8.2-1、图 8.2-1）。以下为渗漏水观察、测量和计算资料的实例，以供参考。

区间隧道渗漏水及衬砌裂损统计汇总表 **表 8.2-1**

区间名称	渗水点数目	滴漏点数目	衬砌明显裂损数目	道床开裂（m）
入洞口—漕宝路（上行）	12	2	3	9
入洞口—漕宝路（下行）	21	9	5	5
漕宝路—151 井（上行）	10	4	3	25
151 井—上体馆（上行）	17	0	0	45
上体馆—徐家汇（上行）	24	0	1	1
漕宝路—莱地井（下行）	26	2	0	35
莱地井—上体馆（下行）	14	1	0	45
上体馆—徐家汇（下行）	10	0	0	0
合计	134	18	12	164

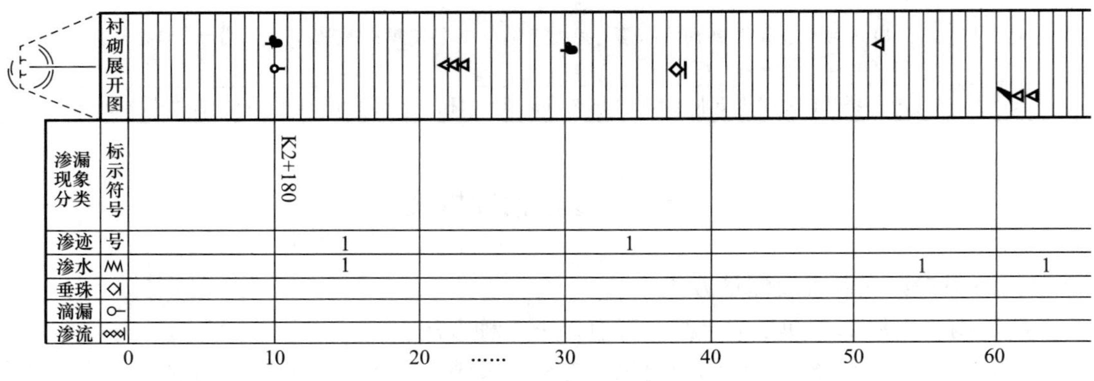

图 8.2-1　地铁隧道管片渗漏水展开图

2. 渗漏水及其他病害整治步骤

（1）施工前的调查工作

地下工程渗漏水治理前，应调查以下内容：渗漏水的现状，水源及影响范围，渗漏水的变化规律，衬砌结构的损害程度，结构稳定情况及监测资料。

（2）原因分析

根据以上资料，从设计、施工、使用管理等多方面进行渗漏水原因分析。在此之前，要翻看竣工资料，掌握工程原设计、施工资料，包括防水设计等级，防排水系统及使用的防水材料性能、试验数据；分析工程所在的位置及周围环境的变化，自然灾害对工程的影响等。从而找出真正的渗漏水原因，根据不同的原因和现状，提出不同的整治方案。

（3）材料选择

材料选择参照如下原则：

原料来源广，价格适宜；

注浆材料具有良好的可灌性；

凝胶时间可根据需要调节；

固化时收缩小，与围岩、混凝土、砂土等有较好的粘结力；

固结体有微膨胀性，强度能满足开挖或堵水要求；

稳定性好，耐久性强；

具有耐腐蚀性；

无毒，低污染；

施工工艺相对简单，操作方便、安全。

现场施工：根据不同漏水情况，制定不同施工方案和对策。

3. 变形缝渗漏水处理方法

（1）变形缝定义

变形缝是对伸缩缝、沉降缝、防振缝的总称。设置变形缝是为了吸收或缓冲结构中因温差、沉降、振动等产生的应力以避免混凝土结构发生开裂或破坏。合理设置变形缝是防止混凝土开裂的重要措施。地铁地下车站内两种不同结构联结处均设置变形缝。在上海地铁 1 号线运营近 10 年的历程中，经常发生变形缝渗漏水现象。有的颇为严重（如人民广场 4 号、5 号口变形缝漏水及徐家汇 3 号 环控机房内变形缝漏水），直接影响到地铁的窗口形象及乘客行走安全。所以，在地铁维修中，变形缝处的病害整治是非常重要的一环。

（2）变形缝构造

变形缝的功能是具有释放变形的能力。所以变形缝处的材料要求使用柔性可变形的材料。另外，设备用房内，站厅及出入口、隧道内的变形缝均要求具有防水性、气密性等综合性能。一般来说，地铁内变形缝的防水密封处理有以下几种方法：

止水带方式：如图 8.2-2、图 8.2-3，止水带方法分为两种：埋入式止水带和可卸式止水带。埋入式止水带就是在浇筑混凝土结构时直接将止水带浇筑在混凝土中；可卸式止水带，在浇注混凝土结构时先预埋带有螺栓的钢板，待混凝土固化后，把与螺栓位置一致并且带孔的橡胶止水带置入，再压上钢板，并将螺栓拧紧。

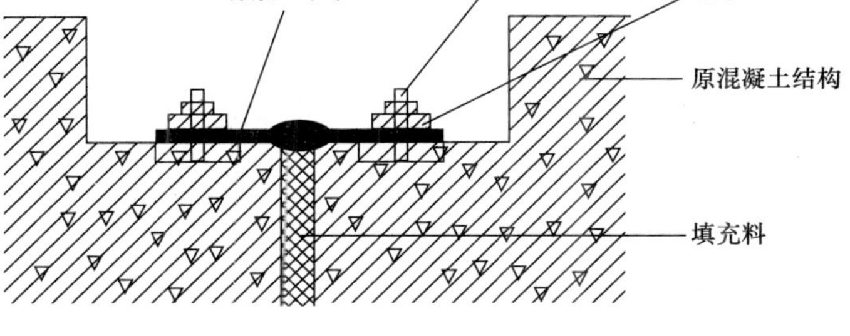

图 8.2-2 可卸式止水带

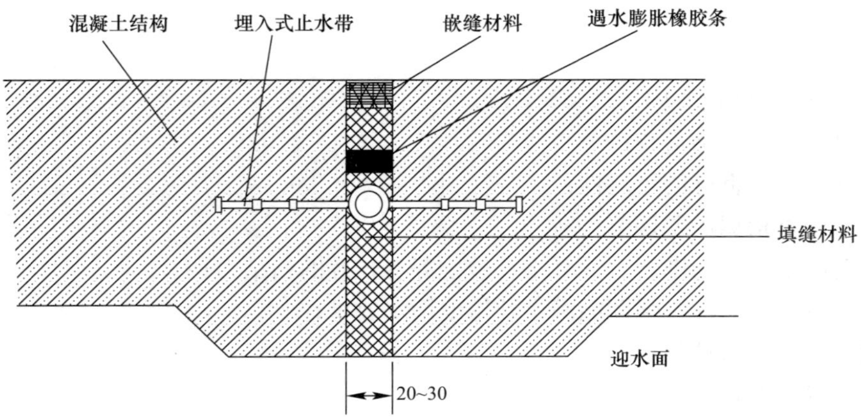

图 8.2-3　埋入式止水带示意图

（3）变形缝渗漏水原因分析

变形缝渗漏水的主要原因有二：一是止水带本身有砂眼，或已老化失效；二是止水带与钢板或混凝土粘结不牢，或止水带周围不密实，有蜂窝麻面或止水带粘有杂物等原因造成的。这种情况多发生在墙角转弯处，由振捣困难等原因造成的。

（4）变形缝处渗漏水治理方法

针对止水带不同的安装形式，变形缝渗漏水采取的处理方法也不一样。对于采用可卸式止水带的，一般通过更换止水带，同时注浆堵漏给予解决。对于采用埋入式止水带的，渗漏水处理可采用注入膨胀膏法和表贴式止水带法。其施工流程见图 8.2-4。

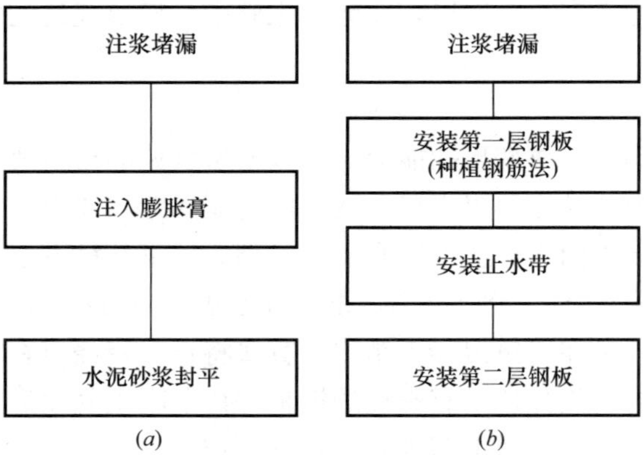

图 8.2-4　变形缝渗漏水处理施工流程图

（*a*）膨胀膏法；（*b*）表贴式止水带法

嵌缝膏在最近十年内有很大发展，由于施工简便，塑性好而被广泛应用。目前有聚氨酯密封膏，聚硫橡胶等多种弹性密封材料。其在迎水面功效显著，但在背水面功效有限，尤其是有楼板使变形缝断开的大断面结构不大合适。对于采用注入膨胀膏法处理变形缝渗漏水的，其成败的关键是选好膨胀膏。一般要求膨胀膏干燥后延伸性要达到 100%以上，可抵抗的最大水压达到 2 个大气压，与混凝土基面的剥离强度要满足温度应力及变形的要求，一般不应小于 0.5N/mm^2。其施工工艺见图 8.2-5。

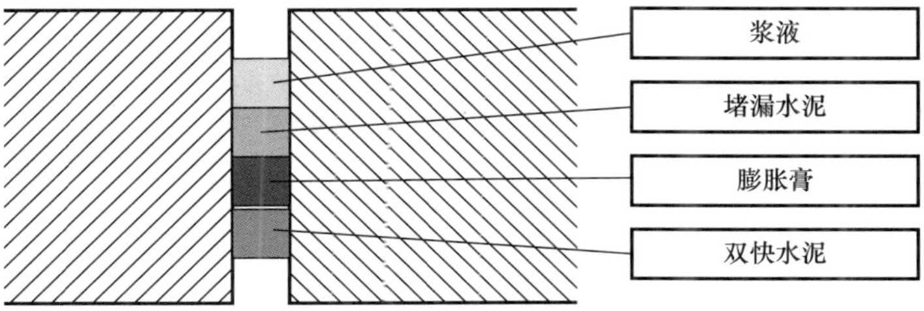

图 8.2-5　注入膨胀膏法处理变形缝渗漏水施工工艺图

对于采用内装可卸式止水带处理的，其关键是解决好密贴问题，主要包括：①第一层钢板与原混凝土基面的密贴；②止水带角部与混凝土的密贴。

对于第一层钢板与原混凝土基面的密贴问题，经过反复试验表明，无论是种植钢筋技术还是钢板直接焊在原混凝土板的钢筋上，在钢板和混凝土间均会出现不同程度的缝隙。只有用填充料填密该空隙，才能密封防水。对该填充料有一定的性能要求，不但要具有与混凝土、钢板都有良好的粘接性，而且必须具有一定的柔弹性。经过比选，我们选择弹性环氧浆液打孔注浆，将钢板与混凝土间空隙填满，效果不错。

对于止水带四个角的安装不密贴问题，目前尚没有找到一个一劳永逸的方法，我们通过摸索，发现以下两种方法效果还可以，其施工工艺见图 8.2-6。

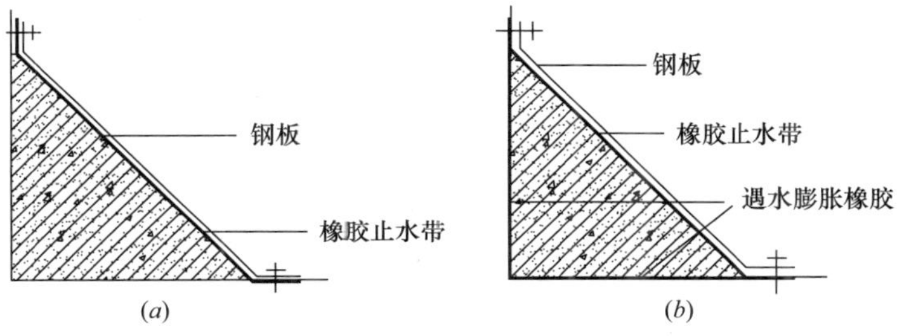

图 8.2-6　安装止水带四角密贴处理施工工艺图

(a) 方法一；(b) 方法二

方法一：现场安装模板，模板与墙及底板均成 45°角，将原墙壁及底板在模板内的部分凿毛，现浇混凝土。经养护后在新浇混凝土表面安装橡胶止水带，可以避免 90°角转弯带来的不密贴问题，顶板亦然。

方法二：预制一个三角形混凝土块，通过膨胀螺栓使之固定在墙与底板（或顶板）的转角处，三角形混凝土块与墙体及底板接触面要进行处理，一般先凿毛后打遇水膨胀橡胶，然后将橡胶止水带安装在三角形预制混凝土块上，同样可起到上述作用。

另外，在变形缝渗漏水的处理中，还有一个重要环节是注浆堵漏。无论是埋入式止水带还是可卸式止水带的变形缝，其渗漏水处理一般均需进行注浆堵漏。注浆的质量直接关系到渗漏水治理的成败，成败的关键是浆液选择和注浆的工艺。

1）注浆液的选择。选择注浆液时，应充分考虑到变形缝渗漏水处的结构变形及释放温度应力等特性，须选取柔弹性好且与原混凝土基面粘结强度高的材料。常用灌浆材料主要物理性能要求见表 8.2-2，其反应活性要求见表 8.2-3。

常用灌浆材料物理性能要求表 **表 8.2-2**

	物理性能指标	灌浆料（浆液）	灌浆催化剂
固化前	黏度（MPas）	650	5
	密度（kg/dm^3）	1.1	1.0
	闪点（度）	>132	170
	腐蚀性	无	无
固化后	密度（kg/dm^3）	1.05	
	抗拉强度（MPa）	1.1	
	收缩率（%）	<4%	
	延伸率（%）	250%	

常用灌浆材料的反应活性要求表 **表 8.2-3**

温度	浆液催化剂用量（%）	凝固时间
10℃	1	7′50″
	3	3′50″
	5	2′25″
20℃	1	6′00″
	3	3′00″
	5	1′55″
30℃	1	5′50″
	3	2′30″
	5	1′45″

2）注浆工艺。关键是注浆管的埋设和注浆的次序。变形缝内预埋的单透性注浆管必须贯穿全缝，而且每隔 5m 须预留一个注浆嘴。注浆时，应从底部开始，后侧墙，最后顶部，对称逐个注浆。当最后一个注浆口压力达到 0.4MPa 时，才能扎紧浆管结束注浆。其施工工艺图见图 8.2-7。示例见图 8.2-8～8.2-10。

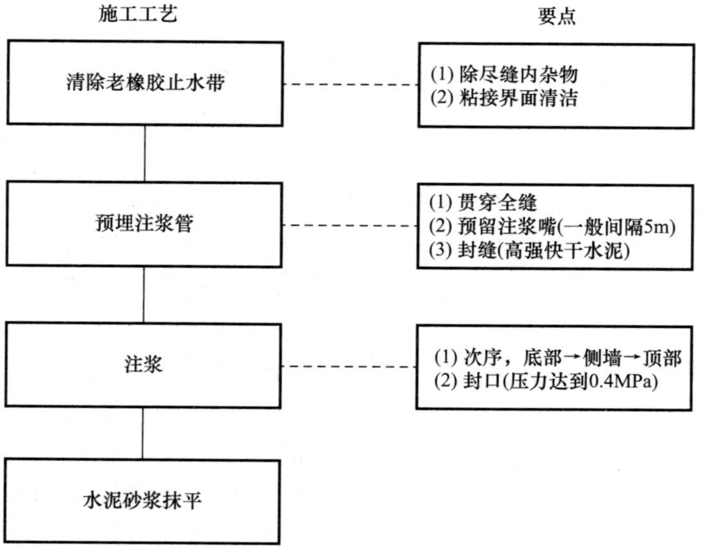

图 8.2-7　变形缝注浆堵漏施工工艺图

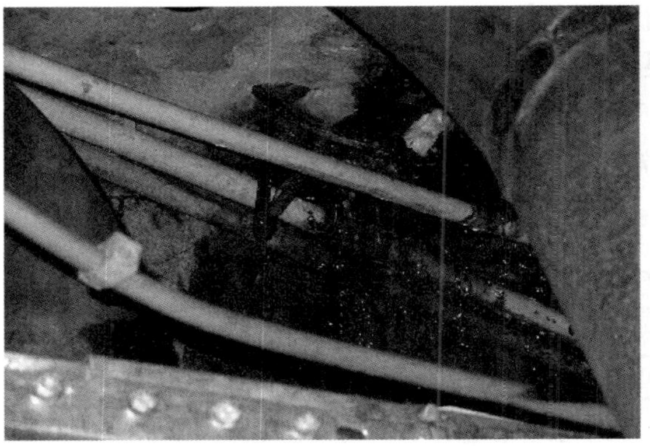

图 8.2-8　变形缝漏水情况

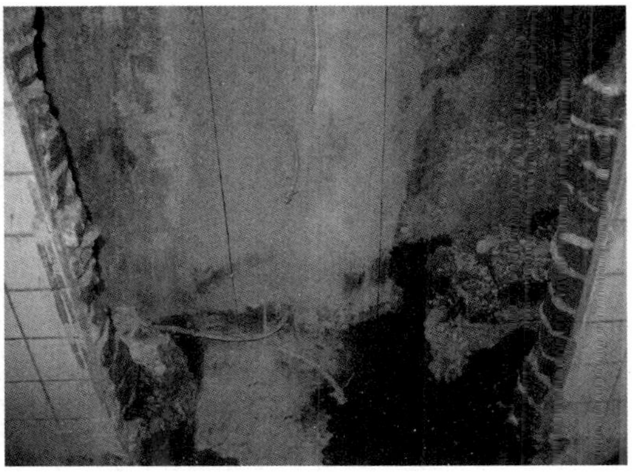

图 8.2-9　变形缝注浆堵漏

4. 混凝土开裂渗水处理

地铁隧道裂缝有时伴有渗漏现象，给地铁运营安全及地铁窗口形象造成不利影响。

(1) 对于 0.15mm 以下的裂缝，用无机水性高渗透密封剂涂刷封闭处理。施工时可采用涂刷法和干撒法或喷涂法。所选材料一般为水泥基渗透结晶型防水材料。大多由水泥、经特殊处理的一组活性化合物和硅砂组成的粉末状材料，其工作原理是当其用于混凝土表面时，其活性化学物质通过载体向混凝土内部渗透，与毛细管道中游离的石灰和水分发生反应，形成不溶于水的结晶体，填塞毛细孔道，从而使混凝土致密、防水。需要注意的是：施工前，要清除基面上那些会对粘接不利的杂质，例如：松动的基面、油、脂肪、润滑油等，否则，将直接影响施工质量（图 8.2-11）。

图 8.2-10　安装表贴式止水带

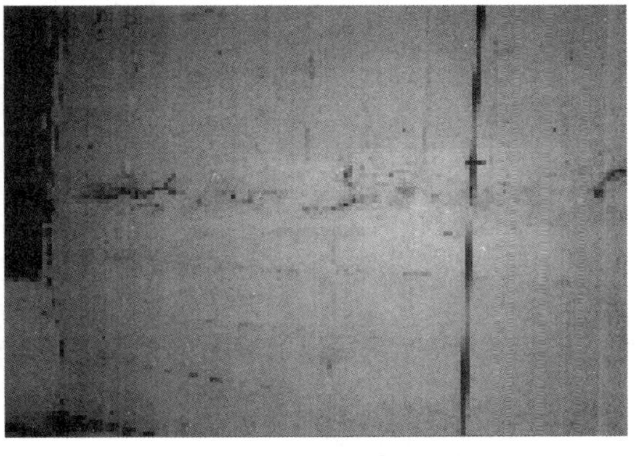

图 8.2-11　机房内混凝土开裂渗水

(2) 对于 0.15mm 以上，且呈发展趋势的裂缝，可采用聚氨酯或聚硫涂料。或先用聚合物水泥封闭。如果漏水，则需注浆。

(3) 0.20mm 以上的裂缝，多采用注浆处理。

1) 浆液选择：注浆材料的选用与结构裂缝宽度、渗水量大小、常年性渗漏还是季节性渗漏，是否有补强要求等有关。当水量较大时，可选用聚氨酯浆液，水溶性聚氨酯具有流动性好、二次渗透、发泡快等特点，非常适合快速注浆堵水。水量小时，可选择超细水泥注浆。结构有补强要求时，可选用环氧树脂或水泥—水玻璃浆液注浆，渗水较少但空洞大时，可先用水泥浆填充，然后再用化学浆液封堵。

2）注浆机具：注浆用主要机具为注浆泵。注浆泵分为手动注浆泵及电动注浆泵。手动泵具有体积小、重量轻、便于搬动，适用于各种化学注浆堵水。电动注浆泵具有功率大、流量大、压力恒定等特点，既可压注化学浆液也可压注水泥浆。手动注浆泵技术性能如表 8.2-4。

手压泵技术性能表 **表 8.2-4**

项目	最大压力（MPa）	常用压力（MPa）	压浆量（L/min）	一次压浆量
规格	1.5	0.4～0.8	3～4	100～110
特点	适用于各种化学注浆			

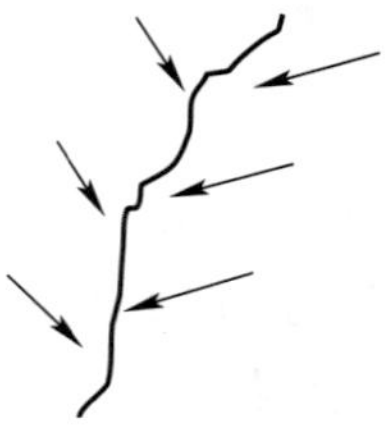

图 8.2-12 打孔注浆法

3）施工工艺：传统的做法是在裂缝处凿 V 形槽，用双快水泥封缝埋管注浆。现在有人提出混凝土表面 2mm 厚的面层是最强的防水保护层，用上述方法对混凝土的破坏不容忽视。故而国外多采用在裂缝两侧沿 45°方向打孔注浆的方法。如图 8.2-12。

4）完成注浆后，还可嵌缝加强。

（4）衬砌缺损补强：

快凝早强膨胀类水泥及其防水剂水泥修补；

环氧材料修补：环氧和固化剂、促进剂混合后与填料拌匀，对经过清理的缺损处用填密刮平方法修补。

5. 水泥防水浆堵漏

水泥砂浆防水层又称刚性防水层，这种防水层适用于不受振动和有一定刚度的混凝土或砖石砌体的迎水面或背水面。不适用于变形较大或可能发生不均匀沉降的部位。

水泥砂浆防水层依靠掺入外加剂（无机或有机化合物、天然或合成聚合物等），借以提高其密实性或改善抗裂性，从而达到防水抗渗的目的。水泥砂浆防水做法俗称防水抹面，具有悠久的历史。它是大量应用人工分层抹压的手工作业法，其施工质量取决于操作工人的技艺。若操作工人经过严格的培训，该施工方法，不失为经济、可靠的作业法。

水泥砂浆防水层施工缝留槎位置应正确，接茬应按层次顺序操作，层层搭接紧密。普通水泥砂浆防水层和掺外加剂或掺和料水泥砂浆防水层，其厚度均定为 18～20mm；聚合物水泥砂浆防水层，其厚度定为 6～8mm。

6. 旁通道注浆堵漏

对于联络通道底板与隧道接缝的渗漏，采取在泵房内侧钻孔，灌注聚氨酯浆液的方式堵漏，如图 8.2-13 所示。钻孔孔位以靠近 *DN*200 不锈钢管为宜。对于联络通道拱顶及侧墙与隧道接缝的渗漏，采用在二衬垂直钻孔至接缝处，灌注聚氨酯浆液的方式堵漏。

斜孔注浆过程注浆压力以低、下、慢灌为宜，斜孔注浆压力应控制在 0.2～0.4MPa。需二次钻孔时，第一次斜孔注浆压力应控制在 0.1～0.5MPa；第二次斜孔注浆压力应控制在 0.5～0.8MPa；待浆液贯通后封管加压至 0.8MPa，当压力保持 5min 无明显降低时即可结束注浆。

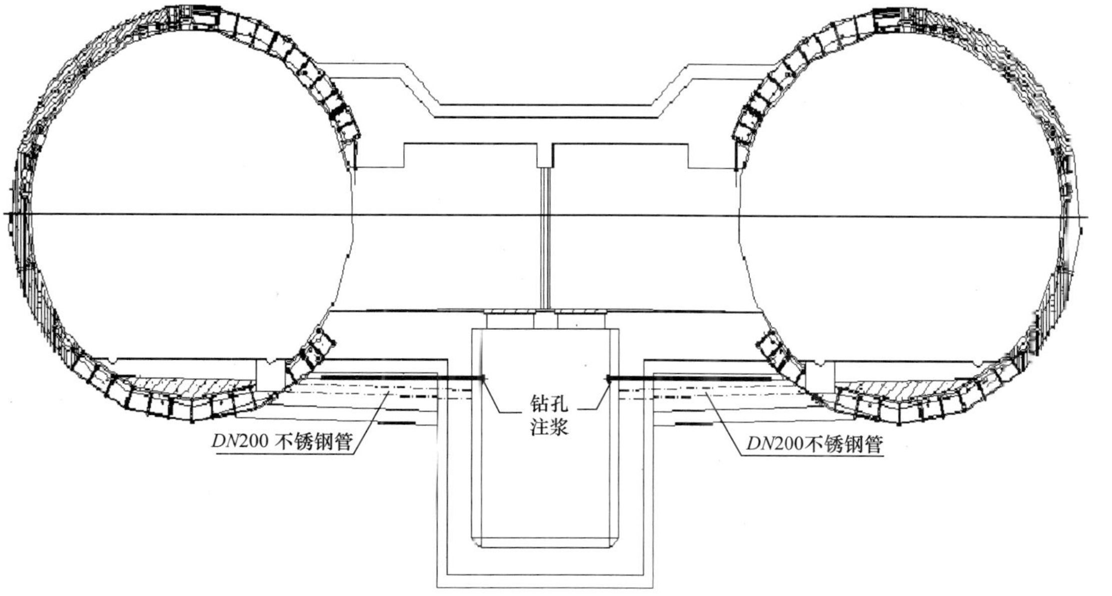

图 8.2-13　联络通道防水治理剖面示意图

8.3　变形治理措施

1. 沉降治理

邻近隧道建筑活动的加卸载，隧道穿越不均匀而又极软弱地层，在经受列车长期振动的情况下，均会引起隧道不均匀沉降，进而引发道床与管片脱开、隧道纵缝张开、隧道渗漏水等情况。隧道纵向变形基本上是以环缝面发生错台的方式进行的。根据隧道结构特点和隧道沉降发展趋势，对隧道下卧软土层实施水泥水玻璃双液微扰动注浆工艺，可以提高土层的物理力学性能并调节隧道纵向沉降线性。在隧道底部的下方形成刚度大于原状土的加固体，通过提高土层的物理力学性能，达到较好的治理隧道纵向不均匀沉降变形。

微扰动注浆治理方法的概念是，在充分掌握准确的沉降数据资料以及地下水文资料的前提下，通过对需要治理的隧道以合理的注浆孔位设计，根据隧道沉降曲线上各沉降点沉降指标进行的分区分阶段注浆治理方法，达到加固地下土体、将不均匀沉降的地铁隧道稳定抬升的目的。

双液微扰动注浆使用材料为水泥-水玻璃，水泥作为注浆材料具有结石强度高、抗渗性好、材料来源广、价格低廉、注浆工艺简单等特点，但其凝结时间较长，所以一般需在水泥浆液中加入水玻璃以控制其初凝速度。水泥水玻璃浆液不仅具有水玻璃浆液的全部优点，而且凝胶时间快，可从几秒到几十分钟内较为准确的掌控，结实率一般为 100%，可注性也有明显提高。

双液微扰动注浆工艺主要分三个阶段：前期布孔安装球阀、注浆、封闭恢复。为保证道床整体稳固，确保地铁运营安全，具体钻孔孔位，一般布孔在道床双侧排水沟中，避开主要受力钢筋，通过管片布筋图使用放样水平尺确定孔位（图 8.3-1）。孔位确定后进行注浆孔钢管和球阀。双液微扰动注浆成套设备如图 8.3-2 所示，主要包括水泥螺杆泵、水玻璃齿轮泵、齿轮泵变频器、水泥预搅拌装置、双液注浆三通混合器等。每个注浆孔分阶段进行注浆，注浆周期分为抬升注浆、间隔注浆和固结稳定补浆三个阶段。多次试验和实践结果表明，在各孔每次注浆过程中，对每个孔位的注浆量及抬升量的精确控制，“少量、多次、均匀”地叠加注浆，是注浆成败的关键因素。

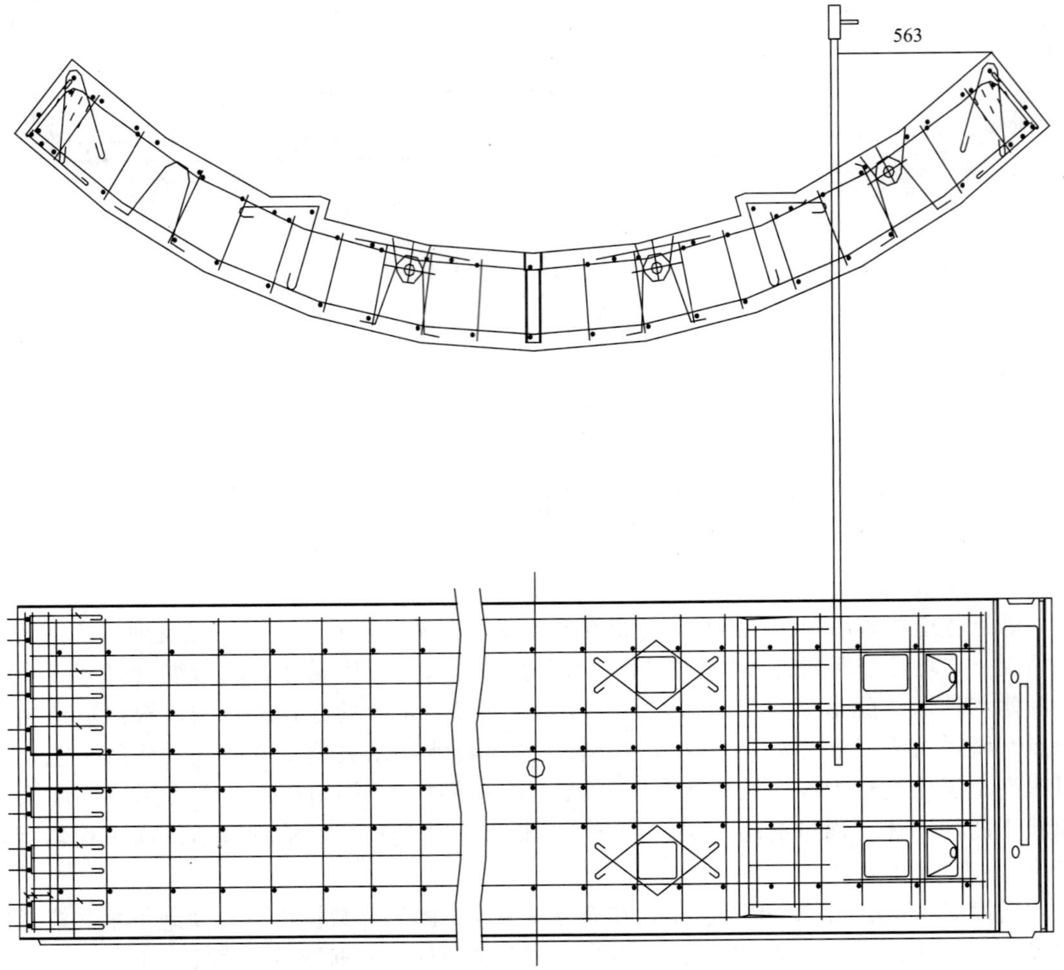

图 8.3-1　放样避筋图

2. 收敛治理

运营地铁隧道结构在服役过程中出现了不同程度的横向收敛变形。横向收敛变形的发展，将影响运营隧道的结构安全，进而影响地铁的安全运行。隧道衬砌结构根据直径变形量的数值分三级标准进行治理。

(1) 粘贴芳纶纤维加固

单圆通缝拼装隧道直径收敛值在 9～10cm 时，采用粘贴芳纶纤维复合材料进行加固。芳纶纤维是一种新一代混凝土结构加固增强纤维材料，具有高强度、热稳定性和不导电等优越特性。收敛变形顶部管片内表面受拉。

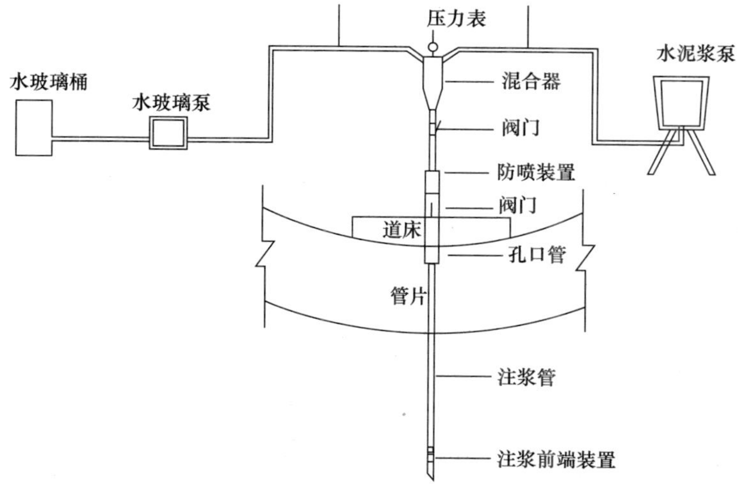

图 8.3-2　成套注浆设备

粘贴芳纶纤维加固施工的具体步骤为：定位与放线、结构表面处理、配制并涂刷底层树脂、浸渍环氧树脂、纤维布的粘贴、养护、检验。粘贴时要用板刷沿纤维方向多次刮压，齐除气泡，并使浸渍树脂充分浸透纤维布（图 8.3-3）。此外，为了避免风荷载及列车振动在胶

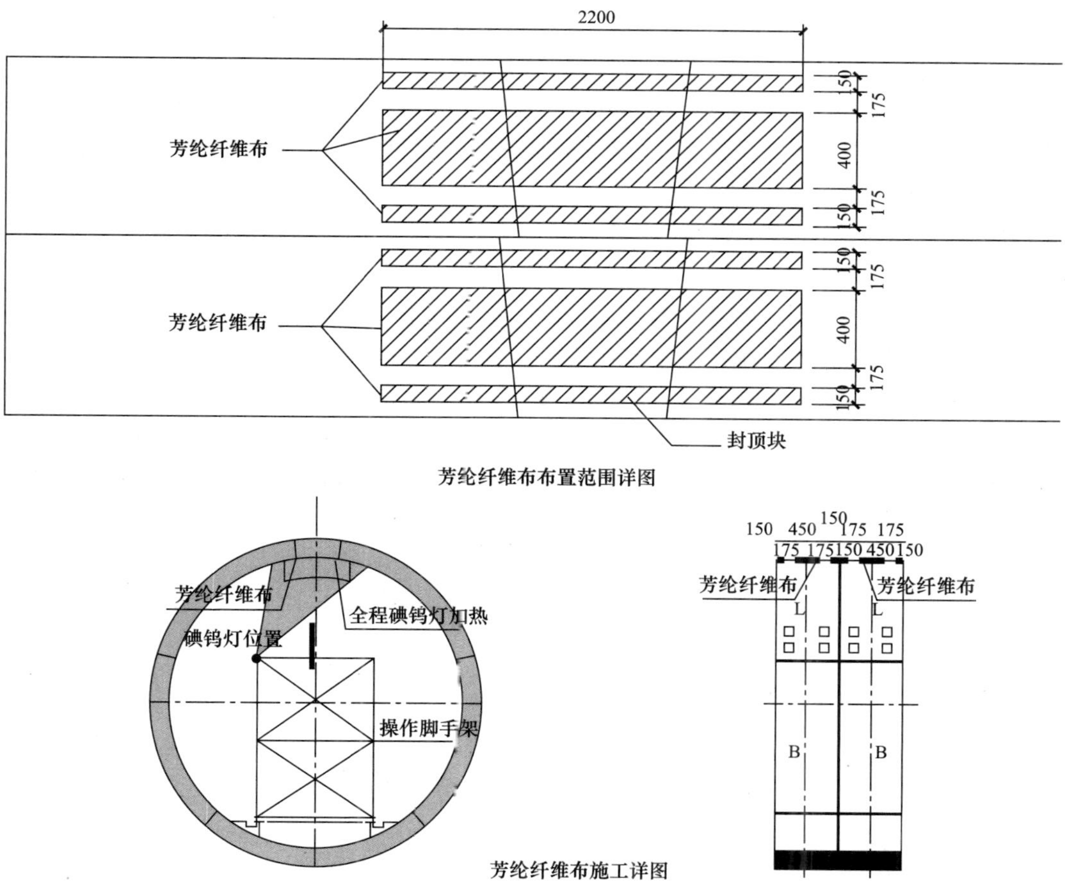

图 8-3-3　芳纶纤维复合材料加固施工作业现场施工布置示意图

水未固化前造成布脱落，施工最晚结束时间与第一班列车出车时间的时间间隔不得小于 2h。

（2）钢内衬加固

钢内衬加固适用于收敛变形较大的管片，一般用于单圆通缝拼装隧道直径收敛值大于 10cm，或单圆错缝拼装隧道直径收敛大于 7cm 的隧道加固。钢内衬施工通过钢圈支护、刚性环氧树脂填充，使钢环与受损管片形成整体，共同受力，弥补受损管片的性能损失。钢内衬加固材料选用优质钢板预制成型，分牛腿、侧板和顶板 3 个部分，通过机械手进行安装就位，膨胀螺栓临时固定，化学锚栓永久链接，3 个部分之间采用焊接，最后利用刚性环氧树脂进行缝隙填充，使安装的钢板与受损管片共同承载受力。

钢内衬加固施工的具体步骤为管线改排、管片预处理、钢环安装、环氧树脂填充、钢环防腐及管线恢复。钢环安装过程以上可穿插流水施工，节约总工期。钢环壁厚注浆为隐蔽工序，其密实度对钢环受力有一定影响，是质量控制的主要项目。施工验收过程中，常采用锤击法，根据声音判断空隙情况。若存在空隙，则需要在就近注浆位置补充浆液。

8.4 裂损治理措施

在已建成运营的地铁线路中，约 2/3 为地下线路，受地质条件、施工环境和施工技术经验等多种因素影响，地铁结构在运营开始就存在不同程度的结构病害和隐患，管片缺损是最常见的病害之一。在地铁隧道进行破损管片修复，面临隧道环境潮湿、加固时间短、短期强度要求高、耐久性要求高等诸多难点。因此隧道管片修补需要选择快凝时间短，短期强度提高快、与干基管片粘结强度高、耐久性好的材料进行。从而可以提高管片使用寿命，减少破损管片的重复维修频次，从而降低设备维护成本。

目前管片压溃治理采用大成树脂进行修补。具体操作步骤为：任意边长大于 10cm×10cm×5cm（长×宽×深）尺寸的孔洞，必须先向上钻孔为种植 $\phi 8$ 钢筋预留条件。钻孔深度为 5cm，孔位布置应由孔洞中心向外扩散，间距 20cm。小于 10cm×10cm×5cm（长×宽×深）尺寸的孔洞跳过此步直接进行下一步。管片缺损处基面除尘、树脂配比搅拌、修补树脂粘结嵌填、顶撑、修补表面修整。大成树脂使用时，要求环境温度不低于 0 且混凝土修补表面含水率小于 70%，对于有漏水现象的破损处，应先采取堵漏措施后进行大成树脂进行修补。此外，由于修补树脂初凝时间较短，所以每次搅拌后的树脂须在 5min 内完成嵌填。

第3篇

城市轨道交通桥梁维护

第 9 章　城市轨道交通桥梁概述

桥梁是城市轨道交通主体结构的常用形式。相对于隧道，桥梁具有造价低、建造速度快的优势，也有对地表交通有一定影响，对周边环境有一定噪声影响的缺点，故常在中心城区外选用桥梁作为主体结构。

9.1　桥梁的结构体系

城市轨道交通桥梁的结构体系主要有：梁式桥、刚构桥、拱桥和斜拉桥。

1. 梁式桥

梁式桥作为承重结构主要是以它的抗弯能力来承受荷载的。梁式桥在竖向荷载作用下，支撑处仅产生竖向反力。

梁式桥又可分为简支梁桥和连续梁桥。一段梁体只在两端有桥墩，并且在一端作为固定端，另一端作为活动端，称为简支梁（如图 9.1-1 所示，其中三角形代表固定端，圆形代表活动端）。

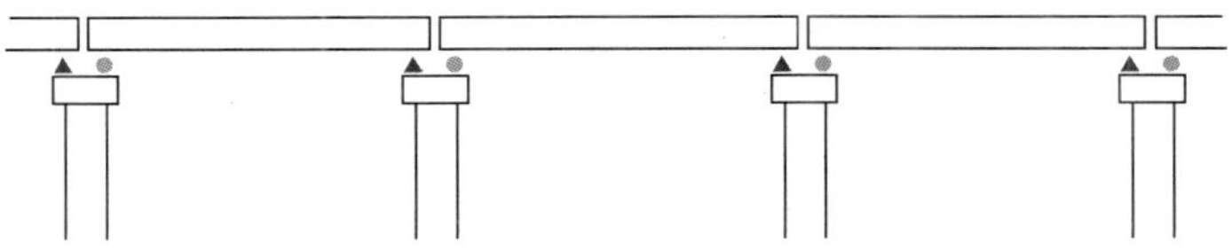

图 9.1-1　简支梁体系示意图

一段梁体连续跨越 3 个或 3 个以上的支撑物，称为连续梁。一般，连续梁在中墩处布置一个固定支座，其他墩上布置活动支座（如图 9.1-2 所示）。我们把每一个桥洞称为“一跨”或“一孔”，而把从一端梁缝到另一端梁缝之间的若干跨称为“一联”。一端有伸缩缝的桥跨，称为“边跨”；两端都没有伸缩缝的桥跨，称为“中跨”。相较于简支梁，连续梁中跨跨度大，经常用于跨越道路、河流。但连续梁桥对相邻桥墩不均匀沉降较简支梁更为敏感。

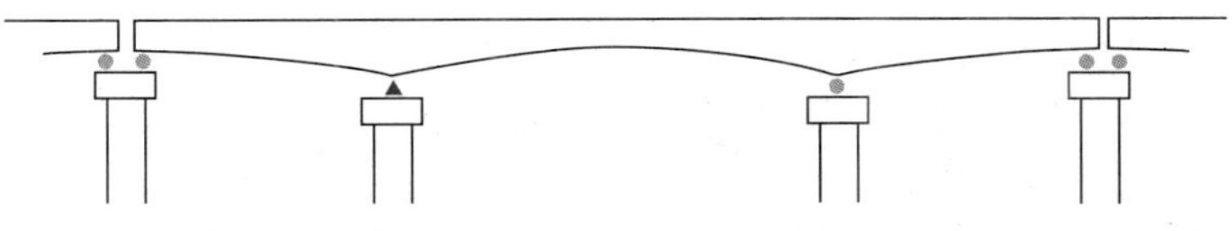

图 9.1-2　连续梁体系示意图

2. 刚构桥

刚构桥介于梁式桥和拱桥之间，它同时以抗弯和抗压能力来承受荷载。刚构桥相较于梁式桥最大的区别，在于它的梁体和桥墩是直接刚接，而不是像梁式桥那样通过支座来连接。在轨道交通中，常以连续刚构的形式出现，即中墩与梁体刚接，边墩仍采用支座连接。连续刚构桥的中墩常采用高桥墩或 V 形墩（图 9.1-3）。

图 9.1-3　高桥墩（左）和 V 形墩（右）

3. 拱桥

拱桥是以拱肋作为主要承重结构的桥梁。拱肋作为承重结构，主要是以它的抗压能力来承受荷载的。拱桥在竖向荷载作用下，支撑处不仅产生竖向反力，还会产生一个强大的水平推力。

在轨道交通中，常以梁拱组合体系的形式出现，在原本三跨连续梁的基础上，中跨加上一个拱结构来增加跨度，提高梁体刚度（图 9.1-4）。

4. 斜拉桥

斜拉桥是将主梁用许多拉索直接拉在桥塔上的一种桥梁，是由承压的塔、受拉的索和承弯的梁体组合起来的一种结构体系。斜拉桥可看作是拉索代替支墩的多跨弹性支撑连续梁。在轨道交通中，斜拉桥常以矮塔疏索的形式出现。由于其跨越长度一般在 100～200m，故矮塔疏索的形式能很好地适应该种跨度（图 9.1-5）。

图 9.1-4　梁拱组合体系

图 9.1-5　矮塔斜拉桥

9.2 桥梁的材料类型

城市轨道交通桥梁的材料类型分，常见的有：预应力混凝土桥、结合梁桥。

1. 预应力混凝土桥

预应力混凝土桥是采用高强度混凝土和高强度预应力筋作为主体结构材料的桥梁。

预应力混凝土可看作是一种预先储存了压应力的材料。一般的钢筋混凝土梁桥，其受拉区域虽然布置有受力钢筋，但仍不可避免地出现一些裂缝，因此用预加应力的方法来改善结构的受力性能。通过张拉预应力筋，使得受拉区预先储备一定数值的压应力；当外荷载作用时，混凝土可不出现拉应力或不出现超过某个限值的拉应力。通过预应力技术，桥梁的跨越能力得到提高。

2. 结合梁桥

结合梁桥是主梁采用钢结构，桥面板采用混凝土，两者之间通过剪力键连接的桥梁。结合梁桥与混凝土桥相比，自重较轻，跨越能力更强，但也有噪声较大的缺点。结合梁桥在施工时有独有的便利：其钢主梁部分在桥面板混凝土施工时能起到支架作用，因此适用于立交处不能搭设支架进行施工的场所。

9.3 桥梁的截面形式

城市轨道交通桥梁按截面形式分，常见的有：箱形截面、U 形截面。

1. 箱型截面

箱形截面的形状和通常的箱子截面一样，是轨道交通中常用的截面形式。采用箱形截面的桥梁称为箱梁。它的特点是建筑高度适中，力学性能好（竖向刚度、横向刚度和抗扭刚度都好），整体性好，特别适用于曲线梁桥。它既可用于标准区段，也可用于变宽、道岔区段，平面上适应性比较强；既适宜做简支梁，也可做连续梁。箱梁外观线形比较流畅、美观，设计和施工经验比较成熟。它的缺点是建筑高度较大，断面空间利用不佳。在箱形截面中，把由顶板、底板和边腹板围成的每一个闭环，称作一个“箱”；每一个“箱”内再由中腹板分成若干“室”。按照不同的箱、室数量，可组成不同的箱形截面。

2. U 形截面

U 形截面形状类似字母“U”，也称“槽形截面”，是一种新颖的截面形式，在近些年得到越来越多的应用。采用 U 形截面的桥梁称为 U 梁，或槽形梁。U 梁可以大大降低自桥面至梁底的高度，比普通箱梁可以低 1.2m 左右，其断面空间可以充分利用。当桥下净空受限制时，特别是在立交枢纽中，能有效降低线路及车站的高度，从而减少占地面积，节省大量土石方数量，取得较好经济效益。U 梁的主梁翼缘下可以安装管线。轨道交通车辆行使于槽形梁两腹板中间，轮轨走行系统的噪声受到两侧腹板阻隔，在一定程度上减少了车辆噪声对周围环境的影响。U 梁腹板顶缘还可以作为紧急逃生通道，使乘客的生命安全更有保障。这些优点日益受到重视，因此 U 梁在现代城市轨道交通中逐渐得到新的应用。U 梁的受力体系较之箱梁要复杂不少，一般在底板、腹板、腹板顶缘中均布置有预应力筋，后期如需在 U 梁上钻孔，应仔细查对图纸，避开预应力筋。

第10章　城市轨道交通桥梁技术标准

10.1　主体结构技术标准

1. 使用年限

桥梁主体结构设计使用年限应为100年。

2. 主要材料

（1）混凝土

主体结构的钢筋混凝土构件混凝土强度等级不得低于C30，预应力混凝土构件的混凝土强度等级不得低于C40。非主体结构构件的混凝土强度等级不应低于C25。

（2）钢筋

普通钢筋可采用HPB300或HRB400钢筋，其技术条件应符合现行国家标准《钢筋混凝土用钢　第1部分：热轧光圆钢筋》GB 1499.1或《钢筋混凝土用钢　第2部分：热轧带肋钢筋》GB 1499.2的规定。

预应力钢绞线应符合现行国家标准《预应力混凝土用钢绞线》GB/T 5224的规定。其常用抗拉强度有1470MPa、1570MPa、1670MPa、1720MPa、1860MPa、1960MPa等。

预应力混凝土用螺纹钢筋应符合现行国家标准《预应力混凝土用螺纹钢筋》GB/T 20065的规定。其强度等级以屈服强度划分级别，代号为"PSB"加上规定屈服强度最小值。

（3）钢材

主要结构用钢材的牌号、质量等级和应符合标准，如表10.1-1所示：

主要结构用钢材牌号、质量等级和应符合的标准　　表10.1-1

<table>
<tr><th colspan="2">名称</th><th>钢材牌号</th><th>质量等级</th><th>应符合的标准</th></tr>
<tr><td colspan="2" rowspan="3">主体结构</td><td>Q345q</td><td rowspan="3">D、E级</td><td rowspan="3">《桥梁用结构钢》GB/T 714</td></tr>
<tr><td>Q370q</td></tr>
<tr><td>Q420q</td></tr>
<tr><td colspan="2">辅助结构</td><td colspan="2">Q235-B. Z</td><td>《碳素结构钢》GB/T 700</td></tr>
<tr><td rowspan="3">高强度螺栓</td><td rowspan="2">螺栓</td><td colspan="2">20MnTiB</td><td>《合金结构钢》GB/T 3077</td></tr>
<tr><td colspan="2">35VB</td><td>《钢结构用高强度大六角头螺栓，大六角螺母，垫圈技术条件》GB/T 1231</td></tr>
<tr><td>螺母及垫圈</td><td colspan="2">35、45、15MnVB</td><td>《优质碳素结构钢》GB/T 699</td></tr>
<tr><td colspan="2">圆柱头焊钉（栓钉）</td><td colspan="2">ML15、ML15Al</td><td>《电弧螺柱焊用圆柱头焊灯》GB/T 10433</td></tr>
</table>

钢材的焊接性能应与基材相匹配，选用的焊接材料、焊接工艺，均应根据设计要求通过焊接工艺评定确定。焊接结构的冲击韧性不得低于母材标准值。

高强螺栓预拉力的设计值应符合表 10.1-2 的规定。

高强螺栓预拉力的设计值

表 10.1-2

螺纹直径	M22	M24	M27	M30
性能等级	10.9S			
预拉力设计值（kN）	200	240	290	360

3. 刚度要求

梁式桥跨结构由列车竖向静活载引起的竖向挠度不应超过表 10.1-3 的容许值：

梁体竖向挠度的容许值 **表 10.1-3**

跨度 L(m)	竖向挠度容许值
$L\leqslant30$	$L/2000$
$30<L\leqslant60$	$L/1500$
$60<L\leqslant80$	$L/1200$
$L>80$	$L/1000$

拱桥的 1/4 跨度处，由列车竖向静活载所产生的上下挠度绝对值之和，不宜大于计算跨度的 1/800。

斜拉桥由列车竖向静活载所产生的梁体竖向挠度不宜大于计算跨度的 1/600。列车竖向静活载与公路静活载同时作用下，结构的竖向挠度不宜大于计算跨度的 1/500。

在列车静活载作用下，有砟轨道桥梁梁体单端竖向转角不应大于 5‰，无砟轨道桥梁梁体单端转角不应大于 3‰。当无砟轨道桥梁梁体单端竖向转角大于 2‰时，应检算梁端处轨道扣件的上拔力。在列车横向摇摆力、离心力、风力和温度力作用下，桥跨结构梁体的横向水平挠度不宜大于计算跨度的 1/4000。

4. 桥墩沉降控制

区间桥梁墩台基础的沉降应按恒载计算。计算总沉降量不应大于 50mm。对跨度小于或等于 40m 梁的相邻桥墩，其工后沉降量之差：有砟桥面不应超过 20mm，无砟桥面不应超过 10mm。对外部超静定结构，其相邻墩台不均匀沉降量之差的容许值还应根据沉降对结构产生的附加影响确定。

5. 徐变控制

跨度 150m 及以下铺设无砟轨道的预应力混凝土梁的后期徐变变形量控制，宜符合：当桥梁跨度 L 小于 50m 时，徐变变形量不宜大于 10mm；当桥梁跨度 L 大于或等于 50m 时，徐变变形量不直大于 $L/5000$。

当结构自重（包括附加建筑自重）、预加力、前期收缩徐变及静活载引起的竖向挠度大于 15mm 或跨度的 1/1600 时，应设置预拱度；预拱度曲线应与结构自重（包括附加建筑自重）、预加力、前期收缩徐变及 1/2 静活载所产生的挠度曲线基本相同，但方向应相反。

6. 拱桥吊杆和斜拉索

拱桥吊杆和斜拉索的主体材料可采用高强钢丝或钢绞线。

高强钢丝可采用 $\phi5$ 或 $\phi7$ 热镀锌或其他防护钢丝，其标准强度不应低于 1670MPa。钢丝单位面积的锌层重量不应小于 300g/m^2。钢丝应能承受 200 万次 0.45F～(0.45F—2ΔF_{Δ}）的载荷后而不断裂。其中

$$2\Delta F_{\Delta}/S=360\text{MPa}$$

式中 F——钢丝公称极限拉力（N）；

S——镀锌钢丝的公称面积（mm^2）；

$2\Delta F_{\Delta}$——脉动应力幅的载荷值（N）。

钢绞线可采用高强度低松弛镀锌或其他防护钢丝，其标准强度不应低于 1860MPa。

10.2 其他设施设备技术标准

1. 支座

桥梁支座是设置在梁跨与桥墩之间的构造。它主要起着传递上部结构荷载，释放上部结构的梁端转角和位移的功能。桥梁支座宜采用轨道交通标准系列的盆式橡胶支座或球形钢支座，严寒地区及对耐久性有特殊要求的地区宜采用球形钢支座。

在有纵坡的区段，固定支座应设置在高程较低处，活动支座应设置在高程较高处。

支座的设计使用年限应达到 60 年。

2. 声屏障

声屏障是一种专门设计的立于噪声源和受声点之间的声学障板，是降低噪声的一种重要设施。声屏障屏体宜采用一体成型的直立型屏体。屏体没有高出工字钢立柱的部分。屏体上没有传力的铆钉等连接件，特别是受剪力的连接件。根据《噪声环境质量标准》GB 3096，城市区域内的交通干线两侧区域的昼间噪声标准限值为 70dB，夜间噪声标准限值为 55dB。昼间是指 6：00 至 22：00 之间的时段，夜间是指 22：00 至次日 6：00 的时段。对于超限的区域，若适合安装声屏障，应及时安装。

声屏障屏体的设计使用年限应达到 25 年，立柱的设计使用年限应达到 50 年。

3. 栏板

桥面两侧应设置栏板，在轨道交通中，其主要用于防止检修人员跌落区间，同时也是各类线缆和声屏障的承载结构。其高度不宜小于 1.1m。

栏板虽不为主体结构，但在后期维护中，往往是其他电缆、声屏障等设施设备的载体，更换难度极大，其设计使用年限应达到 60 年。

栏板下沿的滴水线宜在工厂内预制。

4. 铺装层

桥面铺装层是一层用于保护主梁免受雨水侵蚀的构造，可分为防水层和保护层。防水层采用聚氨酯防水涂料的，总涂抹厚度不应小于 2mm，每平方米用量不少于 2.4kg。

桥面保护层顶面宜设置不小于 2%的排水横坡和不小于 3‰的排水纵坡。纵向应分段设置拦水构造，并应设排水管将雨水排入市政管网。

铺装防水层及保护层的设计使用年限应达到 15 年。

5. 伸缩缝

伸缩缝应能适应桥梁因气温变化而产生的纵向变形，以及列车经过时梁端的转动，且应具备防止桥面水下漏的功能。

伸缩缝的设计使用年限应达到 30 年。

6. 排水系统

桥面落水口处宜采用立体网罩。落水口应设置在桥面最低处。

道岔区桥面情况复杂，设施管线等较多，易造成局部积水，排水路径易被淤泥、垃圾堵死，可适当增设一些排水孔。

大跨连续梁跨中后期易产生下挠，应考虑跨中排水。

梁底设有排水孔的，若下方为人行道或市政道路，宜设置排水设施。

第11章 城市轨道交通桥梁主要病害

11.1 混凝土桥梁主要病害

1. 混凝土裂缝

混凝土梁式桥损伤开裂的原因复杂多样，主要观点认为：一是混凝土材料退化损伤引起的裂缝，如混凝土碳化，有害物质的侵蚀，碱集料反应，钢筋锈蚀等原因引起混凝土开裂。二是施工过程中引起的裂缝：混凝土水化热产生的温度应力，混凝土结硬过程中的收缩、干缩，支架不均匀沉降，模板变形，原材料质量及施工质量问题引起混凝土开裂。三是设计方法及构造上的不合理引起的裂缝：结构计算内力与实际内力不符，构造设计不合理，计算荷载考虑不全面，设计与施工方法综合考虑不周等原因引起混凝土的开裂。四是使用阶段引起的裂缝：由于超载运营、车辆撞击、桥梁维护不当等原因引起混凝土的开裂。各种因素往往是共同作用于混凝土桥梁结构上，没有特别的主次原因之分。

混凝土开裂原因总结归纳如下：

(1) 墩台的不均匀沉陷所引起的裂缝。

(2) 支座失效，引起梁的附加应力，由此产生裂缝。

(3) 混凝土施工养护不善而引起的干缩开裂或层裂。

(4) 水灰比和振捣不实而产生的梁体收缩裂缝。

(5) 温度变化或者冻融效应产生的裂缝。

(6) 大体积混凝土浇筑时，水泥水化反应导致的自体收缩裂缝。

(7) 施工接缝处混凝土龄期不同产生的裂缝。

(8) 钢筋锈蚀膨胀导致裂缝。

(9) 预应力锚固区或牛腿部位的局部高应力产生的裂缝。

(10) 在徐变等材料本质特性的共同作用下，混凝土的拉力与剪力和钢筋握裹力抵消后的净拉力或剪切作用力大于混凝土材料的抗拉力或抗剪强度所致。

(11) 梁刚度不足，产生过大挠度，引起裂缝。

裂缝类型可以分为结构裂缝与非结构裂缝两种。

结构裂缝：由静荷载及活荷载所造成。结构裂缝的类型包括弯曲裂缝及剪力裂缝。剪力裂缝一般发生于主梁支点附近的梁腹底部；弯曲裂缝发生于构件最大拉应力区，呈垂直状，往压力区发展，一般在构件跨中底部，如梁底或桥面板底，或连续梁在桥墩处的梁体上部，最易发现弯曲裂缝。

非结构裂缝：虽不影响构件的安全，但如果裂缝深入构件内部，也可能损及构件。非结构裂缝类型有：

温度裂缝。温度高低变化引起的热胀冷缩裂缝。

干缩裂缝。混凝土养护期间造成的收缩，一般发生于预应力梁的梁腹。

大体积裂缝。浇筑大体积混凝土后，混凝土内外部温差造成的裂缝。

施工缝的裂缝。施工缝附近，因混凝土龄期不同或不等量收缩，使此处密实性较差，腐蚀因子较易侵入，扩大缝隙。

钢筋锈蚀裂缝。钢筋生锈后体积膨胀，推挤混凝土，产生裂缝或扩大裂缝。混凝土板桥常在跨中出现横向裂缝，支点附近出现斜向裂缝，板底出现纵向裂缝。产生裂缝的原因是正应力、剪应力和横向应力过大。整体式板桥横向配筋少是导致板底出现纵向裂缝的主要原因。装配式空心板桥由于横向铰缝构造薄弱，在车辆荷载反复作用下造成铰缝破坏，形成单板受力状态。由于板的跨中正应力和支点附近的剪应力过大，导致混凝土开裂。

装配式混凝土肋梁桥常在跨中梁端出现横向裂缝和支点附近斜向裂缝。而梁片间横向连接薄弱导致单梁受力是出现受力裂缝的主要原因。混凝土箱梁桥常在桥跨跨中梁端附近，腹板出现竖向裂缝并沿底板横向扩展；在桥跨支点附近，腹板出现45°方向的斜裂缝并沿顶板横向扩展。在跨中梁段范围内，顶板底面出现相互平行的纵向裂缝；底板内侧靠近腹板处出现纵向裂缝并向腹板斜向扩展。引起箱梁各部位开裂的主要原因就是箱梁空间应力状态分析不准确、设计存在缺点，箱梁受载过程中局部应力过大引起混凝土开裂。

裂缝对钢筋混凝土梁桥的影响表现为，在潮湿的环境中，有害介质的侵蚀会加速混凝土的碳化。当碳化至钢筋位置时，钢筋开始锈蚀，钢筋锈蚀加剧了微裂缝的扩展，长期作用下，降低了梁的强度、刚度及耐久性。锈蚀膨胀的恶性循环造成梁体保护层剥落，最终导致梁体的彻底破坏。

裂缝对预应力混凝土桥梁危害更大，我国相关规范规定，全预应力混凝土桥梁不允许带裂缝工作。其原因是因为预应力混凝土梁桥中的预应力钢筋处于高应力工作状态，当期暴露于大气环境中，在一定的温度、湿度及有害介质的作用下，极易在钢筋的表面发生电化学反应，在一定环境条件下可能发生应力腐蚀，在有氢离子的参与下发生氢脆现象，其结果是导致预应力钢筋在低应力状态下发生脆断，造成混凝土桥梁结构突然破坏，且破坏前无任何征兆，危害性极大。

2. 钢筋及预应力筋的锈蚀病害

对于预应力混凝土构件，一般要求在正常运营状态下不出现裂缝，钢筋和预应力钢筋一般不易锈蚀，但是由于施工和严重超载，锈蚀也会发生但不易发现，一旦发现锈蚀时，则该构件已呈严重损坏状态。所以在桥梁检测时，钢筋锈蚀为检测重点之一，需要进行较为详细的记录。

钢筋锈蚀使混凝土承受拉力而裂开，使钢筋暴露于大气中，加速生锈，并造成外层混凝土的剥落。受力主筋锈蚀后，钢筋横断面积减少，主梁的承载能力急剧下降，严重影响结构物地安全性。

综上所述，造成钢筋锈蚀的主要内在原因有：一是钢筋受湿气及氧气的作用；二是混凝土中性化；三是钢筋表面氯离子含量高。造成钢筋锈蚀的主要外在原因有：一是混凝土构件开裂；二是主梁受损，混凝土剥落；三是施工时预留保护层太薄，混凝土碳化深度较大；四是后张预应力的灌浆和封锚不合格，导致锚下积水或空洞。

钢筋锈蚀可分为两种情况，一种是混凝土开裂后导致的钢筋锈蚀，即先裂后锈；另一种是因为保护层太薄或露筋而引起的钢筋锈蚀。钢筋锈蚀体积膨胀导致混凝土开裂或表面混凝土成块脱落，即先锈后裂。主梁中的钢筋和预应力筋主要是先裂后锈，混凝土保护层保护作用失去后，锈蚀就很容易发展。而先锈后裂的情况较少，主要是保护层太薄或混凝土意外受损露筋，附属结构上比较多见，如防撞墙等。

3. 混凝土表面病害

混凝土的表面缺陷主要有：

蜂窝：混凝土局部疏松，砂浆少，石子多，石子之间出现空隙，形成蜂窝状孔洞。

麻面：混凝土表面局部缺浆、粗糙，或有许多小凹坑，但无钢筋外露现象。

孔洞：混凝土内部有空隙，局部没有混凝土，蜂窝特别大的现象常发生在钢筋密集处或预留孔洞和预埋件处。

露筋：主要是主梁受到意外撞击造成混凝土的崩落，使得钢筋外露。

剥落：混凝土表面水泥砂浆流失，造成粗集料外露的现象，严重者造成粗集料松脱，一般发生在混凝土表层品质较差的部位，一般不会很深。

白化：又称为游离石灰，是由内部渗出、附在混凝土构件表面的附着物，通常为呈白色的石灰类附着物。

层析：是构件受氯气或盐水侵袭，构件内的钢筋锈蚀体积膨胀，导致钢筋与外出钢筋附近的混凝土分离。

对于混凝土桥梁，由于某一缺陷日积月累的变化，加上环境的影响，有扩大的危险。例如蜂窝麻面，由于水的渗入，混凝土材料恶化，会引起钢筋锈蚀，钢筋锈蚀物地产生过程伴随体积膨胀，又导致混凝土表面产生锈蚀裂缝，形成恶性循环。

11.2 钢结构桥梁主要病害

1. 锈蚀

钢梁、钢塔架、人行道支架、吊栏、围栏等都应进行保护涂装，防止钢结构锈蚀，延长桥梁使用寿命。钢结构保护涂装在钢桥维修中占有重要地位，特大桥钢梁的保护涂装工作，一般要占全部维修工作量的50%左右。搞好钢结构保护涂装，要抓好钢表面、涂料选择和涂装工艺三个环节。

(1) 钢梁容易锈蚀的部位

(2) 缝隙及角落隐藏处所

板束缝隙及角落隐藏处所，由于排水不良、通风不好、积尘积水、施工困难等原因，容易造成锈蚀。

(3) 有害气体及电解溶液反复侵蚀处

钢桁梁的上平纵联及桥门架的顶部，常受机车排出的废气的侵袭，钢梁下翼缘易受河水蒸发的有害气体的侵袭而发生化学腐蚀；纵横梁下翼缘、肱板及下平纵联联结板等处，最易受到列车洒下的污物的侵蚀而发生电化学腐蚀。

(4) 易积水和污物处

钢桁梁H形杆件、所有梁的上盖板及下翼缘朝天面与节点平面等处所，容易积水和积污物，因而也容易腐蚀。

(5) 已有锈蚀处

由于锈块疏松、多孔，易于吸附水分，当锈层未除尽或已有锈蚀的处所遭受介质侵蚀时，锈蚀加速并向内层和四周扩展。

(6) 施工不良处

钢料表面漆膜厚度不足或漏涂处所。例如钢料表面凹凸不平处所（凸处漆膜较厚，凹处不易涂实）和边缘、棱角等处漏涂或漆膜过薄处所都易锈蚀。

钢铁锈蚀的主要原因是受到大气中所含的氧气、水分、盐类、二氧化碳、二氧化硫、氮的氧化物等酸性物质及具有化学活泼性物质的作用，发生化学的或电化学的作用。这些变化在钢铁表面产生的松散堆积物（氢氧化铁）就是铁锈。

(7) 钢结构腐蚀原因

1) 化学性腐蚀

所谓化学性腐蚀，就是大气和工业废气中所含的氧气、硫酸气或非电解质的液体与钢铁表面作用而引起的变化。它是在没有电流产生的情况下发生的腐蚀。

2) 电化学腐蚀

在钢铁内部，都含有不同程度的其他金属杂质，不同的金属具有不同的电极电位，它们互相接触，在有水分和电解质存在时，就会产生电位差，由于电位差的不同而出现电流，这时失去正电荷离子的金属便被腐蚀。这种伴有电流的腐蚀过程，称为电化学腐蚀。

2. 疲劳裂缝

大量研究表明，在低应力工作状态下的钢桥事故，多数与结构中存在的缺陷或裂纹有关，往往发生在低温季节。钢桥中的裂纹主要是由于疲劳产生的，在一定条件下会导致结构脆性断裂。脆性断裂一般是在没有明显征兆和无塑性变形的情况下，贯穿全构件的开裂破坏。脆性断裂可能发生在易受疲劳构件的细部出现初始疲劳裂纹之处。

导致疲劳裂纹的基本因素有应力循环次数（与交通状况及桥梁构造形式相关），应力幅（与活载大小相关）和构造细部的疲劳强度。而与钢材的静力强度应力无明显关系，尤其是焊接钢结构。

疲劳引起的裂纹经常出现在拉应力较集中的部位、焊接搭件或焊缝端点上。裂纹可能会由于超载、车辆的撞击或由于腐蚀使截面抗力减小从而产生或加剧。另外，由于制造细节的低质量造成的应力集中和使用较差断裂韧性的材料也是其中的因素。材料的韧性决定开裂发生前容许裂纹的大小。

焊接要比栓接或铆接更易于开裂。将焊缝表面打磨光亮平整有助于提高其抗疲劳特性。一旦在焊接接头处出现裂纹，它会沿连续路径发展到整个构件，从而可能导致整个结构失效。螺栓连接和铆接同样会发生疲劳裂纹，但是某一板件上的裂纹不会传到其他板件上去。由于撕开作用以及各连接件间的锈胀力作用，栓接和铆接接头也易于开裂或撕裂。由于灰尘、杂物的覆盖，裂纹可能很难发现，在检测之前应对可疑处的表面进行清理。

就断裂力学观点而言，钢结构的疲劳破坏是从裂纹起始、扩展到最终断裂的过程。疲劳裂纹的扩展近似沿最大主拉应力的垂直方向，其扩展速率呈指数增长，早期增长较慢，占疲劳寿命的大部分。由于这个原因，在结构中较早地对裂纹进行探测比较困难。

一般认为，疲劳失效通常起始于高应力区，如几何突变处、受拉残余应力区和尖锐的不连续处（按裂纹处理）。在循环应力作用下，疲劳裂纹始于此处并逐步扩展，最终失效发生在剩余截面不能承受荷载峰的情形时。疲劳破坏与静力强度破坏是截然不同的两个概念。它与塑性破坏、脆性破坏相比，具有以下特点：

疲劳破坏是钢构件在反复交变应力作用下的破坏形式，而塑性破坏和脆性破坏是钢结构在静载作用下的破坏形式。

疲劳破坏经历了裂缝起始和扩展的漫长过程，最终破坏有两种可能，即韧断和脆断。其中，脆性破坏往往在无任何先兆的情况下瞬间突然发生。

就疲劳破坏断口形貌而言，一般具有明显的疲劳区和瞬断区。疲劳区记载了裂缝扩展和闭合的交替过程，颜色发暗，表面有较清晰的疲劳纹理，呈沙滩状或波纹状。瞬断区真实反映了当构件截面因裂纹扩展削弱至临界尺寸时脆性断裂的特点，瞬断区晶粒粗亮。

疲劳是一个十分复杂的过程，从微观到宏观，疲劳破坏受到众多因素的影响，尤其是对材料和构件静力强度影响很小的因素，对疲劳影响却非常显著，例如构件表面缺陷、应力集中等。

11.3 拱桥斜拉桥主要病害

1. 钢管拱的病害

钢管混凝土拱桥综合利用了钢与混凝土两种材料的优势，即利用钢结构轻便、施工便利的优势进行架设，并通过套箍压力提高混凝土强度；又发挥了混凝土抗压能力高、价格低廉的特点。由于其构造上的特点，钢管混凝土拱桥的代表性病害及其成因与其余类型的拱桥有所区别。

（1）钢管内混凝土不密实

钢管内混凝土不密实是钢管混凝土拱桥最常见，也是最受诟病的问题，表现为核心混凝土的强度沿拱肋高度分段变化，与钢管间脱空并在拱顶形成空腔。当钢管内混凝土空隙达到一定程度时，钢管对混凝土的套箍作用将丧失，结构承载力将大幅降低。

混凝土不密实是由于钢管混凝土拱肋为曲线形并且跨度较大，在现有施工技术和条件下无法保证管内混凝土充分振捣，绝对密实。结果导致混凝土出现分层离析，集料自上而下分层，上层仅见水泥，不见集料，并在拱顶部分形成空腔，甚至存在一定程度积水。

此外，钢管与混凝土的吸热、散热速度相差很远，而拱肋又是直接暴露在大气中承受阳光作用，夏天钢管表面温度高达 80℃，内部核心混凝土约为 50℃，受其影响，白天钢管吸热迅速膨胀时，管内的混凝土吸热慢，且需要吸收的热量大，管内混凝土不可能与钢管一起膨胀；到了夜晚，钢管遇冷收缩时，管内的混凝土因降温慢而阻止钢管的收缩，同时钢管又对混凝土产生了一个紧箍力，会加速混凝土的收缩和徐变。

（2）拱脚外包混凝土开裂

拱脚外包混凝土开裂是另一种常见于钢管混凝土拱桥的病害。这种病害由以下三种因素造成：

拱脚混凝土厚度不足，箍筋密度不够，导致拱脚混凝土在钢拱肋的巨大压力及拱脚弯矩作用下剪切开裂。

由于设计失误或施工误差，拱肋、系杆以及支座三者的作用线未交于一点，使拱脚产生较大弯矩，导致拱脚混凝土出现受力裂缝。

拱脚混凝土与钢管刚度不同，拱脚混凝土收缩徐变或温度变形受到钢管限制，致使混凝土开裂。

(3) 钢管拱焊缝质量问题

钢管拱结构焊缝较多，且内部填充的混凝土有弱电解性，往往存在焊缝病害，包括焊缝锈蚀与焊缝开裂两种。

(4) 钢管拱锈蚀

钢管混凝土拱桥腐蚀主要是大气腐蚀。如对拱桥的防腐处理不当，在一段时间后，则会随着钢构件的腐蚀威胁整个大桥的安全。如果在施工过程中由于方法不当以及后期养护未能及时跟上，在钢管混凝土拱桥中就会出现涂层的各种病害。

(5) 钢管拱变形、拱轴线变化

由于钢与混凝土间的粘结问题无法解决，钢管拱结构中钢拱肋与核心混凝土共同作用并不显著，实际分别单独承担着部分供肋压力。由于这种工作方式与设计假设不符，往往导致钢管拱的实际承载力低于设计承载力，可能导致拱结构在使用过程中出现失稳和强度破坏事故。

2. 斜拉索、吊杆的病害

(1) PE护套损坏

PE护套损坏有多种形式，如翘皮、龟裂、开孔、纵向裂缝、横向裂缝、环状开裂等。护套开裂原因复杂，主要原因如下：

在制造过程中索体可能因制造原因而存在初始损伤。

在卷盘运输过程中，位于内圈的索体护套由于卷绕直径较小，始终保持较高应变状态，如果护套长期处于这种状态可能导致应力开裂。

在施工过程中，施工方由于操作失误或重视程度不够，在成品索运输及安装过程中未采取适当的保护措施，导致护套被碰伤或刮伤。工地施工导致的开裂通常为纵向开裂。

拉索在运营过程中，可能由于遭遇意外事故（如车辆撞击）或缆索检测车刮碰而导致护套损伤。

随着HDPE（高密度聚乙烯）长期暴晒老化，护套韧性降低，在达到使用寿命时也必然开裂，这种开裂通常为环向开裂。

采用PE+PU双层护套的索体，由于两种材料的热膨胀系数不同，且两层护套间的粘结力较弱，使得在两层材料的交界面产生分离。

(2) 钢丝锈蚀与断裂

斜拉索钢丝锈蚀乃至断丝是导致拉索承载能力降低的最主要原因。拉索钢丝锈蚀分布存在不均匀性，外层钢丝特别是处于护套破损位置附近的钢丝锈蚀较为严重，拉索下部由于积水往往锈蚀也较严重。在拉索截面上，钢丝锈蚀程度由外向内逐渐降低。钢丝锈蚀形式多种多样，包括孔蚀、均匀腐蚀、应力腐蚀和腐蚀疲劳等。拉索钢丝生锈往往伴随着锈水流淌、锈皮起鼓脱落等现象，钢丝锈蚀与断裂数量较多时，将会导致拉索断裂，酿成事故。造成钢丝锈蚀与断裂的主要原因有：

早期套筒式拉索护套（金属套筒或橡胶、塑料套筒）内注水泥浆酿成下列隐患。

聚乙烯或橡胶护套在拉索架设中损坏，如被割破，拉裂，又未进行及时修补，雨水、大气顺裂口侵入，腐蚀钢丝。

拉索钢丝耐腐蚀能力较差（如用镀锌高强度钢丝则抗腐蚀能力大大高于无镀层防护的黑钢丝）。

早期拉索采用铁丝缠绕方式保持索体的截面形状，由于匝丝部分拦阻了渗入护套内的下行水分而积水，锈蚀极为严重。

应力腐蚀。因为索体承受很大的拉力，高强房钢丝应力很高，在高应力、反复荷载等的作用下，钢丝更易发生应力裂纹腐蚀。

（3）下锚头渗水

下锚头渗水是拉索锚固构造的常见病害，其主要原因在于桥面积水以及由索体破口进入顺流而下的雨水，通过索体与桥面之间的各种缝隙渗入到导管中，渗水最终导致锚杯及钢丝镦头锈蚀。

（4）锚头锈蚀

锚头锈蚀几乎是无法避免的，但相对于索体钢丝的使用寿命，锚杯、垫圈、锚杯螺母锈蚀对结构的危害并不大，而墩头锈蚀破裂和锚板开裂可能导致钢丝回缩卸载，降低整索的承载能力。锚头锈蚀渗水及锚箱内潮湿空气导致的，但锚杯盖板遗失或密封不严、防锈油脂和涂层化容易使锚头锈蚀。锚头外锚圈或盖板内螺纹、锚头上的结构固定螺栓及孔极易发生锈蚀，轻度表面浮锈，严重时锚头流淌锈水，侵入内部锚垫板及钢丝头，锚圈的严重锈蚀影响锚固螺母的拧动，可能发生“烂牙”现象。

（5）滑丝

采用夹片式锚的拉索可能在使用中发生滑丝现象，主要原因有：锚具硬度不合格，锚塞热处理的硬度不合格。施工规范规定材料 41V 的硬度为洛氏硬度 HRC＝55～58，如果硬度不够，锚塞压卡不足，钢丝就会滑丝。如果锚塞硬度过大，在顶塞过程中将钢丝压的沟太深也会造成滑丝。楔块的松紧不一和挟握钢丝部分有油污或楔块不良也会产生滑丝。钢丝直径误差较大，若有的钢丝直径小，钢丝往往卡不住而引起滑丝。另外，拉索振动时，也有可能引起滑丝，严重时可造成失锚。

（6）锚箱及套管疲劳开裂

在拉索振动过程中，索根套筒受拉索局部弯曲作用，可能出现横向拉力，而导致疲劳开裂。钢斜拉桥锚箱斜置于主梁外侧时，锚箱构件间及锚箱与主梁间焊缝局部承受较高拉应力，可能导致锚箱开裂。锚箱开裂发生的概率较小，迄今为止尚未发现。

（7）斜拉索异常振动

拉索的自振频率与其长度、截面形状、张拉索力有关，在雨雪天还可能因表面附着雨水和冰挂而改变。当外界风速接近拉索振动（包括颤振、抖振等类型）的临界风速时，就会导致拉索的异常振动。拉索的风振除颤振外（因减振方法不适用于颤振），根据已观测和研究成果，受自然及人为因素影响，其表现方式和成因主要有涡振、尾流驰振和雨振三类。

（8）短吊杆断索

典型案例为四川宜宾小南门桥，断裂发生在夜间气温较低时。发生破坏的吊杆具有以下特点：锈蚀严重，部分钢丝脆性断裂但也有部分钢丝塑性断裂；断索长度较短，断索位置接近桥面。目前认为短吊杆断索是由下列因素所造成：早期建造的吊杆拱桥，短吊杆的布置不尽合理，短吊杆自由长度太短，受温度变化的影响，桥面反复纵向位移时，短吊杆不能自由摆动，且频频交替出现较大的附加应力；钢丝锈蚀及气温降低使构件的断裂韧性降低；吊杆内钢丝发生应力腐蚀。

11.4 桥梁支座主要病害

支座是桥跨结构的支撑部分，用于连接桥梁的上部结构和下部结构。桥梁支座主要有三个作用：

(1) 将桥跨结构的支撑反力传递给墩台。

(2) 允许上部结构在温度变化作用下产生的桥梁轴向伸缩变形。

允许上部结构在恒载及活载作用下产生的转角变形。

因此，桥梁支座必须具备足够的承载能力，对设计要求的变形约束应尽可能小，同时经常注意养护维修，对其损坏部分要进行及时和正确的修补加固。

桥梁支座按其是否可活动分为：

固定支座。用来固定桥梁的位置，只能转动而不能移动。

活动支座。在温度变化、梁体收缩和垂直荷载作用下，上部结构可以自由转动和自由移动，按照其活动的方向可以分为单向活动支座和多向活动支座。一般的，简支梁一端设置固定支座，另一端设置活动支座；连续桥梁则多由一个固定支座和若干个活动支座所组成，且固定支座要设置在每联的中间支点上。现在小跨径的简支梁桥多采用板式橡胶支座，不区分固定支座和活动支座。

桥梁支座按其材料可分为：

钢支座（球钢支座、弧形支座、铰轴支座、滚轴支座和摆轴支座）。支座的传力通过钢的接触面，变位主要通过钢和钢的滚动实现。

聚四氟乙烯支座（滑动支座）。以聚四氟乙烯板和不锈钢板作为支座的相对滑动面。

橡胶支座（板式橡胶支座、盆式橡胶支座、四氟乙烯橡胶支座）。

桥梁支座的病害包括支座本身的病害和支座垫块（板）的病害。

各种形式的支座，其本身状况不同，病害也不相同：

钢支座的滑动面磨耗大、不平整，钢轴承有裂纹或切口，滚轴有偏移和下降。

支座螺母松动或螺栓脱落，支座地脚螺栓剪断。

固定支座的固定锚栓剪断。

活动支座不灵活或实际位移不正确。

钢辊轴式支座辊轴的实际纵向位移偏大或发生横向位移。

橡胶支座出现橡胶老化、变质现象，梁丧失自由伸缩能力。

橡胶支座纵向剪切变形或转角位移过大，超出最大规定值，支座损坏。

支座脱空，尤其是板梁或异性板的橡胶支座脱空，造成脱空支座的偏移和梁体受力不均。

聚四氟乙烯支座或盆式橡胶支座的聚四氟乙烯板滑出支座，支座滑动干涩。

桥梁支座的底板翘起、扭曲或者断裂。

支座砂浆垫块裂缝。

桥梁支座座板混凝土已压坏、剥离、掉角等。

桥梁支座损坏的原因是多方面的，既有设计方面的原因，也有施工缺陷、维修养护不够等原因，具体见表 11.4-1。

桥梁支座损坏原因一览表 **表 11.4-1**

损坏原因	具体内容
设计时缺乏足够的考虑	形式的选定与布置错误； 材料选定错误，或者施工没有按要求执行； 支座边缘距离不够； 支座支撑垫块加强钢筋不足； 对螺栓、螺母等的脱离估计不够
施工制作时不完备	铸件等材料质量管理不善，质量较差； 金属支座的油漆、防腐防锈处理不可靠； 砂浆填充不可靠，或者水泥砂浆强度不足
维修、养护、管理不善	滑动面、滚动面夹杂尘埃、异物； 因防水、排水装置的缺陷，向支座漏、溢水，使支座锈蚀； 螺母、螺栓松动、脱落，又没有及时修理
其他因素	桥台、桥墩产生的不均匀沉陷、倾斜与水平变位以及上部结构位移，影响支座的正常使用

11.5 附属设施主要病害

1. 声屏障部件松动

声屏障是一种专门设计的立于噪声源和受声点之间的声学障板，是降低噪声的一种重要设施。声屏障通常是针对某一特定声源和特定保护位置（或区域）设计的。

声屏障的主要病害有：

铆钉等紧固件失效。声屏障上常常会设置一些出于吸声效果考虑的部件，如屏体上的尖劈吸声体，顶部桶型等各类形状的吸声体。这类吸声体往往是依赖铆钉作为连接件的。由于轨道交通列车荷载产生的振动较大，且声屏障处于室外环境，受大风、雨水等侵蚀，故其铆钉常常容易断裂，进而造成部件掉落。

H 钢立柱、屏体金属件等锈蚀。如上所示，金属件处于室外环境，不利于防锈工作的开展。

PE 透光板老化、屏体玻璃碎裂。PE 透光板较玻璃更轻，安装更简便，但耐久性不如玻璃，容易出现老化。玻璃受外部冲击能力较差，有时自身还会发生碎裂。

2. 栏板露筋

栏板属桥面系的安全设施，同时也是各类线缆支架的基础构件，必须保证牢固可靠，确保其能够发挥正常的使用功能。

目前，轨道交通桥梁中主要使用钢筋混凝土栏板。其主要的病害有

混凝土表面蜂窝、麻面；

混凝土开裂、剥落；

钢筋锈蚀、露筋等。

引起病害的主要原因有：

混凝土保护层厚度不足；

施工质量不好；

混凝土碳化等。

3. 铺装层破损

桥梁铺装层的主要功能是防止桥面板因雨水等自然条件的作用而产生的侵蚀。桥面铺装一般选取能够与主梁有效结合的材料，满足防止渗透、抗滑、抵抗振动变形、抵抗温度作用等功能，同时应选取便于养护管理和施工的铺装种类。轨道交通中常选用水泥混凝土桥面铺装层。

水泥混凝土铺装层损伤的具体种类、原因及其对使用性能的影响见表 11.5-1。

水泥混凝土桥面铺装表面损伤的种类、原因及其对使用性能的影响　　表 11.5-1

损伤形式	现象	主要原因	对使用性能的影响
铺装层表面不平	表面坑洼不平； 雨后积水	高程控制不准； 局部浇筑不当； 表面水泥浆过多	耐久性
表面龟裂	龟壳状裂缝	局部水泥浆过多； 养护不及时	耐久性
桥面裂缝	变形缝附近出现断续裂缝	连续桥面处钢筋失效； 墩台不均匀沉降； 车辆冲击	向坑槽发展； 浸水，裂缝扩大； 耐久性
表面粗糙度不一致	刻槽深度、宽度不一致	混凝土收水后没有打毛； 刻槽时集料脱落	耐久性
表面坑槽	集料剥离、脱落	集料质量不良	耐久性
表面起沙	铺装表面呈粉状； 集料外露	用细沙； 混凝土中水泥含量少；	集料剥离； 形成坑槽

4. 伸缩缝破损

伸缩装置的主要功能是适应由于温度变化、混凝土徐变和干燥收缩等作用而引起的梁端位移。

伸缩缝的缺陷与损坏主要有。

(1) 伸缩缝组件的退化

伸缩缝的损坏具体应归结于每个组件产生的老化和破坏。这些组件有：伸缩缝型钢条、伸缩缝锚具、填缝料等。

(2) 伸缩缝锚固破坏

使用了防护角钢、防护钢板或氯丁橡胶垫板的伸缩缝是通过锚固件锚固的。防护角钢或钢板以及垫板都是用焊接在角钢钢板上的钢筋锚固在混凝土中。在荷载的反复冲击作用下，焊接因疲劳而开裂。

(3) 填缝料破坏

在使用过的各种类型的填缝料中，都出现了一定程度的损坏，1～5 年后填缝料就不能正常发挥其作用。填缝料可能受到化学物质、桥面板上的沙石或紫外线照射的损害。填缝料的早期损坏可能是由于其与砾石及其他外部物质间的热量、压力和摩擦所造成。

5. 排水系统

为迅速排除桥面上的雨水，防止渗入梁体引起腐蚀而影响桥梁结构的耐久性、稳固性，确保桥梁的正常使用，除在桥面铺装内设置防水层外，采取有效的桥面排水设施也相当重要。排水设施可大致分为三部分，即由排水槽、盖等组成的桥面排水设施；由排水管、支撑构件等组成的从桥面到集水设施间的导水设施；流向地下或河海的集水设施。桥面排水设施的缺陷，对桥梁的结构安全影响较大，还可招致桥面积水，成为运营事故的原因。排水管被破坏后，会向桥下溅水，严重影响附近的民宅和行人。相反，完善的排水设施对环境的改善作用较大。

第 12 章 城市轨道交通桥梁病害治理措施

12.1 混凝土桥梁病害治理措施

1. 混凝土裂缝的治理

(1) 概述

首先，由维修人员判定混凝土构件中裂缝和空洞对其承载能力、使用性能和耐久性的影响，并根据控制特征量描述裂缝。所谓判定指的是开裂原因、填缝必要性、措施目标、裂缝边缘的活动性以及产生新裂缝的可能性。在理想状态下填缝措施可达到以下目标：

阻止腐蚀性物质进入构件。

密封穿透性开裂的构件。

封闭裂缝，并使其有一定的伸展能力。

封闭裂缝，使裂缝和空洞边缘传力连接。

一般来说，伸展能力和传力连接是相互矛盾的。实际上，只有在涂刷混凝土涂层和裂缝宽度不发生变化的理想情况下，对于宽度小于 0.3mm 以下的裂缝，才能长久密封。

(2) 填缝材料

常用的填缝材料有环氧树脂（EP)、聚氨酯（PUR)、水泥砂浆（ZL）和水泥灰浆悬浮液（ZS)。

填缝材料主要技术要求如下：

足够的混合稳定性（主要指砂浆和水泥浆)。

低黏度，以便易于压密充满裂缝。

无论气温高低，都要具有足够的施工处理时间。

在混凝土表面有较好的附着性。

足够的抗拉和抗压强度。

另外，对不同的填缝材料有特殊要求：环氧树脂要快速达到强度，而聚氨酯要具有伸缩能力强的特性。选用何种填缝材料，主要取决于裂缝边缘的潮湿状态和要达到的处治目标。

(3) 裂缝和空洞的填补方法

在填缝之前，必须将裂缝中的细小杂质除去（可使用吸尘器)。如果混凝土潮湿，在处理裂缝边缘之前必须烘干，再决定采用浸入法或注入法。浸入法是在近似水平的表面上，由上向下在最大压力 0.01MPa 时填缝，填料由于重力和裂缝空隙而渗入。通常，浸入法只对近表面裂缝比较有效，裂缝仅部分被封闭，裂缝宽度稍有变化时就会再次张开。在浸缝时，必须保证有足够的填缝料流入，直到不再被吸收时为止。垂直平面的浸缝一般使用刷子，水平面浸缝用橡胶耙子。环氧树脂由于其较低的表面张力，特别适合于狭长裂缝的填补。除浸缝外，也可通过注浆来封闭裂缝。填缝料通过注浆嘴压入，常用有管状嘴和粘贴嘴。采用管状嘴时，首先需钻一个孔，呈45°斜角与裂缝交叉，用于较高注浆压力。压浆嘴用一个板粘在裂缝上面，压浆嘴沿裂缝走向布置，间距视裂缝宽度大小一般为200～400mm。安装好压浆嘴之后，裂缝在表面完全被堵住。注浆顺序原则上从下往上进行，在最高点必须留有出气口。

一旦填缝料在下一个高点涌出时，注浆再从那儿往上继续进行。无论采用何种填料，第一次修补后都应再加注填料，以补偿如毛细作用或不密实带来的体积损失。

由于用低压长时比高压短时能获得更好的填缝效果，在实际工程中可采用充气嘴和弹簧嘴注浆，注浆压力为0.06MPa，当注浆时间较长时，对0.2mm宽的裂缝注浆深度可达0.5m。在压注透水裂缝并采用聚氨酯材料时，首先要用聚氨酯泡沫预注，以阻止水分进入。但必须限定使用区域，以便达到尽可能高的密实度。

实现传力连接功能的裂缝封闭，只有在裂缝附近的应力不超过混凝土抗拉强度时才有意义。

2. 钢筋锈蚀的治理

（1）概述

钢筋锈蚀修补方法的选择取决于锈蚀成因、锈蚀程度、所处位置和相邻部钢筋锈蚀的程度和原因。首先，根据目测结果对钢筋锈蚀程度大致分类；然后再根据以下情况对其成因进行分析和评估。不同的混凝土退化和钢筋腐蚀进程对应着不同的修补方法。通常，不同腐蚀机理要求采取相对应的养护方法，具体视混凝土碳化引起的腐蚀程度或筋表面超出氯离子含量容许值的多少而定。

（2）钢筋锈蚀的修补方法

1）有氯化物但无明显锈蚀

在氯化物含量较高但暂无锈蚀的部位，可以根据氯化物侵蚀边界和混凝土龄期来估计去钝化时间，由此可定出一个适当的重新检测时间间隔，或者立即采取措施限制氯化物进一步侵蚀，具体有下列4种方法。

① 硅烷涂层：在混凝土表面用硅烷涂刷，能阻止水的侵入（因而也可阻止氯化物的侵入），但允许混凝土中水蒸气逸出。硅烷较便宜，但它对于直接受潮汐和波浪作用的部位效果不大。采用硅烷涂层处理后的混凝土，应以适当间隔重新检测，以确定硅烷涂层是否成功。

② 混凝土包裹：对于有时浸没在水中的混凝土部位，需要包裹一层适用于水下混凝土的表层。在发生重大锈蚀现象之前，这种处理比较经济。

③ 阴极保护：可以应用各种类型的外加电流系统阻止锈蚀，但需要相应的专业技术和经验。

④ 除去氯化物：除氯化物的过程是指把纸浆浸泡在电解液中，然后将其喷散在混凝土表面，在混凝土表面电解液的范围内形成一层网状加强层，将这一附加层作为阳极，混凝土内的钢筋作为阴极，在两极之间加上电压把氯化铁从钢筋和混凝土表面除去。此过程需持续几个星期，然后不需做任何其他工作。要保证除去氯化物系统成功运行，需要在混凝土表面设计统一的控制系统，以防止产生的热量损坏混凝土。本方法也适用于钢筋周围

pH 值较高的地方。

2）碳化严重但无明显锈蚀

根据混凝土龄期和由简单酚酞测试确定的碳化深度，来确定重新检测的时间，一旦碳化到达钢筋位置，钢筋锈蚀就不可避免，以下三种方法可用于阻止钢筋锈蚀。

① 粉底和涂料：在受影响的混凝土表面涂上一层水泥粉底，再涂刷一层丙烯酸涂料，可以有效地阻止二氧化碳的侵入。粉底的作用是阻止表面缺陷引起涂料膜层产生大量气孔，从而保证其连续性。

② 重新碱化：用一种适当的电解液，采用与①点中描述的相同过程，可以在钢筋区域恢复碱性水平，将 pH 值从 9～10 提高到 12，一旦 pH 值得到回升，立即用粉底和涂料涂刷，防止二氧化碳的再次侵入。重新碱化处理过程可每隔一定时间进行一次。

③ 阴极防护：同上。

3）钢筋处锈蚀但外观无明显锈蚀迹象

有时在混凝土表面出现问题之前，由于某种原因甚至没有探到碳化或氯化物，但水和氧气已使钢筋发生了锈蚀（可能是采用了劣质混凝土导致钢筋的早期锈蚀），且不久将反映到混凝土的表面。此种情况需监视其发展状态，并在适当时机加以修补。

应注意，不要把钢筋纹路或在浇筑时已有的锈迹误认为是锈蚀问题，尤其是当这种现象已存在至少 5 年，而且混凝土质量仍然完好的情况。

4）完好混凝土中的局部锈蚀

以下给出的修补技术涉及除去剥裂混凝土、修理钢筋以及在局部锈蚀区域使保护层恢复到良好状态，包括下列步骤。

① 结构分析：应进行结构分析，确定是否需要加强和支护。

② 修补混凝土前的准备工作：应沿钢筋敲掉混凝土保护层，直到没有锈蚀的部位（包括钢筋后面至少 15mm）。如有必要，应切除部分钢筋，再全截面焊入新的钢筋。修补前应吹干钢筋，清洗干净钢筋的背面，整个修补区域应用掺加防锈剂的清水清洗。

③ 采用富锌漆：在整体完好的混凝土中，由于局部缺陷而引起锈蚀的地方，先喷砂打磨钢筋，再涂刷富锌漆。

④ 新老混凝土间的粘结：假如混凝土表面已经进行了适当的凿毛处理且所有松散材料已被清除，可不采用粘结层。一般来说，采用哪种胶粘剂主要取决于实际经验，混凝土粘补时不允许有污染物存在。

5）大面积混凝土劣化中的广泛锈蚀

在大面积混凝土退化和钢筋锈蚀的部位，可采用多种修补方法进行修补。修补方法的选择应根据检测结果，由整个工程和经济评价结果决定。上述 4）中描述的方法均可用于退化混凝土的局部修补；同时，应采取下列合适的修补方法和过程。

① 采用富锌漆：当环境侵蚀致使钢筋的锈蚀只发生在局部部位时，可采用涂刷富锌漆的方法。但在大面积混凝土劣化和钢筋锈蚀的区域，由于存在许多阳极和阴极处，此时不可采用富锌漆。

② 修补过程：在锈蚀明显的部位，应该采取上述 4）中叙述的方法实施混凝土修补，随后在下一个最低阳极势处将不会发生后续锈蚀。采用此种方法依次修补，最终得到有效的控制；另外，需对修补部位进行定期检测，直至达到修补目标。

③ 对于含有氯化物的部位，可先对残留区域或相邻区域（可与氯化物除去或者阴极保护相结合）进行修补，然后应用硅烷涂层涂刷。此种方法可缩短重新处理的时间以及减少失效处的数量。对于已发生碳化的混凝土，粉底和丙烯酸涂层（可与重新碱化或阴极保护相结合）可以在初始修补后用来减少重新修补部位，极大地延长重新处理的间隔时间。

④ 结构包裹和替换：从构件的完全替换到用钢或混凝土包裹，采用何种方案由结构工程师根据具体情况决定。

6）预应力钢筋锈蚀的修补

一旦探测到预应力钢筋出现锈蚀，结构应加以支护并对结构进行详细的分析和评估。预应力管道内的水和其他污染物（如氯化物），可采用排水、提取氯化物、管道重新压浆、安装阴极保护、重新碱化、硅烷涂层或粉底及丙烯酸涂料涂刷等措施加以保护。

3. 混凝土桥的加固

1）概述

桥梁加固是通过对桥梁受力性能的改善，实现提高桥梁局部或整体承载能力的技术措施。桥梁加固一般以保持原结构受力体系为原则，如确需改变原结构受力体系，需进行严格的结构分析与验算。当加固仍不满足要求时，可进行桥梁的部分或全部拆除重建，但重建需考虑未来交通的发展，并按现行桥梁设计及施工技术规范进行设计与施工。

2）加固的基本要求如下

当加固费用比新建费用节省一半时，应优先考虑加固。

不中断交通或尽量减少中断交通时间。

对已发现的缺陷要一次性加固好，不留后患。

对原结构的损伤尽可能减至最低。

技术可靠、耐久，养护方便。

3）桥梁加固有如下几种常用途径

增大原结构薄弱构件截面，以提高原结构的强度和刚度。

以新构件代替旧的不满足要求的构件。

改变原结构的受力体系，使原结构满足受力要求。

对原结构施加外应力（如预应力），以改变原结构的受力状态，实现提高桥梁刚度和强度的目的。

桥梁加固可采用多种方法，应视旧桥的使用状况、承载能力下降的程度以及今后的使用要求而定。不管采用何种加固方案，都应考虑投资少、工效快、不中断交通、技术上可行、有较好的耐久性等方面的要求。

4）增大截面和配筋加固法

当原混凝土梁的钢筋和截面尺寸较小，在现状交通荷载作用下，混凝土梁的强度、刚度及抗裂性能不足时，通常采用增大构件截面、增加配筋、提高配筋率的加固方法来提高桥梁的承载能力。增大截面和配筋率加固法的技术要点：

为保证新旧混凝土的结合，需对旧梁混凝土表面进行凿毛处理，构件结合面凿毛凹凸差不宜小于 6mm，并露出粗集料。应特别注意新增加部分与原有部分的有效结合，使其成为一个整体，起到加固作用。

对 T 形梁可采用底面及侧面同时加大，或底部马蹄形加大两种加固形式。

适用于梁桥和拱桥拱圈的加固，加固效果显著。

通过增大构件截面和配筋来提高主梁承载能力的加固法，一般多用于板梁桥的加固。对于板梁桥，主要是考虑增设板梁底面的加强主筋和增大截面，T形梁桥除考虑增设梁底主筋和增大截面外，还须考虑设置套箍。

5）锚喷混凝土加固法

借助高速喷射机械，将新混凝土混合料连续地喷射到已锚固好钢筋喷面上，凝结硬化而形成钢筋混凝土。锚喷混凝土加固法通过增大桥梁受力断面尺寸与增钢筋数量的技术手段，加强桥梁结构的整体性来实现提高桥梁承载能力，其技术要点：

修复原混凝土梁的既有裂缝。

在原混凝土梁下缘加焊钢筋网，形成钢筋骨架。加焊钢筋网时伤旧混凝土。

锚喷混凝土，使其与原混凝土梁形成整体，共同受力。

6）粘贴钢板（筋）加固法

钢板粘贴补强法是采用环氧树脂系列胶黏剂将钢板粘贴在混凝土结构的受拉缘或薄弱部位，使之与原结构形成整体，用以代替需增设的补强钢筋，实现增强结构的抗弯、抗剪能力，改善结构的受力状态，提高结构刚度，减小结构受力变形，限制结构裂缝进一步的开展，提高混凝土梁承载能力的目的。

钢板加固形式的选择，可根据实际需要采取不同的方式，根据混凝土梁受力部位的应力状态，补强钢板分为带状和板状。带状钢板能够适应沿主筋方向或分布钢筋方向单个方向加固。板状钢板能够适应沿主筋方向和分布钢筋方向同时加固。

粘结的钢板用量可通过换算成钢筋用量的方法获得，当计算求得钢板厚度很小时，最小厚度取4.5mm。根据粘结钢板环氧树脂类型的不同，粘贴钢板的施工方法可采用液状的注入施工法和油状的压贴施工法。

7）组合式预应力补强拉杆加固法

组合式预应力补强杆加固法是通过布置水平补强拉杆和下撑式补强拉杆的组合式预应力加固方法。此种方法既具有下撑式预应力补强拉杆同时提高抗弯、抗剪强度的优点，又可在必要时将通常安设的两根拉杆增加到4根（两根为水平拉杆），从而可更大幅度地提高承载能力。

上述加固方法的应用可根据被加固结构的需求而定，当梁板跨中受弯强度不足而斜截面抗剪强度足够时，可考虑采用水平的预应力拉杆及其他两种拉杆。当梁板支座附近斜截面抗剪强度不足时，则应采用下撑式和组合式预应力拉杆。当梁的承载力需增加较小时，可采用水平的或下撑式拉杆。要求补强加固后的！承载能力提高较大时，采用组合式补强拉杆。

8）箱梁体外预应力加固方法

箱梁体外预应力加固方法是针对预应力混凝土连续箱梁跨中区段开裂问题而采用的一种加固技术。加固设计中，体外预应力束应在箱室内对称布置，在中墩处尽量靠近顶板，以提高中墩附近截面的抗剪能力。在跨中区域设置型钢转向块，利用转向块把体外束的效应传至腹板，并通过转向块在纵桥向位置的调整，给予中跨箱梁裂缝区域施加较高压应力，实现封闭裂缝、提高承载能力的目的。体外预应力束锚固遵循分散、避免集中同时又靠近腹板的原则，体外束的一端锚固在靠边墩的腹板上，另一端锚固在另一孔边跨中墩处

的横梁上，以避免同时锚固在边墩腹板或中墩横梁上引起局部应力过大而产生新的混凝土开裂问题

12.2 钢结构桥梁病害治理措施

1. 除锈油漆

（1）除锈

涂装前钢表面处理是涂装体系中非常重要的环节，只有钢表面处理达到标准，才能保证涂料与钢表面有良好的附着力，保证涂层与钢表面的整体性。根据《铁路钢桥保护涂装及涂料供应技术条件》TB/T 1527—2011 要求，在喷涂油漆前，对钢梁进行彻底除锈是很重要的，目前常用的方法有手工除锈和喷砂除锈两种。

手工除锈使用刮刀、除锈锤、钢丝刷等工具进行，具有工具简单、不受条件限制、施工方便等优点，但劳动强度大、工作效率低、除锈不易彻底、质量较难保证。一般均在工作量不大，或局部除锈作业时采用。

喷砂除锈是干喷砂作用压缩空气将砂粒送至专用喷嘴，以高速度喷射于钢板表面，借助砂粒的冲击和摩擦，将旧漆膜、污垢、铁锈、氧化皮等全部除去的一种除锈方法。这种方法效率较高，但喷砂时烟尘较大，施工人员需做好必要防护。

钢材的锈蚀等级和除锈等级

按照《涂覆涂料前钢材表面处理 表面清洁度的目视评定 第 1 部分　未涂覆过的钢材表面和全面清除原有涂层后的钢材表面的锈蚀等级和处理等级》GB/T 8923—2011 的规定，锈蚀等级和除锈等级分类方法如下：

（2）锈蚀等级

钢材表面的四个锈蚀等级分别以 A、B、C 和 D 表示：

A 全面地覆盖着氧化皮而几乎没有铁锈的钢材表面；

B 已发生锈蚀，并且部分氧化皮已经剥落的钢材表面；

C 氧化皮已因锈蚀而剥落，或者可以刮除，并且有少量点蚀的钢材表面；

D 氧化皮已因锈蚀而全面剥离，并且已普遍发生点蚀的钢材表面。

（3）除锈等级

钢材表面除锈等级以代表所采用的除锈方法的字母“Sa”、“St”或“F1”表示。如果字母后面有阿拉伯数字，则其表示清除氧化皮、铁锈和油漆涂层等附着物的程度等级。

1）喷射或抛射除锈

喷射或抛射除锈以字母“Sa”表示。

喷射或抛射除锈前，厚的涂层应铲除。可见的油脂和污垢也应清除。喷射或抛射除锈后，钢材表面应清除浮灰和碎屑。

对于喷射或抛射除锈过的钢材表面，该标准订有四个除锈等级：

Sa1：轻度的喷射或抛射除锈；

Sa2：彻底的喷射或抛射除锈；

Sa2.5：非常彻底的喷射或抛射除锈；

Sa3：使钢材表观洁净的喷射或抛射除锈。

2）手工或动力除锈

用手工和动力工具，如用铲刀、手工或动力钢丝刷、动力砂纸盘或砂轮等工具除锈，以字母“St”表示。手工或动力工具除锈前，厚的涂层应铲除，可见的油脂和污垢也应清除。手工或动力工具除锈后，钢材表面应清除去浮灰和碎屑。

对于手工或动力工具除锈过的钢材表面，该标准订有两个除锈等级：

St2：钢材表面应无可见的油脂和污垢，并且没有附着不牢的氧化皮、铁锈和油漆涂层等附着物。

St3：钢材表面应无可见的油脂和污垢，并且没有附着不牢的氧化皮、铁锈和油漆涂层等附着物。除锈应比St2更为彻底，底材显露部分的表面应具有金属光泽。

（4）涂装

1）底漆（防锈漆）

防锈漆种类很多，它们由漆料、防锈颜料、体质颜料和一定辅助成膜物质组成。不同的防锈颜料制成的防锈漆涂到金属表面起着不同的物理和化学作用。因此，将其分为物理性防锈颜料和化学性防锈颜料。在防锈漆中，适当配合一些体制颜料（又称填充料），可以改善漆膜的附着力，调整pH值，抗沉降，转化某些腐蚀介质等；漆料内的一些添加剂可以改善漆膜的抗起泡性和耐候性。

常见的底漆有：红丹防锈漆，云母氧化铁防锈漆（又称云铁防锈漆），无机富锌防锈漆和有机富锌防锈漆等。

2）面漆

钢梁经过表面处理后，预涂磷化底漆和1～3道防锈底漆，再涂中间漆或面漆。面漆是保护桥梁钢铁的第一道屏障，其遮盖力强，附着力牢，耐候性久，耐光性好，光亮度大，具有不透气性与不透水性，起到屏蔽保护钢铁的作用。

桥梁钢梁涂装采用的是户外用漆，要求耐大气性和耐久性强，要作人工老化试验和暴晒试验，检验观察面漆是否能耐户外各种条件。

常见的面漆有：醇酸树脂磁漆，酚醛树脂磁漆，环氧树脂漆和聚氨酯耐磨漆等。

3）涂装体系

钢结构可参照表12.2-1选用涂装体系。

钢结构涂装体系表 **表12.2-1**

涂装体系	涂料（涂层）名称	每道干膜最小厚度（μm）	至少涂装道数	总干膜最小厚度（μm）	适用部位和环境
1	特制红丹酚醛（醇酸）底漆	35	2	70	桥栏杆、扶手、人行道托架、墩台吊篮、围栏和桥梁检查车等桥梁附属钢结构
	灰铝粉石墨或灰云铁醇酸面漆	35	2	70	
2	电弧喷铝层	—	—	200	钢桥明桥面的纵梁、上承板梁、箱形梁上盖板
	环氧类封孔剂	20	1	20	
	棕黄聚氨酯盖板底漆	50	2	100	
	灰聚氨酯盖板面漆	40	4	160	
3	无机富锌防锈防滑涂料	80	1	80	栓焊梁连接部分摩擦面
	电弧喷铝层	—	—	100	

续表

涂装体系	涂料（涂层）名称	每道干膜最小厚度（μm）	至少涂装道数	总干膜最小厚度（μm）	适用部位和环境
4	环氧沥青涂料	60	4	240	非密封的箱形梁和箱形杆件表面
	环氧沥青厚浆涂料	120	2	240	
5	特制环氧富锌防锈底漆	40	2	80	钢梁主体，用于气候干燥、腐蚀环境较轻的地区
	棕红云铁环氧中间漆	40	1	40	
	灰铝粉石墨醇酸面漆	35	2	70	
6	特制环氧富锌防锈底漆	40	2	80	钢梁主体，用于腐蚀环境较严重的地区和电气化铁路
	棕红云铁环氧中间漆	40	1	40	
	灰色丙烯酸脂肪族聚氨酯面漆	35	2	70	
7	特制环氧富锌防锈底漆	40	2	80	钢梁主体，用于酸雨、沿海等腐蚀环境严重、紫外线辐射强、有景观要求的地区和电气化铁路
	棕红云铁环氧中间漆	40	1	40	
	氟碳面漆	30	2	60	

（5）涂层涂装道数及厚度要求

漆膜要有一定的厚度才能有一定的保护能力，涂一层的保护能力，没有涂多层的优良。所以目前油漆施工大多数涂装多层。现在钢梁一般采用喷涂防锈底漆两道和面漆三道，干膜总厚度为 200～250μm，即每度约为 40～50μm。个别易损部位（如上盖板）还要求增加度数，使总厚度更厚一些。某一种油漆，其干膜厚度与涂刷时为成膜前湿膜厚度之比，叫该油漆的成膜率，一般在 70%左右。

桥梁厂新制钢梁，因制造完毕到工地架设安装通车，相隔时间有的达数年之久，故在杆件出厂以前，除进行彻底除锈涂刷两道防锈底漆和一道面漆外，对铆合杆件节点板束内面，最好在拼铆前，涂红丹底漆一道，以防锈蚀。

2. 疲劳开裂的治理

虽然采用断裂力学的裂纹分析方法可以判定裂纹是否可以忍受或应该加以修补，但在实际工程中，一旦发现裂纹就应立即进行处治。常见的修补措施有：

在某些情况下，可以通过在裂纹端部钻孔来阻止其进一步扩展。然而，孔洞必须有足够大的直径，而不是重新引起新的裂纹，《城市桥梁养护技术标准》CJJ 99—2017 规定孔径不小于板厚。

加螺栓盖板可以用来恢复开裂断面的截面积，以及减少活载应力。

开裂也可由重新焊接加以修补。但应在咨询专家意见之后才能进行。通常在现场结构上实施，完成起来比制作新焊缝要困难得多。尽管能够采取像锤击和烘烤技术来消去不良应力，但是，低劣的重焊仍可能诱发再次开裂。

12.3 拱桥斜拉桥病害治理措施

1. 钢管拱病害的治理

发现钢管混凝土拱桥拱肋病害可采取以下维修与加固措施：

当拱肋焊缝局部开裂时，应用手电钻在裂纹前缘钻直径为 2～3mm 的止裂孔，再用碳弧气刨清除裂纹部位，接着用砂轮将裂纹部位打磨干净，预热后用 CO_2 气体保护焊修复。

修复完毕应进行无损检查，确认焊缝缺陷不复存在；否则，应聘请相关专业技术人员重新设计修复方案。

当超声探伤发现拱肋内混凝土有空洞或离析时，应先确定空洞的范围和程度，选择空洞范围内合适位置在钢拱肋侧壁上钻直径为5～8cm的圆孔，通过钻孔向空洞内注入环氧树脂水泥砂浆，完成注浆并确保灌浆硬化后采用焊接方法封闭钻孔，并将焊缝打磨光滑，再行涂装防蚀。

当拱脚外包混凝土出现褶皱、龟裂、裂纹，但无明显变形时，可暂用水泥砂浆涂抹，加强观察，分析原因。待稳定后再根据情况进行修复（如压浆、封闭或凿除裂损部分进行修复）。

如发现拱脚外包混凝土存在严重开裂，应立即中断交通，并通过相关计算，分析确定拱脚混凝土开裂的原因，采用植筋、凿毛重筑等方式对拱脚混凝土进行加固。当检测发现拱肋存在其他严重钢结构病害需要进行加固时，可参照本书之前章节介绍的相关内容。

2. 斜拉索、吊杆病害的治理

(1) 破损护套的修复

PU护套开裂可采用冷补法（即用高强胶粘剂）修复破损护套，施工时注意补丁应方正有规则，且不应与PE护套粘结。

PE护套开裂应按以下步骤进行护套修复：首先用机械方法易除PE套管破损部位，直至露出完好聚乙烯；然后用丙酮对待修补部位进行清洗，加工坡口；接下来用与原护套材料相同的焊条进行加压堆焊，直至恢复护套厚度，最后用抛光机对焊接部位进行抛光。修补后的PE护套应光滑、平整、牢固、无裂痕。修复后可在护套表面涂刷特制的颜料，还可用绕包带密封。

此外，也可以采用热缩带对护套进行修复，这套系统的防腐原理为：用缠绕机按一定的缠绕角将带状热缩材料缠绕在外层PE管上，再经加热装置处理，使缠绕材料与PE管相结合，从而实现拉索的二次防腐。这种方法具有以下优点：无须对桥梁进行全封闭，且工程量少、成本低、工期短、无污染。

(2) 锈蚀钢丝的修复

钢丝锈蚀一旦经过评估认为拉索可继续使用时应采取以下修复步骤：首先切除部分护套，露出严重锈蚀的部分；用钢丝刷清除钢丝表面浮锈，并涂刷环氧富锌底漆两道；用防锈油脂填充钢丝间空隙；最后修复护套，将索体密封。

(3) 下锚头渗水的修复

下锚头渗水或积水应查明渗水来源并进行密封，如用硅胶对不锈钢防雨罩与套管间的缝隙进行填充；重做桥面防水，对套管周围进行密封。

(4) 锚固区混凝土病害的修复

发现锚固区混凝土松动开裂或剥落，可首先将松动的混凝土除去；重新检查混凝土损坏程度；如混凝土开裂是由于钢筋锈蚀引起，应先清理锈蚀钢筋附近混凝土，将钢筋除锈，再用环氧砂浆修补；如混凝土开裂不是锈蚀所致，如裂缝宽度在0.2mm以下可不做处理，如裂缝宽度超过0.2mm则应封闭裂缝。

(5) 更换斜拉索、吊杆

更换斜拉索、吊杆的施工步骤一般如下：

在需更换吊杆附近拱肋和横梁上设置反力架，对替代吊杆（可用精轧螺纹钢代替）、连接器及螺母探伤，校验千斤顶和压力表。

安装替代索（通常为 4 根），并以 50kN 为周期逐级加载，每一1 期结束时采用砂轮机切割相对应数量的钢丝对旧索进行卸载，直至旧索切断后停止加载。

拆卸旧吊杆，将新吊杆由拱肋上方套管穿下并引入桥面下套管中，将固定螺母安装至指定位置，并安装引出杆，在引出杆上按顺序安装大螺母、连接器、反力架、千斤顶，调整千斤顶使作用力方向与吊索轴线平行。

逐级加载新吊杆，同时利用千斤顶对替代索逐级卸载，直到新吊杆达到指定张拉力，卸载替代索以及替代索的锚固系统。

在下一个换索位置重复以上步骤。

对全桥调索，使索力和加劲梁线形达到最佳状态。

吊杆更换流程表（表 12.3-1）

吊杆更换流程表 **表 12.3-1**

序号	步骤	序号	步骤
1	全桥索力初值测量	9	安装新索
2	全桥高程初值测量	10	横梁挠度测量
3	安装工作平台	11	逐级张拉新索
4	安装替代索、千斤顶	12	逐级解除替代索力
5	横梁挠度测量	13	全桥高程测量和索力测试
6	逐级张拉替代索	14	索力调整
7	逐级卸载旧索	15	安装阻尼器及防水
8	拆除旧索	16	更换下一吊索

12.4 桥梁支座病害治理措施

1. 一般维修

在支座日常检查和养护过程中，若出现以下病害情况，应采取相应的措施进行维修：

支座钢构件发生锈蚀的，应及时除锈，并做好油漆防护。

支座上下座板出现吊空的，应捣填干硬性砂浆。当吊空高度较大时，宜分批分次捣填干硬性砂浆。

支座附近排水不畅的，应细凿垫石呈 3%的排水坡。墩台面也应修凿成大于 3%的坡面，以利排水。

2. 顶升更换

支座发生橡胶板老化开裂、钢件开裂等严重病害时，应予更换。更换支座可按下列步骤实施：

搭设钢管脚手架；

清理台帽、盖梁顶面；

调查与复验支座；

连接与安置顶升设备；

调试顶升设备。

（1）试顶

顶升系统启动后，应密切观察桥梁结构、钢轨是否有异常状况出现，设备、仪表是否正常工作，显示读数是否在合理范围内。

（2）顶升梁体

顶升过程中以每顶升 2mm 为一步，分级顶升，各顶高差严格控制在 0.5mm 范围内，全程采用位移传感器监测梁体顶升位移情况。实时监测整个千斤顶间位移传感器升量高差，若高差超过控制值时，必须进行适时调整后才进入下一个顶升周期。

顶升时梁每升高 5～6mm，临时支撑加垫一块钢板。

顶升到位后将梁体由千斤顶转落至临时支撑钢板上。

（3）更换支座

用铁勾或人工取出旧支座，如旧支座已与垫石粘结而较难取出可用钢纤、铁锤敲击松动后取出。取出旧支座前应拍照记录其缺陷状况。

用人工配合钢丝刷清洁支座垫石表面，如有支座下有钢板，则应打磨去除铁锈。

测量垫石顶面标高，如顶不平整，则用轨道交通特种砂浆抹平。垫石顶面如需加高，则应采用轨道交通特种砂浆至设计标高并抹平；垫石顶面如需降低，则应钢钎凿除部分混凝土至设计标高并用轨道交通特种砂浆抹平。

在支撑垫石上根据设计图纸标出支座位置中心线，同时在橡胶支座上也标出十字交叉中心线，将橡胶支座安放在垫石上，使支座的中心线与墩台的设计位置中心线重合，支座就位准确。支座位移方向正确。

所有支座更换完毕后，再对安装的新支座进行全面检查，确保支座型号、支座安装方向正确，并拍照记录。

（4）落梁

落梁前在梁体限位挡块与梁体间加塞木板，防止落梁时梁体发生水平位移。

开启同步顶升系统，平稳降落梁体。

梁体就位后检查支座上下钢板与垫石、梁底之间的密贴情况，应保证支座上下面全部密贴。

（5）结尾工作

支座检查合格后拆除千斤顶、临时支撑钢板等顶升设备。取出限位挡块和梁体间的木板，拆除钢管脚手架，清理施工现场，做到工完料清。

12.5 附属设施病害治理措施

1. 声屏障病害治理

声屏障铆钉松动的，在声屏障底材强度尚可，铆钉下有铝合金龙骨等硬质底材的情况下，可采取加密加固，即在原先两个铆钉之间加一个铆钉。也可采用扁钢加固，将扁钢弯折成需要的形状，箍住松动部件。

在有条件的情况下，应更换为无铆钉一体成型的屏体，同时不再使用异形顶部吸声体和尖劈吸声体，只选用直立型屏体。可使用更好的吸声材料来提高吸声效果。屏体长度在保留热胀余地的情况下，应尽可能多地插入工字钢立柱内，特别是在伸缩缝处，应加宽工字钢立柱的翼缘板。

2. 栏板病害治理

通过检查，发现栏板出现异常情况，应及时予以修复或调整、更换，主要的工作内容如下。

(1) 栏板露筋修补

栏板露筋是常见的病害，常用的修补施工方案和步骤如下：

用钢凿凿除露筋附近的混凝土，直至露出新鲜创面。

用钢丝刷刷除钢筋表面的锈蚀部分。

用丙酮洗刷钢筋。

涂刷界面剂。

调制混凝土砂浆，材料要求：水泥（500 号）、黄沙（特细沙）、107 胶水，混合比 1∶2，每立方米加 100kg 胶水和 200kg 清水（一泥桶拌合量：水泥 2.1kg、黄沙 4.2kg、胶水 0.3kg 和清水 0.6kg），调制混合搅拌至黏稠。

可依次涂刷，也可分层涂刷，分层涂刷间隔时间不大于 15min。

湿润养护 2h，每间隔 10min 浇水一次。

(2) 栏板伸缩缝修补

栏板伸缩缝破坏需要进行如下的修补操作：

用钢凿凿除防撞墙损坏部分的混凝土，直至露出新鲜创面。

镶嵌泡沫板与原防撞墙齐平，立模材料可用夹板。

灌注聚合物混凝土，可掺入 30%细石，粒径为 5～15mm。

拆模，剔除泡沫深 40mm。

打磨缝边混凝土。当缝宽小于 60mm 时，用聚氨酯填充；大于 60mm 时，浇筑密封橡胶条。

3. 铺装层病害治理

(1) 增铺补强层加固

在旧有混凝土或钢筋混凝土桥面上，重新加铺一层混凝土或钢筋混凝土补强层，这种方法叫做补强层加固法。此法既能修补已出现的裂缝、剥离等缺陷又能加大原有梁板的有效高度，增加板的抗弯能力，改善铰接梁的横向分布，从而提高梁的承载能力。

采用补强层加固施工比较方便，可与一般修筑桥面混凝土铺装层一样进行，但前提是补强层应与旧桥面结合良好，能成为一个牢固的整体。补强层的常见做法有：钢筋＋普通混凝土或干硬性混凝土，钢筋＋微膨胀混凝土或干硬性混凝土，和钢纤维混凝土桥面补强层加固是否能达到预期的效果，关键取决于新旧混凝土能否牢固地形成一个整体。因此，为确保新旧结构共同受力的可靠性和耐久性，需要从施工工艺上采取适当的措施，一般为：对旧桥面进行凿毛处理。先凿去桥面铺装，然后再凿去部分梁顶混凝土，并使表面粗糙，成齿状形，箍筋外露。

对结合面进行适当处理。如清扫、干燥、钢筋除锈等。

为使新旧混凝土有更好的粘结性，应凿毛至无碳化层，在凿毛后的混凝土面上可涂一层胶结剂，例如铝粉水泥浆、铝粉水泥砂浆、环氧树脂等。

加设新旧混凝土之间的联系钢筋。可在旧混凝土层上设置钢筋锚栓或化学植筋，也可把补强层钢筋网与底层钢筋焊接。

采用干硬性混凝土或钢纤维混凝土浇筑补强层，以减少新浇混凝土的收缩，从而减少新旧混凝土之间产生的收缩力而错动，提高补强效果。

（2）孔洞坑槽的修补

孔洞和坑槽的出现是因为混凝土中夹带着杂物。修补时，先将孔洞凿成形状规则的直壁坑槽，然后用钢丝刷和吸尘器清理坑槽，填上混凝土，最后养护至规定通车强度时即可通车。

为了改善混凝土铺装的防滑性能，可采用刻槽机对磨光的部分进行刻槽处理。

4. 伸缩缝病害治理

在查明伸缩缝破损原因后，依据伸缩缝的类型和缺陷程度，采取行之有效的修补办法，决定部分修补或部分以至全部更换。

（1）锈蚀处理

锈蚀可以通过喷相关溶剂（加有防锈剂）处理不可触及的区域，然后使用润滑剂或油脂涂抹整个表面，或者采用适当的标准防锈措施。在修补施工过程中，应注意以下事项：伸缩缝的型号宜选择比原伸缩量大一等级的伸缩装置；伸缩缝的安装间隙应按安装时气温准确计算。

（2）整个伸缩缝的替换

在伸缩缝严重损坏、广泛分离和渗漏或混凝土桥面板或桥台台背广泛开裂和碎裂的地方，可以建议用新的伸缩缝进行整体替换。作业时应针对栏板上的电缆影响作业面，导致伸缩缝橡胶条难以取出与放入，同时也难以做出翻遍的情况，做好施工方案。

5. 排水系统病害治理

排水系统病害的主要治理工作内容如下：

（1）保证纵横坡的完好、泄水孔通畅，迅速排除桥面上的雨水。

（2）保持桥面铺装内设置的防水层使用性能良好，防止雨水渗入梁体引起腐蚀而影响桥梁结构的耐久性、稳固性。

（3）及时修补或更换损坏的排水槽等设施，避免因桥面积水而造成交通事故。

（4）经常疏通排水管，及时清除管内的淤泥和杂物，确保排水通畅。

（5）及时维修导水设施的支撑构件，防止由于支撑构件的损坏而影响排水。

（6）排水设施和导水设施之间连接可靠，确保排水系统整体的工作性能。

（7）立交桥除泄水管排水外，其他地方不得往桥下排水。

（8）桥面应保持1.5%～3.0%的横坡，以利于桥面排水。

（9）定期检查排水管道是否开裂或损坏，排水管焊接处裂缝应及时焊接修理。锈蚀、破损严重处应及时更换。

第 13 章 城市轨道交通桥梁结构变形测量

13.1 测量制度

1. 概述

轨道对桥梁等线下工程的工后沉降要求非常严格，工程在设计中虽然对每个桥墩进行了沉降量的计算，但是沉降变形是一个很复杂的过程，单靠理论计算很难满足轨道对工后沉降的要求。施工期间必须按设计要求进行沉降观测，通过对沉降观测数据的分析处理和评估，验证或调整沉降设计参数，必要时进行地质复查并采取沉降控制措施使结构物达到规定的变形控制要求。通过对设计沉降的验证和修改，分析、预测出最终沉降量和工后沉降量，合理确定轨道的铺设时间，确保设计目标顺利实现。

2. 测量周期

轨道交通桥梁应每年测量一次桥面道床沉降和桥墩沉降。对沉降量大的或持续发展的桥段还应加密测量。

3. 测点布置

监测点材质选用不锈钢材料制作，其位置结合结构特点布置。一般埋设于每根轨枕中心位置，并按上、下行线分别进行编号，约每 10～12 个监测点埋设一块里程牌。里程牌上标明沉降点的线路名称、沉降点点号和其对应的里程。

高架段简支梁：分别在上下行线两端各设 1 个监测点，在 1/4，1/2，3/4 处需各布设一个监测点；对于连续梁在每跨梁上按照上下行线呈跨中对称，每 5m 设一个监测点；其中，既有沉降监测点与桥梁标准位置距离偏差在 2m 以上的，需要重新在标准位置处布设新的沉降监测点。

高架墩柱每墩柱各布设设 1 对监测点，埋设于离地面 0.5m 左右高度的柱身上。对于河道等特殊位置的立柱则根据实际情况采用“反射片＋全站仪”或者“条形码＋水准仪”或其他合适的方法。

4. 测量精度

沉降测量参照二等水准测量要求进行。道床上监测点的测量，在水准路线测量的同时，对中间点进行中视测量的方法观测。

为确保高程控制网观测精度，外业观测采用 DNA03（或同等精度）电子水准仪，并严格按规范要求的二等精密水准测量的技术要求执行。

5. 注意事项

每次观测时记录外界环境天气、温度等辅助信息，便于对沉降测量资料的全面分析。

对于高架段的测量应尽量保证架设的测站和转点的位置均位于立柱上方，以减少由于高架梁的振动导致的测量精度损失，高架段立柱和道床测量时间应尽量保持一致，测量时间不宜相差太久。

13.2 沉降分析

1. 梁体下挠的原因

桥梁受各种因素影响，跨中往往会发生下挠，跨径越长的桥表现得越明显。从结构受力特性的机理上分析，挠度实际上是两部分总体作用方向相反的效应综合平衡的结果。作用效应一就是结构体本身的恒载与活载作用，另一个就是桥梁预应力体系提供的作用效应。从结构体本身的作用效应上来说，除了荷载作用，结构刚度是影响挠度的主要因素，而箱梁的刚度受结构布置、混凝土开裂程度、预应力束的布置方式与预应力度大小、混凝土收缩徐变特性与疲劳特性等因素的影响。另一方面，预应力体系对挠度的作用效应受预应力的布置和有效预应力的大小所左右。目前国内外比较认同的导致桥梁长期下挠现象的主要因素可能为：（1）混凝土收缩徐变（包含箱梁断面构件不同厚度导致的收缩差异影响、交通荷载和温度变化引起的反复荷载效应、施工接缝的影响、环境温度与湿度的变化等）；（2）对预应力长期损失估计偏低；（3）混凝土的开裂；（4）施工方法（特别是合龙方式）导致的不利的成桥应力状态。这些对结构长期挠度产生影响因素有些不但具有较大随机不确定性，而且还相互耦合。故尽管现代计算手段不断取得进步，但准确预测桥梁的长期挠度仍然不是一件容易的工作。

（1）混凝土收缩徐变对长期下挠的影响

混凝土的收缩徐变有较大的不确定性，是影响大跨径与连续刚构桥长期挠度预测准确性的最大障碍。自从 19 世纪第 1 次观测到混凝土的收缩和美国材料试验学会（ASTM）在 1907 年首先发现混凝土的徐变特性至今，学术界及工程界对收缩和徐变特性的进行了长期不懈研究。尽管目前收缩徐变的研究取得了很大进展，出现了大量的理论模型，但其预测仍然没有到达理想程度。理论预测的徐变柔量，其变异系数最好的可高达 20%以上，收缩应变则可以相差 35%以上。

近年来高强混凝土的出现使混凝土的收缩徐变问题变得更为复杂，特别是其长期变形特性，相应的试验结果非常少，理论模型与实际差别较大，通常适用于普通强度混凝土的收缩徐变的经验不再适合高强混凝土。一些研究表明，混凝土的收缩远比目前理论的估计值大且持续时间相当长，特别是对大体积的高强混凝土。这一方面是因为高强混凝土水灰比低，混凝土的致密性高，大体积混凝土更不易干透，也就是说不同几何尺度的混凝土会存在收缩差，高强混凝土则更放大了这一差别，另一方面，目前已知收缩，除了干燥收缩外，还有碳化收缩和自发收缩等，在普通混凝土中干燥收缩占有主导地位，其他收缩均很小，而随着强度的增加自发收缩由于混凝土的水灰比不断下降而变得不可忽视，高强混凝土的收缩仅考虑干燥收缩将严重低估收缩的影响。对于大跨径连续刚构桥而言，由于各部位的板厚与环境条件差异较大，顶板薄且受阳光日照，其收缩远比无阳光直射的厚的底板大得多，顶板的收缩大部分完成时，底板则刚开始释放大部分的收缩变形，这种收缩变形的差异将导致主梁曲率长期的增加，另外，合龙后为抵抗这种变形差异产生的具有时变特性的次内力，其量值可能会达到很高的程度，其结果也将影响到成桥后的应力状态。

在施工方式、交通和温度变化造成的反复荷载对混凝土弹性模量长期变化及对收缩徐变性能的影响方面，如现浇悬臂施工方法，不但混凝土的加载龄期很短，而且移动挂篮、浇筑梁段和张拉预应力的施工过程加上日温度的变化，对于已浇梁段，实际上是一种反复循环加载的效应，尽管这种反复荷载可能量值上不大，但已知新浇混凝土一般对任何形式的加载都是敏感的，在很短的龄期后就承受反复荷载的作用，线性徐变叠加理论是否仍然适用值得怀疑。根据周期反复荷载对混凝土的徐变率的影响，随着周期性应力振幅的增大，徐变明显增加，可以推断，当根据叠加原理计算在可变应力作用下的徐变时，会低估周期性加载下的徐变。单从收缩徐变的角度来看，悬浇施工法较悬拼施工不利得多，悬拼施工至少在保障材料收缩徐变对结构长期挠度的影响方面是有较大优势的，收缩徐变引发的超静定结构次内力与复杂的断面重分布应力在预制场上大部分释放掉了，而悬浇施工则必须应对这些复杂因素造成的结构长期挠度，近年来，国外只要条件允许，已较少采用悬浇施工法的确是有一定道理的。

（2）预应力对长期下挠的影响

预应力体系作用效应对长期下挠的影响方面，主要存在有效预应力的准确估计问题和预应力的合理布置问题。实际上，有效预应力也有时间相关性，有实测结果表明 8 年内预应力的长期损失较成桥时的有效预应力可达 16%，除了混凝土收缩徐变造成预应力损失外，桥梁承受的长期动载等其他方面对有效预应力的影响，目前也仍然不清楚。

预应力的布置实际上对大跨径连续刚构桥的长期下挠也是有较大影响的，国内布束设计时往往考虑控制的是施工和正常使用状态下的结构应力状态是否安全，对布束影响结构下挠的问题基本上都没能注意到，实际上某些不合适的布束不但不能减小长期下挠可能还会造成相反的作用。就国内梁桥设计普遍采用的箱梁顶板设悬浇束的布束方式而言，其对于控制悬臂状态的挠度绝对是最有效的，但这种方式对于成桥后减小结构挠度的大小是不是最有效的布置方式，值得探讨。近年来国内有学者提出的“零弯矩施工法”，实际上是合理布束减小长期下挠方式中的一种，可能还不是最有效的一种。应该说大跨径连续刚构桥的合理布束对长期下挠控制的工作还需要深入研究，目前的工作还非常不充分。

（3）箱梁开裂对长期下挠的影响

一旦出现结构开裂，结构的下挠变化的机理将变得异常复杂，下挠现象也会迅速恶化。这是因为：1）混凝土的开裂引发预应力与混凝土收缩徐变的强烈耦合效应，即混凝土的开裂改变断面应力状态和开裂断面形心，徐变规律和预应力对结构的效应也随之变化，内力重分布，反过来又影响结构开裂；2）活载、温度的反复作用将使桥梁的裂缝宽度和长度不断扩展；3）由于开裂，结构的耐久性遭到破坏，结构材料的退化大大加快。4）结构严重开裂可以导致结构受力体系的变化，整体刚度受到削弱。由此可见，箱梁的开裂对大跨径连续刚构的长期挠度有极重要的影响，但由于不确定性和影响因素的强烈耦合，研究难度极大，包括量化的影响机理及相应的计算方法的研究都处于初级的阶段，成果极少。

2. 桥墩沉降的原因

（1）附近有基坑开挖

由于基坑在开挖的时候容易使地表产生沉降问题，从而使得邻近建筑物发生沉降开裂。这种沉降位移的产生大多数与地表水的含水量有关，如果地表水的含水量降低的话，沉降范围一般而言会比较大。这种沉降位移也同护坡的变形有关，一旦护坡发生变形，在深基坑的附近就会发现沉降位移。为防止基坑开挖带来的影响，应进行降水维护，这样的话可以保证土体在开挖的时候有足够的水分来保证稳定性。

（2）桩尖沉渣过厚

钻孔灌注桩作为建筑物基础结褪广泛用于房建基础和桥梁基础。但由于钻孔灌注桩施工工艺较复杂，尤其在不良地质条件下沉孔成桩因施工不当会造成孔底沉渣过厚基桩承载力不能满足设计要求，桩底沉渣过厚会造成桥墩过大沉降，给桥墩的稳定及安全带来隐患，严重影响桩基承载力的发挥。钻孔灌注桩孔底沉渣厚度是成孔质量的重要指标之一，因此，施工过程中掌握孔底沉渣过厚的成因并采取有效的控制措施，是保证钻孔灌注桩施工质量和桩基承载力的关键措施之一。

第 4 篇

城市轨道交通结构变形监护

第 14 章　安全保护区概述

14.1　法律法规依据

上海地铁 1 号线于 1958 年开始进行地铁试验，1990 年获批开始建设，南段于 1993 年开通，一期工程于 1995 年 4 月通车。截至 2018 年 10 月，已开通运营线路 16 条（含磁浮），运营里程 673km（磁浮 29km），车站约 395 座，换乘站为 53 座，已形成网络化运营，网络规模位居世界第一。2018 年，工作日客流超 1150 万人次，最大日客流 1235.5 万人次，客流占全市公交出行总量超 54%。地铁重要性突显，地铁已成为市民出行不可或缺的最重要的交通工具之一，深受市民、社会和政府关注，一旦发生非正常运营情况，将给整座城市正常运行带来重大影响。

2002 年上海发布《上海市轨道交通管理条例》，其中要求轨道交通应当设置安全保护区范围，并于 2014 年作出修订，在第三十七条中再次明确规定保护区范围，在第三十八条中规定了保护区内应报审的作业项目类型。

第三十七条轨道交通应当设置安全保护区。安全保护区的范围如下：

（1）地下车站与隧道外边线外侧 50m 内；

（2）地面车站和高架车站以及线路轨道外边线外侧 30m 内；

（3）出入口、通风亭、变电站等建筑物、构筑物外边线外侧 10m 内。

第三十八条在轨道交通安全保护区内进行下列作业的单位，其作业方案应当经过市交通行政管理部门同意，并采取相应的安全防护措施：

（1）建造或者拆除建筑物、构筑物；

（2）从事打桩、基坑施工、挖掘、地下顶进、爆破、架设、降水、钻探、河道疏浚、地基加固等工程施工作业；

（3）其他大面积增加或者减少载荷的活动。

市交通行政管理部门应当先将上述作业方案送轨道交通企业进行技术审查，轨道交通企业应当及时提出技术审查意见；市交通行政管理部门根据技术审查意见作出是否同意作业方案的决定后，应当及时告知轨道交通企业。

市交通行政管理部门应当会同轨道交通企业制定安全保护区作业方案技术审查规定，根据作业区域与作业类别的不同明确技术审查期限。

第三十九条轨道交通企业应当建立相关制度，在安全保护区内组织日常巡查，同时按照技术审查意见，对第三十八条第一款有关作业的安全性进行日常监督，对作业项目相邻的轨道交通设施加强监护监测。

经同意在轨道交通安全保护区内的作业出现危及轨道交通安全情况的，或者未经同意在轨道交通安全保护区内进行作业的，轨道交通企业应当通知作业单位立即停止作业并采取相应的安全措施，同时报告市交通行政管理部门。

14.2 轨道交通监护管理体制

政府与企业职能：

加强城市轨道交通管理，不仅仅是完善审批体系，更重要的是强化事中、事后监管，特别在当前城市轨道交通管理体制向“简政放权、放管结合、优化服务”方向发展的时代大背景下，迫切需要进一步理顺相关监管主体责任关系，创新监管方式，提升全过程综合监管和服务能力。

进一步明确监管责任机制中“国家统筹、省负总责、城市主体”的原则，在深化行政审批的同时加大对相关违规行为责任主体的联合惩戒制度。

目前，上海市管理模式为交通行政管理部门先将建设单位报送的安全保护区作业方案送轨道交通企业进行技术审查，轨道交通企业及时提出技术审查意见，最后市交通行政管理部门再根据技术审查意见作出是否同意作业方案的决定。

对于非正常报审、违规施工的项目，市交通行政主管部门还负责对其执法监管和行政处罚。

企业职能除了保障地铁结构安全外还需服务社会。上海申通地铁集团对于轨道交通安全保护区作业的主要工作职能是配合市交通行政管理部门行使技术审查意见审批职能。地铁监护由技术审查、现场监护、日常巡查检查及相关配套组成（图 14.2-1）。

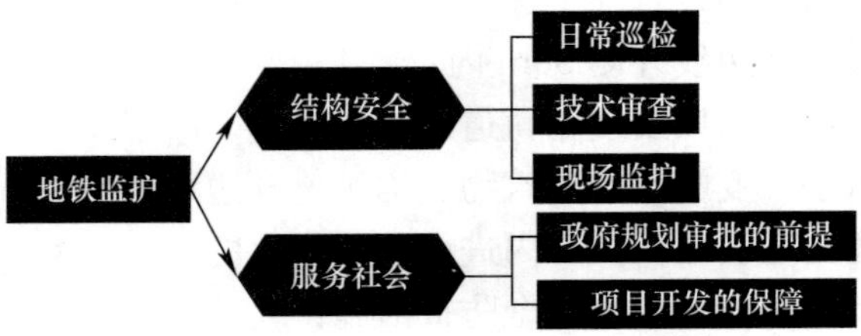

图 14.2-1 政府与企业管理职能划分

14.3 地铁结构保护标准

1. 隧道保护标准

地铁工程（外边线）两侧的邻近 3m 范围内不能进行任何工程；

地铁结构设施绝对沉降量及水平位移量≤20mm（包括各种加载和卸载的最终位移量）；

隧道变形曲线的曲率半径 R≥15000m；

相对变曲≤1/2500；

由于建筑物垂直荷载（包括基础地下室）及降水、注浆等施工因素而引起的地铁隧道外壁附加荷载≤20kPa；

由于打桩振动、爆炸产生的震动隧道引起的峰值速度≤2.5cm/s。

2. 桥梁保护标准

（1）高架车站差异沉降及控制

高架车站的结构设计中，基础设计除满足承载力安全要求外，还应进行沉降和差异沉降的控制。为确保运营安全，高架车站内所有墩柱的最大绝对沉降量必须控制在 3cm 之内，并使所有相邻柱墩之间沉降差控制在 1cm 之内。为控制差异沉降，工程中采取的措施主要有：

增加桩基的入土深度；在桩基承台之间设置拉梁，以调整相邻基础差异沉降；

增大车站纵向刚度，如提高纵向梁配筋率及增大纵向梁的截面尺寸。

（2）建、桥变形协调及控制

对于建、桥合一型车站，车站结构与高架区间由于采用不同的规范进行设计，设计沉降控制指标便产生差异，高架区间桥梁按铁路桥涵设计规范设计，沉降控制为：墩台总沉降小于 50mm；相邻墩台沉降差为 20mm。而车站结构的不均匀沉降差异按照建筑设计规范控制：在上海地区为建筑总高度的 3‰，由于高架桥与车站结构的差异沉降，使轨道梁产生附加弯矩，因此在设计时采用的做法是考虑车站结构和高架桥的最大沉降差这一最不利工况，然后反算轨道梁的最大弯矩，在轨道梁截面和配筋上进行控制。

第 15 章　结构变形的监测

15.1　分级监测标准

在上海地铁长期的监护管理实践中，通过对大量的长期监测数据进行整理分析，找出变形的规律并作出变形预测，结合实际结构病害及整治情况得出了如下变形监测控制标准。

1. 沉降监测标准

（1）曲率半径 R 不小于 3000m。轨道专业在考虑列车运营平顺度的时候，轨道高低容许偏差应小于 4mm/10m，所对应的曲率半径为 3000m，假设钢轨和道床以及隧道管片紧密连接。对隧道结构控制选取曲率半径 3000m 作为临界指标。

（2）差异沉降坡度不大于 0.16%。对于连续大范围的差异沉降，可选取差异沉降坡度作为衡量结构变形的指标。

（3）1 年不均匀沉降速率不大于 0.6mm/月。如不均匀沉降持续发展至累积沉降曲线曲率半径超标或差异沉降坡度超标，则采取治理措施。

（4）运营初期 3 年内受盾构推进后土体扰动固结及列车动荷载的影响，沉降变形会比较大，实际发现，年度沉降大于 2cm 时，可以认为隧道是在加速沉降的，这时候必须人为干涉来控制沉降的加剧。

2. 收敛监测标准

根据全尺寸盾构管片整环极限承载力试验结果表明。

（1）ϕ6.2m 单圆通缝拼装隧道水平直径收敛值 80～100mm 采用贴芳纶布及堵漏处置，大于 100mm 加钢环；错缝拼装隧道水平直径收敛值大于等于 50mm 采用贴芳纶布及堵漏处置，大于 80mm 加钢环。

（2）收敛每年增大值超过 10mm，结合实际情况进行处置。

15.2　人 工 监 测

1. 垂直位移监测

（1）技术要求

根据国家标准《城市轨道交通工程测量规范》GB/T 50308—2017 的要求，垂直位移监测测量精度应满足表 15.2-1 的要求。

垂直位移监测的主要技术要求　　　　**表 15.2-1**

等级	高程中误差（mm）	相邻点高差中误差（mm）	往返较差、附合或环线闭合差（mm）
Ⅱ	±0.5	±0.3	$\pm 0.3\sqrt{n}$

注：n 为测站数。

（2）监测点布设

1）道床垂直位移监测点布设

① 道床沉降观测点布设在轨枕中部，浮置板道床区段的观测点布设于盾构法隧道段的管片、高架段的梁板、明挖区段的底板等结构上，碎石道床段的观测点根据现场结构状况合理布设；

② 施工区域正对的地铁线路范围内一般按 5 环（6m）的间隔布设监测点，伸缩缝处加密布设，两侧延伸范围内按 10 环（12m）的间隔布设监测点；

③ 车站与隧道、车站与高架段等结合部处适当加密布设；

④ 宜与其他观测项目监测点同断面布设；

⑤ 垂直位移监测点尽量利用既有长期沉降监测点。长期沉降监测点为永久设施，监测点选用优质的不锈钢材料按统一规格制作，一般埋设于轨枕中心位置（示意图见图 15.2-1）。

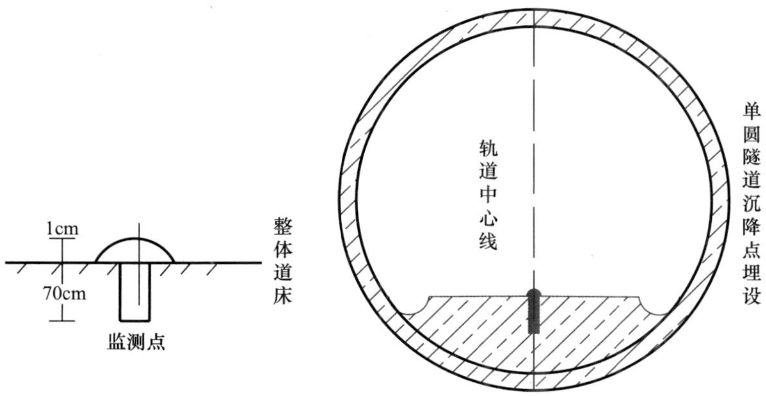

图 15.2-1　道床垂直位移监测点埋设示意图

2）车站立柱垂直位移监测点布设

车站立柱垂直位移监测点一般应布设于站台层立柱上，测点布设应美观大方、不影响被监测体的结构性能及正常使用、不影响行人正常通行。

3）车站附属设施垂直位移监测点布设

① 出入口的观测点在地面出口、中部平台、下部与车站接缝两侧布设，布点位置不影响行人正常通行；

② 风井、冷却塔、垂直电梯、变电站、电缆沟等附属设施的观测点在结构角点布设，不影响被监测体的结构性能及正常使用。

（3）监测成果

数据处理前先对外业记录进行检查，严格控制水准路线（环）的闭合差，外业检查合格后方可进行内业计算；内业计算前先检查工作基点之间高差，判断其稳定性，以稳定性检测满足要求的工作基点的成果为起算依据；各监测点高程计算前先进行水准线路计算，闭合差按照测站数进行简易平差，而后进行中视点计算。

编制垂直位移测量成果报表，报表内容包括初始高程、上次高程、本次高程等测量值，计算本次垂直位移量、累计垂直位移量，并绘制典型监测点的历时垂直位移曲线图。

高程及垂直位移量均取位至0.01mm。

2. 分层沉降监测

分层沉降监测可以监测不同深度土体的竖向差异变化情况。一般根据地质勘察报告和设计要求，在不同土层的分界位置设置监测点，监测不同土层的沉降、压缩或膨胀的变形数据，为工程施工提供参考数据。

对于地铁监护监测项目，在隧道底板、腰部、顶板同深位置也设置分层沉降监测点。通过采集隧道底板、腰部、顶板同深位置的差异沉降数据并与隧道内的沉降监测数据相互印证，对判断地铁隧道结构的安全性非常重要。

分层沉降观测可采用磁环式分层沉降标法和深层沉降标法。

3. 深层水平（侧向）位移监测

深层水平（侧向）位移监测可以监测不同深度土体的差异侧向位移变化情况，宜采用在墙体或土体中预埋测斜管，通过测斜仪观测各深度处侧向位移的方法进行监测。

（1）技术要求

测斜仪的系统精度不低于0.25mm/m，分辨率不低于0.02mm/500mm。土体深层水平位移监测应满足以下要求：

1）测斜管可采用钻孔方式进行埋设，埋设时应保持竖直，测斜管内壁一组导槽方向应与所需测量的位移方向一致，管底、管段连接部位应密封，管外与周边土质应填充密实；

2）当测斜管底部进入稳定土体时，深层水平位移计算的起算点可设在测斜管的底部，否则应以孔口为起算点，并测量孔口的水平位移进行改正。

（2）监测点布设

1）测斜管应埋设在结构邻近的土体内，其埋设深度应大于隧道埋深；通过同深位置的测斜数据与隧道内的平面位移数据相互印证，对判断地铁隧道结构的安全性非常重要。

2）将测斜管吊入孔或槽内时，应使十字形槽口对准观测的侧向位移方向。连接测斜管时应对准导槽，使之保持在一直线上，管底端应装底盖，每个接头及底盖处应密封。

3）埋设于基坑围护结构中的测斜管，应将测斜管绑扎在钢筋笼上，同步放入成孔或槽内，通过浇筑混凝土后固定在桩墙中或外侧；埋设于土体中的测斜管，应先用地质钻机成孔，将分段测斜管连接放入孔内，测斜管连接部分应密封处理，测斜管与钻孔壁之间空隙宜回填细砂或水泥与膨润土拌合的灰浆，其配合比应根据土层的物理学性能和水文地质情况确定。

4）测斜管埋设好好，应停留一段时间，使测斜管与土体或结构固连为一整体后方能开始测量。

4. 隧道直径收敛监测

隧道直径收敛监测采用全站仪极坐标法，测量环片水平方向直径位置处监测标志的空间坐标，反算其空间距离，并与管径设计内径比较。

（1）技术要求

采用全站仪进行观测时，应符合以下要求：

1）固定测线两端应固定棱镜或反射片等观测标志；

2）全站仪的测距精度不应低于：$\pm(2mm+2\times10^{6}\times D)$；

3）每次应正、倒镜观测一测回，较差不大于 2mm 时取均值，否则应重测。

4）收敛监测精度满足测量中误差≤0.5mm。

（2）监测点布设

1）通缝单圆隧道收敛点设置

上海隧道的拼装形式主要以单圆通缝形式为主，其中包含直径 5.5m 和 5.9m 两种类型。对于单圆通缝隧道的布点方法，采用简单的直接量取法，分别从两侧直径上方接缝中间位置 A 或 A' 向下量取 813mm（5.5m 内径的隧道）或 872mm（5.9m 内径的隧道）的弦长即为水平直径一端的位置 B 和 B'，详见图 15.2-2、图 15.2-3 所示。

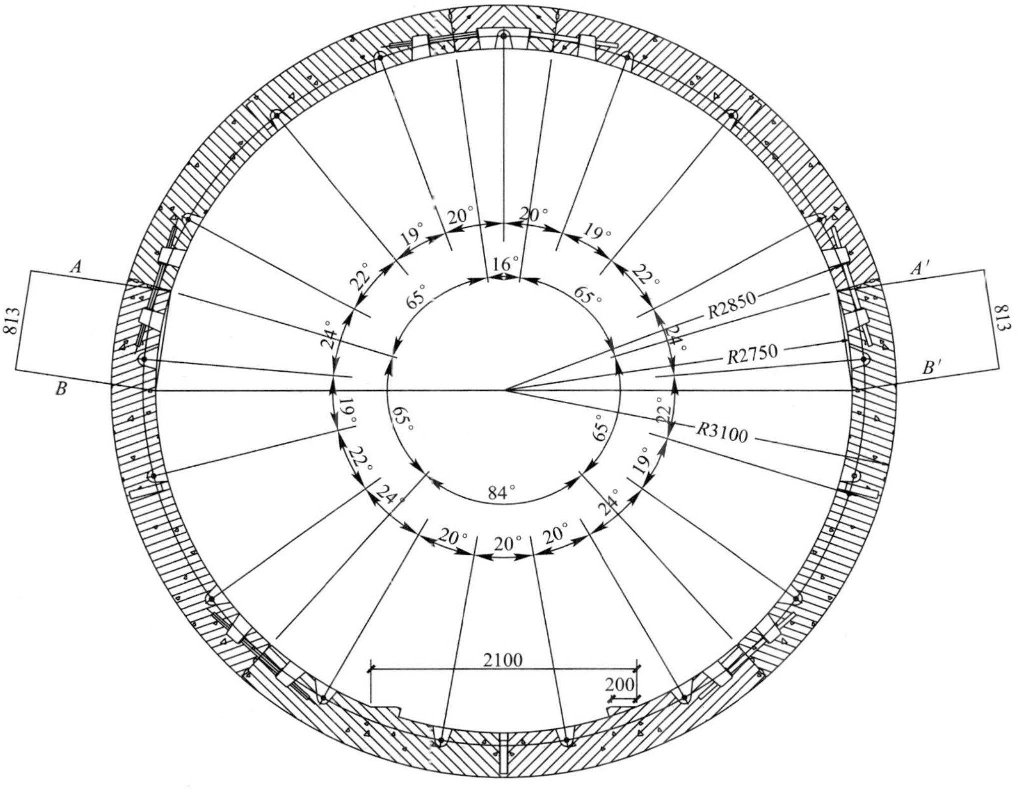

图 15.2-2　通缝拼装管片直径端点位示意图

2）错缝单圆隧道收敛点设置

上海地铁隧道存在少量以错缝形式拼装的单圆隧道，错缝拼装管片奇偶环不一致，分别由 A 处接缝中间位置向下量取 1597mm 至 B 点，从离水平方向最近的接缝中间位置 C 向上量取 539mm 至 B'点，BB'即为水平直径的理想位置，见图 15.2-4。

（3）监测方法

直径量测采用全站仪无棱镜极坐标法，测站点设置任意坐标，以任意点为后视方位，盘左位置测量 A 点和 B 点的三维坐标，然后盘右位置测量 B 点和 A 点三维坐标，取盘左坐标和盘右坐标各自计算 A，B 两点的空间直线距离，两组直线距离较差小于直径测量的中误差，则取平均值，以此作为实测管片横径 R。如若大于直径测量的中误差，则安排返工进行复测（图 15.2-5）。

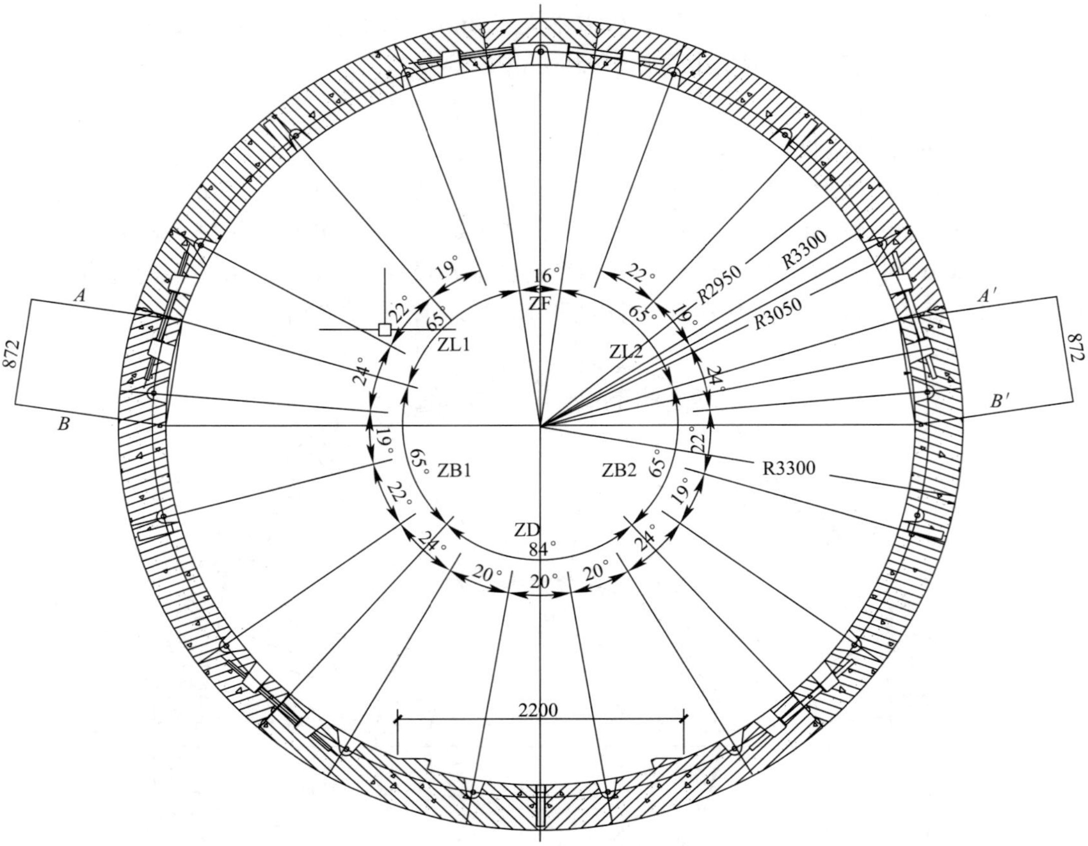

图 15.2-3　单圆 5.9m 内径通缝拼装管片端点标记示意图

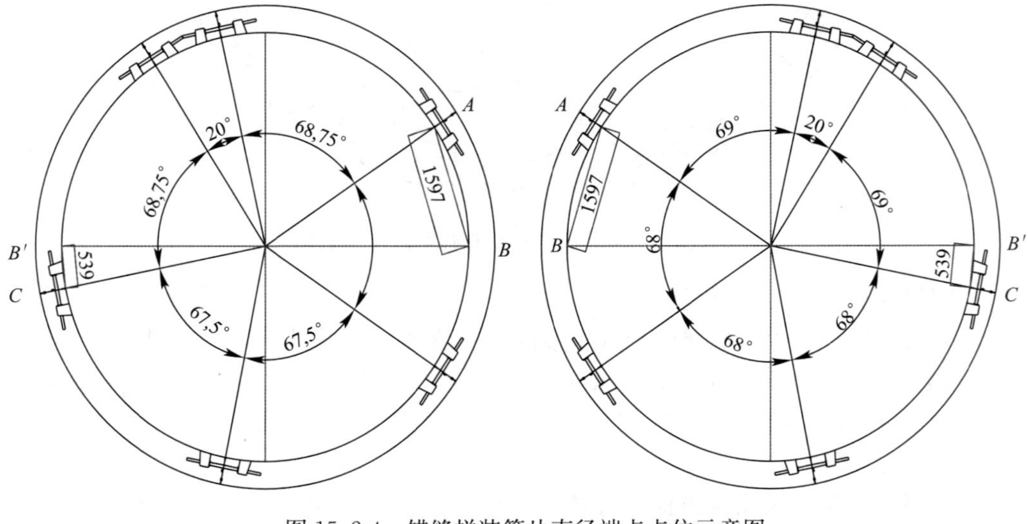

图 15.2-4　错缝拼装管片直径端点点位示意图

空间直线距离计算公式如下：

$$R=\sqrt{(X_{\mathrm{A}}-X_{\mathrm{B}})^2+(Y_{\mathrm{A}}-Y_{\mathrm{B}})^2+(Z_{\mathrm{A}}-Z_{\mathrm{B}})^2}$$

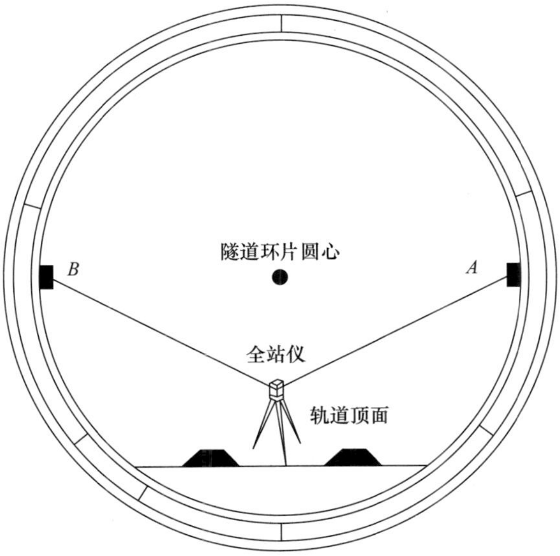

图 15.2-5　直径测量示意图

盘左和盘右两组空间直线距离，取平均，即为本次横径实测值：

$$R_{本次实测} = (R_L + R_R)/2$$

隧道管片直径与设计值变化量等于实测直径减去设计直径 $R_{设计}$，（单圆隧道直径为 5.5m、5.9m，双圆隧道直径为 4.975m，大圆隧道直径为 10.4m）

$$\Delta R = R_{本次实测} - R_{设计}$$

收敛累计变形量，为本次实测直径减去初始值实测直径。

$$\Delta R_{累计} = R_{本次实测} - R_{第一年}$$

（4）监测成果

1）计算取位

① 直径端点与接缝之间弦长量测采用钢尺量距，精确至 1mm；

② 极坐标法坐标取位精确至 0.1mm，直径计算取位至 0.1mm；

2）测点登记及其他信息说明

① 测点首次布设时，应逐环登记其所在区间、环号、里程、拼接类型、弦长取值、施测时间等；

② 测量数据应完整存储，并记录相应的环号和所对应的里程及其他需要说明的附属信息；

③ 测点因破坏或其他原因无法施测时，应备注说明原因；

④ 涉及本技术方案中特殊情况时，需添加相应的备注信息。

15.3　自动化监测

1. 多传感器自动化监测系统

自动化测量通过"云图结构安全监测信息管理系统"的子系统—"多传感器自动化监测系统"来实现，该系统基于一体化智能终端和 TCP 协议、WebSocket 等技术，实现了多传感器的集成，统一了各类传感器数据采集的软、硬件平台。通过一体化智能终端，将不同类型传感器的控制指令进行定制封装，实现了在单台一体化智能终端上对多类传感器的接入和集成；同时以国家公共通信网络为载体，基于 TCP 协议和 WebSocket 技术实现了网页端与现场传感器的远程数据的实时交互和展示，实现了跨平台集成。目前系统支持静力水准仪、全站仪（测量机器人）、测距仪、倾角计、电子水平尺、固定式测斜仪、裂缝计等传感器设备。

2. 静力水准测量

（1）测量目的

静力水准自动化测量适用于沉降测量，主要针对施工影响范围内重点区域的轨道交通结构（隧道或车站）进行监测，实现对轨道交通结构沉降变形的全天候远程实时监控，为监控结构沉降变形、及时调整施工工艺、变形趋势的预测等提供依据。

（2）测点布置

1）静力水准线路一般由起算点、观测点和转点组成，宜布设成附和水准线路；

2）施工作业投影区段范围内，盾构法宜按 5 环间距、其他轨道交通结构宜按 5～10 间距布设观测点；投影区段范围外可适当放宽；

3）静力水准观测点尽量与其他人工监测点同断面布置，方便与人工监测成果进行校核对比分析；静力水准起算点一般设置在距离监测区域外 30m 左右，并在同一位置设置 1 个人工沉降观测点，采用人工水准测量法定期联测，频率不得低于每月 1 次，根据人工沉降测量成果修正该起算点的成果值；

4）单条静力水准管路长度一般不得超过 100m，同一静力水准线路中全部管路超过 200m 时应采用人工水准测量法定期进行高差修正。

5）同组中所有静力水准传感器安装标高差异的影响，不得消耗其量程的 20%；

6）静力水准连通管管路应平顺，管路内不得有气泡，每一点都要低于蓄液罐底部且不超过 0.5m；

7）静力水准观测点一般设置于盾构法隧道主体结构内壁，或设置于车站地墙结构上；

8）各传感器、数据采集设备、通信设备、线路线缆等应满足轨道交通的限界净空要求，各类电气设备应确保用电安全，遵守隧道内作业的各种安全规章制度要求，不影响列车运营安全。

（3）静力水准数据采集和发布

静力水准数据采集和发布能够达到下述技术要求：

1）数据采集器的数据采样速率可以达到至少每分钟一次。

2）数据可以发送至专用服务器，并实时进行发布。

3）数据采集器的数据存储器用于数据备份，至少能存储 30 天的每小时正点观测数据。

4）系统能够按照规定的正点时间，实时发送观测数据；并具备时钟校准、数据重新下载、数据重新发送功能。

5）系统以国家公共通信网（GPRS 或 CDMA）的通信方式进行数据传输和通信。

6）自动站数据上传到地区中心站的频次，可根据需要进行 1min、5min、10min 或半小时等的设置，但至少应每小时上传 1 次。

下图为静力水准测量数据采集界面，通过多传感器自动化监测系统可以实现对布设在隧道内的监测设备实时的数据采集、传输和发布，通过系统内置的静力水准数据处理子模块，可以实时对采集的数据进行处理、滤波、分析和计算，得到本次测量成果变化曲线图。

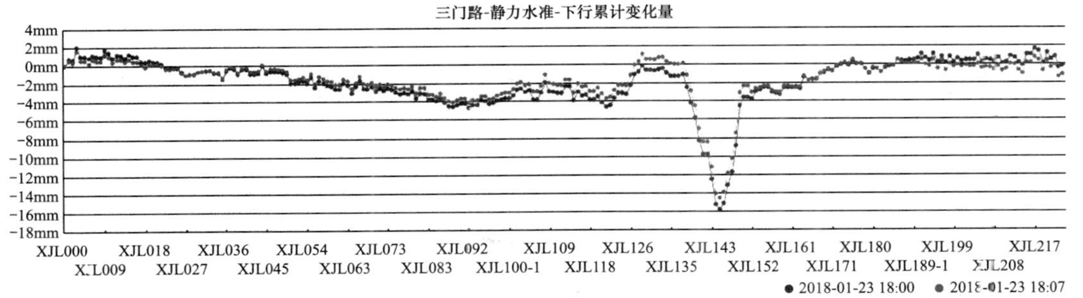

图 15.3-1　静力水准自动化测量数据成果曲线

（4）监测频率及周期

静力水准沉降自动化监测自桩基施工开始至地下结构施工结束截止，监测频率按照用户设定的频率进行，数据采集器最高采样速率可达 10s/次；期间遇重要施工工况，及时加密采样频率。

（5）静力水准沉降自动化监测设备清单（表 15.3-1）

静力水准设备清单表　　表 15.3-1

序号	仪器设备名称	型号及编号	单位	数量	精度指标	备注
1	静力水准仪	HD-2NJ1C3	台	按需	100mm ≤0.2%FS	按需配置
2	数据采集模块	一体化智能终端	套	按需	配套	按需配置
3	数据分析处理软件	多传感器自动化监测系统	套	按需	配套	数据处理及分析
4	电脑	联想	台	按需	服务器	报表编制
5	稳压电源	山特	套	按需	3kVA，后备	供电保证

3. 全站仪测量

（1）测量目的

全站仪自动化测量适用于三维坐标测量，根据施工影响范围内重点区域的轨道交通结构（隧道或车站）观测点设置的不同对应关系，可以得到水平位移、管径收敛、沉降或结构体倾斜等测量结果，实现对轨道交通结构变形的全天候远程近实时的监控。

（2）测点布置和安装

全站仪自动化进场安装前，同样采用前述的原则进行现场踏勘和确定仪器安置位置。

1）全站仪设置：现场一般安装固定仪器观测台，观测台顶部安装强制对中装置，全站仪固定在强制对中装置上，通过通信电缆与数据采集器连接。固定仪器观测台安装在盾构法隧道结构内壁、车站侧墙或隧道、车站内（满足轨道交通限界要求），仪器观测台形式一般有仪器支架或钢筋三脚架，仪器支架通过膨胀螺丝钻孔安装在结构体上，钢筋三脚架底座由膨胀螺丝将钢筋角铁底座打入结构体内固定。

2）合作目标设置：合作目标一般为小棱镜，其设置一般等现场仪器安装完成后，通过仪器来确保两者之间是通视可测量的。为避免同一视场多棱镜目标，影响自动化测量精度和效率，合作目标相互之间要按照上、下或左、右错开安装的原则布设，错开量一般根据仪器到棱镜的距离 S 和仪器设置的自动搜索范围角度 θ 进行计算：错开量 $L=S\times\tan\theta$。

（3）全站仪数据采集、处理和发布

1）数据采集

全站仪自动化测量配置和采集，通过多传感器自动化监测系统可以实现对布设在隧道内的监测设备实时的数据采集、传输和发布。

2）数据处理

全站仪数据处理程序是专门为隧道内变形监测研究的一套数据处理算法，内置在系统全站仪数据处理子模块中，主要有以下几个特点：

① 支持一台或多台全站仪，可以适应大范围的监测区间；

② 全台全站仪可以一起协同工作，在同一时刻开始测量，保证数据的时效性；

③ 采用间接平差模型，全站仪可以在变形区域内设站，观测完成后整体平差，自动对测站的坐标变化进行修正；

④ 根据测点不同的对应关系，可以自动解算多种测量成果：管径收敛、道床沉降、水平位移或侧墙倾斜等。

数据处理模型示意图如图 15.3-2 所示。

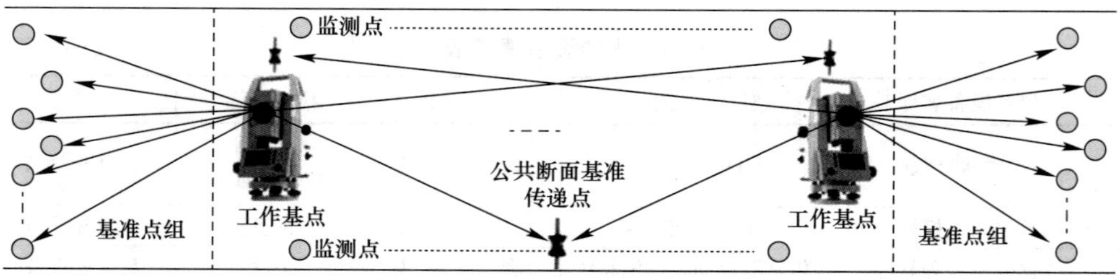

图 15.3-2　数据处理模型示意图

3）成果发布

经过数据处理计算完成的成果直接发布在多传感器自动化监测系统中。数据结果可查询和导出，任何接入网络的设备（电脑、PAD、手机等）都可以通过网页端实时访问查看。

4. 测距仪

（1）测量目的

获取隧道结构环片水平直径方向的收敛变形量，在施工期间实现对隧道结构收敛变形的实时监测。

（2）测点布置

1）布点原则

① 施工作业对应的投影区段测距仪宜按 5 环间距布设，投影区段范围外可适当放宽。

② 在对应位置设置人工固定测线，并同步完成初始测量。

③ 在现场条件允许的情况下，须安装于隧道大直径位置，若现场条件不允许，须尽可能靠近大直径位置旋转，旋转量不得超过 10cm。

④ 激光测距仪应布设于固定测线一段的结构内壁，测量激光束应对准固定测线另一端目标点；

⑤ 激光束对准面应光滑平整，照准点 5cm 为半径圆内无遮挡（线缆，线架、螺旋孔及地铁隧道内其他设施设备等），照准点做好相应标记；安装应满足轨道交通的限界净空要求，不影响隧道环片的结构性能及正常使用，不影响车辆正常通行。

2）测点埋设

A-B 布设：沿环片一侧拼缝中间位置 *A* 点往下量取 0.813m 至 *B* 点，在 *B* 点处水平安置激光测距仪、配套的无线数据采集器模块及 DC12V 电源，并确保激光测距仪测程内无遮挡物且激光光斑位于环片上。若 *B* 点遇到障碍物遮挡时，可将 *B* 点向上（或"向下"，或"左右"）移动一定距离，调整激光测距仪测线方向以保证激光测距仪测线方向与环片圆心方向一致，定期采用人工管径收敛值验证自动化管径收敛测值。测点埋设示意图和实例图见图 15.3-3。

图 15.3-3　测距仪管径收敛自动化监测点埋设现场照片

（3）测量方法

采用激光测距仪法测量管径收敛时，初始值测量需独立测量四次取平均，正常监测时两次取平均。

激光测距仪收敛测量两次取均值后与原始值进行比较，即可得隧道的管径收敛变形值。

（4）测距仪数据采集和发布

测距仪数据采集和发布能够达到下述技术要求：

1）数据采集器的数据采样速率可以达到每分钟两次。

2）数据可以发送至专用服务器，并实时进行发布。

3）数据采集器的数据存储器用于数据备份，至少能存储 30 天的每小时正点观测数据。

4）系统能够按照规定的正点时间，实时发送观测数据；并具备时钟校准、数据重新下载、数据重新发送功能。

5）系统以国家公共通信网（GPRS 或 CDMA）的通信方式进行数据传输和通信。

6）自动站数据上传到地区中心站的频次，可根据需要进行 1min、5min、10min 或半小时等的设置，但至少应每小时上传 1 次。

通过多传感器自动化监测系统可以实现对布设在隧道内的监测设备实时的数据采集、传输和发布，通过系统内置的测距仪数据处理子模块，可以实时对采集的数据进行处理、滤波、分析和计算，得到本次测量成果变化曲线图。图 15.3-4 为测距仪测量数据采集界面和成果变化曲线图界面。

（5）监测频率及周期要求

测距仪自动化收敛监测自桩基施工开始至地下结构施工结束截止，监测频率按照用户设定的频率进行，数据采集器最高采样速率可达 20s/次；期间遇重要施工工况，及时加密采样频率。

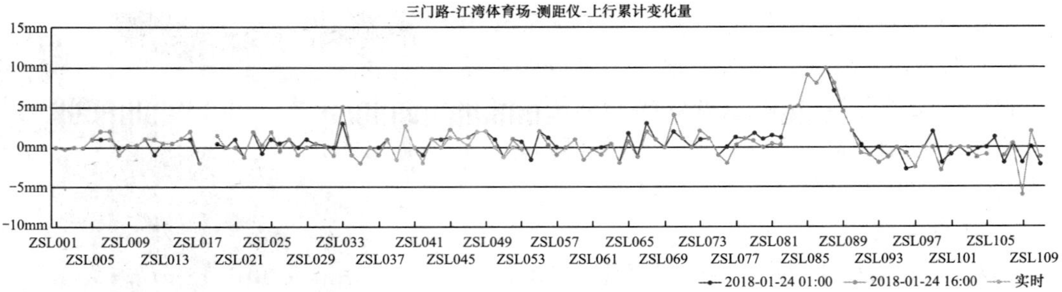

图 15.3-4　自动化测距仪测量数据成果曲线

（6）测距仪收敛自动化测量设备清单（表 15.3-2）

收敛自动化测量设备清单　　**表 15.3-2**

序号	仪器设备名称	型号及编号	单位	数量	精度指标	备注
1	激光测距仪	GLS-B70	台	按需	±1.0mm	按需配置
2	数据采集模块	一体化智能终端	套	按需	配套	按需配置
3	数据分析处理软件	多传感器自动化监测系统	套	按需	配套	数据处理及分析
4	电脑	联想	台	按需	服务器	报表编制
5	稳压电源	山特	套	按需	3kVA，后备	供电保证

15.4　监测新技术的研发

1. 移动激光扫描技术

激光扫描技术作为一门新兴的测绘技术，是测绘领域继 GNSS 技术后又一次技术革命。激光扫描技术又称为“实景复制技术”，能够完整并高精度的重建扫描实物及快速获得获取高分辨率的空间点位坐标、纹理色彩及回波反射强度等信息。该技术突破了传统测量的瞄准-测量-记录的基本流程，可以全视场、精确和高效地获取测量目标的三维坐标及影像数据，具有非接触测量、高分辨率、高精度、高效率、数字化采集、信息全面等优点，是目前国内外测绘领域研究关注的热点之一，已广泛应用于工业测量、虚拟考古、地形测量以及公路、桥梁、大坝的变形监测等领域。地铁隧道内检测作业的窗口时间短（如上海每周仅有两天，每天作业时间少于 3h）、照明条件差。申通地铁集团自 2013 年以来结合隧道快速检测的需求，开展了大量的工程应用研究，已经取得应用型研究成果 SMLS2.0。本节主要介绍三维激光扫描隧道数据处理模型算法研究，获取地铁隧道的直径收敛数据、隧道内壁影像、管片错台等变形数据，提取出渗漏水、变形缝、混凝土脱落或漏筋等综合病害信息，用来对轨道交通结构进行状态评估，尤其适用于运营隧道内作业时间短、光线条件差、测量内容多等特殊工况条件，显著提高了病害检测的效率和精度。

（1）检测仪器及流程

SMLS2.0 移动激光扫描装备，硬件方面，承载于自主动力的轨道车，集成激光断面扫描仪、定位定姿设备等传感器，能实现外业傻瓜式数据采集；软件方面，针对各种形式的隧道结构形式，开发了数据解算和管理分发软件。用户可根据需要，采用 0.9km/h、1.8km/h、3.6km/h、5.4km/h 等几挡不同采集速度（图 15.4-1）。

图 15.4-1　隧道移动激光扫描测量系统实物图

移动激光扫描检测通过高速旋转的扫描头和里程定位装置完成数据采集，形成高密度、分布均匀的隧道内壁点云数据和散点的强度信息，可生成两类直接成果：

1）利用点云的坐标信息进行隧道净空尺寸解算，可根据需求计算隧道断面内的直径、不同位置的弦长，相邻隧道结构的错台变化等；

2）根据点云的强度差异，按照一定的投影规则，可生成隧道内壁影像，进行隧道结构破损、渗漏水等病害调查。

利用以上两类直接成果，可生成隧道的真实 BIM 建模，以及隧道内设备设施管理等衍生价值。

移动三维激光扫描检测主要包括外业数据采集、内业数据解算、成果质量检查、成果入库、成果提交发布等流程。

（2）外业数据采集

SMLS2.0 移动激光扫描系统是一套轻便型检测系统，轨道车技术参数如下：

轻量型：车体总重量小于 40kg；

小型化：车体长宽为 1.6m×0.8m；

作业速度：最高 4.5km/h；

采用步进电动机驱动，可保持车体匀速运动，匀速精度<0.02m/s；

可通过手机或电脑进行远程操控，并实时返回视频监控信息。

外业采集一般由 3 名测量人员操作隧道移动测量采集系统，并由测量车携带仪器设备在轨道上匀速采集激光扫描数据和同步里程环号等定位信息。

（3）内业数据解算

1）数据处理内容与流程

移动扫描数据内业数据处理内容主要包括：（1）初始影像解算，主要包括里程数据与点云数据时间系统匹配等；（2）隧道断面环号定位；（3）断面切片提取与水平直径解算；（4）隧道内壁影像纠正。

2）生成隧道内壁影像

对于实体的隧道而言，可将其抽象为一组标准的圆柱体，各圆柱体按照轴线方向有序拼接而成，从而将连续的隧道分解为单个规则的圆柱体模型。将各圆柱体侧面图按数学投影原理展开至平面，并保持其沿隧道轴线（里程）方向上的连续性，称之为“隧道断面的正射投影”。经平面旋转、坡度校正后，各圆柱体的侧面图展开为规则的矩形，将各连续矩形拼接形成连续的二维平面。圆柱体的展开、拼接示意图如下图 15.4-2。

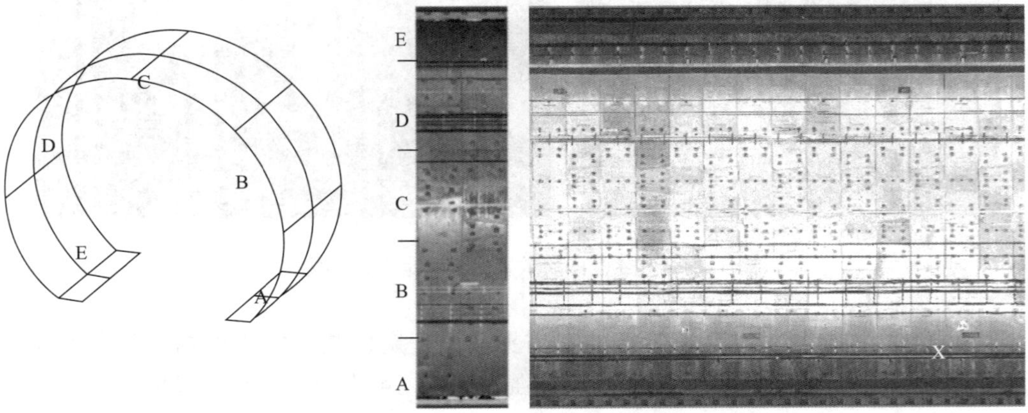

图 15.4-2　单圆隧道按圆柱体展开示意图

隧道内壁激光反射率影像分辨率在 1.8km/h 扫描速度下，识别精度为 3mm。具有精确的坐标量测和病害信息判读功能。从隧道灰度影像中可获取隧道内壁的病害（湿迹、渗水、缺角等）信息及附属物调查，这些信息可反映隧道内壁结构的表观现状（湿迹、渗水、缺角等）及隧道内附属设施影像成果见图 15.4-3。影像信息经处理后，可快速发布到专用信息管理系统，方便日常地铁监测项目的结构调查、内壁附属设施管理、应急抢险指挥等。

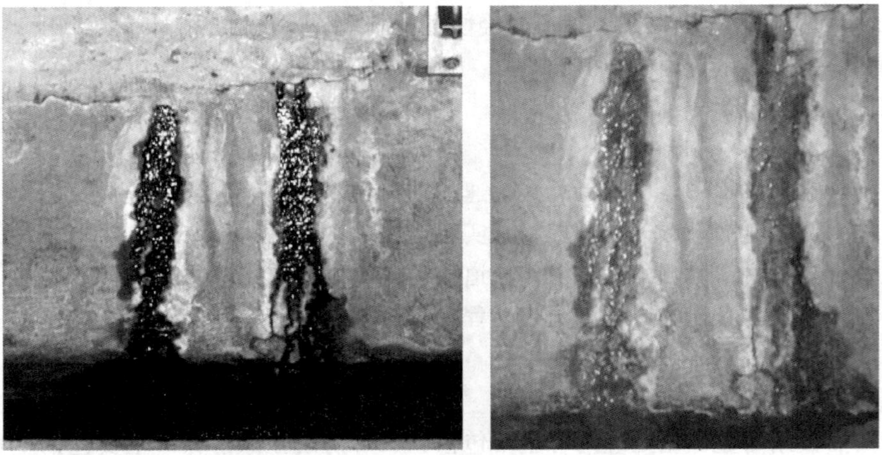

图 15.4-3　隧道内的渗漏病害影像与照片对比图

隧道病害根据几何特点分为点状病害、线状病害和面状病害三种，通过人工或半自动的方式将栅格影像中的病害进行提取并保存为矢量数据格式。在此基础上可进行病害的属性描述（面积、长度、病害类型、病害位置、病害照片地址、病害起始环号、病害终止环号等），并将相关信息存入病害要素对应的属性表中（表 15.4-1）。

基于隧道影像的管壁附属物调查　　表 15.4-1

影像		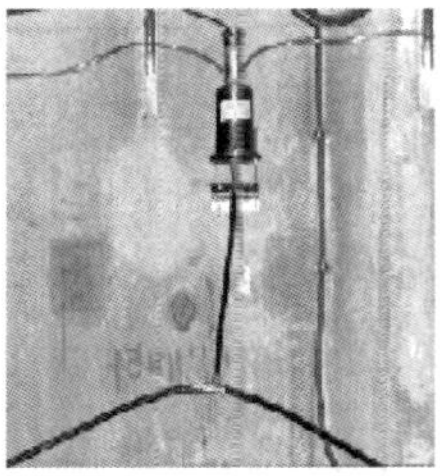		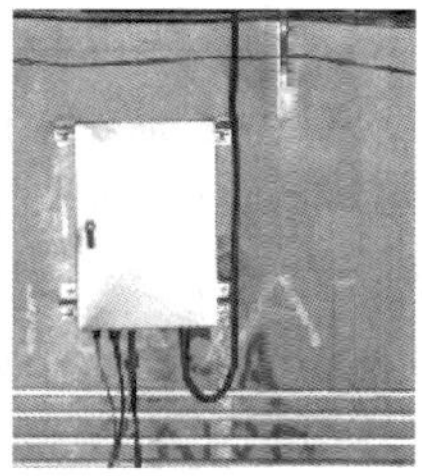
描述	摄像机及光源	静力水准仪	信号控制箱	电力控制箱
位置	号线　环	号线　环	号线　环	号线　环
现状	正常	正常	正常	正常
隶属单位	A 监测单位	B 监测单位	C 地铁公司	D 地铁公司

（4）激光扫描小结

隧道激光扫描数据处理的基本流程和应用中的关键技术已逐渐完善，移动激光扫描应用于地铁隧道检测已由研究走向生产，并在针对上海隧道特点进行了大量的工程应用验证。通过已有实践对隧道激光扫描检测技术总结归纳如下：

1）需要在已有隧道数据解算模型的基础上进行优化，并针对隧道接缝、双圆隧道、大圆隧道等多种类型盾构隧道，研究相应的数据解算模型，使激光扫描技术针对盾构隧道具有普适性。

2）以校正后的隧道正射灰度影像为底图，通过计算机视觉算法对病害进行初步识别。结合人工现场调查资料，通过人工进行检核与筛选，对隧道病害信息进行精确标识与分析。

2. 地铁监护监测新技术的探索与研究

目前应用比较成熟的自动化监测技术主要为静力水水准仪、电子水平尺、全站仪自动监测、巴赛特收敛系统等。这些监测技术普遍费用较高，而且不能大范围的测量地铁结构的变形情况。在现有监测手段的基础上，地铁监护监测需要不断探索新的技术，以更好解决现有技术的缺陷，提高监测精度。目前遥感技术和光纤技术是近几年来国内外应用较多的领先技术。将他们应用于地铁监护监测中，对于突破现有的监测技术瓶颈有很大的帮助。上海申通地铁集团监护部门已经开始着手研究遥感及光纤监测技术。

（1）基于遥感技术的地铁隧道形变智能实时监测系统

目前，上海地铁运营公司监护部门正在研究试验地铁隧道形变智能实时监测系统。该系统可实现在地铁施工和运行监护时进行多点同步、地铁隧道形变智能实时监测系统技术不需要通过复杂的距离、角度测量及位移的计算过程，利用遥测数字图像处理和光电子合作目标技术，直接实时高精度测量地铁隧道上多点的水平位移和垂直沉降数值、为实现数字地铁信息化安全管理打下基础。最值得一提的是该系统有望解决地铁隧道中水平位移监测的瓶颈。该系统由激光和 LED 构成合作目标；图像采集装置，前置图像处理器构成的数字化遥感位移沉降传感信息系统（PRIS）；专用电缆、计算机数字图像处理器、计算机监控信息处理系统，人机交互界面显示装置构成的位移沉降信息处理系统三部分组成。

（2）光纤光栅位移（沉降）监测技术

光纤传感技术是利用外界因素使光在光纤中传播，传播时光强、相位、偏振态以及波长（或频率）等特征参量发生变化，从而对外界因素进行检测和信号传输的技术。光纤具有轻细、不受电磁干扰、耐久性好等优点，能集信息传输功能与传感器功能于一体。由它构成的传感器，只需要合适的解调设备，就可以对沿光纤传输路径上长达数公里甚至数十公里的信息（如应力、温度、损伤状况等）进行测量与监控。在国际上，这种新技术是20世纪70年代后期才迅速发展起来的。在航空、航天领域中，利用埋入复合材料中的光纤传感器技术检测结构内部的应变和探测结构的破坏情况，已充分显示了这是一种有效的无损检测新技术。光纤传感技术应用于土木工程界才刚刚开始，目前主要集中于探索光纤传感器埋入钢筋混凝土结构中（如建筑物、桥梁、大坝）进行结构完整性无损评估和内部应力、应变状态监测。目前上海申通地铁正在同香港理工大学一起合作探讨光纤光栅位移（沉降）监测技术在地铁隧道监测中的应用，通过试验并与常规监测手段进行比对后对该技术的精度进行评定。

上海地铁目前所采用的监测技术多为传统意义上的工程测绘范畴，随着城市轨道交通的快速发展，对地铁维护的要求越来越高，地铁监测工作作为地铁结构维护的依据，同时具有工作量大、施工时间短、精度要求高等特点，现有的传统监测技术已渐渐不能满足地铁结构维护的需要，急切盼望“大量程、大范围、高精度、自动化”的监测系统出现。目前国内外都在加强新监测技术的研究，随着近景摄影测量、激光全息扫描、光纤等新技术的成熟和应用，自动、高效、实时的地铁监测技术成为可能。

第16章　安全保护区监护技术

16.1　分级监护标准

轨道交通安全保护区内作业项目应根据其规模、特性、与地铁结构的相对位置关系以及作业项目出现事故后对地铁结构的影响程度，将作业项目进行分级监护。项目等级划分标准及不同等级的监护项目实施过程中的监测技术要详见表16.1-1～表16.1-4、图16.1-1、图16.1-2。

基坑工程监护等级划分标准　　　　表16.1-1

<table>
<tr><th rowspan="4">等级</th><th colspan="5">基坑类型</th></tr>
<tr><th colspan="4">地铁结构侧方</th><th rowspan="3">地铁结构上方</th></tr>
<tr><th rowspan="2">盾构、矩形段、地面线</th><th colspan="2">车站结构</th><th rowspan="2">高架</th></tr>
<tr><th>桩基础</th><th>无桩基</th></tr>
<tr><td>特级</td><td>满足以下条件之一：
(1) $h \geq 15m$，且 $d_{//} \leq h$；
(2) $10m \leq h < 15m$，且 $d_{//} \leq h$ 且 $F \leq h$；
(3) $5m \leq h < 10m$，且 $d_{//} \leq h$，且 $F \leq h$ 且 $S \geq 10000m^2$</td><td>$d_{//} < 10m$，且 $h > 15m$，且 $S > 10000m^2$</td><td>$d_{//} < 10m$，且 $h > 10m$，且 $S > 10000m^2$</td><td>$d_{//} < 6m$，且 $h > 10m$，$S > 5000m^2$</td><td>$h \geq F/2$</td></tr>
<tr><td>一级</td><td>满足以下条件之一：
(1) $h \geq 15m$ 且 $h < d_{//} \leq 2h$；
(2) $10m \leq h < 15m$，且 $d_{//} \leq h$，且 $F > h$
(3) $5m \leq h < 10m$，且 $d_{//} \leq h$，且 $F > h$，且 $S \geq 10000m^2$
(4) $5m \leq h < 10m$，且 $d_{//} \leq h$，且 $F \leq h$，且 $10000m^2 \leq S < 10000m^2$</td><td>满足以下条件之一：
(1) $h \geq 15m$，且 $10m < d_{//} \leq 15m$，且 $S \geq 10000m^2$；
(2) $h \geq 10m$，且 $d_{//} \leq 10m$，且 $S \geq 5000m^2$</td><td>$h \geq 5m$，且 $d_{//} \leq 10m$，且 $S \geq 5000m^2$</td><td>$h \geq 6$，且 $d_{//} \leq 10$，且 $S > 5000m^2$</td><td>$h \geq F/3$ 且上覆宽度 > 2m</td></tr>
<tr><td>二级</td><td>满足以下条件之一：
(1) $h \geq 15m$，且 $d_{//} > 2h$；
(2) $10m \leq h < 15m$，且 $h < d_{//} < 2h$
(3) $5m \leq h < 10m$，且 $2h \leq d_{//} < 15$
(4) $d_{//} \leq 3h$ 且 $h \leq 5m$
(5) $d_{//} < 2h$，且 $3000m^2 \leq S < 10000m^2$</td><td>$h \geq 5m$，且 $S \geq 5000m^2$</td><td>满足以下条件之一：
(1) $d_{//} > 10m$，且 $h > 10m$，且 $d_{//} \leq h$，且 $S > 5000m^2$；
(2) $d_{//} > 10m$，且 $h > 10m$，且 $d_{//} > h$ 且 $S > 10000m^2$</td><td>$h \geq 6m$，且 $S > 3000m^2$</td><td>$h \geq F/6$ 且上覆宽度 > 3m</td></tr>
<tr><td>三级</td><td colspan="5">除特级、一级及二级以外的所有项目</td></tr>
</table>

非基坑工程监护等级划分标准 **表 16.1-2**

等级	类型						
	盾构穿越	管线		加卸载（河浜回填、绿化工程、道路工程）		桩基工程	其他工程
		非开挖	明挖	加卸	卸载		
特级	(1) 下穿，且 $d_{\perp}/\phi \leqslant 1$； (2) 上穿，且 $d_{\perp}/\phi \leqslant 0.5$； (3) 离高架桥墩距离≤3m	(1) 下穿，且 $d_{\perp}/\phi \leqslant 1$； (2) 离高架桥墩距离≤$\phi$	—	—			—
一级	(1) 下穿已建隧道，且 $1 < d_{\perp}/\phi \leqslant 2$； (2) 上穿，且 $0.5 < d_{\perp}/\phi \leqslant 1$； (3) 3<离高架桥墩距离≤$\phi$	(1) 下穿，且 $1 < d_{\perp}/\phi \leqslant 2$； (2) 上穿，且 $d_{\perp}/\phi \leqslant 1$； (3) ϕ<离高架桥墩距离≤3ϕ	(1) $h \geqslant 5$m，且 $d_{/\!/} \leqslant 2h$； (2) 5m>h≥3m，且 $d_{\perp} \leqslant 2h$ 且，$d_{/\!/} \leqslant 2h$；	1倍隧道底埋深范围内标高变化≥1m	正上方开挖 h≥3m	桩基与地铁结构的距离≤6m	与运营车站连接施工或运营地铁结构改造施工
二级	(1) 下穿已建隧道且 $2 < d_{\perp}/\phi$； (2) 上穿且 $1 < d_{\perp}/\phi$； (3) 其他 —	(1) 下穿，已建隧道且 $2 < d_{\perp}/\phi$； (2) 上穿，且 $1 < d_{\perp}/\phi \leqslant 3$m； (3) 3ϕ≤离高架桥墩距离≤5ϕ	(1) h≥5m，且 $2h < d_{/\!/} \leqslant 15$m； (2) 5m>$h$≥3m，且 $d_{\perp} \geqslant 2h$，且 $d_{/\!/} \leqslant h$； (3) 正上方 $d_{/\!/} \leqslant 3h$，且 $d_{\perp} \leqslant 2h$；	0.3m≤1倍隧道底埋深范围标高变化≤1m	正上方开挖 h≤3m；	6m≤桩基与地铁结构的距离≤10m	与已建车站连接施工或已建地铁结构改造施工
三级	—	其他	其他	(1) 正上方路面简单铣刨加罩； (2) 其他	其他	10m≤桩基与地铁结构的距离	"备案"项目；装修工程；其他
备注	平行顶进且离隧道距离大于 ϕ 可视情况降级。	大直径顶管可参照盾构		1倍隧道底埋深范围外工程可降低监护等级	非正上方开挖可降低监护等级	— —	—

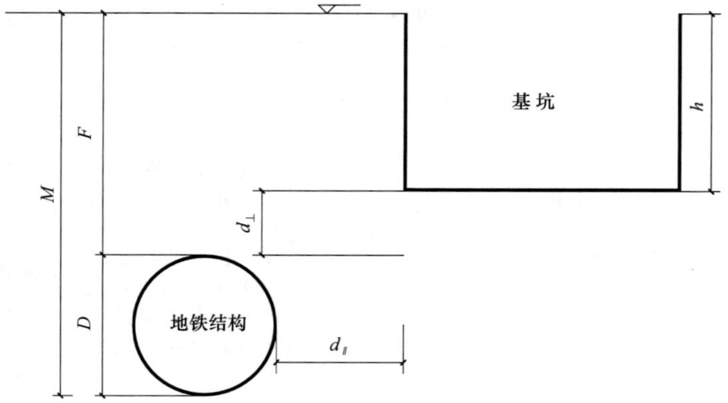

图 16.1-1 地铁结构与基坑位置示意

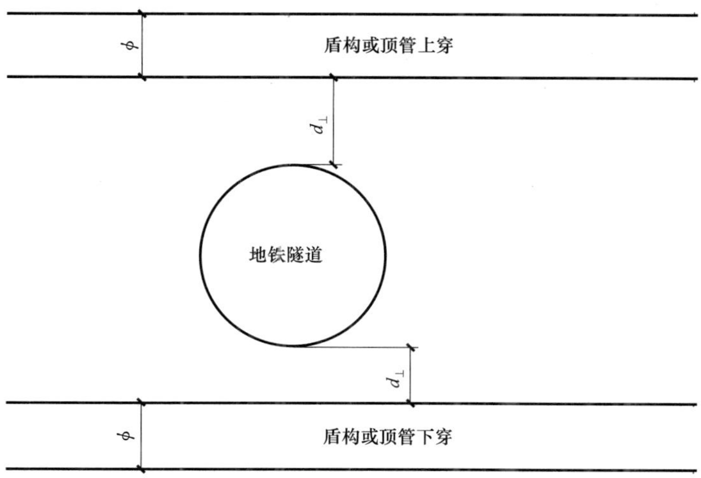

图 16.1-2 管线与地铁隧道位置示意

注：h 为基坑挖深；$d_{/\!/}$ 为基坑与地铁设施（当为高架时，桥梁投影外边线）水平向最小净距，D 为隧道直径，F 为地铁设施覆土厚度，$d_{\perp}$ 为竖向最小净距，ϕ 为盾构或管线直径，S 为基坑开挖面积。

监护项目隧道结构监测技术要求 **表 16.1-3**

<table>
<tr><th colspan="5" rowspan="2">监护措施</th><th colspan="4">项目等级</th></tr>
<tr><th>特级</th><th>一级</th><th>二级</th><th>三级</th></tr>
<tr><td rowspan="30">监测要求</td><td colspan="2" rowspan="4">车站</td><td rowspan="2">垂直位移</td><td>自动</td><td>须</td><td>应</td><td></td><td></td></tr>
<tr><td>人工</td><td>须</td><td>须</td><td>须</td><td>应</td></tr>
<tr><td rowspan="2">结构变形</td><td>自动</td><td>宜</td><td>可</td><td></td><td></td></tr>
<tr><td>人工</td><td>须</td><td>须</td><td>应</td><td>应</td></tr>
<tr><td rowspan="8">区间（地下段）</td><td rowspan="5">盾构</td><td rowspan="2">垂直位移</td><td>自动</td><td>须</td><td>应</td><td>可</td><td></td></tr>
<tr><td>人工</td><td>须</td><td>须</td><td>应</td><td>宜</td></tr>
<tr><td>水平位移</td><td>人工</td><td>宜</td><td>可</td><td></td><td></td></tr>
<tr><td rowspan="2">收敛变形</td><td>自动</td><td>应</td><td>可</td><td></td><td></td></tr>
<tr><td>人工</td><td>须</td><td>须</td><td>应</td><td>宜</td></tr>
<tr><td rowspan="3">矩形段</td><td rowspan="2">垂直位移</td><td>自动</td><td>须</td><td>应</td><td></td><td></td></tr>
<tr><td>人工</td><td>须</td><td>须</td><td>应</td><td>宜</td></tr>
<tr><td>水平位移</td><td>人工</td><td>宜</td><td>可</td><td></td><td></td></tr>
<tr><td rowspan="11">区间（地上段）</td><td rowspan="8">高架</td><td rowspan="2">道床沉降</td><td>人工</td><td>须</td><td>应</td><td>宜</td><td>可</td></tr>
<tr><td>自动</td><td>可</td><td></td><td></td><td></td></tr>
<tr><td rowspan="2">立柱沉降</td><td>自动</td><td>可</td><td></td><td></td><td></td></tr>
<tr><td>人工</td><td>须</td><td>应</td><td>宜</td><td>可</td></tr>
<tr><td rowspan="2">立柱倾斜</td><td>自动</td><td>可</td><td></td><td></td><td></td></tr>
<tr><td>人工</td><td>须</td><td>应</td><td>宜</td><td>可</td></tr>
<tr><td rowspan="2">立柱水平位移</td><td>自动</td><td>可</td><td></td><td></td><td></td></tr>
<tr><td>人工</td><td>应</td><td>可</td><td></td><td></td></tr>
<tr><td rowspan="3">地面线</td><td rowspan="2">垂直位移</td><td>自动</td><td>须</td><td>应</td><td></td><td></td></tr>
<tr><td>人工</td><td>须</td><td>应</td><td>宜</td><td>可</td></tr>
<tr><td>水平位移</td><td>人工</td><td>可</td><td>可</td><td></td><td></td></tr>
</table>

其他监护要求 **表 16.1-4**

监护措施		项目等级			
		特级	一级	二级	三级
标图确认		须	须	须	须
方案专家评审		应	应	—	—
技术咨询和复核验算		宜	可	—	—
边线复核	实测放样	施工界面离隧道距离<3m且有侵限可能			
	利用资料放样	除上述范围以外			
地铁结构确认		须	须	宜	可
第三方测量复核		可	—	—	—
深层土体沉降监测		可	—	—	—
远程监控		可	—	—	—
加固抽检		须	应	可	可
备注（特殊情况除外）				施工时间短项目可另议监测内容	"备案"项目视影响可无监测

项目监护测量实施过程中，可根据变形速率合理调整观测频率，当测量数据达到报警值后，应加大观测频率、加强施工作业的工况巡查和轨道交通结构本体巡检。工程影响监护测量报警标准为：

（1）地铁结构位移、沉降或隆起、收敛变化量连续 3 天同方向日变量达到 0.5mm。

（2）监测值超过总变形控制量的 1/2 时。

（3）其他危及地铁结构安全的事情发生时。

监测报警后应对管理措施如表 16.1-5 所示：

监测预警等级划分及应对管理措施 **表 16.1-5**

监测报警等级	监测比值 G	应对管理措施
A	$G<0.5$	可正常进行外部作业
B	$0.5<G<0.8$	监测报警，并采取加密监测点或提高监测频率等措施加强对城市轨道交通结构的监测
C	$0.8<G<1$	暂停外部作业，进行过程安全评估工作，制定相应安全保护措施，并经组织审查后，开展后续工作
D	$1\leqslant G$	启动安全应急预案

注：监测比值 G 为监测项目实测值与结构安全控制指标值的比值。

16.2 基坑工程

近年来越来越多的深、大基坑紧临地铁结构，如图 16.2-1 所示，按工程地质水文条件、环境影响控制要求、施工条件、使用要求及基坑规模等设计条件，结合技术与经济性比较确定基坑支护结构形式，根据上海深基坑工程控制地层移动的理论和经验，结合上海地质和施工条件下基坑周围地层移动中的时空效应，提出基坑开挖及形成支撑体系的时间限制，以及以此为主的各项施工管理指标。

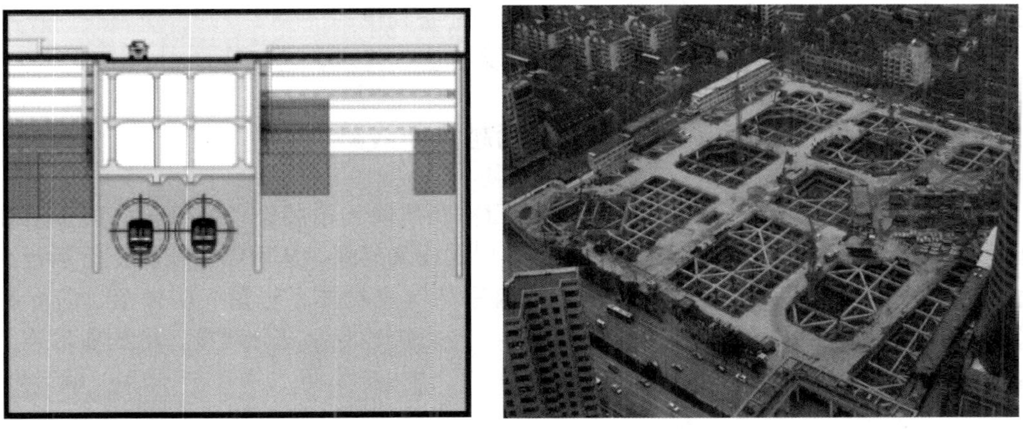

图 16.2-1　基坑示意图

1. 指导原则

通常根据基坑体量及与保护对象空间位置关系，将基坑划分成远处“大”基坑以及近处“小”基坑组合，即“远大近小”。远处基坑深度可深，而近处基坑挖深须得到控制，即“远深近浅”。

2. 基坑设计

基坑围护结构通常可采用刚度较好的地下连续墙，基坑变形计算应以环境保护为核心，采用经验设计与数值分析相结合的方法，以确认计算结果的合理性，满足保护对象的正常使用要求。

支撑体系宜设置水平支撑体系作为内支撑，采用对撑形式，不宜采用竖向斜撑体系作为内支撑体系，近地铁侧小坑钢支撑应采用轴力伺服系统，且严格控制支撑形成时间。

土体加固应根据基坑项目特点及土层情况，应预先评估工艺、参数设计以及过程对被保护对象的扰动影响。施工前应在场地有代表性的区域进行相应的实验性施工，确保施工方案达到设计效果。

地下水控制专项方案应包括地下水控制方案、地下水回灌预案、地下水位异常应急预案等。降水控制除满足设计要求和施工要求外，还应满足按需降水、按需减压的要求。

土方开挖应采用信息化施工和动态控制方法，并应根据支护体系和周边环境的监测数据实时调整开挖顺序和开挖方案。

3. 现场监护

基坑项目开挖时须安排专人巡视现场施工情况，记录施工工况，根据情况加强现场监护值班，检查机械设备及人员投入情况，查看基坑围护结构状态并记录渗漏水情况，查看基坑环境监测数据，特别关注围护测斜、坑外水位、支撑轴力等重要数据。

4. 应急抢险要求

在各分项正式施工前，根据分项施工特点，有针对性地根据可能发生的各类风险，制定相对应的应急预案，并应落实以下几项内容：

（1）建立应急响应体系，包括：体系建立、岗位职责落实、人员、设备材料、队伍、信息等；

（2）现场应急设备物资储备到位，部分如阿特拉斯钻机等特殊设备，应与供应商签订应急响应协议，确保险情发生时，在规定时间内配备到位；

（3）其他应急辅助设备：如照明、设置标识标志、排水、通信等。

16.3 上空跨越高架线路

上空跨越高架线路如图 16.3-1 所示，项目主要风险为吊装设备的倾覆、脚手架等支护体系塌落、材料及工具的掉落、异物坠落等侵入线路范围，从而影响线路正常运行，对于上空跨越类施工，关键在于防护措施，防脚手架等支护体系塌落、防掉落、防异物坠落、防侵限等，施工时间严控在地铁停运后，并与影响各专业充分对接、论证项目施工方案，备好应急预案。

图 16.3-1　上空跨越高架线路

高架车站及区间附近的施工区域要设置可靠的防护网，严格限制机械设备的运行范围，禁止起吊设备侵占线路上空，防止设备倾覆。施工过程不得侵入车站范围，不得影响车站正常使用。

16.4 地下穿越工程

穿越施工前应根据工程特点、工程目的、隧道结构、环境条件及其保护等级、施工设备的性能、工程所处地质条件编制好施工组织设计，经审批后作为指导施工的依据。如图 16.4-1 所示。

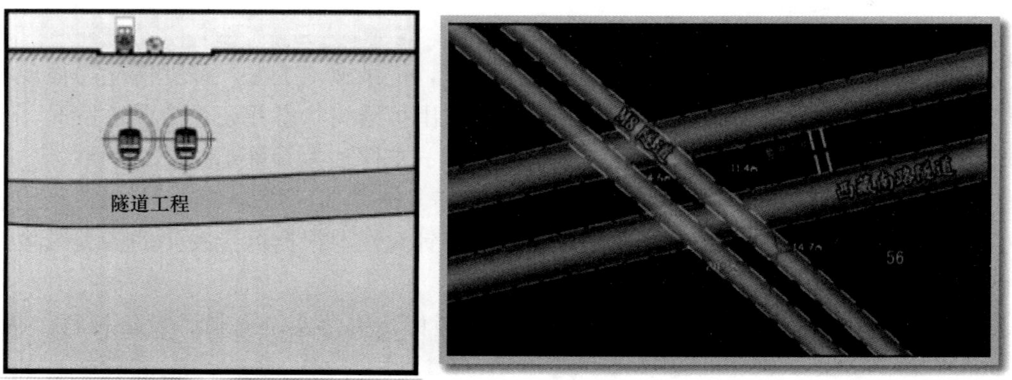

图 16.4-1　穿越工程

穿越前应设置模拟段并收集施工参数，为试验段和正式穿越提供较好的数据指导资料，并根据模拟段情况，梳理和整理之前的推进施工情况。正式穿越前将模拟段报告提交现场，根据自动化监测数据指导施工。

盾构推进施工时须考虑不同施工条件下盾构机推进速度与注浆量匹配、注浆的及时性，盾尾密封、防止注浆管路堵塞以及深层盾构推进时机器的扭矩等问题，穿越过程中通过采用自动监测设备，实时自动监测，并根据监测数据及时调整隧道施工参数，确保推进"均匀、慢速"通过，最大程度地减少施工对地铁的扰动。

16.5 高层建筑工程穿越工程

如图 16.5-1，为降低高层建筑后期沉降对临近地铁结构的影响，在不影响建筑物功能的条件下，可采取以下措施：

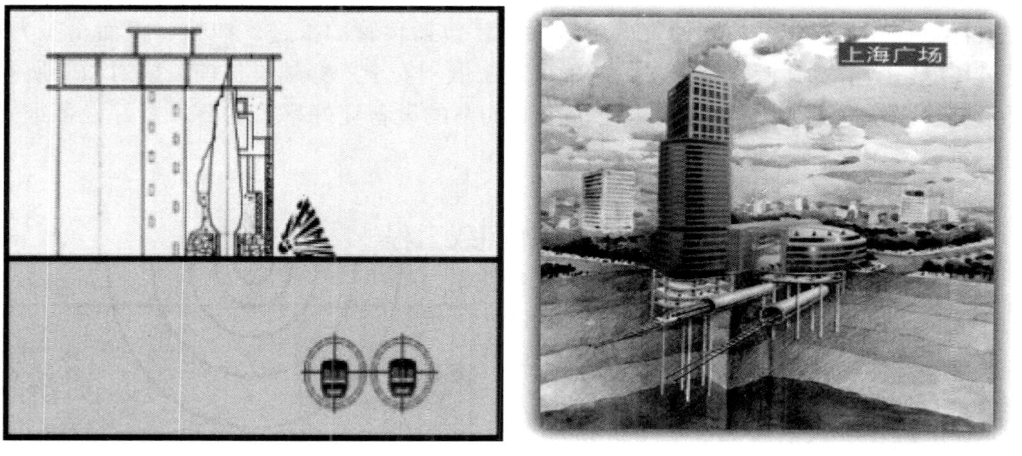

图 16.5-1 高层建筑穿越工程

控制邻近建筑物与地铁结构的净距，优化建筑荷载，邻近高层建筑尽量采用轻型结构形式，减轻重量。

优化桩径、桩长，桩端应位于稳定持力层，或采用桩端后注浆等措施提高桩基承载力，并应控制桩顶使用荷载。

提高地铁设施自身的抗变形能力，对于地铁设施与高层建筑共建的工程，也可通过在地铁车站下方布置桩基础控制车站差异变形。

加强地铁防水，减少因渗漏水形成土体固结沉降而导致的地铁设施变形。

16.6 管线工程

如图 16.6-1，管线施工应根据项目情况采取对地铁结构影响小的工艺，管线及工作井应尽可能避开车站及区间隧道正上方。永久性管道的防水应予以重点考虑，以减少管道渗漏水对地铁结构的影响。原则上接头应具备较大差异沉降能力和防水性能。

图 16.6-1　管线工程

沟槽开挖应分段开挖并及时支撑，分段快速设置管段。单段长度一般不超过 6m，沟槽的“开挖、埋管、回填”施工时间不应超过 8h。轨道交通上方（地铁结构外边线外 10m 范围），不得放置大型机械设备和堆放大量建筑材料，地铁侧严禁大量堆载。拖拉管施工中导向孔钻进过程须严格控制线路误差，扩孔过程须保证泥浆护壁稳定性。回拖完毕后的管体与孔壁之间缝隙应压浆填充密实控制。在导向孔及后期拖管的过程中，应始终保持设备的完好，防止设备故障发生后重新钻进时影响地铁安全。拖拉管施工过程中须严格控制与隧道之间的距离。

顶管施工方案须包含一套稳定的施工参数：包括顶管的推进、纠偏、正面土压力等，根据对环境影响情况，调整施工参数，确保施工顺利安全。穿越推进前，应对顶管所有的重要系统、部件进行维护检修保养，要确保 100%的设备完好率。并要求做好设备维修单位的应急保障工作。

16.7　加卸载工程

在城市轨道交通控制保护区内进行加卸载作业，比如河道疏浚或道面标高抬高，如图 16.7-1，应验算对地铁结构的影响，并应满足相应的结构安全控制标准。隧道和车站正上方的部分以及涉及隧道外侧 1 倍底埋深范围内的区域，施工完成后新增附加荷载应基本为零。

图 16.7-1　河道疏浚工程

卸载应分层实施，不得一次性大面积卸土，单段长度不宜大于 50m，分段流水作业，并应做好信息化监测。

对于标高抬高、桥接坡及明浜回填等加载情况，一般应采用轻质材料换填，比如采用泡沫轻质土或 EPS 板等。

16.8　拆除工程

地上部分拆除应自上而下机械拆除人工配合，拆除分少量多次进行，拆除部分及时清运，严禁堆积，禁止采用爆破方式进行拆除。拆除工程应避开早晚高峰期，距地铁车站出入口较近，施工应做好出入口隔离防护措施（防尘、防水、防火），确保乘客安全及车站正常运营。

16.9 其　他

钻探，勘探孔位置及隧道结构位置必须经现场实测复核，对临近地铁的钻孔，开钻前应进行必要的人工探摸。钻孔终孔后必须及时可靠回填封孔。

涉及结合改造应满足地铁设计规范，满足长期安全和使用功能，满足安全消防以及地铁设施设备维修保养等要求。

第 17 章 典型工程案例

17.1 轨道交通 11 号线徐汇滨江九宫格地块地下空间开发

1. 工程概况

徐汇滨江九宫格地块，该地块分为中区梦中心的 F、L、M 地块，北区西岸传媒 E、J、K 地块和南区西岸传媒 G、N、O 地块，其中 E、F、G 紧邻 11 号线龙耀路车站及两端区间隧道（图 17.1-1、图 17.1-2）。

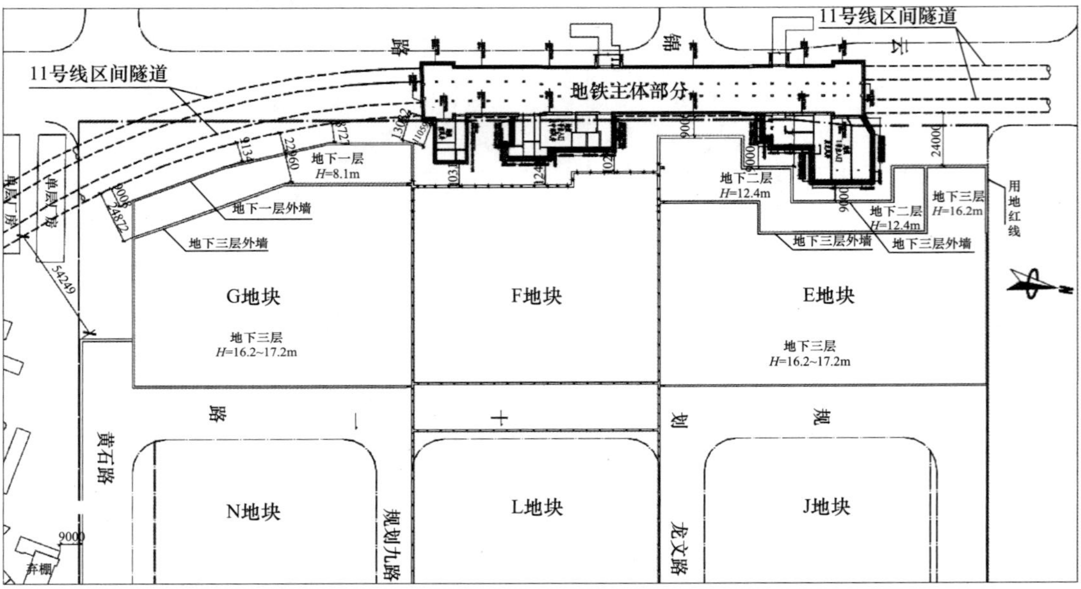

图 17.1-1　九宫格地块总平面图

2. 项目实施难点

九宫格地块基坑总面积非常大，多地块先后施工，且紧邻地铁车站，后续涉及车站结合改造施工，风险高、难度大，对整体变形控制要求极高。

3. 基坑设计及施工顺序

九宫格地处临江地区，地质条件差，承压水水头较高。整个区域的地下室结构连成片，中间由中隔墙分块，每个块又独立自成一体，靠近地铁侧的 E、F、G 三地块均设置大、小坑，按“先大后小”顺序依次开挖，大坑挖深在 19～24m，均采用 4 道钢筋混凝土支撑，外侧地墙加深至 50m 以上，隔断 5 层承压水。小坑挖深根据项目风险不同有所区别，中间的 F 地块和北面的 E 地块由于完全正对车站，地下室不减层开挖深度 19m，采用一道钢筋混凝土支撑与4道钢支撑（轴力补偿），南面的G地块由于紧邻地铁区间隧道，设置一道混凝土支撑及2道钢支撑（轴力补偿），开挖深度约10m。

图17.1-2　九宫格工程建成后效果图

小坑均采用三轴搅拌桩满堂加固，大坑裙边+抽条加固，宽度不小于8m，加固均为自第二道撑至坑底下8m，水泥掺量不小于20%。F区基坑南侧部分区域受场地限制，采用MJS工法桩满堂加固，加固深度为第二道支撑至坑底下8m。

必须严格按照“均匀慢速、低水灰比”的要求施工三轴搅拌桩，施工顺序先近后远退离地铁结构实施，跳浜施工，水灰比不大于1.2，控制桩身垂直度，确保成桩质量。搅拌桩加固必须先进行实验性施工，以优化施工参数，减小对地铁的影响。

4. 地铁变形情况

E、G地块垂直位移分析：E地块开挖降压时间较长，反应出来的下行线靠近E地块部位年度有超过−10mm沉降，G地块降压时间短，相对影响较小（图17.1-3、图17.1-4）。

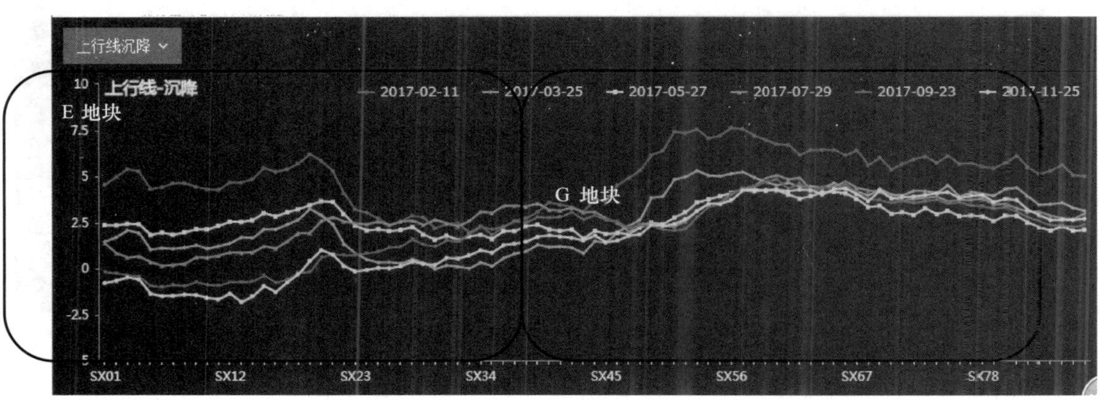

图17.1-3　上行线沉降曲线图

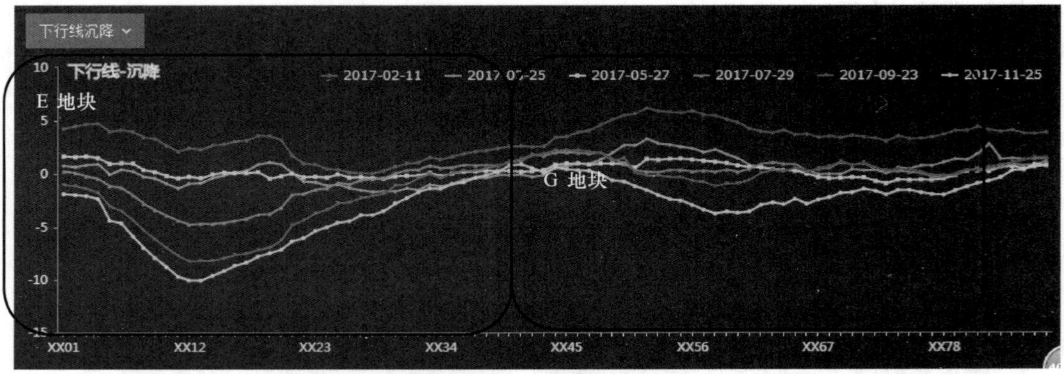

图 17.1-4　下行线沉降曲线图

E、G 地块收敛分析：下行线靠近基坑，G 地块影响位置反应很明显，开挖期间显著增加，目前已超过 30mm，后续即将采取微扰动注浆纠偏，E 地块由于只有一小段位于区间隧道，总体也呈现出随着开挖增加趋势，但总体累积量较小，目前为 10mm 左右（图 17.1-5、图 17.1-6）。

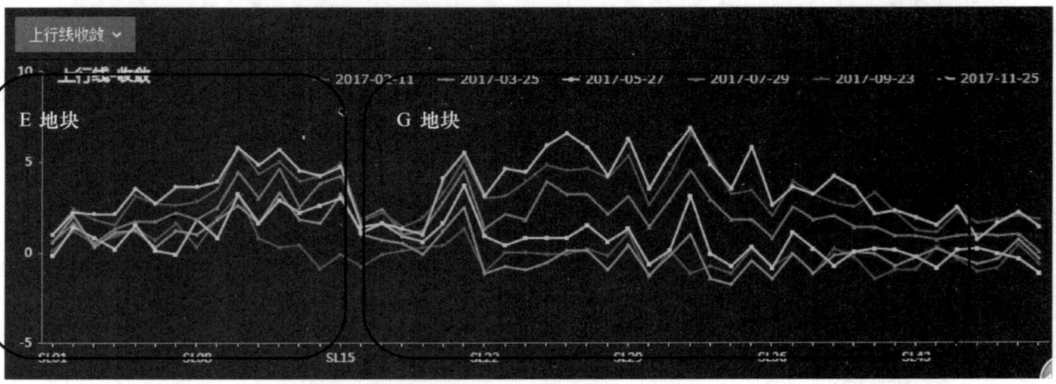

图 17.1-5　上行线收敛曲线图

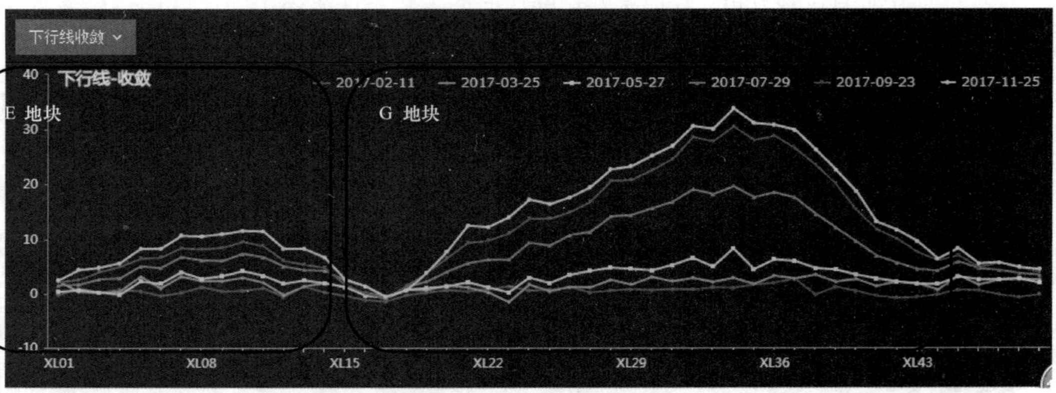

图 17.1-6　下行线收敛曲线图

E 地块 1 号出入口沉降分析：F 地块由于 2017 年度没有重大施工，地铁连通口开挖体量也较小且上半年变形已趋于稳定，下半年沉降趋势加快，分析为收到相邻 E 地块降压影响，目前累计变形已超过－44mm。

17.2　轨道交通17号线8标盾构穿越2号线区间隧道

1. 工程概况

本工程为中国博览会北站—小涞港风井—虹桥火车站站区间，单线全长1978m，线路纵断面呈“V”字坡，隧道顶埋深约10.0～23.8m，区间在中国博览会北站与小涞港风井段设置1座联络通道，在小涞港风井至虹桥火车站站区段线路最低点设置1座联络通道及泵站。上、下行线盾构均从中国博览会北站向虹桥火车站站推进。本工程隧道为单圆隧道，区间隧道的外径为6600mm，内径为5900mm，钢筋混凝土衬砌的厚度采用350mm，环宽为1200mm。衬砌环全环由封顶块、两块标准块、两块邻接块及一块拱底块构成，通缝拼装。穿越运营地铁2号线隧道，斜交夹角为14°～18°，竖向最小距离仅约3.1m，项目平面图如图17.2-1。

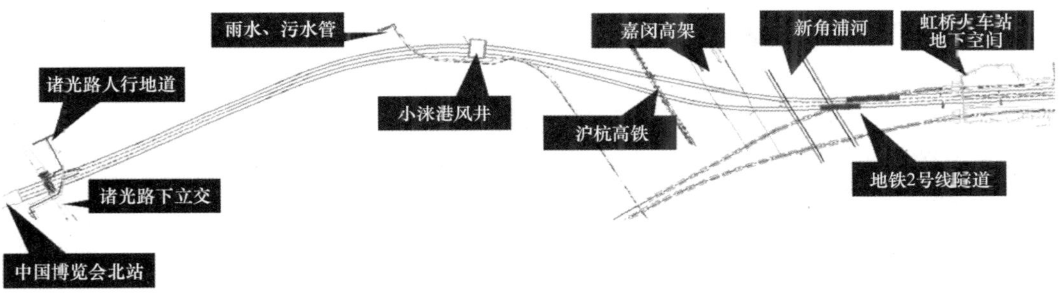

图17.2-1　项目平面图

2. 项目实施难点

17号线中国博览会北站—小涞港风井—虹桥火车站盾构区间施工时，上、下行线隧道将在运营中的地铁2号线区间隧道下方穿越。17号线隧道与2号线隧道斜交夹角为14°～18°，竖向最小距离仅3.1m，如此长距离和小角度的下穿施工，尚属首次，又因地铁2号线是重要的交通命脉，故本次施工难度、风险都非常大。

（1）下行线隧道交叠的投影长度约为86m；上行线隧道交叠的投影长度约为66m；加上前后影响区域，穿越距离长，施工影响区域的范围大。

（2）两条隧道间距离小，最近距离仅3.1m。

（3）地铁2号线隧道所处的土层主要为⑤1灰色黏土层，17号线隧道所处的土层主要为⑤1灰色黏土层、⑥暗绿色粉质黏土层、⑦1草黄—灰色砂质粉土层。⑤1层土为高压缩性土，受扰动后沉降较大，稳定时间长；⑥层土无侧限抗压强度较高，盾构在软硬不均土层推进时，姿态较难控制；⑦1层为承压水层，容易出现盾尾漏水、螺旋机喷涌等情况。为高压缩性、容易沉降的，土质坚硬、不易开挖的，有水有砂，极易塌方的三种不良土质。

（4）穿越段隧道每环向上变坡0.24‰，曲线穿越，增加了对土体的扰动。

（5）地铁2号线为正在运营的隧道，且该穿越区段2号线初始状况差，较多环管片收敛绝对值已超9cm，稍有扰动变形即存在较大结构安全隐患。

3. 地铁保护措施

(1) 明确穿越控制阶段划分

根据盾构穿越地铁线的工况特点，将盾构穿越地铁分为4个阶段，分别为盾构穿越前试推进阶段，穿越前控制階段，盾构穿越阶段和盾构穿越后控制阶段。具体控制段划分如图17.2-2。

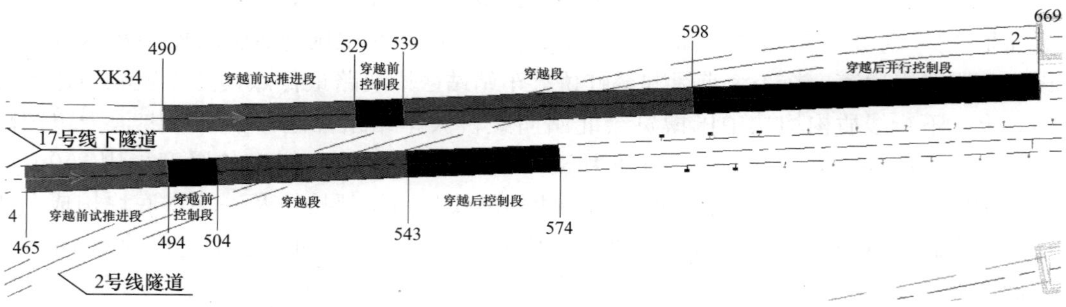

图17.2-2 控制划分图

(2) 现场踏勘、资料收集，监测点布测

(3) 保护报警标准提升

结合复杂的实际情况与运营轨道交通的客流安全，提出了单根轨道交通隆起和沉降变形不超过3mm的高要求，一旦数据变形超过3mm，立即调整盾构推进速度及相应施工参数，如必要时开启慢速泵，按照2mm/min慢速推进，或者推进半环（60cm），然后暂停10～20min，根据监测提供的监测数据调整推进速度后再推进半环（60cm）。

(4) 复杂土层掘进施工技术措施应对

盾构在含承压水层中推进施工时，盾构机采用3道盾尾钢丝刷，推进时在盾尾刷中满环压注优质的盾尾油脂，以避免盾尾和管片间存在渗水通道。盾构在软硬不均地层中推进施工，若发现刀盘前方土体较硬，刀盘扭矩较大，姿态不易控制，立即降低推进速度，压注泡沫剂，按照匀速慢速要求进行磨环掘进，以避免盾构姿态发生突变。

(5) 盾构姿态调整

在盾构穿越运营地铁隧道段，掘进隧道平曲线为直线段，竖向为R=5000mm向上变坡段。因盾构进行平面或高程纠偏的过程中，会增加对土体的扰动，因此在穿越过程中，在确保盾构正面沉降控制良好的情况下，尽可能使盾构匀速、直线通过，减少盾构纠偏量。进入穿越段前预先控制盾构姿态竖向与设计轴线重合，推进时不急纠、不猛纠，实时观察管片与盾壳的间隙，采用缓坡法推进，以减少盾构施工对地铁隧道和地面的影响。

明确每环变坡量，下行线545环26.56‰，每环向上变坡0.24‰，551环坡度为28‰后续稳坡，上行线505环16.464‰，每环向上变坡0.24‰，543环坡度25.59‰，变坡阶段环环纠偏，每环向上纠偏2mm。

(6) 参数设定优化

推进试验段施工方就土压力、推进速度、出土量、注浆量和注浆压力设定与地面沉降关系进行预分析，掌握此段区间盾构推进土体沉降变化规律以及摸索土体性质，以便正确设定穿越轨道交通地铁线的施工参数并采取相应措施减少土体沉降，以保证轨道交通地铁线的安全。实际穿越过程中各参数如下所述：

1）土压设定，正面平衡土压设定，正面平衡压力：$P=k_0\gamma h$，P：平衡压力（包括地下水）；γ：土体的平均重力密度；h：隧道中心埋深；k_0：土的侧向静止平衡压力系数。在盾构穿越地铁2号线过程中，设定土压力变化大致分为三个阶段：穿越前，随着与地铁2号线之间的距离不断接近土压力值减小；穿越中，此时土压力基本保持在最低位；穿出阶段，盾构头部脱出后土压力逐步恢复至正常。

2）出土量及土体改良，每环理论出土量为：$1.2\times\pi\times6.76^2/4=43.07m^3$。根据盾构及管片之间的建筑间隙及各土层特性合理控制出土量，大约为开挖断面的理论出土量的98%～100%，为确保盾构及正常出土，在推进时刀盘正面注入泡沫改良土体和易性，一方面降低刀盘扭矩，保证盾构穿越时有均衡的推进速度，另一方面有助于土体从螺旋机内顺利排出。实际穿越过程中推进情况：刀盘约一半切削⑥1层土、底部局部切削⑦1层土，无明显反应，⑤1层土表现明显，推力2000t左右。

3）推进速度，在穿越区施工过程中，盾构掘进速度控制在1cm/min左右，尽量保持推进速度稳定，确保盾构均衡、匀速地穿越地铁线，以减少对周边土体的扰动影响，以免对其结构产生不利影响。盾构推进速度将根据监测情况做必要的调整，如必要时开启慢速泵。

4）同步注浆，根据要求注浆原则“争取同步注浆一次充填到位，控制住沉降，避免二次注浆”。由于盾构推进时同步注浆的浆液在填补建筑空隙时可能会存在一定间隙，且浆液的收缩变形也存在地面沉降的隐患，因此为控制土体后期沉降量，根据监测数据情况，采用在脱出盾尾隧道上方管片补充压注浆液方法，在隧道内对盾构穿越后土体进行加固。隧道管片脱出盾构机后，再对地铁线有影响的施工区段从隧道顶部3块管片范围内的预留注浆孔进行跟踪注浆，以起到阻止地铁隧道持续沉降的作用。

为了有效控制盾构穿越前后的地面及运营中地铁线的沉降和位移，在穿越区及前后的每环管片上增开10个注浆孔，邻接块、标准块及落底块分别增开2孔。

每环理论同步注浆量：$1.2\times\pi\times(6.76^2-6.6^2)/4=2.01m^3$，适当增大同步注浆量，穿越过程中实际注浆量平均$3.0m^3$，上60%，下40%。泵送出口处的压力略大于隧道周边水土压力，根据经验可取为1.1～1.2倍的静止土压力。压浆量和压浆点视压浆时的压力值和地层变形监测数据而相应调整。

4. 地铁变形情况

穿越实施效果在确保17号线自身施工质量前提下最终以穿越期间地铁2号线变形监测数据为依据体现，包括穿越期间及穿越后数据控制，其中分2次穿越地铁2号线下行线，对2号线上行线影响较小。17号线上下行线进洞后，后期地铁2号线监测皆控制在正负3mm以内。

（1）17号线下行第一次穿越，本次穿越隧道竖向变形表现为上抬（电水平尺最大上抬量约3.5mm），人工沉降数据比电水平自动化监测数据稍大约1mm。水平向直径表现为拉伸（直径收敛最大值4mm）。盾构推进至投影面交叉点前，地铁2号线最大隆起量位于盾构的侧向。盾构推进至投影面交叉点后，地铁2号线最大隆起量基本与盾构刀盘位置重叠。推进中，投影面前方地铁2号线隆起最大3mm。可能原因：盾构掘进面土压力增加，土体密实。地铁 2 号线隧道最大上抬位置随盾构推进逐步前移，最大隆起量位置与盾构刀盘位置基本重叠。

以投影面交叉点 XU48，565 环为分界点，17 号线推进至交叉点前（图 17.2-3）：

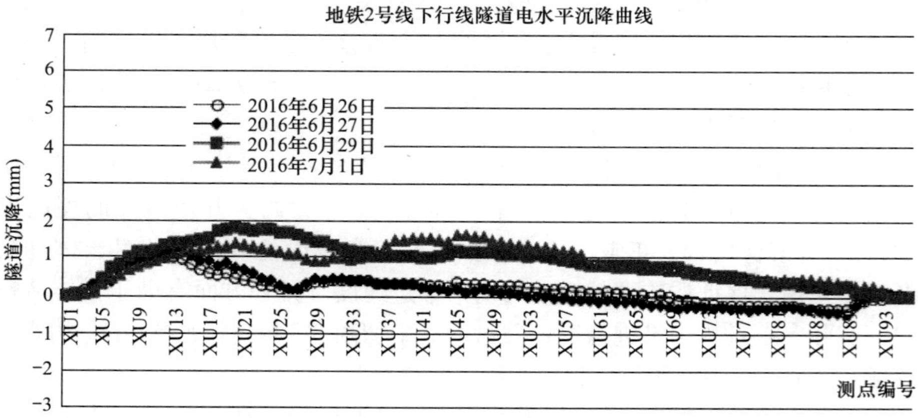

图 17.2-3　地铁 2 号线下行线隧道电水平沉降曲线

推进至交叉点后（图 17.2-4）：

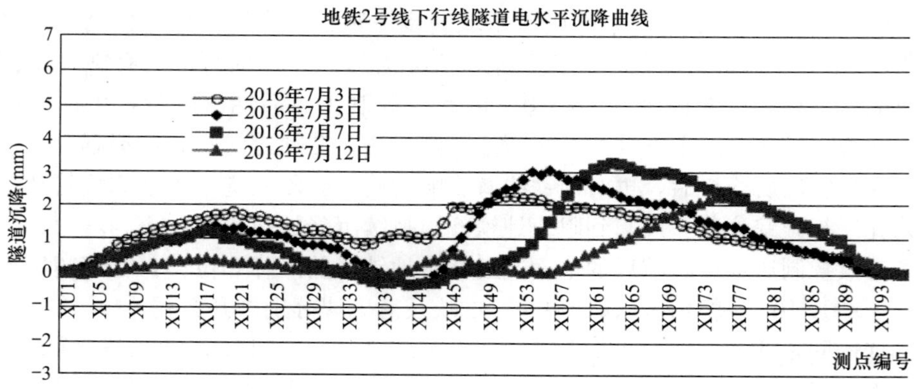

图 17.2-4　地铁 2 号线下行线隧道电水平沉降曲线

选取穿越段中 17 号线基本位于地铁 2 号线正下方时对应点位 XU56 为例分析，工况：7 月 5 日 10：50，577 环拼装开始，13：40，578 环拼装开始。拼装时间：30～90min；盾构推进每 60min 约 1 环。XU56 位置：投影面上盾构刀盘前方约 5m。管片拼装时隧道沉降，盾构推进时隧道上抬。主要原因：管片拼装时盾构暂停推进，盾构千斤顶回缩引起盾构后退，致使开挖面松动或脱落，造成地层损失，引起下沉（图 17.2-5、图 17.2-6）。

（2）17 号线上行第二次穿越地铁 2 号线，第二次穿越隧道竖向变形和直径收敛变形规律基本同第一次穿越。电水平尺最大上抬量约 2mm，人工沉降数据比电水平自动化监测数据稍大约 3mm（电水平尺沉降曲线在考虑首尾修正后，人工沉降数据与电水平尺数据差值约 1mm）。水平向直径表现为拉伸（期间直径收敛最大值 4mm）。盾构全部脱离地铁 2 号线影响区，且进入虹桥火车站后，地铁 2 号线下行线因地层损失因素逐渐下沉，后期地铁 2 号线最大上抬降为 2mm。截至 2016 年 11 月 14 日，地铁 2 号线下行线最大下沉约

4mm（人工监测数据，电水平数据曲线首尾未修正时最大下沉约 2mm），主要下沉区域位于 17 号线上、下行线穿越地铁 2 号线下行线投影面 2 个交叉点间的范围（图 17.2-7、图 17.2-8）。

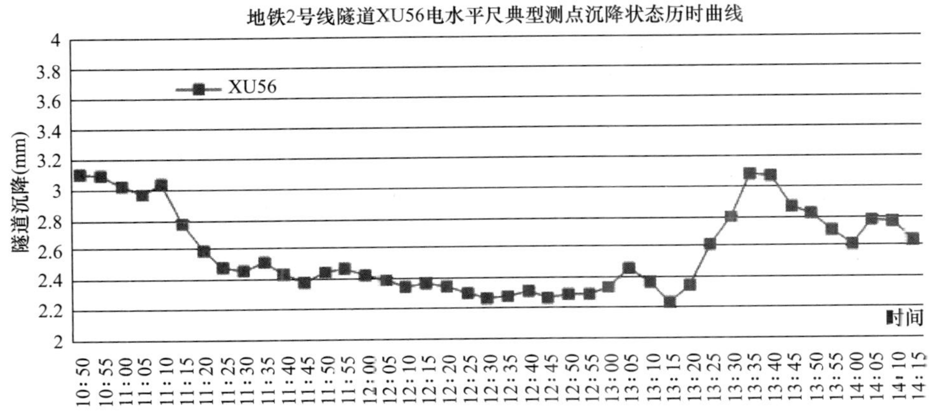

图 17.2-5　地铁 2 号线隧道电水平尺沉降历时曲线（一）

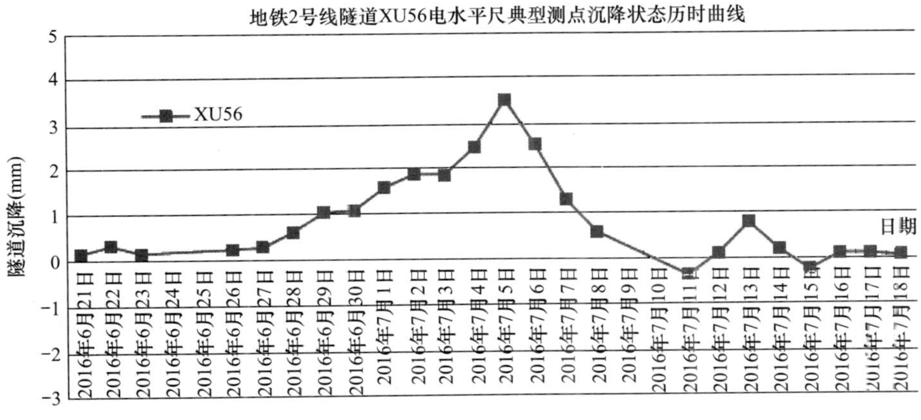

图 17.2-6　地铁 2 号线隧道电水尺平沉降历时曲线（二）

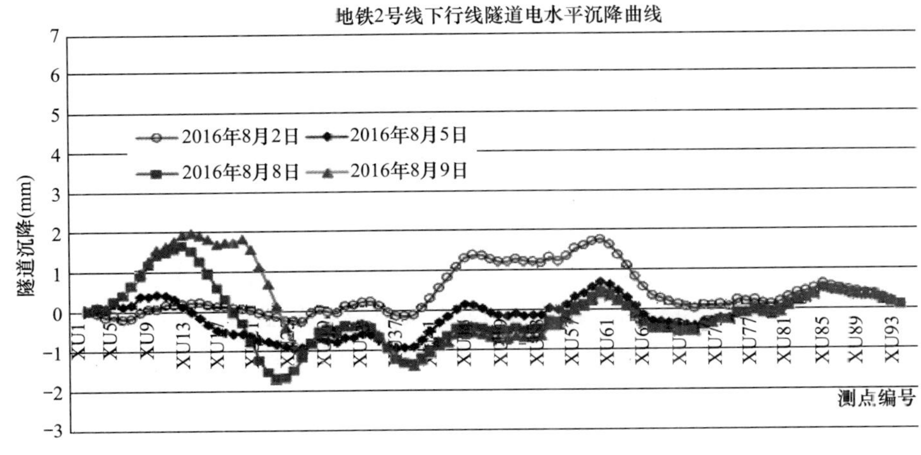

图 17.2-7　地铁 2 号线下行线隧道电水平沉降曲线（一）

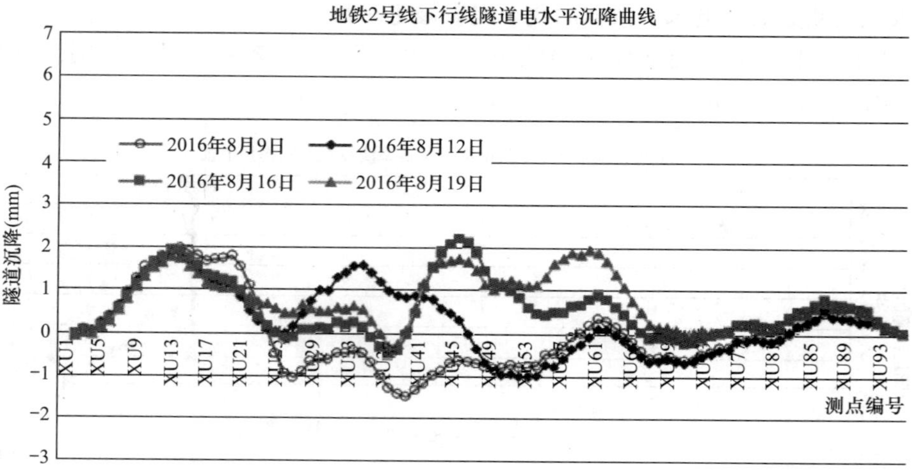

图 17.2-8　地铁 2 号线下行线隧道电水平沉降曲线（二）

穿越期间整体收敛相对变化量基本控制在 4mm 以内，过程中一旦超过 3mm，立即调整施工参数，放慢推进速度（图 17.2-9）。

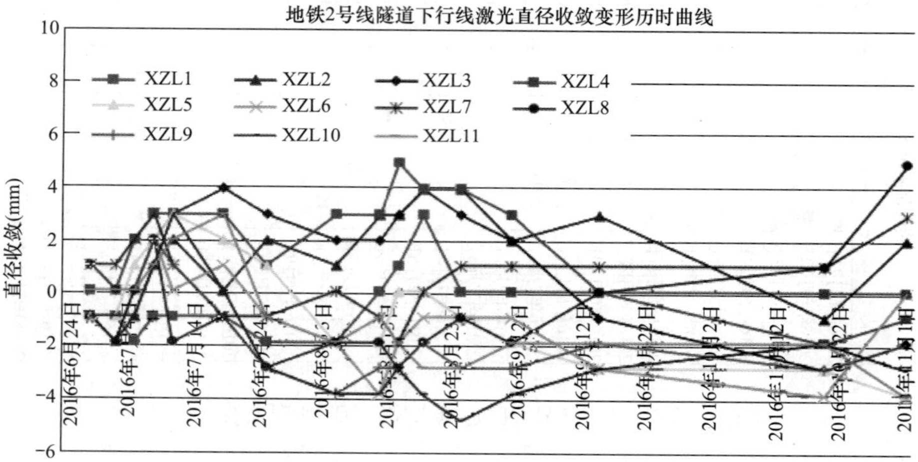

图 17.2-9　地铁 2 号线下行线激光直径收敛变形历时曲线

17.3　北横通道新建工程上跨 13 号线节点明挖区间项目

1. 工程概况

北横通道是中心城区北部东西向小客车专用通道，服务北部重点地区的中长距离到发交通，是三横北线的扩容和补充。北横通道西起北虹路，东至内江路，贯穿上海中心城区北部区域，全线经长宁路-长寿路-天目西路-海宁路-周家嘴路，向西接北翟快速路，向东接周家嘴路越江隧道，长约 19.1km，见图 17.3-1。

Ⅱ标段工程范围为威宁路接地点（K1＋570.73）—长安路接地点（K9＋359.50），全长 7788.77m。平面图见 17.3-2。主要施工内容为主线盾构隧道段，自西向东分别是中江路工作井以西明挖段 728.27m，中江路工作井 21m，中江路工作井至中山公园工作井盾构段 2751m，中山公园工作井 72m（不在本工程施工范围内），中山公园工作井至筛网厂工作井盾构段 3665m，筛网厂工作井 21m，筛网厂工作井以东明挖段 530.5m。

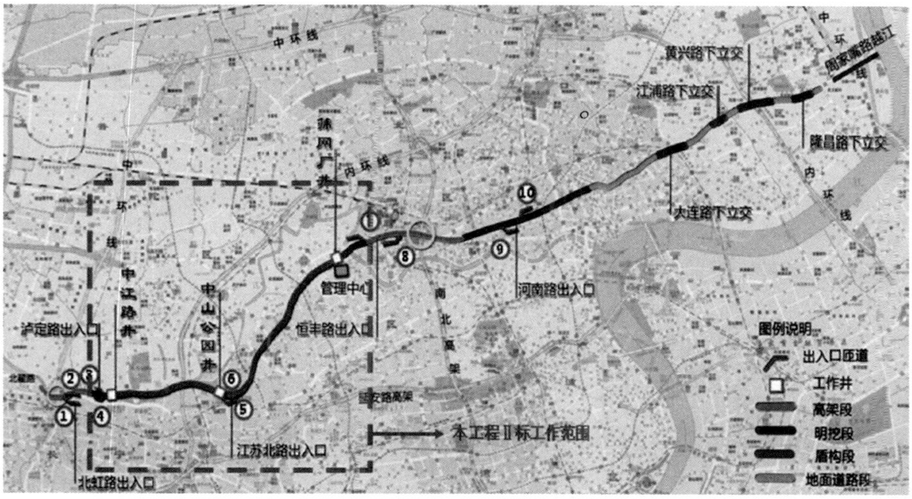

图 17.3-1　北横通道总体平面图

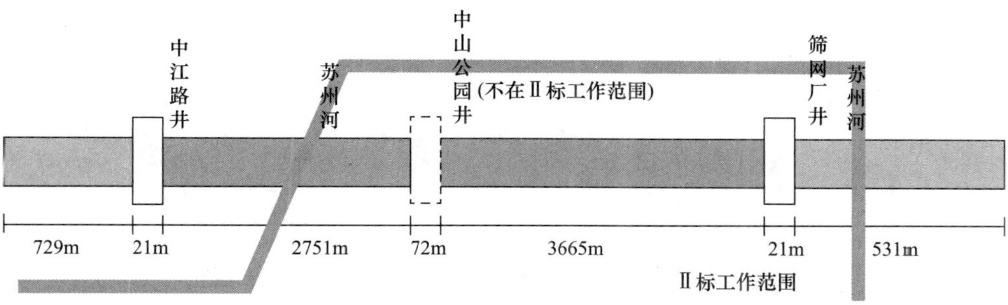

图 17.3-2　北横通道Ⅱ标平面图

上跨 13 号线段分为 3 个施工区域，鉴于隧道上方卸载将对地铁 13 号线产生一定的扰动，对于卸载比大于 0.5 的区段采取“化整为零”的思想将基坑分为 11 个小仓，进行弹“弹钢琴”施工、11 仓以东分基坑 A 和基坑 B 两个基坑分别施工。其中基坑 A 大部分采用半盖挖法施工，基坑 B 局部盖挖。平面示意图见图 17.3-3。

上跨段北横基坑开挖深度最深 13.1m，基坑宽度最宽为 27.6m，最窄为 18.0m，上跨段 13 号线隧道顶部覆土最薄为 6.122m。总体平面图见图 17.3-4，横剖面示意图见图 17.3-5。

2. 项目实施难点

（1）环境条件复杂。

1）地铁 13 号线保护要求高。

地铁 13 号线与北横通道呈小角度斜交，基坑开挖卸载比大于 0.5 的长度范围达到 110m。工程采用明挖顺筑法施工，围护结构与隧道距离最近处仅 1m 净距，部分区段围护骑在隧道上方。隧道稳定加固以及基坑开挖卸载将不可避免地对地铁 13 号线产生扰动。根据施工工期安排上跨段的施工期间将迎来地铁 13 号线的正式开通运营，一旦正式运营后对地铁的保护要求将大大提高，如果施工对 13 号线的扰动超标将影响到地铁线的正常运营甚至导致停运，后果将十分严重，对地铁 13 号线的保护是该节点的重大难点与风险点。

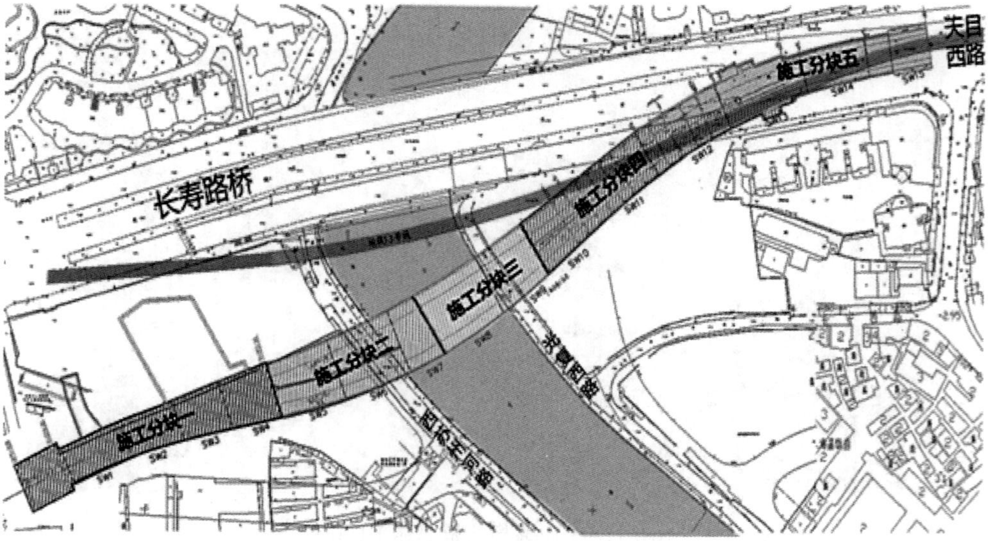

图 17.3-3　北横通道筛网厂段上跨 13 号线平面示意图

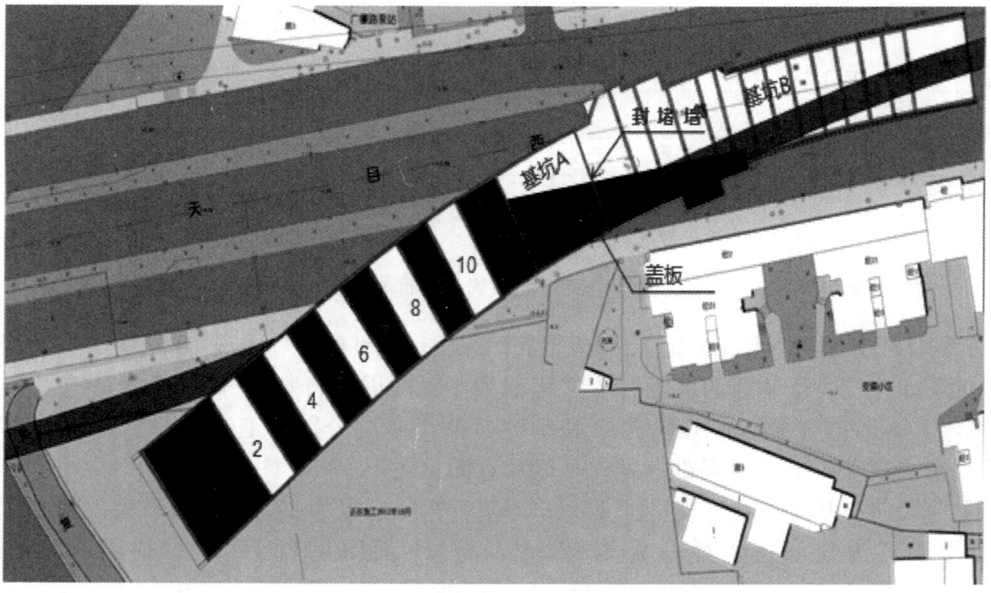

图 17.3-4　北横通道筛网厂上跨 13 号线段基坑总体平面图

2）与宝矿地块的关系。

上跨 13 号线段与正在开发的宝矿地块毗邻而居，宝矿地下室围护与北横隧道围护间最小净距仅 3.3m，见图 17.3-5 所示，且右侧三角形场地目前归宝矿所有，两个基坑属于“同期施工、彼此制约、相互保护”的关系。

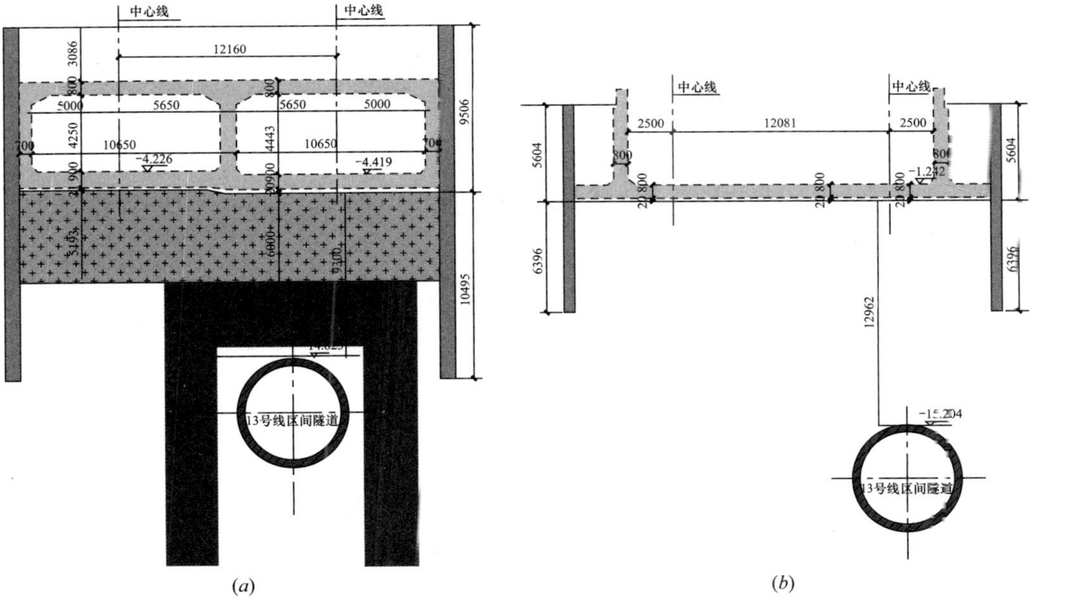

图 17.3-5　上跨 13 号线段横剖面示意图

现场占地范围不仅狭小，而且还被宝矿地块、苏州河和长寿路桥所合围，加之工序繁多，现场施工犹如“螺蛳壳里做道场”，现场组织极为困难，作业效率受到极大的影响。

3）紧邻长寿路桥。

上跨 13 号线段紧邻长寿路桥，有近 200m 长度范围与长寿路桥交叉，施工必须与现场交通组织方案相匹配。在“弹钢琴”段施工范围将对南桥的桥接坡段进行拆除，待基坑完成后进行恢复，然后对中间老桥进行场地占有，因此，使用进度还将受到交通组织和管线搬迁等因素的制约。

（2）交通组织复杂。

（3）管线搬迁难度大。

3. 地铁保护措施

（1）MJS 门式加固

在隧道上方进行大面积基坑开挖，会引起下方土体的卸荷回弹，从而导致地铁 13 号线区间隧道的隆起变形，影响地铁正常运营。以往的深基坑大跨度上穿运营地铁隧道的研究案例表明，在开挖深度 5m 左右而卸荷比为 0.5～0.6 的条件下，隧道的隆起量接近 10mm。本工程明挖上跨地铁 13 号线基坑开挖最深深度约为 13m，卸荷比为 0.7。为降低对 13 号线的影响，在 13 号线隧道上方及两侧进行全断面 MJS 高压喷射注浆“门式”加固。门腿的宽度均为 3m，顶部盖板的厚度为 3m，围护插入比不足段 MJS 加固至坑底，厚度约为 5.3m。加固示意图见图 17.3-6，加固桩位布置示意图见图 17.3-7。

（2）“弹钢琴”法施工

筛网厂段过苏州河之后明挖上跨在建的地铁 13 号线区间，13 号线江宁路站～汉中路站区间隧道沿天目西路东西向布置，采用 6.2m 单圆盾构隧道，隧道顶标高约－14.4～－16.1m，覆土约 18.6～18.9m，主线明挖上跨 13 号线，基坑开挖深度 9.1～13.1m，距离 13 号线隧道顶部 6.3～9.4m。

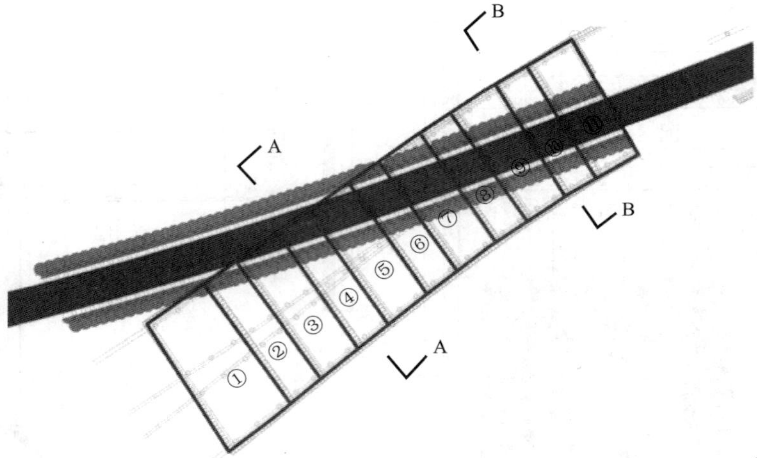

图 17.3-6　13 号线两侧 MJS 盾构门式加固示意图

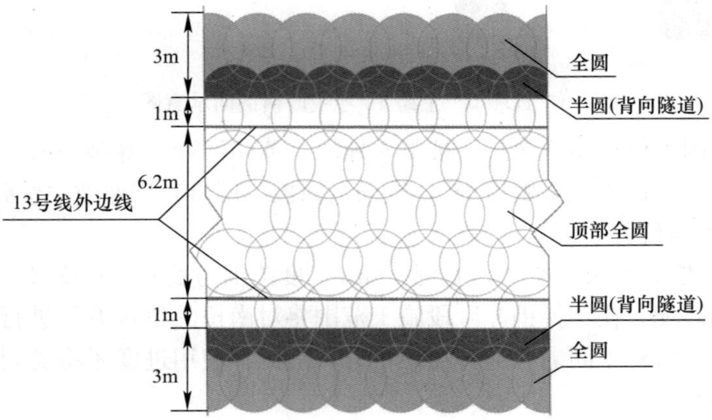

图 17.3-7　MJS 盾构门式加固桩位布置示意图

基坑开挖时采用分小条分小幅的“弹钢琴”开挖工艺，减少 13 号线上方土体卸载量并严格控制土体卸载的自由暴露时间，通过在已浇筑的底板上进行压载，产生压重作用，减少 13 号线上浮的可能性。图 17.3-8 为放坡开挖与直立开挖隧道隆起比较：

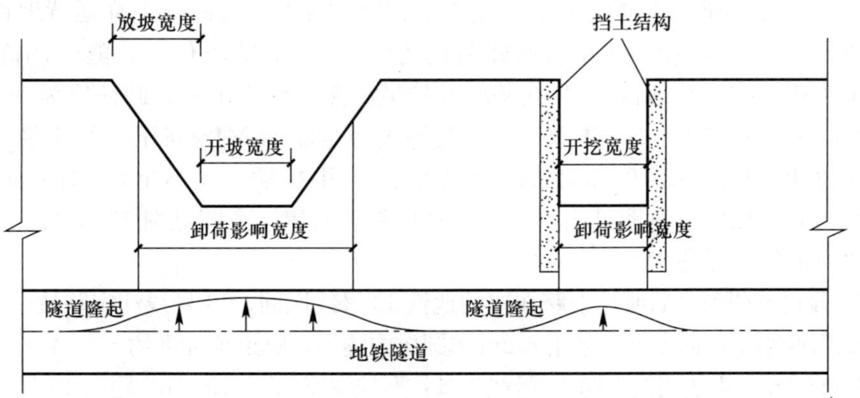

图 17.3-8　放坡开挖与直立开挖隧道隆起比较

根据穿越隧道基坑变形控制中“利用时空效应和隧道刚度”的原理，考虑“充分利用并加强隧道抗隆起能力”和“减小单次开挖的卸荷量和暴露时间”两个方面因素，在基坑分区开挖时，各区块之间设置封堵墙。通过封堵墙（挡土结构）的设置将整个基坑分隔为若干个小基坑，保证每个分块（小基坑开挖）可以实现直立开挖，避免开挖大放坡，减小单次卸荷量。

同时缩短开挖影响隧道的跨度，更好的利用隧道结构抗弯刚度，控制隧道在上方局部卸荷影响下的隆起变形，此外由于分块较小且单次卸荷量小，每个小基坑从开挖到结构封顶时间较短，减少坑底暴露时间，隧道上方土体仅为局部卸载且卸载时间也短。

综合现场实际情况，“弹钢琴”施工的 11 仓基坑分 2 阶段实施，第 1 阶段施工 1～5 仓，第 2 阶段施工 6～11 仓，见图 17.3-9。

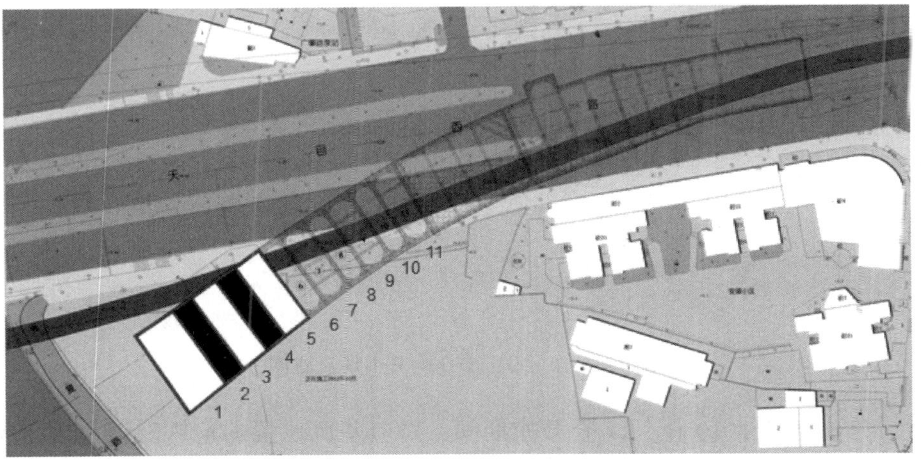

图 17.3-9 “弹钢琴”施工

第 1 阶段施工中结合管线搬迁的实际情况，5 个小基坑开挖和结构施工顺序为 1 仓→3 仓→2 仓→5 仓→4 仓。由于 1～5 仓施工期间地铁 13 号线还没有运营，土体开挖采取盆式开挖、整仓卸载。第 2 阶段 6 个小基坑开挖和结构施工顺序为 7 仓→9 仓→11 仓→6 仓→8 仓→10 仓。

2～11 仓施工原则为分块挖土，整仓浇筑底板，隧道顶部土体卸载到完成底板混凝土的时间控制在列车停运周期（7h）内。

在开挖施工期间，地铁 13 号线已经开通运营，为了减小基坑开挖对地铁隧道的扰动，对坑内最后一层土采用“地铁上方摘帽子”的方法开挖，因此，在 2～11 仓中的最后一层土进行分小块。分块的原则就是每仓分 2～3 块，其中隧道顶部为 1 块，隧道的两侧为 1～2 块。先进行隧道两侧土层的开挖，然后将隧道顶部土层分为上下两等分，视 13 号线隧道监测结果，考虑先将上部土层挖除。隧道顶部的下部土层从开始挖土卸载到整仓底板浇筑完成必须在列车停运的周期（7h）内完成。各仓的分块情况见图 17.3-10。

4. 地铁变形情况

（1）垂直位移

3 仓开挖期间：对应基坑位置的地铁隧道呈现上抬趋势，接近 3mm。

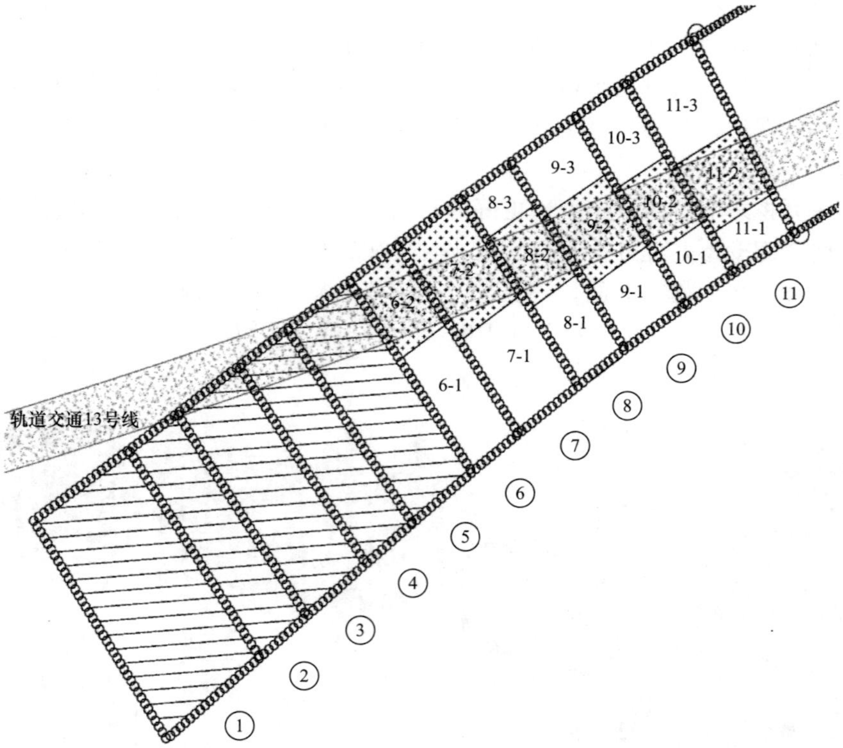

图 17.3-10　6～11 仓内分小块示意图

5 仓、8 仓、9 仓、10 仓、11 仓开挖期间：对应基坑位置的地铁隧道呈现上抬趋势，上抬量在 2mm 左右。

7 仓开挖期间：对应基坑位置的地铁隧道呈现部分位置上抬，部分下沉，可能与隔壁宝矿工地叠加施工有关。变化量基本在 2mm 左右。

4 仓开挖期间：对应基坑位置的地铁隧道呈现上抬趋势，上抬量在 4mm 左右。

2 仓开挖期间：可以从图 17.3-11 看出，对应基坑位置的地铁隧道在 2 仓开挖期间，呈现下沉趋势，下沉量在 2mm 左右。整体测点均下沉，可能与周边苏州河段施工以及隔壁宝矿工地施工存在叠加影响。

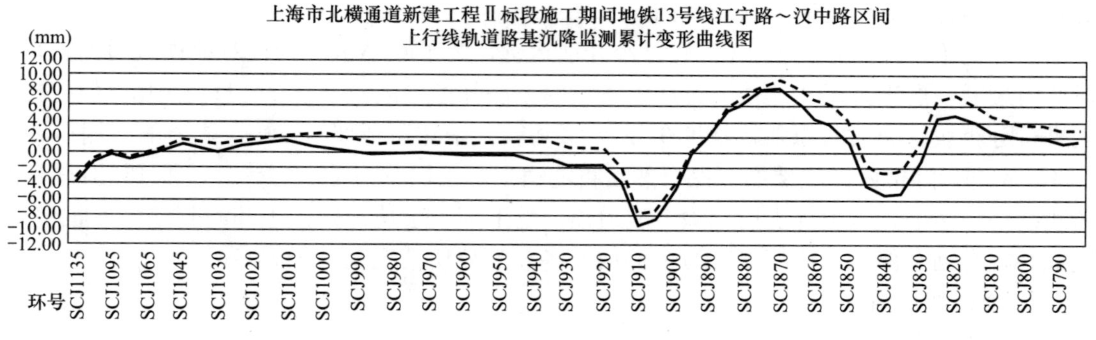

图 17.3-11　上行线轨道路基沉降监测累计变形曲线图

6 仓开挖期间：对应基坑位置的地铁隧道基本无太大变化。

（2）管径收敛

2～11 仓基坑开挖阶段地铁隧道管径收敛变化细微。数据变化主要集中在去年 MJS 门式加固期间。由监测数据及曲线图可以看出，北横通道新建项目在开挖施工期间地铁 13 号线上行线沉降及收敛变化较平稳，主要变化为地铁对应基坑位置在开挖阶段，基本均呈现上抬趋势，在其余位置基坑开挖阶段，已完成基坑基本对应隧道位置数据基本无变化，可见“弹钢琴”施工效果明显。隧道结构检查无异常情况。